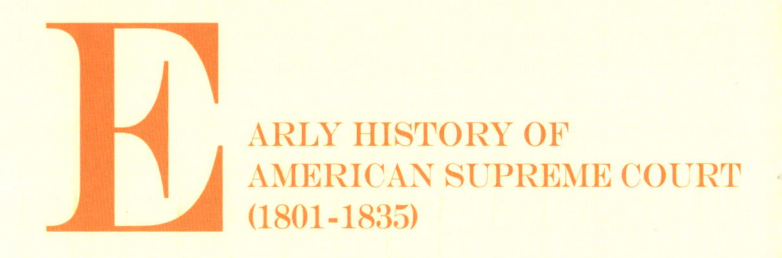

本书为教育部人文社会科学青年基金
"美国联邦最高法院早期历史研究（1801-1835）"课题最终成果

EARLY HISTORY OF AMERICAN SUPREME COURT (1801-1835)

美国联邦最高法院早期历史研究

（1801-1835）

郭巧华 / 著

社会科学文献出版社
SOCIAL SCIENCES ACADEMIC PRESS (CHINA)

目 录

前　言 ··· 001
  一　概述 ··· 001
  二　美国学界和政界相关研究 ··· 007
  三　国内相关研究 ··· 025
  四　研究思路与框架 ·· 028

第一章　最高法院初建十年（1790~1801） ······························· 033
  一　联邦司法权的起源 ··· 033
  二　最高法院早期的成员们 ··· 038
  三　约翰·马歇尔之前最高法院的宪政实践 ························· 043
  小　结 ··· 052

第二章　约翰·马歇尔就任首席大法官前的生活和历程 ············· 054
  一　革命之子（1755~1781） ·· 054
  二　南部联邦主义者（1781~1797） ··································· 059
  三　出使法国和XYZ事件（1797~1798） ···························· 062
  四　"政治风暴"年代中的温和者（1798~1801） ·················· 067

第三章　马伯里诉麦迪逊案和司法审查制度的确立 ·················· 075
  一　马歇尔就任最高法院首席大法官及其所处的诡谲局势 ······· 075
  二　马伯里诉麦迪逊案 ··· 081
  三　马伯里诉麦迪逊案的争议 ·· 088
  四　司法审查制度的发展演变 ·· 093

小　结 …………………………………………………………… 098

第四章　马歇尔和杰斐逊的龃龉 …………………………………… 101
一　驱逐法官此路难行 …………………………………………… 101
二　亚伦·伯尔的阴谋 …………………………………………… 110
三　马歇尔与杰斐逊的对峙 ……………………………………… 122

第五章　马歇尔法院和联邦权 ……………………………………… 131
一　司法国家主义：马丁诉亨特的租户案（1816）和科恩兄弟诉弗吉尼亚案（1820） ……………………………………… 132
二　暗含权力和国家至上：麦卡洛克诉马里兰案（1819） …… 149
三　商事权力：吉布森诉奥格登案（1824） …………………… 166
小　结 …………………………………………………………… 177

第六章　马歇尔法院和契约条款 …………………………………… 180
一　作为契约的公共授权：弗莱彻诉佩克案（1810） ………… 180
二　作为契约的公司宪章：达特茅斯学院诉伍德沃德案（1819） … 190
三　破产和契约条款：斯特吉斯诉克劳宁谢尔德案（1819）和奥格登诉桑德斯案（1827） ……………………………… 200
小　结 …………………………………………………………… 211

第七章　司法权的限度 ……………………………………………… 213
一　法律和政治 …………………………………………………… 214
二　奴隶制、联邦主义和法治 …………………………………… 220
三　原则和道德的底线：佐治亚、杰克逊和切诺基印第安人组案 …………………………………………………… 227
小　结 …………………………………………………………… 242

结　语 ………………………………………………………………… 244

参考文献 ……………………………………………………………… 257

附　录 ………………………………………………………………… 280

Contents

Introduction ·· 001

   1 Reason and Significance of the Research ······························· 001

   2 American General Survey ··· 007

   3 Chinese General Survey ·· 025

   4 Research Ideas and Framework ·· 028

Chapter one: The First Decade of American Supreme Court ············ 033

   1 Origins of Federal Jurisdiction ··· 033

   2 The Justices ··· 038

   3 Constitutional Cases before John Marshall ······························ 043

      Summary ··· 052

Chapter two: Marshall's Life and Career before His Accession to Chief Justice ··· 054

   1 Young Man of the Revolution (1775 – 1781) ··························· 054

   2 Southern Federalist (1781 – 1797) ·· 059

   3 Mission to France and XYZ Affair (1797 – 1798) ···················· 062

   4 A Passionate Moderate in the Age of "Political Violence" (1798 – 1801) ··· 067

Chapter three: Marbury v. Madison and the Establishment of Judicial Review System ·· 075

   1 Marshall's Appointment as Chief Justice and the

Ambiguous Prospect ··· 075
　2　Marbury v. Madison ··· 081
　3　Debate on the Marbury v. Madison ······························· 088
　4　The Evolution of Judicial Review ································· 093
　　Summary ··· 098

Chapter four: The Struggle between John Marshall and Thomas Jefferson ·· 101
　1　A "Bungling Way" to Remove Judges ··························· 101
　2　The Conspiracy of Aaron Burr ···································· 110
　3　Final Battle between Marshal and Jefferson ··················· 122

Chapter five: Marshall Court and Federal Authority ············ 131
　1　Judicial Nationalism: Martin v. Hunter's Lessee (1816) and Cohens v. Virginia (1820) ··· 132
　2　Implied Powers and National Supremacy: McCulloch v. Maryland (1819) ··· 149
　3　The Commerce Power: Gibbons v. Ogden (1824) ············ 166
　　Summary ··· 177

Chapter six: Marshall Court and the Contract Clause ·········· 180
　1　Public Grants as Contracts: Fletcher v. Peck (1810) ········· 180
　2　Corporate Charters as Contracts: Dartmouth College v. Woodward (1819) ·· 190
　3　Bankruptcy and the Contract Clause: Sturges v. Crowninshield (1819) and Ogden v. Saunders (1827) ········ 200
　　Summary ··· 211

Chapter seven: the Limits of Judicial Power ······················ 213
　1　Law and Politics ··· 214
　2　Slavery, Federalism, and the Rule of Law ····················· 220

3 Holding the Line for Principle and Morality: Georgia, Jackson, and the Cherokee Indian Cases ·············· 227

Summary ·· 242

Conclusion ··· 244

Bibliography ·· 257

Appendixes ··· 280

前　言

一　概述

宪法是一个国家的根本大法，是"政府权力来自被统治者同意的宪章"，"是民族或国家的基本组织法"。[①] 现代宪法不仅规定了一个国家的政府结构及运作程序，而且定义了政府不得侵犯个人权利。了解一个国家的宪法，可以了解其政府基本运行程序及公民的各项权利等。古代先哲孟子曰："徒善不足以为政，徒法不足以自行。"一部宪法制定得再好，如果不能实践于现实生活中，最终恐怕也是一纸空文，宪法所承载的特定主体的意志和利益也就不可能得以实现。因此，尽管制定一部良好的宪法是实行宪政的重要前提，但立宪并非最终目的，在此基础上实施宪法、维护宪法的权威和尊严才是至关重要的。

美国宪法是世界上第一部成文宪法，自 1787 年制定至今日，已有 200 余年的历史，虽历经沧桑剧变，这部宪法不但其文字和结构没有发生变动，所设置的基本原则和制度也依然如故。不仅如此，美国宪政的运行亦始终不离 1787 年宪法设置的轨道。宪法文本是死的，宪政是活的，美国宪法文本以其超稳定性著称，虽然文本未变，却在发展的过程中随着时代的变化不断展现出新的内涵，又被学界誉为一部"活着"的宪法。

美国宪法缘何具有如此长久的生命力？它是如何适应复杂多样、变化不定的社会形势的？学界对此有很多不同的阐释。其中，中国留美历史学者王希教授就从"权利"与"权力"的互动来阐述美国宪法生命力之所

[①] 张千帆：《自由的魂魄所在：美国宪法与政府体制》，中国社会科学出版社，2000，第 1 页。

在。在他看来，美国宪政体制发展至今日经历了三次宪政秩序的发展与演变，而每一次宪政秩序的异化，都可在宪法框架内寻得新的突破，之所以如此，在于美国宪法本身是一个"多元利益相互妥协的产物"，在实施的过程中也逐渐形成了多种利益相互妥协的机制。这种在宪法原则框架内反复发生的妥协，构成了美国宪政的突出特点，也是它能适应复杂多样、变化不定的社会形势的奥秘所在。①

王希教授从历史的视角回答了这一问题，研究美国宪法的张德瑞教授则从法学的角度给这一问题作了不同的阐释。他认为美国宪法之所以具有如此强的稳定性，一是在于立宪理念和宪法信仰；二是美国宪法的结构合理、内容科学；三是宪法的实施具有较强的保障性，也即最高法院在判案的过程中对宪法的解释和司法审查的运用。② 在这里，张德瑞教授不仅提到了宪法的制定，更重要的是提到了宪法的实施。美国宪法并不是一个完美无缺的政治体制设计，一开始不是，现在也不是，但美国宪法却是一部内容非常实在、形式非常简洁的宪法，它结构严谨、措辞笼统并富有弹性。在美国，由于修改宪法、增加修正案的难度很大，因此各级法院特别是最高法院在判决案件的过程中对宪法的解读就显得尤为重要。

在回答这一问题时，王希教授重在强调美国宪法的与时俱进，张德瑞教授则重在强调美国宪法的稳定性，二人的侧重点不同，却分别道出了美国宪法的精神实质。也即美国宪法在确定一系列原则的同时，保留了较大的弹性，为未来宪法解释留下了足够的空间。最高法院对宪法的解读包括两个方面，一是宪法不同于普通法，其文字通常措辞笼统，含义广泛，最高法院在判决案件的过程中必须对其予以解释；二是要维护宪法的至上性，对违反宪法的国会立法及各州立法、行政法规要有宣布其违宪的权力，也即最高法院具有司法审查的权力。作为一个普通法国家，最高法院在判案的过程中所确立的案例对后来法官的判决具有一定的约束力，无形之中也使得法官的判决成为一种立法。通过宪法解释和司法审查权，最高法院对宪法文本的解读为宪法注入了时代发展所需要的活力。

关于法院解释宪法和司法审查制度确立的依据问题，美国早期政治家

---

① 王希：《原则与妥协——美国宪法的精神与实践》，北京大学出版社，2014。
② 张德瑞：《宪法的稳定性和稳定性的宪法——以中美宪法文本的比较为视野》，《现代法学》2009年第2期。

亚历山大·汉密尔顿在《联邦党人文集》第78篇中指出："宪法除其他原因外，有意使法院成为人民与立法机关的中间机构，以监督后者局限于其权力范围内行事。解释宪法乃法院的正当与特有的职责。而宪法事实上，也应被法官看作根本大法。所以对宪法以及立法机关制定的任何法律的解释权应属于法院。如果二者之间出现不可调和的分歧，自以效力及作用较大之法为准。亦即宪法与法律相较，以宪法为准；人民与其代表相较，以人民的意志为准。"① 虽然有汉密尔顿及其他政治家为法院解释宪法和司法审查作强有力的辩护，但美国宪法文本中并没有相应的规定。司法审查制度的确立和美国第四任首席大法官约翰·马歇尔的功劳密不可分。正是马歇尔带领最高法院的同事们，在1803年通过"马伯里诉麦迪逊案"为美国确立了司法审查制度，才使得最高法院真正成为与立法部门、行政部门相平衡的部门。

  在美国建国之初，最高法院的地位极其卑微。在马歇尔就任首席大法官之前，"司法机关无疑是三个权力部门中最不危险的部门"，② 根据宪法，国会和行政部门很快建立起来了，而联邦最高法院备受冷落。从联邦最高法院的办公地点可以明显看出其当时的窘境。在立国之初，最高法院蜗居于纽约城商业交易大厦。1790年美国迁都费城，最高法院随之迁往，先定居于州政府独立厅，后又迁至市政厅。1800年迁都华盛顿时，最高法院依然居无定所。当初设计这座城市的时候，联邦最高法院完全被忽视了。"当政府迁到华盛顿的时候，最高法院灰溜溜地搬进了一间寒酸的屋子"③，而这间屋子本来是设计作为众议院委员会的一个房间。十年后，国会山北翼扩建，参议院的议事厅更上一层楼，便把自己原来的议事厅许配给了最高法院，这个议事厅本来算是一楼，改建后成了地下室。比起国会立法部门的厅堂来，这个地下室又小又简陋，简直就像一个大户人家的酒窖。当时的一位记者这样描绘了最高法院的窘境：

---

① 汉密尔顿、杰伊、麦迪逊：《联邦党人文集》，程逢如、在汉、舒逊译，商务印书馆，1980，第392～393页。
② 汉密尔顿、杰伊、麦迪逊：《联邦党人文集》，程逢如、在汉、舒逊译，商务印书馆，1980，第391页。
③ Albert J. Beveridge, *The Life of John Marshall*, Vol. 2, Boston and New York: Houghton Mifflin Company, 1919, p.121.

> 这里的房间并不具有和该机构的尊严相称的风格……要想到这里，你如同走出一道迷宫，这几乎需要阿利亚娜的线团①来引导你走进这一蒙眼女神的圣殿。一个访问者可能在国会大厦的黑暗走道中摸索一周之久，也找不到执掌美利坚合众国的司法的这个偏僻角落……由于房间的窄小，法官们只能在众目睽睽之下穿上他们的法官袍，这是一种并不优雅的仪式，它破坏了法官袍这一道具所意欲产生的效果。②

事实上，直至1860年，这里一直都是联邦最高法院的办公场所。没有为最高法院提供充足的房屋"证明了最高法院并不被看作是联邦体系的重要机构"。③ 而且，由于民众把各州法院作为自己案件审诉的最高机构，很少有案件上诉到最高法院。1790年，最高法院第一次开庭及接下来的两个开庭期内，都没有案件可供审理。最高法院最初的十年，只审理了100个左右的案件，而且基本是涉及海事、财产和商务的非宪法案件。可以说，最高法院最初10年的工作在美国宪政完善方面的成就并不突出。

最高法院不仅权威有限，而且成员构成也极其不稳定，初建10年，已换了三任首席大法官。虽然华盛顿总统对提名最高法院大法官的职责非常认真，但很多有名望的人更倾向于其他的职位。如第一任首席大法官约翰·杰伊为了担任纽约州州长而辞去了首席大法官的职位。约翰·拉特利奇辞去第一届最高法院的职位，担任南卡罗来纳州民事诉讼法院的首席法官。当1800年首席大法官埃尔斯沃思辞职后，时任总统的约翰·亚当斯劝说约翰·杰伊重新执掌最高法院时，杰伊坚决地拒绝了亚当斯的好意，因为，"在一个有如此缺陷的制度下，最高法院既没有一种必不可少的活力、分量和尊严，使其能够支持联邦政府，也不拥有它应该获得的、公众把它视为国家正义最终保护者的那种信任和尊重。""而他的接受将会在某种程

---

① 阿利亚娜的线团取之于古希腊的神话，阿里阿德涅是克里特岛国王米诺斯的女儿，她利用线团引导爱人提修斯走出迷宫。
② Charles Warren, *The Supreme Court in United States History*, Vol. 1, New & rev. ed., Boston: Little, Brown &Co., 1999, pp. 460 – 461.
③ George Lee Haskins and Herbert A. Johnson, *Foundations of Power: John Marshall, 1801 – 1815*, Cambridge University Press, 2010, p. 79.

度上纵容人们忽视和不关心法官们关于这一重要主题的看法和忠告。"① 幸运的是，杰伊拒绝了这一职位，而亚当斯拒绝再考虑他人，直接任命了当时的国务卿约翰·马歇尔为最高法院首席大法官，参议院将这一提名搁置了一个星期后予以通过。对马歇尔的任命是一件令人高兴的改变历史进程的事件。当1801年马歇尔坐上司法机关头把交椅的时候，最高法院与后来相比只是徒有其表。而当他于1835年去世的时候，最高法院已经转化为一个与立法部门和行政部门完全平等的部门，拥有维护宪法之舟的最终权威。正如费利克斯·法兰克福特大法官认为的那样，"自马歇尔时代以来，只有疯子才会辞去首席大法官的职位去当州长"，更不用说去做州的法官了。②

马歇尔在联邦党人失势的情况下进入最高法院，在杰斐逊共和党人③的敌意中开始工作，以其谨慎和智慧不仅为最高法院争取到了司法审查的权力，而且独特地解释了美国的联邦体制。通过这些司法实践，马歇尔把纸上的宪法，变成了生活中实实在在的宪政。如果说宪法确立了美国的宪政框架，那么马歇尔则充实了这个框架，正如马歇尔传记的作者史密斯所说，"如果说乔治·华盛顿创造了美国，约翰·马歇尔则确定了美国的制度"。④ 可以说，正是在马歇尔的领导下，最高法院将国父们所建立的联邦结构转变为一个甚至足以抵受内战冲击的国家。虽然经历了内战这样的宪政失败，但美国的宪政制度，特别是最高法院的作用，基本上是向着马歇尔所希望的方向发展的。联邦最高法院的权威与约翰·马歇尔的名字联系在一起是有其深刻原因的。

也正因为如此，马歇尔在美国历史上享有很高的声誉。提到美国最高法院而不知道马歇尔大法官那是不可想象的。虽然很难有一个标准来评价

---

① Maeva Marcus, ed., *The Documentary History of the Supreme Court of the United States*, 1789 – 1800, Vol. 1, New York: Columbia University Press, 1985, pp. 146 – 147.
② Bernard Schwartz, *A History of the Supreme Court*, N. Y.: Oxford University Press, 1993, p. 16.
③ 美国建国初期，就形成了两大党派集团：联邦党和反联邦党。反联邦党后来又发展成为杰斐逊共和党，又称民主共和党，简称共和党，它与后来杰克逊时代的"民主党"，在渊源上一脉相承，但与19世纪50年代中期出现的共和党，在组织上并无承继关系，尽管后来的共和党人称他们在意识形态上与杰斐逊提倡的以自由劳动制为基础的共和主义是一脉相承的。
④ Jean E. Smith, *John Marshall: Definer of a Nation*, New York: Henry Holt and Company, Inc., 1996, p. 1.

联邦最高法院这些处于最高司法宝座上的大法官们的司法成就，但还是有很多学者尝试这一工作。如在1938年，著名的哈佛法学院教授罗斯科·庞德（Roscoe Pound）就提出了他个人所列的美国司法历史上排名一流的10位法官名单，而马歇尔居其首。在此后多次对最高法院法官的排名中，马歇尔几乎无一例外地高居榜首。① 2009年7月1日，《大西洋月刊》列了一个美国历史名人百人榜，约翰·马歇尔高居第七位，②"马歇尔在美国宪法上深深烙下了他的思想印记，我们的宪法性法律之所以具有今天的形式，就是因为马歇尔在它尚具有弹性和可塑性之时，以自己强烈的信念之烈焰锻铸了它"。③ 马歇尔对美国宪法创造性的运用，也使他位居最伟大的立法者的行列之中。在最高法院议事厅的南墙和北墙上，分别雕刻着18个伟大的立法者，马歇尔作为唯一的法官被选入其中，与胡果·格劳修斯和威廉·布莱克斯通等人并列。1901年2月4日，在纪念马歇尔就任首席大法官100周年的纪念日上，时任最高法院大法官的霍姆斯就如此评价马歇尔："当我想到他的伟大、正义以及智慧时，我确实完全相信，如果要用一个人物来代表美国的法律，那么无论是怀疑者还是崇拜者，他们都会同样毫无争议地赞同只能是一个人，这就是约翰·马歇尔。"④ 及至今日，笔者认为，如果要用一个人物来代表美国法律，那么这个人依然还是约翰·马歇尔。

马歇尔对美国早期宪政体制的完善乃至对美国国家的建构都起到了巨大的作用，也正因为此，笔者将本书的重心放在美国最高法院的早期历史，将时间点截取在1801~1835年，正是美国最高法院的马歇尔法院时期。经过35年对最高法院的精心塑造，马歇尔将自己的印记深深地刻在了最高法院，及至他去世之时，最高法院已成为世界上最有权势的司法部

---

① 克米特·霍尔主编，《牛津美国联邦最高法院指南》（第二版），许明月、夏登峻等译，北京大学出版社，2009，第767~768页。
② 前十名分别为：亚伯拉罕·林肯、乔治·华盛顿、托马斯·杰斐逊、富兰克林·德拉诺·罗斯福、亚历山大·汉密尔顿、本杰明·富兰克林、约翰·马歇尔、小马丁·路德·金、托马斯·爱迪生、伍德罗·威尔逊。在百人排名中，最近30年的美国风云人物只有4人入选这份名单。
③ 本杰明·卡多佐：《司法过程的性质》，苏力译，商务印书馆，2000，第107页。
④ Oliver Wendell Holmes, *Collected Legal Papers*, New Jersey: the Lawbook Exchange, Ltd., 2006, p. 270.

门。就如托克维尔在《论美国的民主》中所说:"世界上其他任何国家从来都没有创制出如此强大的司法权。联邦的安定、繁荣和生存本身,全系于七位联邦法官之手。没有他们,宪法只是一纸空文。"①

研究美国最高法院早期历史②,特别是马歇尔法院对美国宪法及宪政制度的完善过程,将极大地丰富中外学术界对美国早期史及宪政史的研究,不仅具有很强的学术意义,而且对于我国当前的法治建设亦具有较大的借鉴意义。特别是有关美国早期最高法院如何处理司法与政治的关系,进而确立司法独立原则及司法审查制度的研究,将对我国各级法院树立司法权威并进而确立司法审查制度有诸多的启发和借鉴,从而在制度上更好地保障宪法得以实施;同时,了解美国早期司法制度,也可为我国的法治建设提供一些经验和教训,以期更好地推进我国的法治建设。

二 美国学界和政界相关研究

关于美国最高法院早期历史的研究,美国学界和政界著述颇多,特别是有关马歇尔法院和马歇尔本人的研究,学界和政界一直热情不减。本人由于能力有限,不可能将所有这些著述一一阅读,仅就重要著作分阶段概述之。

(一) 19世纪末20世纪初的相关研究

19世纪末20世纪初的美国学界掀起了一股研究最高法院的高潮,特别是这一时期经济的发展展现了法院的远见,即在法治的基础上发展经济。联邦主义原则、对私有财产的保护以及司法审查权在19世纪末都焕发出新的生机,在这种背景下,学界掀起了一股研究最高法院的高潮,特别是对马歇尔及"马歇尔法院"的研究。

---

① 托克维尔:《论美国的民主》,董国良译,商务印书馆,1991,第168页。
② 在本书中,笔者所说的美国最高法院早期历史,主要是指最高法院自1790年建立至1835年。在这一时期主要经历了四任首席大法官,分别是约翰·杰伊(1789~1795)、约翰·拉特利奇(1795)、奥利弗·埃尔斯沃斯(1796~1800)和约翰·马歇尔(1801~1835)。由于在最高法院头十年内,法院权威不高,所审重要案件不多,其所发挥的作用和影响有限。而至马歇尔法院时期,最高法院逐步走出政治泥潭,宣判了一系列重要案件,重新定义了最高法院的角色和地位。也正因为此,本书用一章篇幅来阐述最高法院头十年的历史,其余篇幅主要阐述的是马歇尔及马歇尔法院的历史。

1901年，哈佛大学著名法学家詹姆斯·塞耶首创为马歇尔作传的先例。塞耶在多年研究最高法院的基础上，著述了《约翰·马歇尔传》①，这也是学界首次将马歇尔的生活和工作以某种形式固定下来的认真尝试。

1901年2月4日，纪念马歇尔就任联邦最高法院首席大法官100周年的纪念会召开，这次纪念活动后，法官约翰·狄龙将学者们提交的文章，再加上马歇尔去世后前人的纪念性文章整理成册，以《约翰·马歇尔：生活、性格和司法服务》②为名于1903年出版。这套大部头的论文汇编共分三卷，全面论述了1785~1835年国家不同寻常的发展和马歇尔在国家发展过程中所做出的巨大贡献，该套书可以说是马歇尔研究的一个大荟萃。

不过，真正奠定这一时期马歇尔研究基调和集大成者的是阿尔伯特·贝弗里奇的《马歇尔传》③。该套书共分为四卷，前两卷1916年出版，后两卷1919年出版。这四卷分别以时间为序，对马歇尔从出生到去世做了非常详细的论述，不仅对与马歇尔相关的事件作了深入探讨，而且就那一时期的历史与政治文化提出了大量的洞见。在贝弗里奇的笔下，马歇尔不仅是著名的法学家，他还是美国革命中的英雄、争取国家利益的外交家、有能力的国会议员和国务卿，虽然不喜张扬，但却是联邦党的核心人物。

贝弗里奇与马歇尔相似的人生历程和价值观使得他对马歇尔有近乎偶像崇拜的嫌疑。与马歇尔一样，贝弗里奇也是一名出色的律师，曾当选伊利诺伊州参议员，为进步主义、国家主义价值观辩护。1912年竞选国会议员失败后，他就成了全职的马歇尔传记作家。在贝弗里奇看来，马歇尔在独立战争中表现出的勇气及他对英国文化、美国法律和秩序的推崇，都近乎完美，马歇尔法院的各项重大判决都展现了他这种古典共和的价值观，虽然不断遭到州权主义者和行政部门的抨击，但最终他代表的盎格鲁-撒克逊文化定会胜出。

尽管贝弗里奇对马歇尔有崇拜的嫌疑，但他对学术认真严谨的态度使

---

① James Bradley Thayer, *John Marshall*, Boston and New York: Houghton Mifflin and Company, 1901.
② John F. Dillon, ed., *John Marshall, Life, Character and Judicial Services as Portrayed in the Centenary and Memorial Addresses and Proceedings throughout the United States on Marshall Day* (three volumes), Chicago: Callaghan & Company, 1903.
③ Albert J. Beveridge, *The Life of John Marshall* (four volumes), Boston and New York: Houghton Mifflin Company, 1916-1919.

得该书经得起时间的检验,该书一出版就受到了学界广泛的赞誉,研究美国宪政史的大师查尔斯·比尔德、爱德华·考文等人都撰文给予高度评价,即使是对马歇尔评价带有严重杰斐逊倾向的学者都对贝弗里奇的著作表现出极大的热情,1920年,《约翰·马歇尔传》当之无愧获得了普利策传记奖。

该书的不足之处也较为明显,为了前后一致,贝弗里奇对马歇尔英雄似的描写不免有曲笔之处,如该书第三卷大部分篇幅都在叙述一个案件:伯尔案。伯尔案虽在当时极尽渲染之情,但这个案件在马歇尔的法官生涯中所占的分量并不像贝弗里奇描述的那样重要。另外,贝弗里奇虽然对当时的背景作了很多的描述,但并没有将反对者的意见,如建国初期缘何有那么多人热爱州权这样的问题进行探讨。尽管这部书有这样那样的弊病,且出版年代相对久远,但到目前为止该套书依然被认为是有关马歇尔研究的标准文本。

1919年,学者爱德华·考文出版了《约翰·马歇尔和宪法:美国最高法院简史》[①]。与贝弗里奇不同,考文的这本著作简洁明了,他将重点放在马歇尔对美国早期宪政制度做出的贡献方面。考文认为,马歇尔对美国宪法的完善做出了巨大的贡献,特别是在司法审查权的确立和联邦与州关系的调整方面。不过,考文认为马歇尔在伯尔案中带有明显的政治倾向,或者说掺有个人意愿,这也是马歇尔人生中的一个污点。

1922年,学者查尔斯·沃伦的《美国最高法院史》[②] 出版,该书共分三卷,以时间顺序对最高法院建立以来判决过的重大案件及这些案件对共和国的影响给予了较为详细的阐释。该书可读性很高,一出版即成为畅销书,以至其后出现了很多版本。

19世纪末20世纪初的学者,在研究最高法院早期历史时,有意将其与19世纪保守的宪法学说[③]相结合,因为马歇尔的学说顺应了时代的需要,学界对他的颂扬和崇拜成为这一时期研究的主要基调。不过,一些进

---

① Edward S. Corwin, *John Marshall and the Constitution: a Chronicle of the Supreme Court*, Yale University Press, 1919.
② CharlesWarren, *The Supreme Court in United States History*, (three volumes), Boston: Little, Brown &Co., 1922.
③ 19世纪末20世纪初,最高法院的判决反映了当时在整个社会占统治地位的斯宾塞式的自由放任主义,强调契约自由、个人主义与机械的严苛,被后人认为是一种保守的宪法学说。

步主义史学家对马歇尔持批评的态度,如查尔斯·比尔德在《美国宪法的经济观》①一书中就认为,宪法是大资本主义阶层的产物,假如马歇尔如他声称的紧随制宪之父们意图的话,那么他也是资本主义阴谋的一部分;研究美国思想史的沃伦·帕灵顿更是将马歇尔贬斥为一个具有政治动机的法官,为律师们留下了一个不受欢迎的垄断性的宪法解释和汉密尔顿式的宪法。②

(二) 20世纪中期的相关研究

受第二次世界大战的影响,学者们在研究最高法院早期历史时,也开始关注最高法院有关国际法的判决。1933年洛德·克雷格迈尔的《外交和法律中的约翰·马歇尔》③一书出版。在该书中,作者对马歇尔出使法国时不畏强权、捍卫国家利益,就任首席大法官后坚持宪法原则、坚持国际法给予了高度赞扬。1939年,本杰明·齐格勒的《约翰·马歇尔的国际法思想》④一书出版。齐格勒认为,马歇尔的国际法思想早在他就任首席大法官之前就已形成,就任首席大法官后,马歇尔更是将国际法与宪法相结合,以国际法和宪法高于议会法来判案,使得国际法思想得到广泛贯彻。可以说,该书是一本不错的了解马歇尔国际法思想的著作。

40年代美国学界和政界对最高法院的研究进入一个相对低潮期。这一时期,仅有的一部马歇尔传记是大卫·洛思的《首席大法官约翰·马歇尔和共和国的成长》⑤。作为一名新闻记者,洛思不像法律学者那样对马歇尔判决的重要案例进行严谨的分析,也不像马歇尔经典传记作家贝弗里奇那样对马歇尔充满了敬意。而该书没有注释、缺乏参考书目等也使得它的学术性大打折扣。

---

① Charles Austin Beard, *An Economic Interpretation of the Constitution of the United States*, New York: The Macmillan company, 1913. 后多次出版,并有中译本。
② Vernon Parrington, *Main Currents in American Thought: the Romantic Revolution in America*, New York: Harcourt Brace and world, 1927.
③ Lord Craigmyle, *John Marshall in Diplomacy and in Law*, New York: Charles Scribner's Sons, 1933.
④ Benjamin N. Ziegler, *The International Law of John Marshall*, Chapel Hill: University of North Carolina Press, 1939.
⑤ David Loth, *Chief Justice John Marshall and the Growth of the Republic*, New York: W. W. Norton & Company, Inc., 1949.

20世纪中期，学界对最高法院早期历史的研究有了进一步发展。1955年是马歇尔200周年诞辰，学界举办多次会议予以纪念。是年5月，威廉－玛丽学院召开了一次盛大的纪念会。这次会议提交的论文由W. 梅尔维尔·琼斯整理后以《重新评价首席大法官约翰·马歇尔》① 为题于1956年出版。这部论文集共分三个部分，"马歇尔和他的时代""司法审查""马歇尔对法律的特殊贡献"，较为鲜明地对马歇尔的一生进行了重新评价，特别是马歇尔就任最高法院首席大法官前的生涯得到了学者的关注。如阿瑟·霍尔库姆就认为马歇尔之所以支持新宪法主要是因为新宪法扩大了老兵的利益，对商人的特殊利益给予了保证。而大卫·梅斯通过对马歇尔年轻时的政治历程的考察，认为马歇尔既不是汉密尔顿式的亲英派，也非杰斐逊式的民主主义者，而是一个温和派。欧文·布兰特认为马歇尔在华盛顿总统任期屡屡婉拒出任公职，而在1797年却接受出使法国，主要因素是金钱使然，特别是在他早年购买的费尔法克斯土地急需还债的情况下，他认为出使法国不仅可以为他找到新的筹资渠道，而且薪水也颇为丰厚。总的来说，该论文集较为全面地评价了马歇尔作为政治家、律师、政治理论家和政治经济学家所做出的巨大贡献，特别是他就任首席大法官后对最高法院的影响，是一本不错的了解和评价马歇尔的著作。

1955年9月，在哈佛大学法学院召开了另一次纪念会。这次会议提交的论文经学者阿瑟·萨瑟兰整理，以《法治下的政府：在哈佛大学法学院召开的纪念马歇尔诞辰200周年纪念会的论文集》② 出版。学者们围绕如何建立一个公平正义的政府展开了激烈的讨论，对马歇尔对美国国家建构所起的作用进行了详细分析，学者们一致认为马歇尔坚持不懈地奉行法治下的政府，在判决中有意将政治与法律分开，试图创建一个法治的环境。由于这次会议的主题是法治下的政府，评价马歇尔只是其中一个较小的内容。不过有一篇文章却不得不重点提及，这就是由时任联邦最高法院大法

---

① W. Melville Jones, *Chief Justice John Marshall: A Reappraisal*, Ithaca: Cornell University Press, 1956.
② Arthur E. Sutherland, *Government under Law: A Conference Held at Harvard Law School on the Occasion of the Bi-centennial of John Marshall, Chief Justice of the United States, 1801–1835*, Cambridge, Mass.: Harvard University Press, 1956.

官的菲利克斯·法兰克福特提交的"约翰·马歇尔和司法职能"。① 在该文中，法兰克福特认为马歇尔大法官以"我们正在解释的乃一部宪法"的解释哲学将其宪政主义与联邦主义政治哲学激活，使法院具备了约束政府行为的司法审查权，并使"法治下的政府"成为法官与公众普遍接受的政治理念，可以说马歇尔通过马伯里诉麦迪逊案改变了美国宪法的历史。但是法兰克福特并不主张最高法院积极地行使司法审查的权力，他认为一项判决所基于的理由从根本上来自于公众普遍接受的准则，因此，"法治下的政府"并不能局限在司法运作中实现，而是要使法律精神在整个政府范围内得到普及。在推动法律渗透进政府的过程中，司法职能负有不可推卸的责任。

学界除了对马歇尔重点探讨外，对马歇尔法院内其他大法官也开始进行研究。1954 年，唐纳德·摩根的《法官威廉·约翰逊：第一个异议者》② 出版。约翰逊是杰斐逊总统任命的第一人，也是马歇尔法院内独立性很强的一个大法官，他不喜欢首席大法官马歇尔经常代表法院发表一致意见的习惯，充分展现出他的异议，也被称为是第一个异议者。③ 相比于马歇尔，学界对约翰逊的研究甚少，摩根的这部传记详细地阐释了约翰逊的一生，对后世的研究影响深远。

1964 年，塞缪尔·科内夫斯基的《约翰·马歇尔和亚历山大·汉密尔顿：美国宪法的建筑师》④ 出版，这也是学界第一次将马歇尔和汉密尔顿放在一起书写美国宪法历史的尝试。作者认为，马歇尔和汉密尔顿都在为一个强大的联邦政府努力，二人都出色地完成了历史交给他们的任务。

20 世纪 60 年代值得提到的另一本书是罗伯特·福克纳的《约翰·马歇尔的司法哲学》⑤ 福克纳认为，马歇尔判决公正，智慧超人，坚定不

---

① Felix Frankfurter, John Marshall and the Judicial Function, in Arthur E. Sutherland, *Government under Law*, pp. 6 - 35. Also see in *Harvard Law Review*, Vol. 73, 1959, pp. 217 - 238.
② Donald G. Morgan, *Justice William Johnson, The First Dissenter*, Columbia：University of South Carolina Press, 1954.
③ 摩根将约威廉·约翰逊看作是第一个异议者，但据伯纳德·施瓦茨考证，第一位异议者是托马斯·约翰逊，但因为他在最高法院的影响力较小，很多人误以为威廉·约翰逊是第一位异议者。
④ Samuel J. Konefsky, *John Marshall and Alexander Hamilton：Architects of the American Constitution*, New York：Macmillan Company, 1964.
⑤ Robert Kenneth Faulkner, *The Jurisprudence of John Marshall*, N. J.：Princeton University Press, 1968.

移地奉行"法治下政府"的思想。对于司法审查，福克纳认为这是最高法院应有的权力，马歇尔只不过是将这一权力明确化而已。该书最大的价值在于福克纳提供了马歇尔法院案件判决的现实的、切实可行的理由，福克纳认为马歇尔拥有通过解释宪法确保联邦完善的这样一种"司法政治家才能"。

另外，1969年学者杰拉尔德·冈瑟编辑的《约翰·马歇尔为"麦卡洛克诉马里兰案"的辩护》[1]一书出版。在该书中，冈瑟详细论述了麦卡洛克诉马里兰一案裁定后在报纸上引起的惊心动魄的争论，展现了19世纪20年代左右以马歇尔为代表的国家主义者和他的对手州权主义者之间激烈的斗争。冈瑟通过搜集，将当时报纸上发表出来的辩论性文章全文收录其中，共包括由州权主义者威廉·布罗肯伯勒写的两篇文章、斯宾瑟·罗恩写的四篇文章及马歇尔为此辩护的九篇文章。这些文章均以匿名的方式发表在各种刊物上，影响非常广泛。该书不仅有助于后人对麦卡洛克案、马歇尔的研究，也有助于对宪法解释、国会和最高法院之间关系等的研究。

20世纪中期，学界对美国最高法院早期历史的研究范围进一步拓展，不仅集中在对马歇尔的研究，还进一步扩展至对马歇尔法院内其他法官以及马歇尔与当时其他重要政治人物关系的研究等。这一时期的研究虽然较第一时期有很大的深化，但有关马歇尔的相关资料依然处于搜集和整理阶段，有待于继续探讨。

（三）20世纪70年代以来的相关研究

20世纪70年代之后，受"赫斯特革命"[2]的影响，学界对美国最高法院早期历史的研究领域不断扩大，出现了百花齐放、百家争鸣的局面。

70年代后学界有关马歇尔研究的一个重要方面是搜集整理马歇尔相关

---

[1] Gerald Gunther, *John Marshall's Defense of "McCulloch v. Maryland"*, Stanford: Stanford University Press, 1969.

[2] 詹姆斯·赫斯特是威斯康星大学法学院教授，他的研究自20世纪中期以来改变了美国法律史的研究方向，使这个原本囿于传统而死气沉沉的学科出现了令人叹为观止的学术复兴，学者们将之称为"赫斯特革命"。赫斯特关注的重心和他对美国法律史最突出的贡献，是他对19世纪美国法律和经济的关系所作的研究，特别是他提出法律工具论和能量释放学说。引自韩铁：《美国宪政民主下的司法与资本主义经济发展》，上海三联出版社2009，第15~33页。

书信、文章等以汇编成册，组成若干套的《约翰·马歇尔文集》①，并使之成为学者们研究马歇尔的权威性资料汇编，由北卡罗来纳大学出版社出版。暨1974年《约翰·马歇尔文集》第一卷出版以来，至2006年该文集全套12卷相继出版。该文集以时间为线，涵盖了马歇尔生活、工作、家庭等方方面面，是研究马歇尔的第一手最为宝贵的资料，包括马歇尔的书信、他撰写的各种判决，以及他各次修改的原稿，从中我们可以看出马歇尔思想形成的轨迹，对于研究马歇尔及其所处时代的思想具有非常重要的价值。

在马歇尔文集搜集整理的基础上，学界对马歇尔研究的繁荣局面首先表现在为其作传上。20世纪70年代后，值得一提的马歇尔传记就有五部，分别是伦纳德·贝克的《约翰·马歇尔：法律中的一生》②、弗朗西斯·斯蒂茨的《约翰·马歇尔：宪法的捍卫者》③、简·史密斯的《约翰·马歇尔：国家的缔造者》④、查尔斯·霍布森的《伟大的首席大法官：约翰·马歇尔和法治》⑤以及大卫·罗巴基的《一个首席大法官的成长历程：从弗吉尼亚独立战争到最高法院中的约翰·马歇尔》⑥。这些传记分别从不同侧面、不同角度展现了马歇尔的一生。

其中，贝克重在强调马歇尔的一生都在为法律服务，在他的带领下，最高法院所达成的各项判决都在为一个目标服务，那就是法治。贝克认为，在共和国早期，暴力革命的痕迹还非常明显，而代替暴力的唯一方式是法律，在法律的框架内调和多方利益，马歇尔和他所领导的最高法院对于建构一个法治社会起到了至关重要的作用。与贝克庞大的传记不同，斯蒂茨版的马歇尔传短小精悍。他将重点放在考察马歇尔的重要宪法判决意

---

① Charles F. Hobson. et al, eds. *Papers of John Marshall*, (twelve volumes), University of North Carolina Press, 1974 - 2006. 除了12卷本的全套文集外，霍布森还编纂了马歇尔文集的简略本：*John Marshall Writings*, New York：Literary classics of the United States, Inc., 2010。

② Leonard Baker, *John Marshall：a Life in Law*, New York：Macmillan Publishing Company, Inc., 1974.

③ Francis N. Stites, *John Marshall, Defender of the Constitution*, Boston：Little, Brown and company, 1981.

④ Jean Edward Smith, *John Marshall：Definer of a Nation*, New York：Henry Holt and Company, Inc., 1996.

⑤ Charles F. Hobson, *The Great Chief Justice：John Marshall and the Rule of Law*, Lawrence：University Press of Kansas, 1996.

⑥ David Robarge, *A Chief Justice's Progress：John Marshall from Revolutionary Virginia to the Supreme Court*, Westport, Conn., and London：Greenwood Press, 2000.

见上。他认为,尽管马歇尔所受的正规教育不多,却拥有着渊博的法律知识;尽管对出任公职热情不高,却有着丰富的从政经历,这也使得马歇尔对时局、对宪法有着更深层次的理解。出任首席大法官后,他将宪法与最高法院的命运联系在一起,成为宪法最忠实的捍卫者。

1996年出版的简·史密斯的《约翰·马歇尔:国家的缔造者》和查尔斯·霍布森的《伟大的首席大法官:约翰·马歇尔和法治》是两本重量级的马歇尔传记。前书以时间为序,将共和国早期的历史、政治背景与马歇尔的家世、思想渊源、从政经历、法官生涯及其主要司法判决融为一体,兼具学术性和可读性。史密斯对于马歇尔就任首席大法官之前的职业生涯、他的个性及其如何影响最高法院的同事们等都有生动的描写,但史密斯对分析马歇尔作为法律思想家及他如何在重要案件中判决缺乏兴趣。这一缺憾由同年出版的霍布森的马歇尔传予以弥补,后者重在分析马歇尔的法律思想。霍布森将马歇尔放在历史的大背景中系统考察,认为马歇尔所处的时代是一个从古典共和政治思想向民主自由政治思想转型的时期,而马歇尔则是古典共和政治的代表人物之一,虽然民主自由政治随着杰克逊当选总统而占据主流,但美国从来没有完全丢弃古典共和政治思想,宪法和它的守护者——最高法院,即古典共和政治和自由民主政治之间联系的纽带。该书专辟一章来论述共和革命,并将马歇尔有关的法律思想追溯至普通法,通过典型案例来探讨马歇尔的贡献及其司法的限度,使该书具有很强的学术价值。该书也被学界认为是研究马歇尔的巅峰之作。另外,学者大卫·罗巴基的马歇尔传主要考察了马歇尔就任首席大法官前的成长历程,这也是学界研究较为薄弱之处,罗巴基的研究在某种程度上填补了马歇尔早期思想形成研究的空白。

除了这些传记外,70年代后学界有关马歇尔的研究热还表现在1997年赫伯特·约翰逊的《伟大的首席大法官约翰·马歇尔:1801~1835》[①]的出版和2001年R. 肯特·纽迈耶的《约翰·马歇尔和最高法院的英雄时代》[②]的出版。赫伯特·约翰逊不仅对最高法院有较为深入的研究,而且

[①] Herbert A. Johnson, *The Chief Justiceships of John Marshall, 1801 – 1835*, Columbia: University of South Carolina Press, 1997.

[②] R. Kent Newmyer, *John Marshall and the Heroic Age of the Supreme Court*, Baton Rouge: Louisiana State University Press, 2001.

长期从事《马歇尔文集》的编撰工作。在该书中，约翰逊详细探讨了马歇尔成为美国伟大的首席大法官的原因，不仅展现了马歇尔对于初生的共和国成长的推进作用，而且展现了马歇尔对于司法权原则创建的重要性。另外，约翰逊还针对学界将马歇尔和马歇尔法院等同的观点，特别指出马歇尔不等同于马歇尔法院，尽管马歇尔起草了很多重要的法院判决，做出了巨大的贡献，但其他法官特别是经常被学者忽视的那些默默无闻的法官，也做出了他们应有的贡献。判决的一致性是相互妥协的产物，并非马歇尔一人之功劳。约翰逊对马歇尔的评价可谓客观之至。

除了这些传记外，70年代后学界有关最高法院早期历史的研究较为权威的著作有朱利斯·戈贝尔著的《美国最高法院史：1801年前的历史》[1]、乔治·哈斯金斯和赫伯特·约翰逊合著的《权力的根基：约翰·马歇尔，1801~1815》[2]和爱德华·怀特的《马歇尔法院和文化转型：1815~1835》[3]，这是《霍姆斯遗嘱美国最高法院史》[4]的前三卷。虽然很难说这套书完成了对"信"的追求，但为最高法院审理的那些重大案件提供了丰富的细节材料。其中，第一卷戈贝尔主要就马歇尔之前最高法院的情况进行了阐释，语言平铺直叙；第二卷和第三卷是有关马歇尔法院的著作，以1815年麦迪逊总统即将卸任为界分为前后两卷，相比较，第三卷的写作风格更为严谨，开创了注重分析，夹叙夹议的专题研究式的编撰方式。

对于最高法院早期历史的研究较为经典的著作还有学者R. 肯特·纽迈耶的《马歇尔和坦尼治下的最高法院》[5]。纽迈耶认为1801~1864年是

---

[1] Julius Goebel, Jr., *History of the Supreme Court of the United States, Antecedents and Beginnings to 1801*, N. Y.: Macmillan, 1971.

[2] George L. Haskins and Herbert A. Johnson, *Foundations of Power: John Marshall, 1801-1815*, Cambridge University Press, 2010.

[3] G. Edward White, *The Marshall Court and Cultural Change, 1815-1835*, New York: Oxford University Press, 1988.

[4] 1935年大法官奥利佛·霍姆斯去世后，将自己的遗产留给了国家，有关部门决定利用这一资金，编纂一部最高法院的"信史"。霍姆斯遗赠委员会在编纂这一工程时，决定以首席大法官的任期进行工程断代，并以此来分配各卷的写作。全书由保罗·弗罗因德和斯坦利·凯茨（Paul A. Freund and Stanley N. Katz）任主编，各卷年代出版不一，最早一卷1971年出版，至今出版了9卷。该套书被称为美国最具权威的最高法院史，也是美国宪法史中最新和最出色的研究成果。

[5] R. Kent Newmyer, *The Supreme Court under Marshall and Taney*, Wheeling: Harlan Davidson, Inc., 1986.

美利坚合众国的形成时期,在这一时期,美国丢弃了殖民地时代遗留的痕迹,发展出美国独特的政治文化,在这个过程中,法院扮演了一个非常重要的角色,而马歇尔和坦尼两位巨人在其中起了很大作用。在多年研究的基础上,2001年钮迈耶的《约翰·马歇尔和最高法院的英雄时代》一书出版。① 在该书中,钮迈耶将马歇尔放在历史的大背景下考察,他认为马歇尔并不是一个联邦的积极创建者,而是一个被围攻的支离破碎的联邦的守护者,是试图从州权理论下、地方民主势力手中拯救宪法的勇士。不过,钮迈耶也承认,马歇尔在汲取时代营养的过程中,的确在某种程度上创造性地赋予了法院以力量。他认为,马歇尔的伟大之处就在于他生活在一个允许且鼓励具有创造性才能司法家出现的时代。

在马歇尔和当时其他政界人物的关系方面,詹姆斯·西蒙著的《打造美国:杰斐逊总统和马歇尔大法官的角逐》② 则是一本不错的著作,该书运用第一手资料,详细阐述了两人在政治和司法领域中的斗争。尽管两人理念不同,关系如同水火,不过西蒙认为,就美国国家的建构和宪政制度的完善来说,杰斐逊和马歇尔缺一不可。探讨马歇尔和杰斐逊关系的著作还有理查德·埃利斯的《杰斐逊危机:年轻共和国中的法院和政治》③。埃利斯全面分析了杰斐逊领导的行政部门与马歇尔领导的最高法院之间出现的各种危机事件。他认为,杰斐逊并不是要取消司法制度,而是要限制它,以使三个部门达到平衡,对于马歇尔通过判决所确立的司法审查制度,杰斐逊也保持一种温和的态度。另外,布鲁斯·阿克曼的《建国之父的失败:杰斐逊、马歇尔与总统制民主的兴起》④ 一书着重阐述了1800年总统大选过程中繁纷复杂的局面,在阿克曼看来,建国之父们所确立的1787年宪法无法应对1800年总统大选危机,在杰斐逊、马歇尔等政治精英激烈斗争的过程中,司法独立原则与总统制民主开始占据主导地位。

---

① R. Kent Newmyer, *John Marshall and the Heroic Age of the Supreme Court*, Baton Rouge: Louisiana State University Press, 2001.
② 詹姆斯·西蒙:《打造美国:杰斐逊总统和马歇尔大法官的角逐》,徐爽、王剑鹰译,法律出版社,2009。
③ Richard E. Ellis, *The Jefferson Crisis: Courts and Politics in the Young Republic*, Oxford University Press, 1971.
④ Bruce Ackerman, *The Failure of the Founding Fathers: Jefferson, Marshall, and the Rise of Presidential Democracy*, Cambridge, MA: Belknap Press of Harvard University Press, 2005.

对于马歇尔成就的研究著作有 1989 年由托马斯·谢文里编辑出版的《约翰·马歇尔的成就：法律、政治和宪法解释》。① 这是西弗吉尼亚大学举办庆祝美国宪法 200 周年纪念会上有关马歇尔的论文集，该书较为详细地评价了马歇尔的主要成就及其早期的政治思想，在赞扬马歇尔伟大功绩的同时，试图进一步分析马歇尔法院体现出来的宪法内涵和哲学价值。其中，罗伯特·福克纳的"马歇尔法院与宪法民主的创建"② 和赫伯特·约翰逊的"联邦、财产和契约条款：约翰·马歇尔在'斯特吉斯诉克劳宁谢尔德案'和'奥格登诉桑德斯案'中的思想"③ 最为出色。1994 年，托马斯·谢文里在多年研究的基础上，出版了《约翰·马歇尔的法律：解释、意识形态和利益》④ 一书，将宪法解释和共和意识与利益分析的方法相结合，来说明马歇尔一生中的法律思想。谢文里认为，马歇尔是一个法律现实主义者，他运用不同的解释策略以达到特定的政治目的；他将共和的价值观与自由主义相结合，以促进商业的发展。伟大的法学家所靠的通常不是逻辑，而是经验的累积。马歇尔作为一个伟大的首席大法官，虽然其判决受到意识形态和利益的冲击，但其判决本身并不是政治性的。不过，谢文里没有能够证明马歇尔不参与政治判决，该书提供了一种研究马歇尔及马歇尔法院的新的方法和思路。

对美国最高法院内大法官的研究也是学界研究的一个热点。学者莱昂·弗里德曼和弗瑞德·伊斯雷尔合编的《美国最高法院的法官们：生活与判决，1789～1969》⑤ 一书给就任最高法院的每一位大法官的从政经历与其主要的判决给予了较为清晰的阐述。学者克莱尔·库曼编著的《最高

---

① Thomas C. Shevory, *John Marshall's Achievement: Law, Politics, and Constitutional Interpretations*, Westport, Conn., and London: Greenwood Press, 1989.
② Robert K. Faulkner, The John Marshall Court and the Making of Constitutional Democracy, In Thomas C. Shevory, *John Marshall's Achievement: Law, Politics, and Constitutional Interpretations*, Westport, Conn., and London: Greenwood Press, 1989.
③ Herbert A. Johnson, Federal Union, Property, and the Contract Clause: John Marshall's Thought in Light of Sturges v. Crowninshield and Ogdenv. Saunders, in Thomas C. Shevory, *John Marshall's Achievement: Law, Politics, and Constitutional Interpretations*, Westport, Conn., and London: Greenwood Press, 1989.
④ Thomas C. Shevory, *John Marshall's Law: Interpretation, Ideology, and Interest*, Westport, Conn.: Greenwood Press, 1994.
⑤ Leon Friedman & Fred Israel, eds. *The Justices of the United States Supreme Court: Their Lives and Major Opinions, 1789–1969* (four volumes), NY: Chelsen House Publishers, 1969.

法院的大法官们：图解传记，1789~1995》①一书则以通俗易懂的语言记述了从约翰·杰伊至克莱伦斯·托马斯的106位最高法院大法官们的背景、主要判决案例和思想，为后来者的研究提供了一个清晰的检索图。另外，学者沃尔特·施塔尔的《建国之父约翰·杰伊》②一书就第一任首席大法官约翰·杰伊的一生给予了全面的阐述。学者R. 肯特·妞迈耶的《最高法院大法官约瑟夫·斯托里：古典共和国的政治家》③和杰拉德·邓恩的《法官约瑟夫·斯托里与最高法院的兴起》④就约瑟夫·斯托里大法官的生平、判决过的主要案例及其法学思想给予了深入的剖析。

马歇尔及马歇尔法院是研究美国最高法院早期历史的一个重中之重。70年代后，学界也开始关注马歇尔法院之前最高法院的历史。学者斯科特·戈博的《逐一发表意见：约翰·马歇尔之前的最高法院》⑤将马歇尔就任首席大法官之前最高法院的法官逐一进行了概述，戈博认为，这些大法官都是非常有才华的，他们的判决对后世最高法院的发展起到了重要作用。学者威廉·卡斯托的《早期共和国中的最高法院：首席大法官的约翰·杰伊和奥利弗·艾尔斯沃斯》⑥一书，通过研究认为，最高法院初建十年的工作是卓有成效的，虽然这一时期判决的重要案件不多，但一些重要问题都有涉及，特别是有关司法审查问题，州和联邦权的关系、宪法解释问题等。

最高法院早期重要判决也是学者们较为感兴趣的问题，特别是马伯里诉麦迪逊案仍旧是学术界的兴趣所在。其中，罗伯特·克林顿的《马伯里诉麦迪逊和司法审查》⑦一书，运用详细资料阐述了司法审查的起源，克

---

① Clare Cushman, ed., *The Supreme Court Justices: Illustrated Biographies, 1789–1995*, Washington, D. C.: Congressional Quarterly, 1995.
② Walter Stahr, *John Jay: Founding Father*, Hambledon and London, 2005.
③ R. Kent Newmyer, *Supreme Court Justice Joseph Story: Statesman of the Old Republic*, Chapel Hill: University of North Carolina Press, 1985.
④ Gerald T. Dunne, *Justice Joseph Story and the Rise of the Supreme Court*, New York: Simon & Schuster, 1970.
⑤ Scott Douglas Gerber, *Seriatim: The Supreme Court before John Marshall*, Albany: New York University Press, 1998.
⑥ William R. Casto, The Supreme Court in the Early Republic: the Chief Justiceships of John Jay and oliver Ellsworth, Columbia: University of South Carolina Press, 1995.
⑦ Robert Clinton, *Marbury v. Madison and Judicial Review*, Lawrence: University Press of Kansas, 1989.

林顿认为，制宪之父们有意授予最高法院司法审查的权力，尽管各州对此权力极其愤慨；而且马伯里诉麦迪逊一案的判决与制宪之父们关于司法审查的观念是一脉相承的。大卫·恩达尔的"约翰·马歇尔关于司法审查的'杰斐逊'理念"[①] 一文则认为，虽然马歇尔和杰斐逊一生冲突不断，但当马歇尔1803年写下马伯里诉麦迪逊案法院判决时，他并没有支持联邦派司法至上的观点，相反，他认可了杰斐逊和麦迪逊的看法，也即司法部门拥有司法审查的权力，但司法部门并不是唯一、最终解释宪法的部门，行政、立法同样有权对宪法做出解释。学者保罗·卡恩则从法治的角度，来阐述马伯里诉麦迪逊案所揭示出来的政治文化。在他的《法治社会：马伯里诉麦迪逊案和美国的建构》[②] 一书中，他运用现代政治文化理论，探究了法治的神话，驳斥了法治就是人民统治的观点。他认为，法律是政治文化的一种反映，马伯里诉麦迪逊案鲜明地展现了当时激烈的政治冲突，在各种政治冲突中，法律得以制定，国家得以建构。学者威廉·纳尔森在《马伯里诉麦迪逊案：司法审查的根源和遗产》[③] 一书中，就司法审查制度的演变以及为何出现这种变化进行了详细的阐述。他认为，马歇尔大法官在马伯里诉麦迪逊案中确立的司法审查制度到今天已经发生了很大的变化，其中最为明显的变化是：早期法院运用司法审查权时极力避免司法卷入政治事务，而今天的司法审查制度却卷入过多。究其原因，是因为政府的性质发生了巨大的转变，早期政府的本质是如何体现多数人的意志，而今天，政府的本质是怎样结束种族、族裔和宗教的压迫，保护少数弱势群体。政府性质的转变导致司法审查职能的转变，最高法院逐步成为弱势群体的保护者。

说到马伯里诉麦迪逊案就必然涉及司法审查制度的渊源问题，对于这一问题，爱德华·考文的《美国宪法的"高级法"背景》[④] 一书就对司法

---

① David E. Engdahl, "John Marshall's 'Jeffersonian' Concept of Judicial Review", *Duke Law Journal*, Vol. 42, No. 2 (Nov., 1992).
② Paul W. Kahn, *The Reign of Law: Marbury v. Madison and the Construction of America*, New Haven: Yale University Press, 1997.
③ William E. Nelson, *Marbury v. Madison: The Origins and Legacy of Judicial Review*, Lawrence: University Press of Kansas, 2000.
④ Edward S Corwin, The "Higher Law" Background of American Constitutional Law, Lndianapolis, IN: Liberty Fund, 2008.

审查的渊源进行了追踪考察,他认为司法审查的确立是在"高级法"的思想中发展而来的,而"高级法"的思想观念早在古希腊、罗马时就出现了。英国法院以普通法为高级法对行政部门的审查以及殖民地时期相关的司法实践,都为美国确立司法审查制度奠定了根基。1803年"马伯里诉麦迪逊案"只不过是顺其自然、水到渠成的结果。还有学者认为司法审查制度起源于北美早期的司法先例。学者威廉·威克即持这种观点,他的《法治下的自由:美国人生活中的最高法院》[①]一书认为,在1780年到1787年间,至少有八个州在判决中直接涉及维护司法审查权的问题。是州法院最先开始坚持裁定州议会立法是否符合州宪法,实施判定违宪的制定法无效的权力。学者伯纳德·施瓦茨在其《美国法律史》[②]一书中也认为,就司法审查权来说,它始于州法院的先例,而非联邦法院在1803年"马伯里诉麦迪逊案"。

对马伯里诉麦迪逊案的研究不可避免地引发了学者们对于制宪之父们关于司法审查意图的探讨。制宪之父们是否授予了司法部门这一权力?还是这一权力是由最高法院自己篡权获得?由李松锋组织编译的《伟大的篡权:美国19、20世纪之交关于司法审查的讨论》[③]一书,就搜集翻译了宪政大师查尔斯·比尔德、爱德华·考文、威廉·特里克特等的十篇关于司法审查制度研究的文章,鲜明地展现了19世纪末20世纪初美国学界和政界有关司法审查制度、法院与立法之间关系等问题的争论。学者拉乌尔·伯杰在《国会诉最高法院》[④]一书中很有把握地指出,大多数制宪者预计到、也期待着至少是某种程度的司法审查,无论是过去还是现在,这一问题激烈争论的只是审查的范围,而不是有无问题。学者伦纳德·利维的《最初意图和制宪之父们的宪法》[⑤]一书和威廉·安德森的"制宪者的本意:宪法解释的注解"[⑥]一文都分别对制宪之父们有关司法审查制度的意

---

① William M. Wiecek, *Liberty under Law: the Supreme Court in American Life*, Baltimore: Johns Hopkins University Press, 1988.
② 伯纳德·施瓦茨:《美国法律史》,王军译,中国政法大学出版社,1997。
③ 查尔斯·比尔德、爱德华·考文、路易斯·布丁等:《伟大的篡权:美国19、20世纪之交关于司法审查的讨论》,李松锋译,上海三联书店,2009。
④ Raoul Berger, *Congress v. the Supreme Court*, Cambridge: Harvard University Press, 1969.
⑤ Leonard W. Levy, *Original Intent and the Framers' Constitution*, Chicao: Ivan R. Dee, 2000.
⑥ William Anderson, "The Intention of the Framer: A Note on Constitutional Interpretation", *American Political Science Review*, 1955.

图作了详细阐释，但他们二人认为：要客观、准确地确定"制宪者的本意"相当困难，它往往被不同的学者用来证明自己的观点。利维更是认为，司法审查制度是被统治者默认的结果，与制宪之父们的意图无关。

由于司法审查制度没有在宪法文本中明确规定，后来亦没有在宪法修正案中加以确认，加之最高法院法官非民选、终身任职的特性，最高法院拥有审查其他两个部门的权力引起了很多的争论和批评。在哈里·韦林顿的《解释宪法：最高法院和审判程序》①一书中，韦林顿就将司法部门与其他政府机构相比较，试图说明美国不是一个简单多数统治的社会，司法部门也不是唯一一个反多数的机构，相反，司法部门拥有审查其他两个部门的权力将会更好地促进美国宪政的相互制衡；学者霍华德·迪安在《司法审查制度和民主》②一书中，详细论述了司法审查制度产生的基础、与民主的关系以及司法审查自身的特征。他认为尽管司法部门有根据宪法审查其他部门法律是否违宪的权力，但是这一权力不应该无限制地被使用，司法部门要实行自我约束。学者克米特·霍尔主编的论文集《司法审查制度和最高法院的司法权力》③一书，搜集了关于该专题方面的12篇权威论文，全面阐述了学者们对司法审查制度产生、发展以及与民主之间的关系；艾伯特·梅隆、乔治·梅斯主编的论文集《司法审查制度和美国的民主》④一书展现了不同学者关于司法审查制度和民主关系的不同看法，特别是在司法审查制度的民主性问题上，学者们针锋相对，提出了截然不同的观点。而亚历山大·比克尔的《最小危险部门：政治法庭上的最高法院》⑤和约翰·伊利的《民主与不信任：关于司法审查的理论》⑥都是有关司法审查理论的权威著作。而有关司法能动抑或司法克制较为全面

---

① Harry H. Wellington, *Interpreting the Constitution: The Supreme Court and the Process of Adjudication*, New Haven: Yale University Press, 1990.
② Howard Edward Dean, *Judicial Review and Democracy*, New York: Random House, 1966.
③ Kermit Hall, *Judicial Review and Judicial Power in the Supreme Court*, New York: Garland Publishers, 2000.
④ Albert P. Melone, George Mace, *Judicial review and American Democracy*, Ames: Iowa State University Press, 1988.
⑤ Alexander M. Bickel, The Least Dangerous Branch: the Supreme Court at the Bar of Politics, New Haven: Yale University Press, 1986.
⑥ John Hart Ely, *Democracy and Distrust: A Theory of Judicial Review*, Cambridge: Harvard University Press, 1980.

论述的书是克里斯托弗·沃尔夫的《司法能动主义——自由的保障还是安全的威胁?》①。在该书中,沃尔夫对司法审查的优劣进行了集中讨论,将主张司法能动和主张司法克制的双方观点一一罗列,让我们对此问题有了一个全面而深刻的认识。

除马伯里诉麦迪逊案和司法审查制度的相关研究外,学界对马歇尔法院的其他重要判决也有专门的探讨。学者 C. 皮特·麦格拉斯的《亚祖河:新共和国内的土地和政治》②一书,就对臭名昭著的亚祖河土地案,也即弗莱彻诉佩克案进行了详细的剖析。他将该案放在共和国早期土地投机的大背景下来考察,对佐治亚州议会、民众以及联邦国会、重要人物之间的政治博弈进行了生动的描述。麦格拉斯认为,马歇尔启用宪法契约条款,不仅有效地捍卫了财产权,而且提升了最高法院的声望。弗朗西斯·斯蒂茨的《私人利益和公共财产:达特茅斯学院案》③一书从私人利益与公共利益的角度对达特茅斯学院案进行了详细的分析。斯蒂茨认为,私人产权神圣不可侵犯的观念由来已久,保护私人产权,在某种程度上就是促进公共利益的发展,因为只有保护私人产权,才能最大限度地发挥个人产能。马歇尔在达特茅斯学院案中将公司宪章看作是受宪法保护的契约,进一步强化了这一观念,促进了公司的繁荣和经济的发展。理查德·埃利斯的《积极的国家主义:麦卡洛克诉马里兰案和年轻共和国联邦权威的确立》④也是一本不错的书。埃利斯将麦卡洛克诉马里兰案放在共和国初期巨大的社会、经济变动之中考察,对该案的缘起、最高法院的判决以及各州对最高法院判决的反应给予了详细的考察,特别是对马歇尔和罗恩之间的论战进行了生动的描述。埃利斯认为,马歇尔在该案的判决中超越银行的具体问题,直指联邦是一个拥有宽泛权力的政府机构,从这个意义上说,马歇尔是一个积极的国家主义者。学者莫里斯·巴克斯特的《汽船垄断案:吉

---

① Christopher Wolfe, *Judicial Activism: Bulwark of Freedom or Precarious Security?* Lanham: Rowman & Littlefield Publishers, Inc., 1997.
② C. Peter McGrath, *Yazoo: Land and Politics in the New Republic: The Case of Fletcher v. Peck*, Brown University Press, 1966.
③ Francis N. Stites, *Private Interest and Public Gain: The Dartmouth College Case*, Amherst: University of Massachusetts Press, 1972.
④ Richard E. Ellis, *Aggressive nationalism: McCulloch v. Maryland and the Foundation of Federal Authority in the Young Republic*, New York: Oxford University Press, 2007.

布森诉奥格登案》① 一书将吉布森诉奥格登案放在共和国初期的政治和法律的大背景下予以考察。巴克斯特认为,马歇尔在该案中避开了国会是否专有州际贸易管辖权的关键问题,仅就本案涉及的具体问题予以阐述,认为将20世纪新政时期对商事条款的扩大阐释追溯到吉布森案是值得怀疑的。

伯尔案也是学界关注的问题,著名的法律史专家皮特·查尔斯·霍弗的《亚伦·伯尔的叛国罪审判》② 一书,通过生动的语言,形象地描述了亚伦·伯尔一案的来龙去脉,并展现了建国初期三位重要的政治人物总统杰斐逊、首席大法官马歇尔和被告伯尔三人之间激烈的交锋。学者R.肯特·纽迈耶的《亚伦·伯尔的叛国罪审判:法律、政治和新国家的性格战争》③ 一书也对伯尔案进行了较为详尽的阐释,并认为此案的判决是坚持法治原则的典型,奠定了美国司法独立的根基,之所以出现马歇尔和杰斐逊的对峙,则是源于共和国早期的法律和政治文化。

学者约翰·诺南的《羚羊号案:詹姆斯·门罗和约翰·昆西·亚当斯政府时期被抓捕的非洲人的磨难》④ 以1825年最高法院判决的羚羊号案为线索,就美国早期的黑人奴隶、奴隶贸易以及政府对非洲黑人的政策等给予了较为全面的考察。

另外,在一些通史性论著中,也有涉及马歇尔法院其他重要判决的内容,比如罗伯特·麦克洛斯基著的《美国最高法院》⑤、伯纳德·施瓦茨的《美国最高法院史》⑥ 等。

总的来说,20世纪70年代以来,在"赫斯特革命"和新史学的影响

---

① Maurice G. Baxter, the Steamboat Monopoly: Gibbons v. Ogden, New York: Alfred A. Knopf, Inc., 1972.
② Peter Charles Hoffer, The Treason Trials of Aaron Burr, Lawrence: University Press of Kansas, 2008.
③ R. Kent Newmyer, The Treason Trial of Aaron Burr: Law, Politics, and the character Wars of the New Nations, New York: Cambridge University Press, 2012.
④ John T. Noonan, Jr., The Antelope: The Ordeal of the Recaptured Africans in the Administrations of James Monroe and John Quincy Adams. Berkeley: University of California Press, 1977.
⑤ Robert G. Mccloskey, The American Supreme Court, sixedition, Chicago: University of Chicago Press, 2016.
⑥ Bernard Schwartz, A History of the Supreme Court, N.Y.: Oxford University Press, 1993. 已有中译本,本文的引用某种程度上参照了中译本:伯纳德·施瓦茨:《美国最高法院史》,毕洪海、柯翀、石明磊译,中国政法大学出版社,2005年。

下，学者们对于美国最高法院早期历史的研究出现了欣欣向荣的局面，研究的广度和深度都有进一步深化。由于有关美国最高法院早期历史的研究不可避免地扩及对美国宪法、美国法律的研究，这些相关的研究也的确给笔者带来了很多的启发。但要将美国学界所有关于美国宪法、美国法律论著罗列出来，将是一个很长的书目，对于本文来说，这不仅是不可能，也是不必要的。不过，尽管美国学界有关美国最高法院早期历史的研究不可谓不丰富，但是，美国学者的研究各有侧重，观察角度和理解千差万别，这也为我们对这一课题做进一步研究留下了一定的空间。

三 国内相关研究

与国外的研究相比，国内关于美国最高法院早期历史的研究要滞后得多。直到20世纪90年代以后，随着我国法治化的逐步深入，研究美国最高法院早期历史的学者逐渐增多。国内相关研究的著作主要有：万绍红著的《美国宪法中的共和主义》，① 该书认为美国宪法的根基是共和主义，而自由主义和民主主义正是美国宪法要超越的对象。该书阐述了美国宪法中共和主义的渊源、传承和流变，分析了它与自由主义、民主主义的联系和区别，揭示出美国宪法中共和主义的内涵和特质。从表面上看，该书虽然与美国最高法院没有直接联系，但却是研究最高法院早期历史非常关键的背景资料。有关美国最高法院早期历史的研究，大多是作为美国最高法院历史中的一两个章节。在2007年出版的《在宪政舞台上——美国最高法院的历史轨迹》② 中，南京大学任东来教授就用两章的篇幅对美国最高法院早期的历史给予了较为详细的阐释，特别是对马歇尔法院的相关案例进行了精彩的分析，使我们对于美国最高法院早期历史有一个主体的认识。在2014年最新出版的《原则与妥协——美国宪法的精神与实践》③ 一书中，中国留美学者王希教授从"权力"与"权利"的互动角度，就美国宪政体制形成与演变给予了较为详细的阐释。不过，关于美国最高法院早期的历史，特别是马歇尔法院、马歇尔在美国宪政史上的地位和作用等问题，一直没有系统的研究。在笔者找到的相关资料中，仅发现学者应奇在

---

① 万绍红：《美国宪法中的共和主义》，人民出版社，2009。
② 任东来：《在宪政舞台上——美国最高法院的历史轨迹》，中国法制出版社，2007。
③ 王希：《原则与妥协——美国宪法的精神与实践》，北京大学出版社，2014。

《宪政人物》①一书中有对约翰·马歇尔简短的介绍，而他对马歇尔的介绍是根据台湾地区已停刊的《宪政思潮》季刊"宪政人物"一栏编辑成册，没有过多的学术研究。

虽然国内学界还未有对美国最高法院早期历史进行较为系统的研究，但学界已开始对早期最高法院判决过的重要案例进行研究。其中，在2004年出版的《美国宪政历程：影响美国的25个司法大案》②中，任东来教授就对美国最高法院早期判决过的重要案例，如马伯里诉麦迪逊案、达特茅斯学院诉伍德沃德案等进行了较为精彩的分析。由于马伯里诉麦迪逊案的判决也标志着美国司法审查制度的确立，有关研究美国司法审查制度的相关著作都对该案进行了较为详细的剖析，如范进学的《美国司法审查制度》③一书就对美国司法审查制度的起源、经典判例及相关理论问题进行了较为系统的阐述；白雪峰的《美国司法审查制度的起源与实践》④一书，从司法审查的角度，对美国早期联邦最高法院的一些重要判例进行了较为详细的阐释，特别是对马伯里诉麦迪逊案的缘起及其判决做了较多解读。另外，张千帆教授的《西方宪政体系：上册　美国宪法》⑤及《自由的魂魄所在：美国宪法与政府体制》⑥里面也分别有小节对美国司法审查制度进行介绍；胡锦光的《违宪审查比较研究》⑦、林广华的《违宪审查制度比较研究》⑧、莫纪宏主编的《违宪审查的理论与实践》⑨也都对美国司法审查制度有所涉及。

在国内有关论文方面，有关美国司法审查制度的研究相对来说稍微多一点。而有关马歇尔法院的研究，大多是在论述马伯里诉麦迪逊案中有所涉及。不过，随着我国法治精神的弘扬，近年来对马歇尔的研究也逐步开

---

① 应奇编《宪政人物》，吉林出版集团有限公司，2008。
② 任东来、陈伟、白雪峰等：《美国宪政历程：影响美国的25个司法大案》，中国法制出版社，2004。
③ 范进学：《美国司法审查制度》，中国政法大学出版社，2011。
④ 白雪峰：《美国司法审查制度的起源与实践》，人民出版社，2015。
⑤ 张千帆：《西方宪政体系：上册·美国宪法》，中国政法大学出版社，2000。
⑥ 张千帆：《自由的魂魄所在：美国宪法与政府体制》，中国社会科学出版社，2000。
⑦ 胡锦光：《违宪审查比较研究》，中国人民大学出版社，2006。
⑧ 林广华：《违宪审查制度比较研究》，社会科学文献出版社，2004。
⑨ 莫纪宏：《违宪审查的理论与实践》，法律出版社，2006。

始出现。其中较为重要的论文有：旅美作家林达的"马歇尔大法官的远见"①，作者认为马歇尔大法官对于美国司法独立起到了很大的作用；学者孙宝珊的"评约翰·马歇尔"②，虽然此文发表年代较早，但对马歇尔的评价较为客观；不过在关于马歇尔和杰斐逊的关系上，则较为苛刻，认为马歇尔具有较强的党派偏私；而李丹、任东来的"马歇尔大法官与杰斐逊总统的恩怨——点评〈杰斐逊全传〉中的一段历史恩怨"③ 对历史学家"贬马扬杰""赞马抑杰"都给予了更为中庸的评价。另外一篇则是对马歇尔大法官的批评，题名为"法盲加流氓：刘大生笔下的美国最高法院首席大法官约翰·马歇尔"，④ 从该篇文章的标题就可以清晰地看出作者对马歇尔批评的激烈程度，该文认为威名鼎鼎的美国联邦最高法院首席大法官约翰·马歇尔不过是一个法盲，不仅如此，他还是一个政治流氓，他严重破坏了美国的司法审查制度。这种批评在学术界里尚属少数，作者给人的感觉很震撼，然而读罢却感觉作者对马歇尔生活所处的时代背景、对当时美国的法律了解甚少。除了一些与马歇尔有关的论文外，国内对美国最高法院早期历史的研究还不是很多，对于最高法院初建十年及马歇尔任内其他大法官的著述尤其少见。

而在间接研究中，有关马歇尔与美国司法审查制度的论文主要有：南京大学中美文化研究中心任东来的《司法审查：美国最高法院的撒手锏》，⑤ 该文阐述了美国司法审查制度的确立以及最高法院缘何有如此巨大的权力；北京大学法学院强世功的《司法审查的迷雾——马伯里诉麦迪逊案的政治哲学意涵》⑥ 一文认为最高法院大法官马歇尔在马伯里诉麦迪逊案中充分运用其高超的政治智慧和精湛的法律技艺，将政治斗争转化为法律原则的斗争，以政治上法官任命的失败为代价赢得了司法审查原则确立

---

① http://news.163.com/08/1006/11/4NILU1K700012Q9L.html
② 孙宝珊：《评约翰·马歇尔》，《法学评论》，1986年第5期。
③ 李丹、任东来：《马歇尔大法官与杰斐逊总统的恩怨——点评〈杰斐逊全传〉中的一段历史恩怨》，《学术界》，2012年第1期。
④ http://liudasheng.fyfz.cn/blog/liudasheng/index.aspx?blogid=334546，与此文类似，《江苏行政学院学报》2006年第6期刊登了他的"美国司法审查制度是如何产生的——对一种流行说法的质疑"一文。
⑤ 任东来：《司法审查：美国最高法院的撒手锏》，《读书》，2000年第2期。
⑥ 强世功：《司法审查的迷雾——马伯里诉麦迪逊案的政治哲学意涵》，《环球法律评论》，2004年第4期。

的胜利。在此后的一个多世纪中，纠结于人民主权与司法独立、代议制民主与持久价值、大众激情与审慎理性等多项宪政议题，该案被不断地解释和再解释，最终完成了从司法审查原则到司法主权原则的提升，确立了美国特色的、司法至上的法律传统。而他的另一篇文章：《联邦主权与州主权的迷思——麦卡洛克诉马里兰州案中的政治修辞及其法律陷阱》，① 在该文中，他认为，马歇尔大法官在麦卡洛克诉马里兰州一案中运用政治修辞与法律推理技术把联邦党人的政治主张变成了美国宪法原则，马歇尔在法律推理过程中对历史事实、宪政理论乃至法律概念的解释进行了歪曲和误读，以服务于其捍卫联邦主权、扩张联邦权力的政治主张。作者由此得出结论，法律人既要掌握修辞的技艺，也要对修辞保持高度的警惕。

另外，在一些硕士论文中也有涉及马歇尔与美国司法审查制度，主要有：武汉大学汪新胜的《美国司法审查制度研究》、兰州大学赵衡的《美国司法审查制度成因初析》、山东大学李强的《美国联邦最高法院与司法审查》、北京大学李东平的《美国司法审查探源：普通法传统与宪政理论的融合》、厦门大学顾佳的《美国司法审查理论分析——本体—方法构造派别》、对外经济贸易大学莫文静的《论美国司法审查的起源》、西南政法大学易小鹏的《论美国司法审查制度成因》等文，这些文章的一个共同点是他们都对美国司法审查制度进行了整理分析，而很少涉及马歇尔大法官个人对司法审查制度的贡献，而更少论及司法审查的另一个方面：即对州立法和法院的纵向审查，当然更少涉及马歇尔法院的其他重要案件，因此，对马歇尔和美国宪法进行一个全面的研究非常必要。

总的来说，国内学者对于马歇尔法院和美国宪法的研究还相当薄弱，仅散见于一些著作和论文之中。在我国法治化进一步发展的今天，研究马歇尔法院如何确立美国司法独立性、使司法逐步发展壮大等对于我国司法独立和司法权威的树立和完善有非常重要的借鉴意义。

四　研究思路与框架

在共和国早期疾风暴雨的年代里，最高法院深陷政治泥潭，法院权威

---

① 强世功：《联邦主权与州主权的迷思——麦卡洛克诉马里兰州案中的政治修辞及其法律陷阱》，《中国法学》，2006年第4期。

不高，且经常受到行政部门的批评和攻击。最高法院初建十年，虽也不乏有智慧的大法官，但却难以打开局面，处处受行政部门和州权的掣肘。在这一紧张局面之下，最高法院在首席大法官约翰·马歇尔的带领下，小心翼翼地将法律从政治中剥离出来，审慎而坚忍不拔地呵护着联邦司法权，努力把宪法塑造成为一个国家主义的宪章。在马歇尔长达35年的任期内，他带领最高法院，不仅改变了最高法院宣布法院意见的方式（由法官逐一发表意见到法院一个声音说话），加强了最高法院的权威；而且通过一系列重要判决，全面激活了宪法文本中的"最高条款""契约条款""必要和适当条款"以及"商事条款"，把宪法文本变成了生活中实实在在的宪政。如果说美国1787年宪法确定了美国的宪政框架，提出了法治的目标，那么马歇尔法院则充实了这个框架，实践了法治的理念。"马歇尔找出宪法文本，赋予它力量。他找到的是一副骨架，却赋予了它血肉之躯。"[①] 由于马歇尔在美国宪政发展过程中所做出的巨大贡献，他在美国历史上享有"伟大的首席大法官"和"华盛顿之后的第二人"之美誉。

　　学界对约翰·马歇尔、马歇尔法院及相关判例的研究大多从法律的角度，分析马歇尔一生对法律所做出的巨大贡献，这些著作也大多为法学家、律师、法官所著，很少有学者从历史的角度来阐述马歇尔就任首席大法官后所面临的困境，他是如何摆脱困境，并在困境中一步步加强法院的权威，完善美国的宪政制度的。因此，笔者尝试运用历史分析的方法，同时结合政治学、法学、社会学等多学科的相关研究理论和研究成果，通过宏观分析与具体判例相结合，来阐释约翰·马歇尔如何在美国早期国家体制尚不完善的情况下，排除各种障碍，树立司法的权威并使得国家尽快走上正轨的。由于早期联邦最高法院大法官不仅要承担最高法院案件的判决任务，每年还要到各自所属的巡回法院进行巡回判案，马歇尔在其35年的任期内所宣判的案件非常多，笔者不可能将其全部纳入其中，只是节选其重要案件分析之。笔者所节选的这些案件，大都是马歇尔对于宪政有着重要阐释的案件，正是这些具有里程碑式的案件，使得马歇尔成为一位伟大的首席大法官，如果这些案件被忽略了，马歇尔伟大的形象也就随即模糊起来。在本书中，通过对这些重要案件的分析，

---

① Bernard Schwartz, *A History of the Supreme Court*, N. Y.：Oxford University Press, 1993, p. 35.

笔者试图回答以下问题。

1. 最高法院初建十年内的建设及其面临的问题。
2. 马歇尔就任首席大法官之前他的人生历程及对其法治思想的影响。
3. 马歇尔就任首席大法官时面临的困境及马伯里诉麦迪逊案与司法审查制度的确立。
4. 马歇尔法院与行政部门和立法部门的紧张关系，在这一紧张关系中，最高法院是如何确立司法的原则与权威的。
5. 在早期联邦权与州权矛盾重重的关系中，最高法院是如何予以定位，并在重要宪法案件中重塑二者的关系，进而成为联邦的建构者。
6. 有关宪法契约条款的案件，是马歇尔法院判决的另一个重要方面，马歇尔是如何处理的，他在坚守什么样的原则。
7. 司法与政治如影随形，最高法院作为联邦三个部门中的一个分支，自然与政治结下了不解之缘。在政治、道德、法律之间，司法权之所能与不能的限度何在。

在篇章结构安排上，本书除前言和结语外，共分七章。

第一章主要对美国联邦最高法院初建前十年（1790~1800）的情况做一简要的概述。最高法院初建前十年地位不稳，政局不定，先后就任最高法院首席大法官的有约翰·杰伊（1789~1795）、约翰·拉特利奇①（1795）和奥利弗·埃尔斯沃斯（1796~1800）。最高法院虽权威有限，但其固有的法律文化为马歇尔重塑最高法院的角色奠定了基础。

第二章对马歇尔就任首席大法官之前的经历作简要的回顾，让读者对马歇尔早年的生活有一个总体的认识。这一时期是马歇尔法学思想形成的关键时期，在马歇尔的一生中占一半的时间，因此该章也是论述马歇尔法学思想必不可少的内容。他在这一时期都参与了哪些活动，受到哪些人的影响，形成了什么样的思想，他是如何由一个边疆不知名的小人物逐步走向全国的等是这一章主要说明的问题。

第三章对马歇尔就任首席大法官初始的一个具有里程碑式的案件——马伯里诉麦迪逊案进行详细的分析，该案预示着美国司法审查制度的确立，也即最高法院对国会立法以及行政部门的行为有审查的权力，这也是

---

① 参议院没有确认提名。

最高法院获得的一项重要权力，正是这一权力使得最高法院成为与行政、立法平起平坐的机构，司法审查权也被称之为最高法院的撒手锏，是制约立法和行政部门的重要权力根基。马伯里诉麦迪逊案是在什么情况下发生的，马歇尔法院是如何运用智慧来判决这一案件，司法审查制度是如何确立的，它在美国历史的长河中都经历了什么样的时事变迁，美国开国先父们，亚历山大·汉密尔顿、托马斯·杰斐逊是如何看待司法审查的，他们之间有哪些异同等是这一章主要的研究内容。

第四章主要就马歇尔法院与行政部门的紧张关系进行阐述，特别是马歇尔和时任总统的托马斯·杰斐逊之间的关系进行阐述。二人对美国宪政的建构都做出了巨大的贡献，虽为远房表兄弟，二人却水火不容，从生活方式到政治信念，都天差地别。该章主要对马伯里诉麦迪逊案后杰斐逊共和党人发起的法官弹劾案特别是蔡斯弹劾案，以及1807年伯尔案期间以二人为代表的法院与行政部门的交锋进行详细阐释。马歇尔和杰斐逊一直处于不和的状态，在二人的交锋中，马歇尔带领最高法院的兄弟们是如何塑造美国宪法的？对于占据主导优势的杰斐逊共和党的猛烈攻击，马歇尔法院是如何坚守宪法原则的？

第五章主要是对美国早期联邦和州的关系给予详细探讨。在美国早期，联邦和州的关系虽然由宪法的最高条款予以确立，但联邦的主权并未得到真正的确立，马歇尔法院是如何通过案件加强联邦的权力、削弱州权，各州又是如何反应的？本章主要选取了四个具有代表性的案件来展现马歇尔法院如何确立联邦至上的原则，为宪法注入新的活力。它们分别是：1816年的马丁诉亨特的租户案、1819年的麦卡洛克诉马里兰案、1821年的科恩兄弟诉弗吉尼亚案、1824年的吉布森诉奥格登案，这些案件在当时都引起了很大的反响，特别是南部州权主义者的激烈抗议。在联邦时时处于分裂的危险关头，马歇尔的国家主义思想对于法院的判决起到了很大的作用。

第六章主要是对马歇尔法院判决所依赖的一个重要方面——契约条款进行分析和研究。契约条款在美国宪法第一条第十款中有明确的规定，马歇尔及其同事频频运用这一条款对上诉到最高法院的案件进行判决，足见在马歇尔的思想中契约条款所占的分量。本章主要节选了有关契约条款的四个重要案件——1810年的弗莱彻诉佩克案、1819年的达特茅斯学院诉伍德沃德案和斯特吉斯诉克劳宁谢尔德案及 1827 年的奥格登诉桑德斯案，通过对这些案件的具体分析，来论述马歇尔法院是怎样通过契约条款来防范州对个人权利的侵犯，这些案件对于当时占据主导地位的州起到了什么样的作用，他们又是如何应对最高法院的判决的？马歇尔法院通过这些案件，不仅进一步确认了最高法院的上诉管辖权，而且为宪法在全国统一阐释及最高法院成为宪法的最终阐释者奠定了基础。

第七章主要是说明司法权的限度。虽然马歇尔大法官具有非凡的智慧、温和的个性，使得其同事及周围人深受感染，最高法院的判决意见也出现了很大的改观，由法院多数意见取代了法官逐一发表意见的形式，加强了联邦最高法院的权威。但最高法院的权力依然是有限度的，它不但受到法律和政治的局限，也受到立法和行政自由裁量权的约束。在有关黑人奴隶和奴隶贸易、印第安人问题上，最高法院在法律和道德之间进行着艰难的抉择，往往舍弃道德而严守法律，即使这样，如其判决不合行政和立法的意愿，也难以得到很好的执行。

最后一部分是全文的结论。通过对美国最高法院早期历史的研究及马歇尔早年经历和马歇尔法院重要案例的分析，笔者认为，马歇尔早年参加独立战争的经历、他的律师职业生涯、他出任公职形成的政治敏感度，乔治·华盛顿对他的影响等，都使他成长为一个温和的联邦主义者。正是在马歇尔的带领下，最高法院通过了一系列重要的宪法判决，这些判决之所以对美国社会产生了深远的影响，主要是因为他不仅具有非凡的法律智慧，还是一个卓有远见的政治家，也即是一个司法政治家。同时，在马歇尔法院内，虽然有不同的声音，但在涉及宪法原则的重大案件上面，基本上都采取一致意见，这也是最高法院能够确立权威、建立司法独立原则和司法审查制度的重要原因。

第一章 最高法院初建十年
(1790~1801)

独立战争使13个北美殖民地彻底摆脱了英国的控制，但独立带来的不是一个国家，而是13个国家，它们在政治上各自为政，分崩离析；在经济上互设障碍，相互拆台。各邦在革命时期签订的《邦联条例》在处理独立后的政治、经济和外交事务时漏洞百出，无能为力。为了挽救美利坚诸邦，各邦代表在1787年制定了新的宪法，创设了一套独特的宪政体制，并由此建立起一个合众国。由于联邦宪法中关于司法条款的规定非常简单，第一届国会通过了《1789年司法法》，对各级法院的创设及权力设置给予了较为清晰的界定。1790年2月2日，美国最高法院在纽约市皇家证券交易所第一次开庭。随着最高法院的开庭，制宪之父们所规定的三权政府最终得以确立。

相比较立法部门和行政部门的权力和地位，同样是三权之一的最高法院则逊色得多，不仅没有自己独立的办公地点，其人员构成变动也非常大，很多卓有成效的人更倾向于其他机构的职位。尽管如此，在最高法院初建十年，大法官们还是抓住机会，在一些重要案件中彰显最高法院的公正性和权威性。虽然最高法院权威有限，但其固有的法律文化为其后的首席大法官约翰·马歇尔重塑最高法院的角色奠定了基础。

一 联邦司法权的起源

美国著名学者约翰·默林在《没有墙的屋顶》一文中说："宪法是国家身份的替代物。美国国家主义如此独特是因为在建国后近一个世纪的时间内，国家主义的理念都非常脆弱，不得已求助于宪法。"[1] 的确，作为世

---

[1] R. Kent Newmyer, *John Marshall and the Heroic Age of the Supreme Court*, Baton Rouge: Louisiana State University Press, 2001, p. 267.

界上第一部成文宪法,1787年宪法对美国国家的创建和宪政制度的完善起到了巨大的作用。它创建了一系列新的宪政原则,如人民主权、联邦制、分权制衡体制等,极大地改变了邦联时期的困境,实现了以各州主权为中心的邦联制向以联邦为主权的民族国家政治实体的转变。①

在制宪会议上,相比较立法和行政部门权力分配的激烈争论而言,制宪代表就联邦司法部门的讨论则较为顺利,几乎没有费什么周折,后来联邦宪法中关于司法部门的文字也最为简短。制宪代表们对于设立联邦最高法院没有任何争议,但在是否还要建立若干低级法院的问题上有分歧。被誉为"制宪之父"的麦迪逊认为,如果要建立广泛的联邦司法权,就需要建立若干联邦低级法院,否则,最高法院会被无数上诉案件所淹没。而来自南卡罗来纳的约翰·拉特利奇反对这一提议,他认为联邦最高法院的建立已经足够保证宪法的权威,设立联邦低级法院会不适当地侵害到州法院的权力。而且在他看来,所有的案件都应首先由州法院来进行审理。对此,来自弗吉尼亚的埃德蒙·伦道夫则表示根本不能指望州法院会积极主动地维护联邦法。最终代表们决定将建立联邦低级法院的事务留给未来的国会处理。这样,在宪法第三条第一款中就规定:"合众国的司法权,属于最高法院和国会不时规定和设立的低级法院。最高法院和低级法院的法官如行为端正,得继续任职,并应在规定的时间得到服务报酬,此项报酬在他们继续任职期间不得减少。"

与宪法详尽列举国会和总统的权力不同,宪法对联邦司法权的规定不仅简短,而且措辞模糊。宪法第三条第二款就司法权的适用范围予以限制,大体可以概括为九类:(1)由于本宪法、合众国法律和根据合众国权力已缔结或将缔结的条约而产生的一切普通法的和衡平法的案件;(2)涉及大使、公使和领事的一切案件;(3)关于海事法和海事管辖权的一切案件;(4)合众国为一方当事人的诉讼;(5)两个或两个以上州之间的诉讼;(6)一州和他州公民之间的诉讼;(7)不同州公民之间的诉讼;(8)同州公民之间对不同州让与土地的所有权的诉讼;(9)一州或其公民同外国或外国公民或国民之间的诉讼。其中,涉及大使、公使和领事及一州为一方

---

① 关于主权在民还是主权在各州的问题争论持续了很长时间,联邦最高法院在联邦和州的关系给予了较多的关注。详见第五章:"马歇尔法院和联邦权"。

当事人的一切案件，最高法院具有第一审管辖权。对上述所有其他案件，无论从法律方面还是事实方面，最高法院具有上诉管辖权，但须依照国会所规定的例外和规章。

该条款是联邦最高法院管辖权的来源，也是最高法院判决案件的最高法律依据，但由于其措辞较为模糊，语言弹性很大，致使出现很多不同的阐释。这一点在批准宪法的各州辩论中清晰地展现出来。在反联邦派人士看来，宪法给予了联邦司法部门巨大的权力，这种权力具有天然的扩张性，将会在不远的将来全面侵蚀传统上由各州行使的司法权力。[1] 如化名为"布鲁图斯"的反联邦派人士罗伯特·耶茨在《纽约杂志》上连发数篇文章来证明司法权是一种"不受控制的权力"，是一个危险的权力。通过对衡平法和普通法相关案件的裁决，制宪者已经授权大法官"不仅根据宪法文字的自然与明确意义，而且根据宪法的精神与意图"阐释《联邦宪法》，加上最高法院的独立地位及其判决的终局性，这意味着最高法院的权力将在许多案件中凌驾于各州之上，加之国家机构必然将持有偏袒联邦政府的偏见，因此，我们可以预见最高法院将"逐渐地以无形的方式去扩展普遍政府的限制"。可以说，"没有什么比司法者的宪法可以更行之有效地推动州政府的消亡"。[2]

不仅如此，由于联邦法院拥有对不同州以及不同州居民之间诉讼的上诉管辖权，反联邦派对此非常担心，"（联邦）司法权已经渗透到原本属于一州内部审理判决的所有民事案件……各州司法体系下的各级法院将毫无立锥之地。"[3] 他们试图限制联邦最高法院上诉管辖权的范围，争取各州法院审理涉及联邦法律案件的权力，消除联邦法院在受理两个州或多个州之间诉讼的权限。联邦派和反联邦派有关司法权的斗争逐步转移到国会内，体现在制定《1789 年司法法》上面。

---

[1] Brutus, "Anti-federal Papers," XI, 1 January 1788, http://www.constitution.org/afp/brutus11.htm。Alexander Hamilton, James Madison, & John Jay eds., *The Federalist with Letters of Brutus*, Cambridge University Press, 2003, p. 504.

[2] Brutus, "Anti-federal Papers," XV, 20 March 1788, http://www.constitution.org/afp/brutus15.htm.

[3] Brutus, "Anti-federal Papers," XII, 2 February 1788, http://www.constitution.org/afp/brutus12.htm. Alexander Hamilton, James Madison, & John Jay eds., *The Federalist with Letters of Brutus*, Cambridge University Press, 2003, p. 511.

由于宪法中关于司法权的规定过于简短且无法自动实施,因此在联邦法院产生之前,必须以法律加以规定。当第一届联邦国会召开伊始,议员们就开始细化联邦法院的组织结构和管辖范围,对此联邦派和反联邦派唇枪舌剑,互不相让。联邦派希望建立一个全国统一的、强大的司法系统,可以有效地抵消各州的势力。而反联邦派则希望限制联邦司法权,由各州法院发挥主导作用。起草《1789 年司法法》的核心成员是后来担任第三任首席大法官的奥利弗·埃尔斯沃斯,他是一位坚定的联邦派人物,主张加强联邦政府的权力,扩大联邦司法权,增强新生美利坚合众国的国家凝聚力和向心力。不过,在经历批准宪法的艰苦过程之后,埃尔斯沃斯深感妥协的必要。为此,他精心拟定了一整套的妥协方案,广泛吸纳反联邦派的意见,不断充实《1789 年司法法》草案文本的细节,力争各方支持。以埃尔斯沃斯方案为蓝本的《1789 年司法法》在参众两院经受住各方的"拷问",最终于 1789 年 9 月 24 日由华盛顿总统签署而成为法律。《1789 年司法法》是美国国会开始运作后通过的第一部法律,它的通过和实施奠定了美国联邦司法体系的根基。

《1789 年司法法》将联邦法院分成地区法院、巡回法院和最高法院三级。地区法院共有 13 个,基本上每州一个①,法官一名。地方法院也是联邦政府在各州的法院,象征着联邦权力的确立。巡回法院三个,分别是东部、中部和南部巡回区法院,巡回法院不设专职法官,由一位地方法院法官和两位最高法院大法官"巡回骑乘"(Circuit Riding),在巡回区下辖各州巡回审理部分案件,并受理来自地区法院的上诉。最高法院高居顶点,由一位首席大法官和五位大法官组成,大法官由总统提名,参议院确认。

在与反联邦派妥协的基础上,联邦法院被赋予了有限的管辖权。在州和联邦法院共有的管辖权问题上,只在下列情形下允许上诉到最高法院:一是州最高法院的终审判决;二是州法院的判决有违相关的联邦法律;三是涉案金额不低于 500 美元的诉讼。另外,最高法院的上诉管辖权仅限于采取"纠错令"的形式,也即最高法院在有关上诉案件的审理中,只审理有关的法律问题。可以说,《1789 年司法法》抬高了案件上诉的门槛,将

---

① 并不是每州一个,马萨诸塞和弗吉尼亚各有两个地区法院。北卡罗来纳和罗德岛由于此时尚未批准宪法,因此未在这两个州设立地区法院。

大部分相关案件排除在联邦巡回法院和最高法院上诉审查的大门之外。一位不满于这一妥协的议员抱怨道：联邦法院最终审理的案件，"不足根据宪法可能进入联邦法院案件的十分之一"。①

尽管只赋予了最高法院有限的管辖权，但《1789年司法法》赋予了最高法院在有限的管辖权中的终审权，也即对于联邦和州同时具有管辖权的案件，联邦最高法院的判决为最终判决。该法中最为重要的条款是第25条，该条规定：

"凡涉及条约、法令的效力问题，或依据美国所执行法令的机关之争议，且裁决后者无效的；或是涉及法令的效力或依据任何一州所执行法令的机关之争议，与宪法、条约及美国法律相抵触，却在州法院被判为有效者；或是涉及宪法、条约、法律或依美国赋予权限的法令的解释问题，州法院裁决违反了由双方当事人之一所建立或要求的资格、权利、特权或豁免权的，那么他们可以依据宪法、条约、法律或法令的相关条款，由最高法院以发布错误审查令的形式重新审查，撤销或确证州法院的判决。"②

也即当州法院否决了以联邦宪法、联邦法律或联邦条约为依据提出的权力要求时，最高法院可以以"纠错令"的方式审查州法院的判决。如果认定州法院判决有误，其有关裁决将被推翻，其所依据的州法也将无效。这实际上意味着：在一切涉及联邦宪法、联邦法和联邦条约的案件上，联邦最高法院不仅拥有上诉管辖权，也拥有终审权。这一点对初生的美利坚合众国非常重要，20世纪著名法学家、大法官费利克斯·法兰克福特就认为，"美国历史至关重要的一个篇章就源自《司法法》著名的第25条"。自1789年至今，最高法院审查州法院判决的权力被研究最高法院史的学者描述为"整个联邦司法权的脊梁"。③

实际上，从现实情况考量，联邦与各州的双重法院系统不仅要求按照案件的起因合理分配司法管辖权，而且对于两者同时具有管辖权的案件，要求存在统一司法解释的法律机制。宪法第六条规定宪法为最高法，各州法官均受宪法与法律的制约，从而赋予了联邦最高法院名义上的权威。不

---

① Maeva Marcus, ed. *The Documentary History of the Supreme Court of the United States*, 1789 - 1800, Vol. 4, New York: Columbia University Press, 1992, p. 474.
② 1789年司法法, http://www.constitution.org/uslaw/judiciary_1789.html。
③ Bernard Schwartz, *A History of the Supreme Court*, N. Y.: Oxford University Press, 1993, p. 14.

过,这些纸上的法律能否变成活生生的宪政还有待于在具体案件中检验。

二 最高法院早期的成员们

随着《1789年司法法》的通过,最高法院在这个新生国家扮演自己角色的舞台已经搭建完毕。不过,这一角色的实际运转还要取决于最高法院的构成人员。华盛顿总统对提名最高法院大法官的职责非常认真,在他给好友埃德蒙·伦道夫的一封信中就写道:"铭记公正司法乃好政府最为坚实的支柱。我认为第一届司法部门的筹建对我们国家的幸福、政治体制的稳定至关重要。"① 对于大法官的选择,华盛顿不仅注重人员的法学素养,还注重人员的性格、品德和知名度。同时,地域因素也是他提名大法官的一个重要考量,地域的分散性不仅有助于大法官到巡回法院办案,同时也可以有效地避免各州之间不必要的妒忌。地域代表制也为后来许多总统所效仿。除这些因素之外,是否担任过州司法职务也是华盛顿考量的一个重要方面,也可说这一因素尤其重要,在华盛顿提名的六位大法官中,有五位出任过州高级司法职位。其原因如时任副总统的约翰·亚当斯所云:"如果联邦最高法院的所有法官都能从各州的首席法官中选拔,那么,就会产生令人满意的结果。联邦政府的高级权威就会据此得到承认。所有州的法官都会巴望着把大法官席位看作是自己的最终目标。"②

结合这些因素,华盛顿将首席大法官的职位给了来自纽约州的约翰·杰伊。约翰·杰伊早年的法律教育、他的律师生涯、他担任纽约州最高法院首席大法官的经历以及他丰富的从政经验都使得他非常适合履行这一职责。在提名前几个月,副总统约翰·亚当斯就预测到这一结果:"综合权衡贡献、风险、能力和声望,我完全相信均衡的结果倾向于杰伊先生。"③ 杰伊愉快地接受了这一提名,成为第一任首席大法官。其他五位大法官分别是来自南卡罗来纳州的约翰·拉特利奇、弗吉尼亚州的约翰·布莱尔、宾夕法尼亚州的詹姆斯·威尔逊、马萨诸塞州的威廉·库欣、马里兰州的罗

---

① Charles Warren, *The Supreme Court in United States History*, Vol. 1, *1789 – 1821*, Frederick: Beard Books, 1999, p. 31.
② Christopher Tomlins, ed., *the United States Supreme Court: the Pursuit of Justice*, Boston: Houghton Mifflin Company, 2005, p. 29.
③ Maeva Marcus, ed. *The Documentary History of the Supreme Court of the United States*, *1789 – 1800*, Vol. 1, New York: Columbia University Press, 1992, p. 619.

伯特·哈里森，这些提名很快得到国会的批准。至此，第一届最高法院组建完毕。在这五位大法官中，值得一提的是詹姆斯·威尔逊，他是美国最早的法学教授之一，在1787年制宪会议上，他发挥的作用仅次于被誉为"宪法之父"的詹姆斯·麦迪逊，在批准宪法运动中，他在宾夕法尼亚发挥着主导作用。威尔逊在分权理论、总统制及人民主权论等方面有着较高的造诣。尽管他本人及其他人都曾提议他担任首席大法官，但在1789年、1795年和1796年均未能如愿。不过，作为大法官，威尔逊在案件中力主扩大联邦权的国家主义思想及人民主权的观念，对后世影响深远。

1790年2月2日，最高法院在纽约皇家证券交易所正式开庭，6位大法官来了4位，哈里森由于糟糕的身体状况，谢绝了对他的任命，并于两个月后去世。华盛顿选择北卡罗来纳州的詹姆斯·艾尔德尔接替哈里森的职位，艾尔德尔曾担任过州法官和司法部长，对北卡罗来纳批准宪法起到了巨大的作用。拉特利奇虽接受了任命，却一直未到最高法院履职，并于一年之后辞职担任了南卡罗莱纳州最高法院的首席法官。不过，最高法院初次开庭，没有案件备审，除了制定一些规则之外，大法官们几乎没有什么事情可做。这种情况延续了三年之久，直到1793年2月大法官们才审理了第一起案件。

尽管早期的最高法院没有什么事情，但由于大法官们还要担负"巡回骑乘"这一职责，对于大法官们来说，其工作还是相当繁重的。虽然州法院法官在本州范围内巡回办案早有先例，但在关山阻隔、交通不便的18世纪末一年两次定期往返首都和巡回区辖下各州之间，常年在外枯燥乏味的旅行和繁重的审判工作对不再年轻的大法官们构成了不小的挑战。1792年2月，库欣大法官在致华盛顿的一封信中就抱怨他在巡回审判中的种种艰辛："这个季节的出行非常费劲：1月13日我乘轻便四轮马车离开波士顿，当18号大雪纷飞的时候我设法抵达了米德尔顿，雪太深了以至于我不得不换乘雪橇，而现在似乎又要坐马车里。"①

沉重的"巡回骑乘"也是早期最高法院成员不稳定的一个重要原因。1791年，拉特利奇辞去大法官职位，来自马里兰州的托马斯·约翰逊接替了他的职位，但因为沉重的巡回职责，他于一年之后辞职。约翰逊在他的

---

① Maeva Marcus, ed. *The Documentary History of the Supreme Court of the United States, 1789 – 1800*, Vol. 1, New York: Columbia University Press, 1992, p. 731.

辞职信中写道:"我无法决意每年一半的时间离家在外,把时间花在路上和客栈里,而且通常还要处于连某些一般的愿望都无法满足的境况:我生命的余光和其他情形都不允许如此。"① 作为首席大法官,杰伊也深受"巡回骑乘"之苦,"被安排在这样一个职位上……要让我每年离家半年之久,而且迫使我不得不把相当多的时间花在路上,花在寄宿旅馆和客栈里"。② "这种让最高法院的法官横穿整个国家进行巡回审判的体制,促使杰伊先生辞去了法院的职位;一年之内他得有 7 个月离家在整个国内奔波。"③

虽然"巡回骑乘"可以加强最高法院与各州之间的联系,有助于完善司法审判规则、统一解释与适用联邦法律,但"巡回骑乘"的弊端也不容忽视。1792 年,最高法院大法官们一致同意写信给华盛顿和国会,抱怨巡回骑乘浪费他们太多时间,加重了他们的负担。"除了最高法院在费城两次开庭,每年还要在各个州,从新罕布什尔州到佐治亚州,召开 27 次巡回法庭,而且都是在每年天气最恶劣的季节里,考虑到美利坚合众国的幅员和法官的数量,这样一项任务是太过沉重了。"同时他们还指出,最高法院在巡回法院和最高法院同时审理的双重身份,损害了司法制度的完整性和公众对它的信任。"让同一批人最终以某种身份纠正他们自己以另一种身份造成的错误,这种区分对于司法公正来说是不利的,对于最高法院的信任来说也是不利的,而这种信任对于公共利益以之为依托的最高法院来说是必不可少的。"④

尽管最高法院大法官们极力要求修改这一制度,国会议员对最高法院大法官的这一处境也深表同情,但他们并没有意愿取消这一制度,毕竟这是联邦和各州之间联系的一条重要渠道。1793 年国会通过了一项《司法法》修正案,将巡回法庭中最高法院法官的数量由两位减少为一位,这已

---

① Maeva Marcus, ed. *The Documentary History of the Supreme Court of the United States*, 1789 – 1800, Vol. 2, New York: Columbia University Press, 1992, p. 344.
② Maeva Marcus, ed. *The Documentary History of the Supreme Court of the United States*, 1789 – 1800, Vol. 2, New York: Columbia University Press, 1992, p. 126.
③ Maeva Marcus, ed. *The Documentary History of the Supreme Court of the United States*, 1789 – 1800, Vol. 1, New York: Columbia University Press, 1992, p. 732.
④ Maeva Marcus, ed. *The Documentary History of the Supreme Court of the United States*, 1789 – 1800, Vol. 2, New York: Columbia University Press, 1992, pp. 289 – 290.

是国会所采取的最大让步了。对此，最高法院大法官们也只能如此自我安慰："这样差不多减去了一半的困难……现在大法官们被授权在最高法院每次开庭时为一个巡回区指派一位法官即可，这样一个法官一年只要去一个巡回区就可以了。"① 事实上，直到1891年国会立法成立上诉巡回法院，大法官的巡回骑乘责任成了可选项，至1911年国会通过新的《司法法》，正式取消了联邦巡回法院，最高法院大法官彻底从巡回骑乘中解脱了出来。

最高法院的办公地点也随首都的变动而变动。最初美国定都纽约，最高法院在纽约开庭。一年后，也即1791年2月，首都迁至费城，最高法院也随之前往。在费城时期，最高法院的成员发生了巨大的变动。正如前面所言，拉特利奇在1791年辞去大法官职位，出任南卡罗莱纳州普通法院的首席法官，华盛顿总统选择来自马里兰州的托马斯·约翰逊接替了他的职位。一年后，托马斯·约翰逊辞职后，他的职位则由来自新泽西的威廉·佩特森填补。佩特森是制宪者之一，1789年参与《司法法》的起草工作，时任新泽西州州长。他支持一个强大而独立的司法体系，在最高法院早期历史上发挥了重要作用。1796年布莱尔大法官因病辞职，由马里兰州的塞缪尔·蔡斯接替。蔡斯曾签署过《独立宣言》，是马里兰州法院和联邦司法机关里都很有名气的法官，也是首席大法官约翰·马歇尔之前最出色的联邦最高法院大法官②。1798年大法官詹姆斯·威尔逊因病去世后，亚当斯总统选择弗吉尼亚的布什罗德·华盛顿来接替该职，后者是首任总统华盛顿的侄子，弗吉尼亚律师协会的领袖。华盛顿在最高法院任职长达31年，不过他并未留下任何重要的判决。相反，他与后来成为首席大法官的约翰·马歇尔关系密切，倾向于支持马歇尔的法院意见，扩大联邦权，保护私有财产等，是马歇尔法院的重要基石。1799年，艾尔德尔大法官去世，亚当斯提名来自北卡罗来纳的艾尔弗雷德·穆尔接替，穆尔在美国最高法院史上几乎没有激起任何波澜，由于健康原因，1804年他辞去最高法院职务回归故里。

---

① Maeva Marcus, ed. *The Documentary History of the Supreme Court of the United States*, 1789 - 1800, Vol. 2, New York: Columbia University Press, 1992, p. 345.
② 克米特·霍尔主编，《牛津美国联邦最高法院指南》，许明月、夏登峻等译，北京大学出版社，2009，第149页。

最高法院最重要的人员变动是首席大法官的变动。约翰·杰伊是美国早期历史上的重要人物之一，特别是在外交领域做出了巨大的贡献，在美国革命期间他出任驻西班牙全权公使，1782 年他作为美英谈判代表之一前往巴黎与英国议定和平。之后他被国会选派为外务部部长，一直任职到 1789 年。杰伊对处理外交事务很有经验，不过，他作为首席大法官却被证明是不成功的。这一方面是因为早期上诉到最高法院的案件太少，一方面是因为最高法院大法官要担任沉重的巡回骑乘任务。另外，杰伊还为最高法院开了一个不好的先例，1794 年，他接受华盛顿的邀请出使英国，为紧张的美英关系和谈，并签订了以他的名字命名的条约。在他出使近一年的时间里，他并未辞去首席大法官的职务，这不仅违反了权力分立的原则，也再次展现了最高法院职务是多么的不重要。而国内剧烈的反《杰伊条约》的浪潮，完全将杰伊本人卷入其中。1795 年，杰伊回国不久，他就被选为纽约州州长，在他看来，纽约州州长比首席大法官更能发挥他的潜能，于是辞去了首席大法官的职务。

在参议院休会期间，华盛顿提名前任大法官拉特利奇代理首席大法官一职，主持 1795 年 8 月份的开庭期。不过他在这个职位上只待了四个月，由于他激烈地抨击《杰伊条约》，参议院否决了对他的提名。虽然如此，由于他主持了 1795 年最高法院的开庭期，一般也将他看作美国最高法院的第二任首席大法官。之后，华盛顿提名最资深的大法官库欣接替，虽然参议院批准了对他的提名，但后者以年龄和健康为由拒绝了。之后华盛顿又选择了来自康涅狄格时任国会参议员的奥利弗·埃尔斯沃斯。埃尔斯沃斯是制宪会议的重要参与者，也是《1789 司法法》的主要起草者。他的任命得到了广泛的赞誉，被认为是"最高法院宝贵的收获——一笔急需的收获"，当然，他的任命也被认为是"参议院的重大损失"。[1] 埃尔斯沃斯是第一位有意使首席大法官这一职位成为一个领导职位的人，在他任期内，他试图改变之前最高法院大法官逐个发表意见的方式，采用一致的法院意见以此来提升最高法院的权威。不过，他的任期太短了，这一尝试并没有成功，也未能建立起真正的领导地位。同时，疾病限制了他的活动，他曾

---

[1] Maeva Marcus, ed. *The Documentary History of the Supreme Court of the United States*, 1789 - 1800, Vol. 1, New York: Columbia University Press, 1992, p. 842.

因病多次缺席最高法院的庭审。而其后在担任首席大法官期间他还接受了一个外交任命，这更加制约了他在联邦最高法院的工作。在他任期的最后一年，埃尔斯沃斯作为特使出使法国。他的离开再加上最高法院其他成员的一些临时事务，导致最高法院运作起来都有困难。同时，他和约翰·杰伊一样，在担任法国公使期间也未辞去首席大法官的职务。这种司法之外的任命给初生的最高法院带来了很坏的负面影响。《黎明费城报》的一篇报道就写道："首席大法官是个闲差，首席大法官的职责是由当时待在英国的一个人以及在法国居住达一年的另一个履行的这种情形就足以证明之。"① 而埃尔斯沃斯出使法国的艰辛旅途，也使得他的健康状况急剧恶化，并于1800年9月辞去了首席大法官的职务。这也为亚当斯最终提名马歇尔为大法官提供了铺垫。

三 约翰·马歇尔之前最高法院的宪政实践

联邦司法部门成立伊始，远不如总统和国会那样引人注目，更没有前两者的影响力。联邦政府建立后的一段时期内，联邦最高法院几乎无案可审，大部分案件仍由州法院受理，很少有案件上诉到最高法院。在最高法院初建前十年，只审理了100个左右的案子，而且基本上是涉及海事、财产和商务的案件。不过，也审理了少数对后世有深远影响的宪法性案件，这些涉及宪法的重要案件主要有：1792年的海伯恩案、1793年的奇泽姆诉佐治亚州案、1796年的韦尔诉希尔顿案和希尔顿诉合众国案、1798年的考尔德诉布尔案等。从最高法院对这些案件审理的判决意见中可以看出，尽管早期最高法院权威不高、地位不稳，但最高法院从一开始就展现出一定的专业水准，在有为与无为之间为最高法院逐步确立其应有的权威，也为马歇尔法院对最高法院角色的定位打下了基础。

自1790年最高法院第一次开庭以来，直到1793年2月，没有一起案件上诉到最高法院，大法官们"除了把自己组织起来，让老百姓观瞻并且注意到他们已经准备开始工作之外，没有什么事情可做"②。即使如

---

① Maeva Marcus, ed. *The Documentary History of the Supreme Court of the United States, 1789-1800*, Vol. 1, New York: Columbia University Press, 1992, pp. 913-914.

② Maeva Marcus, ed. *The Documentary History of the Supreme Court of the United States, 1789-1800*, Vol. 1, New York: Columbia University Press, 1992, p. 706.

此，最高法院也力求不涉及政治问题，按照宪法第3条的规定，将最高法院的权力限定于司法权，限定于裁决具有真正利害关系的对立当事人之间的诉讼。面对行政部门和立法部门伸过来的政治橄榄枝，最高法院坚决而又有礼貌地予以拒绝。这一点在1792年的海伯恩案鲜明地展现出来。

1792年，国会通过《伤残者抚恤金法》，规定在独立战争期间受伤的老兵可以向所在州的联邦巡回法院申请救济，由巡回法院决定其是否具有申领抚恤金的资格，并将认定结果以书面的形式提交战争部长。后者按照巡回法院的认定决定是否同意或拒绝给予抚恤金。对于国会通过的这一法案，参与巡回法院的最高法院大法官们（当时最高法院6位大法官中有5位在其中坐审）一致认为该法所规定的事项不具有司法属性，不属于宪法赋予法院的职责，法院不能据此执行该法。他们写信给华盛顿总统，表示这一法律与宪法不符，因为考察退伍老兵遗属权益不是一项司法责任，而且，"如果法院依照该法运行，法院根据同一法律的判决，就有可能被立法部门或行政部门的官员改变和控制。我们认为这种改变和控制与赋予法院的司法权的独立性是大相径庭的；因而也是与美利坚合众国宪法所严格遵循的重要原则不相一致的"。① 不过，法院并没有做出宣布《伤残者抚恤金法》违宪的正式判决，因为在这期间，国会通过了另外一套退伍老兵领取抚恤金的救济程序。

该案的判决清晰地展现了最高法院将自己的权限限制在宪法所赋予的司法权内，拒绝立法和行政的诱惑，避免卷入不相干的政治事务，最高法院的这一立场受到了广泛的赞誉。众议员伊莱亚斯·布迪诺特对法院的这一行为表示出极大的支持，"司法权应当与立法权和行政权严格分开，不应当以任何借口使司法部门的判决面临政府立法部门或行政部门的改正是最重要的以及首要的原则，无论是立法部门还是行政部门，在任何情况下

---

① Hayburn's Case, 2 U.S. 409, 411 (1792), http://supreme.justia.com/us/2/409/case.html. 美国最高法院案例引证有一套独特和简洁的标识方法。2 为《美国联邦最高法院判例报告》（United States Reports）第 2 卷，409 为本案判决书在第 2 卷的起始页码，411 为直接引文在第 2 卷中的页码。United States Reports 由美国政府出版，是联邦最高法院判决书的最权威版本。美国最高法院报告（Unites States Reports）是非官方出版的文献，也收录联邦最高法院判例，但内容有编辑和删节。

都没有凌驾于法院司法程序之上的审查权力。"① 国会缘何将这一不具有司法属性的任务交给联邦巡回法院呢？其实，国会也有自己的苦衷，它之所以通过这部法律，是因为当时除了联邦巡回法院外，各州内根本不存在任何其他的联邦政府机构，不得已而向联邦巡回法院求助，没想到法院以宪法没有授予他们这样的权力予以回绝。

除了海伯恩案外，最高法院避免卷入其他两个部门的事务还表现在拒绝向其他两个部门提供建议。在由法国大革命引发的欧洲紧张的战争局势中，华盛顿总统就美国应采取的措施及相关的国际法问题试图征询最高法院的意见，他于1793年致信大法官们，就国际法领域已经产生的或将要产生的一系列令人困扰的问题征求大法官们的意见。尽管首席大法官约翰·杰伊曾私下多次向华盛顿总统提供有关国际事务的一些意见，并与之讨论协商，但以最高法院的名义向总统提供建议还未有先例。杰伊与大法官们协商的结果是：向总统提供咨询意见不在最高法院的职责范围之内，并以这样的咨询意见与最高法院的司法职责不符为由而予以拒绝。在大法官们致华盛顿总统的信函中，大法官们就写道："无论是宪法在三个政府部门之间划分的界限……还是作为我们最后诉求对象的法院法官，都提供了强有力的理由反对我们以超越司法的方式判定所提出的问题。"②

大法官们对非司法性事务的拒绝展现了最高法院建立伊始的专业水准，殖民地时期立法、司法、行政不分的局面渐渐地清晰化，最高法院将自己的权力限制在有争议的司法案件中，对后世影响深远。从那时以来，用哈兰·斯通大法官的话来说，"不就抽象、假设或偶然的问题作出判断已经成为最高法院受到尊重的惯例。"历史也再次证实了路易斯·D. 布兰代斯大法官的话，"最高法院之所不为往往比最高法院之所为更为重要"③。

1793年的奇泽姆诉佐治亚州案是最高法院做出的第一个重要判决。奇泽姆是南卡罗莱纳州的一名商人，他提起诉讼是因为他将货物送达佐治亚州却未收到付款。佐治亚州否认最高法院的管辖权，以主权豁免为由拒绝出庭。该案提出了一个重要问题，即一州公民能否在联邦法院起诉另一个

---

① Charles Warren, *The Supreme Court in United States History*, Boston: Little, Brown &Cop., 1999, p. 72.
② Bernard Schwartz, *A History of the Supreme Court*. N. Y.: Oxford University Press, 1993, p. 25.
③ Bernard Schwartz, *A History of the Supreme Court*. N. Y.: Oxford University Press, 1993, pp. 24 – 25.

州？尽管宪法第3条明确授予最高法院有权管辖"一州和他州公民之间以及不同州公民之间的诉讼",但在州主权意识还相当强烈的情况下,这就是一个相当棘手的问题。最高法院出庭的五位大法官们也出现了不同的意见,首席大法官杰伊、威尔逊、布莱尔和库欣大法官形成了法院意见,明确支持最高法院有权管辖此类案件。艾尔德尔大法官反对。最终,五位大法官们依照早期英国法院流传下来的惯例,逐一发表了各自的意见。其中,威尔逊大法官的法律意见对后世影响最为深远。在这份法律意见中,威尔逊成功地驳斥了佐治亚州诉讼豁免的主张。他承认这是一起非同寻常的案件,因为案件的一方是"值得尊重并自称有主权的州","州是否有义务服从最高法院的判决这一问题,……可能最终取决于另外一个问题的答案,也即美利坚合众国人民是否形成了一个国家?"①

首先威尔逊探讨了州的构成,在他看来,州是"自由民出于共同利益而结成的组织",既然自由民应该接受法院的裁判,由自由民结成的组织理应接受法院的裁判。"如果就每个人单独来说其尊严并未受损,那么整体的尊严肯定也是完整无缺的"。州和个人一样也应服从道德规则。如果一个不诚实的州故意不履行合同,难道能允许它以宣称"我是一个主权州"的方式改头换面"辱没债权人和正义"吗?② 另外,威尔逊还详细考察了主权所属的问题,在他看来,"宪法是由美利坚人民制定的",宪法中有多处对"人民"的表述:"美利坚人民""他州人民""不同州的人民""一州或该州的人民"等,这些表述在某种程度上也展示了主权不在各州,而在人民,人民出于全国性的目的意图建立一个国家。他们从未意图免除国家对州的管辖权。恰恰相反,他们明确规定,"美利坚合众国的司法权应当包括一个州和另一个州的公民在内的争议"。威尔逊宣称:"从联邦的目的而言,佐治亚州不是一个主权州。"③ 作为《独立宣言》的签字人、《1787年宪法》的重要参与者,威尔逊对宪法的解读可谓掷地有声。

不过,最高法院的判决并未说服佐治亚州,强烈的州主权意识推动佐治亚提出一项宪法修正案,以确保各州主权的完整。而该案的判决也触动了其他州敏感的神经,1794年3月,各州联合一致,迅速通过了宪法第11

---

① Hayburn's Case, 2 U. S. 409, 453 (1792), http://supreme.justia.com/us/2/409/case.html
② Hayburn's Case, 2 U. S. 409, 456 (1792), http://supreme.justia.com/us/2/409/case.html
③ Hayburn's Case, 2 U. S. 409, 457 (1792), http://supreme.justia.com/us/2/409/case.html

条修正案，规定："合众国的司法权，不得被解释为适用于由于他州公民或任何外国公民或国民对合众国一州提出的或起诉的任何普通法或衡平法的诉讼。"这一修正案的通过，也意味着奇泽姆诉佐治亚案成为第一个被宪法修正案推翻的最高法院判决。尽管如此，最高法院有关联邦性质的推理依然具有非常重要的意义。要判决此案，最高法院必须就州主权这一问题作出判断。威尔逊强硬地驳斥了州主权的概念，也为后来马歇尔大法官削弱州权提供了借鉴。

1796 年的韦尔诉希尔顿案和希尔顿诉美利坚合众国案及 1798 年的考尔德诉布尔案则是早期最高法院运用司法审查权的典型案例。虽然学界普遍认为司法审查制度是通过首席大法官马歇尔在马伯里诉麦迪逊案中具有里程碑意义的法律意见确立的，但马歇尔并非是在一张白纸上书写他的法律意见，司法审查作为当时法律传统的一部分，早在殖民地时期时就有相关的司法实践。及至美国独立后，各州法院也开始实施司法审查权。据统计，在 1780 年到 1787 年，至少有八个州在判决中直接涉及维护司法审查权的问题。[1] 在独立战争至马伯里诉麦迪逊案期间，各州法院至少在 20 个案件中宣称对立法有审查的权力并实施之。[2] 1796 年的韦尔诉希尔顿案和希尔顿诉美利坚合众国案及 1798 年的考尔德诉布尔案是联邦最高法院早期有关司法审查的三起重要案件。

韦尔诉希尔顿案主要涉及的是英国债权人要求美国偿还革命前的债务问题。根据 1783 年的《巴黎和约》，两国公民有义务偿还各自的债务。美国欠英国债务数额庞大，达 500 万之多，其中近一半（达 230 万）是弗吉尼亚公民所欠。革命爆发后，对独立的热情与摆脱英国债务的束缚结合在一起，很多美国债务人期望赖掉英国的债务，州政府对此深表同情。1777 年，弗吉尼亚议会通过了没收法令，允许债务人以贬值后的纸币偿还英国债权人的债务，或将之上交州财政，以此获得免除债务的许可证书。由于战争期间，很多英国债权人都匆忙回国，对此虽有怨言，并没有爆发出来。1782 年 5 月，弗吉尼亚议会又通过一项法律，宣布"缘起于英国债务

---

[1] William M. Wiecek, *Liberty under Law: the Supreme Court in American Life* [M], Baltimore: Johns Hopkins University Press, 1988, p. 14.

[2] Norman Redlich, John Attanasio, Joel K. Goldstein, *Understanding Constitutional Law* [M], New York: M, Bender, 1999, p. 7.

的所有案件在本州法院不再审理"。该法有效地将债务人和债权人隔离开来,他们相信所欠英国债务也一笔勾销。英国债务人却不如此看问题,他们坚持要连本带息一起支付。在邦联条例下,由于邦联国会没有实权,各邦自行其是,该条款并没有得到真正实施。1787年宪法批准后,英国债务人再次看到希望,1790年联邦巡回法院建立后,他们立即上诉至此,要求归还他们的债务。类似案件如此之多,一年内就超过200起,很多潜在的原告和弗吉尼亚债务人都在焦急地等待着第一起案件的判决。弗吉尼亚债务人谴责新政府将此问题再度复活,虽然他们认为不可能通过个案的形式将此问题解决,但由革命引起的对英国的反感使得他们对新政府抱有强烈的不满。

审理本案的法官主要有首席大法官约翰·杰伊、詹姆斯·艾尔德尔、和巡回法官塞勒斯·格里芬。由于该案涉及债务人很多,且影响较大,双方的律师辩论非常激烈。值得一提的是,为希尔顿辩护的是后来成为首席大法官、改变美国宪政历史的约翰·马歇尔,他提出了四点主张:(一)在弗吉尼亚没收法令下,已将所欠债务交给州财政的债务人的债务已被取消;(二)1782年弗吉尼亚禁止归还英国债务的法律不能被司法机构宣布为无效;(三)由于英国也未能很好地履行1783年《巴黎和约》,因此要求赔偿的事无效;(四)英国原告的所有权力都因1776年新国家的建立而失效。

不过,巡回法院的三位法官并没有采取他们的主张。三位法官一致认为,州法不能成为不履行条约义务的理由,英国人是否履约,其判断责任在国会和总统,而非法院。对于马歇尔所说希尔顿已将债务的一部分交给了州财政,所以至少这部分应予以免除,艾尔德尔和格里芬予以支持,而杰伊则认为应该严格履行和约义务,希尔顿必须偿还所有债务。对此,希尔顿不服,上诉至最高法院。这也是马歇尔作为律师唯一一次在联邦最高法院辩护且输掉官司的案件。马歇尔的传记作者贝弗里奇曾写道:"命运的嘲弄是,在这场历史性的法律论战中,马歇尔支持的是迄今为止贯穿他整个公职生涯都一直在反对的理论以及推翻其整个后半生都致力于的理论。"[1]

---

[1] Albert J. Beveridge, *The Life of John Marshall*, Vol. 2, Boston and New York: Houghton Mifflin Company, 1916, p. 187.

1796年2月，最高法院的四位大法官一致同意杰伊的意见，裁定美国与英国签订的条约高于与其冲突的州法律。"如果州的任何法律都可以挡路的话，那么条约就不是国家的最高法律了……美国当局缔结的每一个条约都应当高于宪法和任何个别州的法律，这是美利坚合众国人民公开表达的意愿；而且是由他们的意愿本身所决定的。"① 韦尔诉希尔顿案宣示了最高法院对州法的司法审查权，在某种程度上宣告了最高法院的权威，加强了联邦权，削弱了州权。

韦尔诉希尔顿案法律意见发布的第二天，最高法院开始审理希尔顿诉美利坚合众国案。该案涉及国会1794年通过的《马车税》的合宪性问题。根据宪法第1条第8款和第9款的规定，国会有权征收直接税和其他税，但一切进口、捐税和其他税应全国统一，且依据各州人口普查或统计的比例征收，除此之外国会不得征收其他直接税。也就是说，国会有权征收的直接税应在各州之间按照各自的人口数进行分配。那么，《马车税》是否属于国会有权征收的直接税呢？宪法中并没有规定直接税是什么，在制宪会议期间，来自马萨诸塞州的鲁弗斯·金先生曾问直接税的准确含义是什么？但是没有人回答。② 希尔顿主张对所有用于客运的马车征收联邦固定税，没有根据人口比例在各州之间进行分配，是属于宪法禁止征收的其他直接税，因而是无效的。该案在巡回法院审理的过程中，大法官们产生了分歧，希尔顿遂将案件上诉到最高法院。国会对通过这项税收一直有争议，也希望法院就此做出判决。

为《马车税》辩护的是财政部部长汉密尔顿，他说服大法官们相信，《马车税》是一种间接税，不在宪法限制范围之内。最终，最高法院一致裁定，《马车税》不属于宪法第1条第9款限制国会征收的直接税。"由于所有的直接税必须进行分配，很显然除了能分配的税收之外，宪法并不期望把任何税收都看作是直接税。如果这一税收无法进行分配，因而就不是宪法意义上的直接税。而显然这种税收是无法进行分配的。"在这里，最高法院采取从严解释，"宪法所期望的直接税只有两类，即完全不考虑财产、职业或任何其他情况的人头税和土地税"。《马车税》不属于宪法禁止

---

① Ware v. Hylton, 3 U. S. 199, 201, 236 – 237 (1796), http://supreme.justia.com/us/3/199/case.html

② Bernard Schwartz, *A History of the Supreme Court*, N. Y. : Oxford University Press, 1993, p. 23.

国会征收的直接税,而是一种间接税,国会有权根据实际情况予以征收,最终最高法院确认了《马车税》的合宪性。

同时,该案也是最高法院第一次就国会法律进行审查的案件,虽然蔡斯大法官在发表的法律意见中宣称:"没有必要确定最高法院是否拥有宪法上所赋予的、以与宪法相抵触为由宣布国会法律无效的权力。"① 但当案件上诉到最高法院时,最高法院大法官们必然要去考察有关法律的合宪性问题,仅仅考虑联邦法律是否违宪这一诉求,就表明他们认为最高法院拥有审查的权力。

1798年的考尔德诉布尔案是另一起有关司法审查的案件。1795年,康涅狄格州立法机关颁布一项决议,授权在遗嘱检验案件审理中进行新的听审。考尔德家族对此感到不满的继承人,认为该法是溯及既往的事后法律,违反了宪法第1条第10款的禁止性规定。1798年8月,最高法院以4:0做出一致判决,认可了州立法机关的行为,裁定该法律并非溯及既往的法律,因为溯及既往条款仅适用于刑事方面的法律,在民事争议中不能适用这一原则。此外,蔡斯和佩特森法官基于文本解释的理由进一步否定了考尔德的争辩,他们援引布莱克斯通的著作、《联邦党人文集》及各州宪法等资料,认为溯及既往作为一个法律术语,早在革命发生之前就已经采用,但仅适用创设或提高刑事惩罚的法律,并且"制宪之父们必定是在他们所知的范围内并在适当的意义上理解和使用这一术语的,即该条款仅限于犯罪和刑罚"。② 而一旦将该条款扩及民事立法层面,将削弱宪法其他的条款。

另外,蔡斯大法官还提出,为了维持我们的联邦,州的立法机关拥有一定的自由裁量权是必要的,"我不同意说州的立法机关是万能的,或者说它是绝对的而且不受控制,尽管它的权威不应被宪法或基本法明确限制……自由共和政府有一些基本原则,立法机关不得明显违反或公然滥用这些原则",这些原则决定了立法机关的什么行为可以被认为是"立法权

---

① Hylton v. United States, 3 U. S. 171, 181, 175 (1796), https://scholar.google.co.jp/scholar_case?case=14447164451328190646&q=hylton+v.+united+states&hl=en&as_sdt=2006&as_vis=1.

② Calder v. Bull, 3 U. S. 386, 397 (1798), https://scholar.google.co.jp/scholar_case?case=7599310470721127738&q=calder+v.+bull&hl=en&as_sdt=2006&as_vis=1

的正当行事"。相反,若立法机关制定的法案有违这些基本原则,则"不能认为是立法权的正当行使"。艾尔德尔大法官进一步展开阐释,"如果国会法律或任何一州的立法有违反宪法条款,自然是无效的"。不过,"法院不能仅仅基于法官的判断就裁决一项立法违反自然正义的原则而宣布其无效"。① 蔡斯关于宪法原则超越宪法文本以及艾尔德尔对于司法审查文本性质的执着,在有关联邦最高法院法理学的正当性争论中,仍扮演着重要的角色。

尽管蔡斯大法官一再表明,他并非"在给出最高法院是否有权裁定国会制定的违反美国宪法的法律无效的法律意见"②,不过,该案也再次触及了最高法院有关审查国会立法和州立法的权力问题。

其实,关于司法审查权问题,早在制宪会议期间就有争论,司法部门是否应对立法部门有一定程度的制约?大多数制宪代表认同这样的观点,但司法部门到底以何种方式制约立法部门,代表们则各持己见。在制宪会议上,对司法审查论述较多的就是后来成为大法官的威尔逊,他对法院的角色、司法审查的范围等都进行了初步的界定。他认为"法官作为法律的阐释者",有权实施司法审查,但这种审查仅限于公认违宪的行为。对于那些不正义、不明智、具有破坏性却非公认违宪的法律,法院必须顺从立法部门的法律。"法律可能是不公正的,可能是愚蠢的、可能是危险的,可能是破坏性的;但其违宪性却不足以让法官拒绝赋予这些法律以效力。"③ 尽管威尔逊较为清晰地界定了司法审查的角色和功能,但据制宪会议记录记载,没有其他人予以附和,这一议题无疾而终。

在由批准宪法而引发的公共辩论中,司法审查的议题再次被提及。其中,对司法审查最有力的辩护者是汉密尔顿。他在《联邦党人文集》第78篇中写道:"在实际执行中,宪法限制需通过法院执行,因而法院必须有宣布违反宪法明文规定的立法为无效之权。如无此项规定,则一切保留特定权利与特权的条款形同虚设。"若法院行使司法审查的权力,是否会导

---

① Calder v. Bull, 3 U. S. 386, 378 – 388, 399(1798), https://scholar.google.co.jp/scholar_case?case=7599310470721127738&q=calder+v.+bull&hl=en&as_sdt=2006&as_vis=1

② Calder v. Bull, 3 U. S. 386, 392(1798), https://scholar.google.co.jp/scholar_case?case=7599310470721127738&q=calder+v.+bull&hl=en&as_sdt=2006&as_vis=1

③ James Madison, *The Debates in the Federal Convention of* 1787, http://www.constitution.org/dfc/dfc_0721.htm

致司法高于立法？对此，汉密尔顿认为："宪法实际上有意使法院成为人民与立法机关的中间机构，以监督后者使之在权力范围内行事。解释法律是法院正当与特有的职责。而宪法事实上是，亦应被法官看作是根本大法。所以对宪法以及立法机关制定的任何法律的解释权应属于法院。如果二者出现不可调和的分歧，自以效力及作用较大之法为准。亦即宪法与法律相较，以宪法为准；人民与代表相比较，以人民的意志为准。"①

不过，当时大多数人并不把司法审查看作是一种重要的机制，也很少有人看起来急于强调司法审查。进入18世纪90年代，司法审查在各州的司法实践中逐步得到更为广泛的认可，甚至变得"非常流行与普遍"②。不过，这一时期的司法审查是一种特殊的，而非常规的司法行动，仅局限于对公认的明显违宪的行为予以审查。如泰勒在坎伯诉霍金斯案中就提出，"违宪必须是清楚的和明确的，否则，司法机构即有可能阻止那些可以产生公共福祉的法律的运作"。③ 最高法院大法官蔡斯在1798年考尔德诉布尔案中也宣布："如果我曾经行使审查立法的权力，我将不会判定任何立法无效，除非是在明确无误的案件内。"④

也正是在联邦最高法院及各州法院相关的实践中，司法审查的观念逐步深入人心，并最终于1803年通过案件的形式——马伯里诉麦迪逊案得以确立。在这个过程中，可以说，最高法院在初建十年内做出了巨大的贡献。

小　结

最高法院初建十年，地位卑微，角色不明，人员不稳，在这样一种局面中跌跌撞撞走来的最高法院却展现出其应有的专业素养。在为数不多的判例中留下了一些对后世影响深远的法律意见，实属难能可贵。最高法院角色的定位有赖于即将要出场的首席大法官约翰·马歇尔的锻造。

---

① 汉密尔顿、杰伊、麦迪逊：《联邦党人文集》，程逢如、在汉、舒逊译，商务印书馆，2009，第454～455页。
② Larry Kramer, The People Them Selves: Popular Constitutionalism and Judicial Review, New York: Oxford University Press, Inc., 2004, p. 104.
③ Kamper v. Hawkins, 3 Va. (1 Va. Cases) 20, (1793), http://www.virginia1774.org/Kamperv. Hawkins3. html
④ Calder v. Bull, 3 U. S. 386, 395 (1798), https://scholar.google.co.jp/scholar_case? case = 7599310470721127738&q = calder + v. + bull&hl = en&as_sdt = 2006&as_vis = 1

1800年时任首席大法官的埃尔斯沃斯在出使法国的旅途中病倒，捎信回来，辞掉首席大法官。约翰·亚当斯总统劝说约翰·杰伊重新执掌最高法院，而此时杰伊刚刚卸任纽约州州长。不过，他并不看好最高法院，因此拒绝了亚当斯的好意。幸运的是，杰伊拒绝了这一职位，而亚当斯拒绝再考虑他人，直接任命了当时的国务卿约翰·马歇尔为最高法院首席大法官。虽然最高法院已运转了十年，其间也审理了一些重要案件，不过，至马歇尔1801年就任首席大法官时，最高法院的权威依然没有树立起来，甚至于很多后来人都认为马歇尔是第一任首席大法官[1]，足以可见马歇尔对重塑最高法院的地位和权威所起的巨大作用。

马歇尔在任长达35年之久，当他于1835年去世时，最高法院已成长为一个与其他两个部门拥有同等权力的机构，拥有维护宪法之舟的最终权威。正如托克维尔在《论美国的民主》一书中感叹的那样："其他任何国家从来没有创制出如此强大的司法权。联邦的安定、繁荣和生存本身，全系于七位联邦法官之手。没有他们，宪法只是一纸空文。"[2] 也正因为此，本书在讲述马歇尔法院的重要案例及对美国宪政体制的贡献之前，新辟一章专门探讨马歇尔就任首席大法官之前的生活和人生历程，以有助于了解马歇尔有关法学思想的形成，更好地展现马歇尔及马歇尔法院对美国宪政制度的完善所做出的巨大贡献。

---

[1] Maeva Marcus, "John Marshall Was Not the First Chief Justice", *Proceedings of the American Philosophical Society*, Vol. 153, No. 1 (Mar., 2009).

[2] 托克维尔：《论美国的民主》，董国良译，商务印书馆，1991，第168页。

第二章　约翰·马歇尔就任首席大法官前的生活和历程

1801年2月4日，约翰·马歇尔就任联邦最高法院首席大法官，此时他已年届45岁，在法律界和政坛度过了人生一大半的时间。在这45年的人生历程中，他是独立战争的勇士，是广受欢迎的律师，是颇有天分的外交家，有魄力的国会议员和国务卿。尽管"马歇尔的价值直到被任命为首席大法官才真正显现出来"①，但马歇尔就任首席大法官前的经历为他就任后对宪法的诠释打下了坚实的基础，他有关联邦和州的关系、有关司法部门的地位、有关三权之间的分立和制衡的思想等都在这一时期形成。可以说，他就任首席大法官后的司法实践是对这一时期宪政思想的应用。

一　革命之子（1755~1781）

作为15个孩子中的长子，1755年9月24日，马歇尔出生于弗吉尼亚边疆的一个郡——福基尔郡的日耳曼镇，是一个英裔移民家庭的后裔。他的父亲托马斯·马歇尔上校，系反对法国与印第安人战争和美国独立战争中的一位杰出军官，是美国国父乔治·华盛顿的邻居和好友，曾担任华盛顿的助手，共同测量费尔法克斯领地的西部，并曾任利兹教区（福基尔郡即包括在该教区之内）的主任委员兼郡守暨弗吉尼亚众议员，极力反对英国不合理的统治，并于1775年在里士满召开的大会中，支持帕特里克·亨利实行抗拒英人的主张。

他的母亲玛丽·伦道夫·凯斯，系出名门，她的母系伦道夫家族是弗吉尼亚的望族，族中所出名人之多，为美国早期各大家族所不及。他们的

---

① Edward S. Corwin, *John Marshall and the Constitution*, New Haven, Conn.: Yale University Press, 1919, p.52.

后代不仅包括马歇尔,还有托马斯·杰斐逊、罗伯特·李及众多的伦道夫族人。所以马歇尔和杰斐逊本为远方表兄弟,但二人却水火不容,这是后话。

在马歇尔的童年时代,托马斯带领一家人多次向西部迁徙,试图在边疆寻找新的机会。他是一个很有抱负的、肯为美国梦献身、不屈不挠的人。他不断向西迁徙,在肯塔基开发过程中扮演了重要的角色(1781 年他被弗吉尼亚议会任命为西部土地测量员;1787 年宪法生效后,他被其好友、总统华盛顿任命为肯塔基税务征收人员,直到 1797 年才辞去这一职务)。马歇尔深受其父的影响。据大法官约瑟夫·斯托里的描述,马歇尔经常谈到他的父亲,"我的父亲主要负责我的英文学习,在他精心的培育下,我青年时期大部分知识的获取都来自于他的指导……他是我学习上唯一的伴侣,不仅是一个负责任的家长,还是一个亲密的伙伴"。①

14 岁那年,马歇尔被送往阿奇博尔德·坎贝尔牧师所开设的学校就读,他在这所萌芽中的"学院"就读了几个月。之后,他的父亲请来了一位牧师詹姆斯·汤姆森来教孩子们拉丁文。一年后,汤姆森离开,之后马歇尔在"字典的帮助下"继续阅读大量书籍,并对法律产生了浓厚的兴趣。1772 年刚在美洲殖民地出版的英国著名法学家布莱克斯通的《英国法律评论》,对他产生了巨大的吸引力和影响力,以至于他的双亲决心让他成为律师,而连他自己也说"从孩提之时,我便已注定是当律师的了"。②不过,在这一时期,他只是间断地阅读布莱克斯通的著作,他的注意力被帕特里克·亨利激情四射的演说所吸引,更为时局的动荡所震撼。

美国独立战争爆发后,约翰·马歇尔很快便随同其父亲加入抗英的队伍中,协助组训一连志愿兵,开始显示出他演讲和领导的才能。"我全身心地投入这次冲突之中,在一个由绅士组成的独立军团里学习基本的军事训练,并进而在邻县训练了一支民兵队伍,我对于时局变动的兴趣远远超出了古典书籍和布莱克斯通的著作。"③ 早在《独立宣言》宣布之前,马歇

---

① John Stokes Adams, ed., *John Marshall, An Autobiographical Sketch*, Ann Arbor: University of Michigan Press, 1937, pp. 3-4.
② Albert J. Beveridge, *The Life of John Marshall*, Vol. 1, Boston and New York: Houghton Mifflin Company, 1916, p. 56.
③ John Stokes Adams, ed., *John Marshall, An Autobiographical Sketch*, Ann Arbor: University of Michigan Press, 1937, p. 5.

尔和其父就参与了"大桥"和"小邦克山"两番血战，他们所在的志愿兵团于1776年3月在萨福克奉命解散。但他们父子并未解甲归田，而是加入了大陆正规军的弗吉尼亚第三团。同年12月，约翰·马歇尔从少尉晋升为中尉，并调至弗吉尼亚第十五团。翌年，他先后参与布兰地维恩及日耳曼镇两次战役，由于军中装备极差，各州自行其是，对大陆军不予补给和配合，使得这两次战役都遭到失败，大陆军不得不撤出费城。是年冬季，他们父子二人追随华盛顿在福吉谷度过最为严酷的时刻。在福吉谷，马歇尔目睹了主权州之间的自私、傲慢与对抗所产生的代价——未充分征缴的配额、半途离去的国民军、一半士兵在大雪中没有毯子或鞋子。在他的《乔治·华盛顿传》中，马歇尔对此有较多的描述："很少有战争时期比福吉谷的美军更加危险。甚至在部队不是完全断粮的情况下，他们的储备也是如此之少以至于不够一星期的口粮……当1778年2月1日返程时，居然有3989人由于缺衣而无法任职。这些人中没有一个人有双鞋子。即使在那些能够任职的人中，他们也衣衫褴褛，严寒很快将其摧毁。尽管这支部队总人数达1.7万人，但有效的人员只有5012人。"① 在福吉谷的磨炼使得马歇尔终生憎恨各邦的地方主义和无能的全国政府。

虽然福吉谷条件非常恶劣，疾病流行，但年轻的马歇尔仍常以轻松的心情、欢乐的笑语，使那些显得沮丧的士兵获得鼓舞，甚至消弭了一些人逃亡的念头。就在那时，马歇尔受命兼任美国陆军的副军法官，他判断公正，深受军中同僚和士兵的信赖，遇有争端，常向他倾诉，并遵从他的裁决。一位军官曾这样记述了福吉谷中的马歇尔：

> 什么都不可能使马歇尔先生气馁与烦恼。如果他只有一片面包，这也无妨；如果是一片肉时，他也同样如此。如果有哪位军官开始抱怨物资的匮乏，他将以善意的玩笑让他们感到惭愧，或者用他自己的充沛精力来鼓励他们。他是一位不可多得的伙伴，被士兵和他的军官兄弟们奉为偶像，后者的阴郁时光因他取之不尽的趣闻轶事而变得富有生气。约翰·马歇尔是我所认识的最为温和的人。②

---

① John Marshall, *Life of Washington*, Vol. 2, Philadelphia: C. P. Wayne, 1807, p. 433.
② Albert J. Beveridge, *The Life of John Marshall*, Vol. 1, Boston and New York: Houghton Mifflin Company, 1916, p. 118.

1778年6月，于蒙茅斯战役之后3日，他晋升为上尉，并继续兼任副军法官。不久，入选"军中精锐"，在安东尼·韦恩指挥之下，攻占石头角。第二年的秋天，因弗吉尼亚所征召的士兵期满退役，军官人数过剩，他被遣归家候命。其后，除一度因英军进犯，他曾赶赴战场外，可说从此结束了他四年多来先后转战于弗吉尼亚、新泽西、宾夕法尼亚及纽约等州的军中生涯。这一段的经历，对他实有莫大的影响和无限的价值：不独增广了他的见闻，养成了他那重实效而趋于保守的习性，并使他坚决相信，一个强有力而富于效率的政府将更能维护民主和自由。马歇尔的传记作家阿尔伯特·贝弗里奇就认为，正是他的军旅生涯——行军、扎营、战场——给马歇尔上了最初的一课，"对于马歇尔的独特才能来说，福吉谷的训练超过了牛津或剑桥可能给予他的训练"。① 而且，跟随华盛顿的军旅生涯使他坚定了不顾一切忠于一个有效联邦的信念。他曾自称，他入伍时是一个弗吉尼亚人，但离开军队时却是一个美国人。② 在马歇尔晚年回忆独立战争对他的巨大影响时说："我坚信美利坚合众国是我的国家、国会是我的政府。我如此坚信这一点以至于它们成为我生命中的一部分。"③ 结果是，马歇尔虽然出生于弗吉尼亚，但受弗吉尼亚州权思想影响并不大，在深受弗吉尼亚州权思想浸润之前，他已经变成了一个美国人，其视野远远超出了弗吉尼亚的界限，开始关注全国性问题；他对于一个强有力的联邦的向往和热爱使得他逐步形成了联邦主义的思想，为就任首席大法官后为联邦辩护打下了坚实的思想基础。

1779年圣诞节，马歇尔到约克镇探望其父亲，就是在这里，马歇尔遇到了他的终身伴侣：玛丽·安巴拉小姐。她是弗吉尼亚望族、时任约克镇海关税收员和参议员的杰奎琳·安巴拉的二女儿，被人们爱昵地称为波莉。二人一见钟情，并从此展开了他们终生恩爱不渝、世罕其匹的长期罗曼史。

---

① Albert J. Beveridge, *The Life of John Marshall*, Vol. 1, Boston and New York: Houghton Mifflin Company, 1916, p. 119.
② Nathan Aaseng, *Great Justices of the Supreme Court*, Oliver Press, 1992, p. 21.
③ John Stokes Adams, ed., *John Marshall, An Autobiographical Sketch*, Ann Arbor: University of Michigan Press, 1937, pp. 9–10.

1780 年 5 至 6 月，马歇尔遵从父母的愿望，前往距离约克镇 12 英里的威廉－玛丽学院修习乔治·威思讲授的法律课程。该学院是当时弗吉尼亚州唯一一所公立及采用近代讲授制度的教育场所。而威思据说是美国第一个法学教授，他不仅是美国《独立宣言》的签署人之一，还是弗吉尼亚总检察长，众议院议员和大陆会议成员，弗吉尼亚参议院议长。在教学思想上，威思认为年轻人不仅要具有律师的基本才干，还应该具有成为下一代美国领导人的智慧。他将威廉－玛丽学院看作是"一所培养共和国公民的训练场所"。在威思的严格要求下，马歇尔阅读了大量法学著作。除了传统授课外，威思还组织了大量的模拟法庭辩论和立法辩论，供学生们实战演练。马歇尔以年长和阅历丰富著称，在同学中很受欢迎。除此之外，他还充分利用每一个机会宣讲他在军中所得经验及一个强有力联邦的重要性。后来不断批评马歇尔的法学思想、成为马歇尔对头的斯宾塞·罗恩当时 17 岁，曾回忆"首席大法官，一个法律造诣很深的人，是如何将'他的思想通过他的口和笔'来致力于国家事业的"。[1]

在威廉－玛丽学院，马歇尔不仅阅读了大量法学著作，还作了详细的笔记。以随便扔掉所作记录著称的马歇尔，所作笔记幸存，实属难得。他保存他的法律笔记，并在实践中用以指导，也足见马歇尔对这段学习的重视。238 页的笔记草稿充分反映了马歇尔的法律思想，特别是他对布莱克斯通、培根等学者著作的摘录反映了他对普通法的重视。这时他与安巴拉的关系已发展到热恋状态，笔记中随处可见的"安巴拉""波莉·安巴拉""安巴拉小姐－马歇尔先生"等的涂鸦足见安巴拉对马歇尔的吸引力。1780 年 6 月初，杰奎林出任弗吉尼亚的财政局长，因而举家迁居里士满，安巴拉小姐随从前往，马歇尔自觉在该学院难有所获，不久亦辍学前来，结束了短暂的正规教育生涯。

尽管他所受正规法律教育不多，但就当时的情况来看，马歇尔已完全具备了律师开业的资格。因为即使按今天的标准来看，马歇尔的法律教育如果没有超越，至少也与他同时代的开业者水平相当。[2] 在拿到律师资格后，

---

[1] Gerald Gunther, ed., *John Marshall's Defense of McCulloch v. Maryland*, Stanford: Stanford University Press, 1969, p. 81.

[2] Charles F. Hobson, *The Great Chief Justice: John Marshall and the Rule of Law*, Lawrence: University Press of Kansas, 1996, p. 4.

马歇尔一边从事律师职业,一边置身于弗吉尼亚政务。1782年,得到军中同僚和旧属,特别是他父亲强有力的支持,他在福基尔郡轻易地当选为弗吉尼亚州参议员。

二 南部联邦主义者(1781~1797)

马歇尔进入弗吉尼亚参议院后,全身心投入到立法工作中,结识了很多弗吉尼亚重要政治家。很快他得到参议院议长的赏识,被任命为法院委员会委员,他博学的法律知识和对法律的灵活运用,使得他此后在出任参议员期间,一直担任法院委员会委员。在立法机构的任职,使马歇尔更为清楚地意识到州权思想和地方主义的种种弊端,并为邦联政府的弱小及产生的各种问题而忧虑。对于人们较为关注的"纸币、税收、公共信用及行政正义"等议题,马歇尔大多追随詹姆斯·麦迪逊的领导,成为"一个有效率的联邦政府的开明的倡导者"。①

1788年,马歇尔被选为弗吉尼亚州批准联邦新宪法大会的代表。独立战争的经历及战后社会的动荡使马歇尔确信一个强大的、统一的联邦的重要性,他全身心地投入到宪法的批准工作之中。作为国内人口最多、经济最为繁荣的地区,弗吉尼亚批准宪法尤为重要。然而,该州也是争论最为激烈的州,支持和反对宪法的领袖荟萃一堂,短兵相接。联邦派的主要代表人物有詹姆斯·麦迪逊,州长埃德蒙·彭德尔顿以及时年32岁的约翰·马歇尔;反联邦派的主要代表人物有参与制宪会议而未在宪法上签字的乔治·梅森,认为新宪法毫无可取之处的帕特里克·亨利及托马斯·杰斐逊的门徒詹姆斯·门罗。

弗吉尼亚批准宪法的前景非常渺茫。帕特里克·亨利非常直白地说:"我对于4/5的居民反对宪法非常满意,我确信在詹姆斯河以北居住的人将有9/10反对它。"② 激烈的论战持续了三个星期,其间,麦迪逊一直无法释怀,他没有十足的把握肯定宪法能被批准。最使他感到头疼的是超级演说家帕特里克·亨利。他那篇"不自由毋宁死"的演说鼓舞着众多青年

---

① John Stokes Adams, ed., *John Marshall, An Autobiographical Sketch*, Ann Arbor: University of Michigan Press, 1937, p. 4.
② Jean Edward Smith, *John Marshall: Definer of a Nation*, New York: Henry Holt and Company, Inc., 1996, p. 119.

人走向战场，反对英国的暴政；而今他充满激情的演讲一直主导着大会。"新宪法将导向君主制，你们的总统很容易就会变成国王。"随着司法体系的建立，"公正的准则将被抛弃"。亨利呼吁不要废除《邦联条例》，"它曾经引导我们在反抗一个强大势力的血与火的斗争中取得了胜利，它也使我们在比任何一个欧洲君主国疆域都要广大的土地上获得了安全。那么，取得这些成就的邦联政府，岂可被斥为低能而虚弱？"①

马歇尔尊重且喜欢亨利，尽管二人对宪法的观点不同，但一直相处很好。实际上，就个人而言，马歇尔更倾向于亨利而不是联邦派的麦迪逊或彭德尔顿。在以后的岁月里，二人时常在重大案件中合作，亨利擅长激情四射的演讲，马歇尔擅长严密的逻辑推理。

针对亨利的核心论点——"宪法将导致君主制"，马歇尔指出，对手误读了宪法文本。宪法旨在构建一套"组织良好的民主体制"②，确保无论国王还是总统都不能动摇代议制政府。针对亨利的英国不成文宪法要优于制宪会议制定的成文宪法的观点，马歇尔对此反驳说："问题不是英国宪法是否高明，我认为生活在公开政府之下的美国人已经好过生活在英国统治下的民众。"

"如果众议院由 1/100 的人民选举产生，参议院终身制，总统不对人民负责，且宪法规定他永远不会犯错，你认为这样的政体比我们现在的更好吗？如果你的回答是肯定的，那你就采用英国宪法吧。假如你不这么认为，那现在采纳的政府体制将会更好一些。"马歇尔还强调在着手修改宪法之前，我们需要实施一段时间，如果"经验告诉我们宪法有哪些不足，我们再去修改它。在经验告诉我们宪法的不足之前，让我们先尝试实施宪法，当必要的时候，我们大胆地修改之"。③

"联邦政府的目的是什么？是保护美利坚合众国和促进公共福利。"马歇尔将重点放在保卫国家不受他国侵犯和确保国内稳定上，31 年后，在麦卡洛克诉马里兰案中，他再次回到国家主义的主题上。"目的合法，在宪

---

① Jonathan Elliot, ed., *The Debates in the Several State Conventions on the Adoption of the Federal Constitution*, Vol. 3, Washington, 1836, pp. 41 - 43.

② Jonathan Elliot, ed., *The Debates in the Several State Conventions on the Adoption of the Federal Constitution*, Vol. 3, Washington, 1836, p. 578.

③ Charles F. Hobsonet., et., *The Papers of John Marshall*, Vol. 1, Chapel Hill: University of North Carolina Press, 1974, p. 268.

法框架内的所有手段都是合理的……"①

马歇尔对宪法第三条有关联邦法院的辩护是最精彩的部分。这位未来的联邦最高法院首席大法官向代表们直陈:一个独立的联邦司法系统是防止国会走得太远的必要屏障;如果国会超出了它的权限,法院就有责任宣布其行为无效。"司法部门设立的目的是什么?是为了不流血地和平地实施法律。如果不能给司法部门捍卫宪法的权限,那么没有其他部门能提供诸如此类的保护。"马歇尔一再强调国会通过的压迫性法律是无效的。"可敬的诸位提出法律有可能被专横地执行,那么你们独立的法官哪去了?如果一项法律在弗吉尼亚被残暴地实施,那么你该信任谁?你的司法部门。你为何信任他们?因为他们的独立。联邦法院不也如此吗?"②

马歇尔的演说抓住反联邦派的薄弱之处予以反击。他对战后弗吉尼亚法律体制的精通程度使得他可以逐点驳斥反联邦派的指控。他精彩的演说结束了联邦派对宪法第三条的辩护,当天晚上麦迪逊给汉密尔顿写信说道:"对联邦司法部门进行了一个有力的辩护,现在我确信我们能有3到4票的多数,假如我们能经受住风暴,危险将会过去。"③

最终,弗吉尼亚以89票赞成、79票反对的微弱优势批准了宪法。马歇尔参与弗吉尼亚宪法批准大会是其早年政治生涯的一个亮点。他对司法条款不屈不挠地逐条辩护也使得他成为解读弗吉尼亚联邦法院系统的权威人物,进一步提升了他的声誉。

就个人志趣而言,马歇尔对承担公职的热情不高。弗吉尼亚批准宪法后,马歇尔从议会辞职。虽然马歇尔不在职,但他对政局依然很关心,对于华盛顿政府内的外交风波,他坚决支持华盛顿总统的中立外交政策,并多次组织聚会,匿名发表文章,为其政策辩护。④ 不过,在弗吉尼亚杰斐

---

① McCulloch v. Maryland, 17 U. S. 316, 420, (1819), http://laws.findlaw.com/US/17/316.html

② Jonathan Elliot, ed., *The Debates in the Several State Conventions on the Adoption of the Federal Constitution*, Vol. 3, Washington, 1836, p. 559.

③ Jean Edward Smith, *John Marshall: Definer of a Nation*, New York: Henry Holt and Company, Inc., 1996, p138.

④ Harry Ammon, Agricola versus Aristides: James Monroe, John Marshall, and the Genet Affair in Virginia, *The Virginia Magazine of History and Biography*, Vol. 74, No. 3 (Jul., 1966), pp. 312 - 320.

逊共和党人占据绝对主导地位的情况下，弗吉尼亚对华盛顿外交政策的抵制还是相当激烈的。特别是《杰伊条约》的签署引发了大规模的抗议，马歇尔对此非常忧虑，为此他抛下律师事业，于1795年再次竞选州参议员并成功当选。他的当选引起了一些共和党人的不安，不过杰斐逊另有一套理论，在给麦迪逊的信中，他说："尽管他（马歇尔）的当选会给共和党制造不少麻烦，但他在共和主义面具下的阳奉阴违比揭开他的伪装能制造更多的麻烦。他懒散的举止使他在里士满大得人心；他隐藏极深的伪善使我们国家很有思想的人都被欺骗了。但当他大量贯彻自己的亲英原则时，他的真实面目就暴露出来了。"① 杰斐逊希望马歇尔的思想在暴露之后遭到人们的抛弃，但这一希望很快就破灭了。大部分议员都被马歇尔的辩论深深折服而改变了自己的看法。《杰伊条约》虽然不受欢迎，但并不是不可接受。

马歇尔为联邦事业所做的努力引起了北部联邦党人的关注，他们极力拉拢马歇尔，希望他进入政界。然而，马歇尔对于律师业务情有独钟。对于分析复杂的案情、运用相关法律原则、组织严密的逻辑辩论，马歇尔可说是非常擅长。早在1786年他在律师界就声名鹊起，成为弗吉尼亚律师界的精英。在那一年，他的律师业务收入就超过了1000美元，比弗吉尼亚州长的薪水还高。② 也正是如此，马歇尔多次婉言谢绝华盛顿总统的任命。1795年，当华盛顿请他出任联邦总检察长时，及翌年在詹姆斯·门罗退休后，又请他出任驻法公使时，均被他婉拒，原因是他认为担任律师地位同样尊荣且富于自主性及为其所喜好。然而，1797年，马歇尔却接受了一个他从未见过的总统——约翰·亚当斯的请求，出使法国。

三 出使法国和 XYZ 事件（1797～1798）

马歇尔缘何接受此次出使呢？马歇尔本人的解释是："我对我国与法国之间的冲突很感兴趣……如若和谈成功，将给一个有抱负的年轻人带来

---

① Jefferson to James Madison, Nov. 26, 1795, in Paul Leisester Ford ed., *The works of Thomas Jefferson*, Vol. 8 (Correspondence 1793 - 1798), 1905. http://oll.libertyfund.org/titles/jefferson-the-works-vol-8-correspondence-1793-1798.

② Jean Edward Smith, *John Marshall: Definer of a Nation*, New York: Henry Holt and Company, Inc., 1996, p. 101.

不小的成就。"加之"这次出使时间不会太久……我的律师业务不会受到太大影响"。① 然而这一解释并不是那么令人信服。考虑到他一再拒绝华盛顿总统的任命，这时却放下所有的事情，接受一个他从未见过的总统的请求，出使法国，任务不可测，任期未知，就不能不令人感到奇怪了。而且更令人诧异的是，马歇尔除了偶尔去郡政府参加法院会议和 1796 年三次短暂的费城之行外，他自 1783 年结婚以来很少离开家。而此时其妻波莉已有三个月身孕，身体非常虚弱，马歇尔突然去巴黎让波莉很难接受。在马歇尔离开后的一年时间内，他给波莉写了多封感情真挚的信试图安慰她，但这些信对波莉所起的作用很小，波莉在他出使法国期间仅给他回了一封信。马歇尔接受此次出使真正的原因是此时他购买费尔法克斯领地②的产权已明确，却筹集不到足够的资金来支付。马歇尔觉得有必要接受这一任命，顺道在欧洲筹集资金。而出使法国的薪水之高，"是上帝能够给予一个人的最丰厚的恩赐"。③

不过，这次出使并不成功。一开始法国很顺利地给美国出使法国的三人使团颁发了护照，以便利他们的巴黎之行。然而，当三位使节进入巴黎后，却迟迟得不到正式接见。法国的外交部部长塔列朗认为法国处于优势

---

① John Stokes Adams, ed., *John Marshall, An Autobiographical Sketch*, Ann Arbor: University of Michigan Press, 1937, pp. 21-22.
② 这是马歇尔较大的一次土地投机。马歇尔因其童年时就居住在费尔法克斯领地，加之其父是费尔法克斯领地的土地测量员，对这片土地情有独钟。早在 1786 年，他就意欲购买此地。1786 年，海特诉费尔法克斯一案明确承认了费尔法克斯勋爵对这片土地的所有权。但由于很多地方未有勘测，地界不明，州政府趁机将一些尚未占用的地产予以没收转卖，由此产生很多纠纷。费尔法克斯勋爵的继承人丹尼尔·马丁，一直居住在英国，也不打算移居北美，急于卖掉这片土地。他聘请马歇尔为律师，保护他的利益免遭没收之苦，并于 1793 年 2 月，与马歇尔的弟弟詹姆斯达成协议，马歇尔兄弟购买其中最为重要的两块土地，利兹庄园和南布兰奇庄园（Leeds and South Branch），共计 215000 公顷，所费 20000 英镑。由于州政府也对这一领地有所有权，并将其中的 788 英亩卖给了戴维·亨特，亨特起诉费尔法克斯，1794 年，在亨特诉费尔法克斯一案中，马歇尔败诉，他将案件上诉至联邦巡回法院，1795 年联邦巡回法院的判决支持了马歇尔的请求；亨特不服，又将案件上诉至联邦最高法院，这就是 1816 年由马歇尔法院判决的经典案例：马丁诉亨特的租户案。在这之前，1796 年，州政府和马歇尔达成妥协，州政府承认马歇尔意欲购买的两块土地为费尔法克斯领地，而将其他未占用的土地转让与州政府。这样，马丁获得了庄园这两块土地所有权，只待马歇尔兄弟筹集到钱款立即出售。虽然买卖非常合算，但要凑够 20000 英镑，对于马歇尔兄弟来说还是很困难的，直到 1806 年 10 月份才最终完成。
③〔美〕詹姆斯·西蒙：《打造美国：杰斐逊总统与马歇尔大法官的角逐》，徐爽、王剑鹰译，法律出版社，2009，第 22 页。

位置，没有必要急于解决美法之间的冲突，同时通过中间人向美国代表施加压力，借此获得贷款和贿赂，然后再开始谈判。这种策略屡试不爽，法国政客从外国政府那里索取报酬的行为早已习以为常了。对于美国代表来说，他们虽然对此有所耳闻，但并未将之看作平常事。

对于迟迟未能得到接见，马歇尔的耐心在渐渐地消失。他认为塔列朗是故意拖延谈判，并多次督促谈判开始。与此同时，塔列朗派出了三个门下食客来和美国代表接触。其中一个门客是塔列朗的私人银行家皮埃尔·贝拉米先生，他不仅提出美国要向法国贷款一千万美元，外加送给塔列朗25万美元的具体要求，还威胁代表团若不同意，美国国内的亲法势力将会把他们钉在破坏美法和睦关系的耻辱柱上，并一再提到其他顽抗抵制法国的国家命运，以此来迫使代表团顺从法国的要求。

对此，马歇尔和平克尼非常恼怒，但格里依然希望不要太过于冲动。对于代表团的不同意见，平克尼将之归为塔列朗的计谋，"塔列朗使尽浑身解数以使代表团出现裂痕，使格里先生远离他的同事们"。① 不过，代表团最终还是达成一致意见：在这期间，假若法国暂停对美国船只的攻击，马歇尔回到费城寻求指示。为此马歇尔写了一份备忘录寄给亚当斯，但这份备忘录直到来年的春天才到达费城，在此之前，亚当斯政府对在巴黎这边的情况一无所知。

马歇尔在备忘录中表达了对法国政府的失望情绪。他写道，"法国政府对我们国家相当的敌对，我想要扭转这种局面，为此我不得不在我遇到的所有事情面前闭上眼睛"。"只有大西洋能够挽救我们"，他还补充说道，使节正在为离开巴黎作安排。②

塔列朗的三位门下食客一再强调钱对谈判的重要性，"先生，你没有切中要害，是钱。希望你们能提供钱。""我已经非常明白地切中要害了，没有，六便士也没有。"平克尼愤怒地回答。③

贷款和贿赂是谈判的前提，同样的话说了无数遍。"法国的权力和傲

---

① France Howell Rudko, *John Marshall and International Law: The Apprenticeship, 1793–1801*, Dissertation, University of Arkansas, 1990, p. 94.
② Charles F. Hobson. et al, eds, *The Papers of John Marshall*, Vol. 3, Chapel Hill: University of North Carolina Press, 1979, pp. 267–271.
③ Charles F. Hobson. et al, eds, *The Papers of John Marshall*, Vol. 3, Chapel Hill: University of North Carolina Press, 1979, p. 172.

慢在我们面前一再展示，我们被告知英国的毁灭是必要的，如果法美两国能保持和平，英国的财富和文化都会流向美国。"马歇尔认为向法国行贿并不能从中得到益处。"法国从美国残暴掳走了150万美元，像敌人一样对待我们。我们试图恢复两国间的和睦……为此我们被告知我们需要支付25万美元以继续待在巴黎看歌剧。"①

11月8号，马歇尔又写了一封很长的急件给国务卿皮克林，详细描述了塔列朗的贪婪。平克尼和格里也在上面署名。这份材料和马歇尔10月22日的前一封信于1798年春天被公之于众，在美国引起了巨大的爱国浪潮。其中，公开的材料隐去了塔列朗三位门下食客的姓名，以XYZ代指，该事件也被称为"XYZ事件"。

塔列朗避而不见代表团，马歇尔非常恼怒，但并没有引起他的警觉。"以我个人的看法，在与英国作战的情势下，这个傲慢的、野心勃勃的政府并不愿和美国来一个彻底的决裂，但是他也不愿站在公平的角度或者把我们作为一个独立自由的国家来对待。"② 可以说，马歇尔对时局的判断是非常准确的。而且，马歇尔认为法国并不是一个共和国，"尽管我不敢说出来，但法国现在不是，将来也不会成为一个共和国；美国，而且只有美国才是人类自由的避难所"。③

经过几个月的拖延后，马歇尔决定回国，他于1798年4月乘"亚历山大·汉密尔顿号"前往纽约。平克尼由于女儿生病，在法国南部疗养至8月份回国。格里则继续留在巴黎。④ 对美国来说，代表团出使巴黎是一次外交惨败；然而，对马歇尔来说，这段经历大有裨益。当他从巴黎的来信被公开之后，马歇尔在联邦党内的政治地位得到了极大的提升。作为出使法国外交代表团中第一位回国的成员，马歇尔受到了英雄般的欢迎，民众

---

① Charles F. Hobson. et al, eds, *The Papers of John Marshall*, Vol. 3, Chapel Hill: University of North Carolina Press, 1979, p. 174.
② Charles F. Hobson. et al, eds, *The Papers of John Marshall*, Vol. 3, Chapel Hill: University of North Carolina Press, 1979, p. 178.
③ France Howell Rudko, *John Marshall and International Law: The Apprenticeship, 1793-1801*, Dissertation, University of Arkansas, 1990, p. 100.
④ 格里待在巴黎的决定最终证明是富有成效的。塔列朗汲取他干预美国政治的教训，与执政的联邦党人重新开始了谈判；与此同时，亚当斯任命了新的外交代表团，双方于1800年签订了《孟特枫丹条约》，最终确立了两国间的和平关系。

反法情绪高涨。尽管马歇尔在巴黎谈判期间受到法国方面的无礼对待，但他并不同意法美的战争宣传。他在多个场合不断表明自己的这一立场，他认为法国不愿和美国交战，之所以拖延时间只是为了使谈判过程中的法国更有利。他告诉格洛斯特民兵，"在诉诸刀剑以前，应该尝试所有能够避免战争的更为文明的手段"。①

在民众狂热的反法情绪及联邦党内以汉密尔顿为首的激进人士的推动下，1798 年，由联邦党人占多数席位的国会通过了四部弥漫着爱国情绪又充满了政治歧见的法律：《归化法》《敌对外侨法》《客籍法》《惩治煽动叛乱法》。这四部法律旨在打击亲法的杰斐逊共和党人，授权总统可以在战争状态下惩治或驱逐任一敌国的侨民或驱逐任何一个他认为危险的敌国的侨民，以保卫美国的"和平与安全"。在这四部法律中，最具争议的是《惩治煽动叛乱法》，该法规定：任何"污蔑、诽谤或恶毒攻击"总统、国会或者政府（副总统被排除在法案的保护之外，而当时的副总统就是共和党领袖托马斯·杰斐逊）的行为，将会被判最高 2000 美元的罚金以及最长 2 年的监禁。在该法还未通过前，杰斐逊就曾写信给麦迪逊："他们把《惩治煽动叛乱法》草案提交到众议院，这就已经是以白纸黑字的方式公然犯罪了，因为宪法修正案已经明确无误地把出版印刷排除于立法管束的范畴。老实说，这部法案和《客籍法》一样，都是在公然违宪，只能表明这些人是多么不尊重宪法。"②

而联邦党人则毫不掩饰该法案立法的目的，众院领袖哈珀宣称，该法将会防止美国"被拖入与某个国家的战争，这个国家公开支持我们国内某一政党"。哈珀虽然没有证据，但他还是在众院议事厅宣布：法国"在这个国家是有朋党的，她还在积极地动用一切'外交技巧'与其代理人进行罪恶的勾结，寻求援助……"，很多联邦党人甚至认为"通过向杰斐逊施压，就足可抵挡千万法国人"③。

马歇尔出使法国是其政治生涯的一个转折点，在此之前，他偶尔出任

---

① Charles F. Hobson. et al, eds, *The Papers of John Marshall*, Vol. 3, Chapel Hill: University of North Carolina Press, 1979, pp. 470 – 471.
② 〔美〕詹姆斯·西蒙：《打造美国：杰斐逊总统与马歇尔大法官的角逐》，徐爽、王剑鹰译，法律出版社，2009，第 28 页。
③ 〔美〕詹姆斯·西蒙：《打造美国：杰斐逊总统与马歇尔大法官的角逐》，徐爽、王剑鹰译，法律出版社，2009，第 28 页。

公职；而在此之后，他被迫卷入政坛之中，未能再从公职中脱身。在这次外交失败引发的政治风暴中，他该何去何从？

四 "政治风暴"年代中的温和者（1798～1801）

作为联邦党的一员，马歇尔素有自由主义倾向，他怀疑出台《惩治煽动叛乱法》是否明智。尤其是《惩治煽动叛乱法》，"即使那些持中间立场的人也认为其在宪法上缺乏依据"。"他们的说法确有道理，要知道，总有些人对我们的政府仇视难消。不管这些法案存不存在，他们总会想办法找到途径来表达自己的意见。同时，还有很多怀有其他动机的人，虽然他们抱怨的声音不算响亮，但绝不甘愿俯首帖耳。"①

XYZ事件的曝光，以及随之而来的与法国的准战争引起了退隐弗农山庄的华盛顿的关注。他对法国非常反感："这个国家专横跋扈、贪得无厌、行径卑劣，惹得人神共愤。"② 对国内共和党人不愿承认法国人肮脏的外交伎俩，华盛顿更是愤怒，"应该让那些'视而不见的人'睁大眼睛了！"③ 华盛顿认为，应该严肃对待弗吉尼亚境内对联邦党人日益高涨的敌视情绪，而最有效的对策是招募联邦党精英分子来与共和党人竞争议会中的席位。当时，弗吉尼亚在国会众院有19个席位，共和党人就占去了15席，联邦党只占4席。

在这样一种情况下，华盛顿决定游说他认为有实力竞选国会议员的联邦党精英分子，这其中就包括马歇尔和他的侄子布什罗德。布什罗德同意了，因为他无法拒绝自己一直敬重的叔父。但马歇尔始终不为所动。因为购买了费尔法克斯勋爵的地产，马歇尔当时债务缠身。他认为此刻最急迫的任务是重拾自己在里士满前程大好的律师业务。就在华盛顿劝说马歇尔竞选国会议员的不久前，马歇尔谢绝了亚当斯让他任职联邦最高法院大法官的提议。他告诉华盛顿，他的当务之急是必须清偿债务，而国会议员的席位帮不了他这个忙。华盛顿不放弃任何一个可以说动马歇尔的机会，动

---

① Charles F. Hobson. et al, eds, *The Papers of John Marshall*, Vol. 3, Chapel Hill: University of North Carolina Press, 1979, p. 485.
② Albert J. Beveridge, *The Life of John Marshall*, Vol. 2, Boston and New York: Houghton Mifflin Company, 1916, p. 357.
③ 〔美〕詹姆斯·西蒙：《打造美国：杰斐逊总统与马歇尔大法官的角逐》，徐爽、王剑鹰译，法律出版社，2009，第39页。

之以情，晓之以理，最终使得马歇尔"深深折服，决定参加国会选举"①。

马歇尔的竞选对手是共和党人约翰·克洛普顿，他在国会议员席位上已有4年之久，尽职尽责。和马歇尔一样，克洛普顿也是一名相当成功的律师，他的家族在里士满亦有极高声誉。克洛普顿是个忠诚的共和党人，由他来代表一个共和党占优势的州进驻国会，合情合理。而相比较，马歇尔在选举中胜出的机会实在渺茫。

既然参加竞选，马歇尔决定全力以赴。他采取的策略是将自己与激进联邦派区别开来，并将自己置于弗吉尼亚反对《客籍法》和《惩治煽动叛乱法》的主流社会的轨道上来。他公开表示反对这两个法案，原因是："我认为法案没有发挥应有的作用，而且它们引起了不必要的不满与嫉妒，尤其在当前我们国家特别需要加强团结的时候。"马歇尔承诺，如果能够当选，那么他将"听取我的选民的声音"，呼吁废除法案。②

这样的竞选策略很有效，马歇尔温和的观点不仅被选民所接纳，也确定了弗吉尼亚联邦派竞选的基调。也正因为如此，他吸引了大量中间选民的支持，其中包括很多共和党人。不过，马歇尔的这一立场遭到了激进派联邦党人和激进派共和党人的猛烈批评。而此时由杰斐逊草拟的《肯塔基决议案》和麦迪逊草拟的《弗吉尼亚决议案》分别在肯塔基和弗吉尼亚议会获得通过，这两个决议案不仅宣布《客籍法》和《惩治煽动叛乱法》违宪无效，而且认为各州有权判断国会通过的法律是否合宪。在马歇尔看来，州有权宣布联邦法律失效，这实在是荒谬至极。他愈发觉得竞选国会议员的重要，在关键时刻，帕特里克·亨利对马歇尔的支持非常重要。此时亨利早已退休，但他在弗吉尼亚的影响力仍然举足轻重。为争取选举优势，共和党人散布谣言，声称亨利非常看好共和党候选人。亨利做出回应，不仅否认了这一说法，而且公开支持马歇尔。"我对马歇尔作为一名公使（在法国）所完成的任务相当满意；我更认为，马歇尔身为一个公民，举止堪称优雅。这些事实，足以证明这位绅士远远胜过本选区内其他任何竞选对手。"③

---

① John Stokes Adams, ed., *John Marshall, An Autobiographical Sketch*, Ann Arbor: University of Michigan Press, 1937, p. 29.
② Charles F. Hobson. et al, eds, *The Papers of John Marshall*, Vol. 3, Chapel Hill: University of North Carolina Press, 1979, pp. 505 – 506.
③ Albert J. Beveridge, *The life of John Marshall*, Vol. 2, Boston and New York: Houghton Mifflin Company, 1916, p. 412.

最终马歇尔以微弱优势赢得了选举，在此次国会议员选举中，联邦党人赢得了 19 个席位中的 8 席，较之上届增加了 4 席。联邦党人能在共和党人占强势的弗吉尼亚国会代表席位选战中有此表现，已经算是足够出色了。1799 年 11 月，马歇尔坐在了第六届国会的议事厅里，他的政治视野远远超出了弗吉尼亚的范围。

在国会里，马歇尔最突出的表现是对托马斯·纳什，别名乔纳森·罗宾斯一案①的辩护。在辩护中，他详尽地诠释了法律和政治相分离、行政与司法分权的原则。该案的案情是这样的：1797 年 9 月 22 日，在加勒比海上航行的英国战舰"赫米奥娜号"上的船员因不堪忍受船长休·皮戈特的粗暴统治发动兵变，杀死皮戈特及其随从，之后驾着"赫米奥娜号"驶入西班牙控制的港口拉瓜伊拉（现今委内瑞拉），将战舰移交给西班牙当局，作为交换条件，他们要求西班牙保证其不被引渡回英国。

与此同时，英国海军则极力追捕这些暴动者。两年后，罗宾斯案逐渐浮出水面。在南卡罗莱纳的查尔斯顿港口有一个名叫罗宾斯的船员，英方认定罗宾斯正是当年"赫米奥娜号""暴乱名单"中的英国公民托马斯·纳什，并将之逮捕，囚禁在查尔斯顿。英国总领事按照《杰伊条约》要求引渡在押嫌疑人。而一名在叛乱前曾在"赫米奥娜号"服役的英国海军军官也指证：这个"罗宾斯"就是纳什，并且还是"负责谋杀和叛乱行动的主要成员之一"。②

证据确凿，引渡程序正要启动之时，这名被关押在查尔斯顿监狱的男子突然宣布自己是名叫乔纳森·罗宾斯的康涅狄格州丹伯里居民，是美国人。情况一下子变得复杂起来。由于引渡涉及总统的外交权问题，亚当斯总统被牵涉其中。不过，"作为美国总统，在命令法官移交罪犯这一问题上有多大权限，目前尚不清楚"。亚当斯表示愿意就此给出一些建议和忠告，他没有就引渡问题给出明确答复，但他认为，"一桩发生在公海舰船

---

① 关于罗宾斯案的相关情况，可参见：Ruth Wedgwood, "the Revolutionary Martyrdom of Jonathan Robbins", *Yale Law Journal*, Vol. 100, No. 2, November, 1990, pp. 229 – 368. 及詹姆斯·西蒙：《打造美国：杰斐逊总统与马歇尔大法官的角逐》，徐爽、王剑鹰译，法律出版社，2009，第 59~65 页。
② Ruth Wedgwood, "the Revolutionary Martyrdom of Jonathan Robbins", *Yale Law Journal*, Vol. 100, No. 2, November, 1990, p. 270.

上的罪行，理应由船只隶属的国家来管辖"。① 这也使得很多人认为总统同意引渡罗宾斯。

在紧接着的引渡听证会上，罗宾斯声称自己是美国人，之前是被英国人强迫在"赫米奥娜号"上服役。为此，罗宾斯还出示了一份经过公证的美国公民身份证明。英国领事认为这份证明是伪造的，并且坚持依据《杰伊条约》引渡罗宾斯。联邦地区法官也认为罗宾斯在说谎，一个美国船员为什么要用假名字和伪造的身份在英国护卫舰上服役？并且，他在查尔斯顿监狱待了好几个月，为什么一直不暴露自己的身份呢？最后，法庭驳回了被告提交的美国公民身份证明。于是，罗宾斯被移交给英国，由英国海事法庭审理，并最终被宣告有罪，判处死刑。

这一事件在美国引起轩然大波，共和党报纸频频发文，指责亚当斯政府将罪犯移交给英国当局的行为超出了宪法赋予他的权力，《杰伊条约》不能自动生效，任何引渡的成立都需要通过众议院审议，如果不经众议院立法许可，总统的做法就是非法的。在共和党人大肆宣传之下，这一事件就变成了美国人罗宾斯因为参与了一场正义的反抗英国船长暴政的起义而获罪，最终因为美国联邦法院不公正的司法程序而丧失了生命，共和党人谴责罗宾斯的死是亚当斯轻率举动的直接后果。对亚当斯的指责以众议院发起对亚当斯投不信任票的动议达到高潮。

在共和党人的强势攻击面前，马歇尔觉得有必要为亚当斯总统辩护了。他将共和党对亚当斯批评的归类整理，逐点批驳。他详细考察了《杰伊条约》、海盗罪管辖权、国际法和引渡权等问题，大量引用柯克、格劳秀斯的言论及霍金斯的《国王的诉讼》、罗马民法及相关的美国法典等。

长达3小时的发言一开始，马歇尔就认定：被处决的那个人就是英国船员托马斯·纳什，而非共和党人所说的美国公民乔纳森·罗伯斯。"这一案件的真相，是一名爱尔兰人在英国护卫舰上犯下可怕谋杀罪，后来又弃船潜逃"②，马歇尔在其后写信给鲁本·乔治时说，"在监狱中关押了几

---

① 〔美〕詹姆斯·西蒙：《打造美国：杰斐逊总统与马歇尔大法官的角逐》，徐爽、王剑鹰译，法律出版社，2009，第60页。
② Charles F. Hobson et al., eds. *Papers of John Marshall*, Vol. 4, Chapel Hill: University of North Carolina Press, 1984, p. 83.

个星期后，他被唆使自称是美国渔民，期望这个谎言能够救他一命。"①

英国臣民在英国舰船上实施谋杀犯罪，当然应由英国予以审判。马歇尔向国会宣布：引渡程序显然应以《杰伊条约》第 27 条为依据，该条款规定了如何引渡一名在英国领土范围内犯有谋杀罪并潜逃在外的英国臣民；即便起诉的罪名再加上一项"海盗罪"（因其查抄了船只），由于这一罪行是对所有国家的犯罪，美国和英国均有管辖权，因此，英国仍然有权审判被告。况且，"移交纳什，是因为谋杀罪，而非海盗罪"，马歇尔重申，"谋杀，而非海盗行径，因此，两国间达成的《杰伊条约》第 27 条的规定，在此完全用得上"。②

针对共和党人所说的决定罪犯命运的，应该是法院，而非总统，亚当斯的行为篡夺了司法权，破坏了司法独立的观点，马歇尔给予了有力的反驳。他指出，宪法第三条确实规定，司法权的适用范围包括由于宪法、合众国法律和根据合众国权力已缔结或将缔结的条约而产生的一切普通法和衡平法的案件，但是，"我们现在讨论的这个问题，并不是一起案件，而是因为《杰伊条约》产生的一个政治争端"。宪法从未授权法院裁决政治争端，因为这跟法律案件完全不同。

> 法律案件是一个很好理解的术语，因为它有其具体的界定，那是当事人之间的争议，只应适用司法裁决……通过法庭辩论，最终得出判决。司法权不能扩及宪法之下的所有问题，因为这会涉及适合于立法讨论和决定的问题；司法权也不能扩及法律和条约下的所有问题，因为这会容纳了行政部门处理的问题。如果司法权扩展到宪法、法律和条约之下的所有问题，那么政府间的分权原则将不复存在，其他部门都被司法部门所吞并。③

不是所有缘起于宪法的问题都是法律问题，一些问题是政治问题，法

---

① Charles F. Hobson et al., eds. *Papers of John Marshall*, Vol. 4, Chapel Hill: University of North Carolina Press, 1984, p. 114.
② Charles F. Hobson et al., eds. *Papers of John Marshall*, Vol. 4, Chapel Hill: University of North Carolina Press, 1984, p. 90.
③ Charles F. Hobson et al., eds. *Papers of John Marshall*, Vol. 4, Chapel Hill: University of North Carolina Press, 1984, p. 95.

院被授权只能判决法律问题。他们无权判决政治问题,那是行政部门和立法部门的职责。在马歇尔看来,法律案件与政治争端之间的区别,至关重要。三年后,当马歇尔判决马伯里诉麦迪逊案时,他以政治与法律相分离为由,确立了最高法院对法律阐释的权威。

《杰伊条约》涉及的引渡在逃犯问题,是一个争端,是一个政治问题,管辖权在总统,而不在法院。为了捍卫亚当斯的决策,马歇尔又阐述了总统的外交事务权。"总统是一国处理对外关系的独立机构,对于外交事务有独立的权限和责任。他有权去应付某一国家提出的要求,这完全是顺理成章的事情。"依照宪法,总统有权实施法律,其中当然包括条约所规定的各项条款。尽管国会可在《杰伊条约》缺少相关规定时指示该如何实施条约,但根据宪法的规定,总统能够"以其权限范围内的任何方式落实(美国和英国之间的)约定"①。

"由此,我们可以证明以下几点:第一,托马斯·纳什一案完全适用美、英两国协议第27条的规定;第二,本案涉及的争端属于行政问题,不适于司法裁决;第三,由此,总统的决定并不构成对司法的干预。"②

后来成为马歇尔同事的约瑟夫·斯托里法官撰文指出,马歇尔就罗宾斯案的演讲是"迄今在国会议事大厅发表过的最为精彩的司法辩护……斩钉截铁、让人无可辩驳的有力答复"。"马歇尔的演说永久地确立了国际法解决冲突的方向……不管是谁看到该演说,无论时间如何变迁,尽管演说的主题已不再引起人们的兴趣,但人们依然会为演说中强有力的分析推理所震撼。"③尽管依然有很多共和党人对马歇尔的主张进行了激烈的批评,但正是马歇尔的这一演说,有效地平息了国会关于罗宾斯案的争论。共和党人发起对总统投不信任票的动议也不了了之。

马歇尔在任国会议员期间,不仅在各项决议中,力挺亚当斯的行政决策,在危机时刻,更是出色地捍卫了总统的决定。对于四面受敌的亚当斯来说,这种支持非常难得。他打算以一种完全出人意料的方式回报马歇

---

① Ruth Wedgwood, "the Revolutionary Martyrdom of Jonathan Robbins", *Yale Law Journal*, Vol. 100, No. 2, November, 1990, p. 348.

② Charles F. Hobson. et al, eds, *The Papers of John Marshall*, Vol. 4, Chapel Hill: University of North Carolina Press, 1984, pp. 107 – 108.

③ John F. Dillon, ed. *John Marshall: Life, Character, and Judicial Services*, Vol. 3, Chicago: Callaghan, 1903, pp. 357 – 358.

尔。1800年5月，亚当斯对内阁成员进行了一次清洗，他先是让陆军部长麦克亨利辞职，五天后又辞掉了国务卿皮克林。在未征求马歇尔本人意见的情况下，他向参议院提名马歇尔接替麦克亨利的职位。不过，马歇尔婉言谢绝了总统的好意。几天后，亚当斯又向参议院提名马歇尔担任国务卿。一周内连续两次获得总统提名，可见亚当斯对马歇尔的重视。虽然在里士满从事律师的愿望在马歇尔心里依然相当有分量，然而，国务卿的职位太有诱惑力了，更重要的是，马歇尔认为自己完全有能力处理国家外交事务。1800年6月至1801年3月，马歇尔出任国务卿，并在亚当斯总统任期即将届满之前，于1801年1月31日被任命为最高法院首席大法官，在最后一个月内，他是在国务卿任内同时主持最高法院的。马歇尔未参与1800年总统选举，虽然私底下他鼓励亚当斯和他的竞选伙伴查尔斯·平克尼积极应对，但他还是很感叹国家精神的衰落，"我担心真正的美国精神在衰落"。①

杰斐逊胜出的消息使马歇尔非常沮丧，一个人如果不了解马歇尔和杰斐逊的关系就无法理解此刻马歇尔心情。马歇尔和杰斐逊本属表亲，都是弗吉尼亚当地颇有声望的伦道夫家族的后代，而且，两人看上去也有颇多相似之处。他们所尊重的父辈都很注重子女教育问题，将他们送到威廉-玛丽学院，跟随乔治·威思接受法律训练。不过，血缘关系并没有使两人成为朋友或者政治上的伙伴。马歇尔和他周围的人，哪怕是政敌都能保持一种很友好的关系，然而杰斐逊却是一个例外。马歇尔推崇强大的联邦政府，这一联邦主义的立场是在独立战争期间形成的；与马歇尔不同，杰斐逊未亲自参与作战，他更加相信个人的自由，担心强大的联邦会损害州的权力。

马歇尔认为杰斐逊是不值得信任的。如果说华盛顿没有说一个谎言，马歇尔则认为杰斐逊几乎没有说过实话。而且，马歇尔对于杰斐逊批评华盛顿始终难以忘怀。1796年4月，杰斐逊给他的一个老朋友，住在皮萨的菲利普·梅茨写的一封信中将华盛顿描述为"比赛中的大力士和密室中的所罗门"，"被妓女英国所骗"。马歇尔认为"梅茨信札的作者道德有问

---

① Charles F. Hobson et al., eds. *Papers of John Marshall*, Vol. 4, Chapel Hill: University of North Carolina Press, 1984, p. 205.

题"。多年后，马歇尔如此评价杰斐逊："我从来不认为他可靠，我也从来不觉得他是一个明智的、理性的和现实的政治家，我从来没有改变这一思考方式。"①

而杰斐逊则认为马歇尔是一个诡辩论者。他告诉约瑟夫·斯托里："当和马歇尔交谈时，不要承认任何事情。一旦你承认一方是好的，无论离他的结论有多遥远，你都失败了。他的诡辩是如此高明以至于你不要给他任何肯定性的答复，否则你就被迫承认他的结论。假如他问我是否是白天，我将回答'先生，我不知道，我不能说'。"②

1800年，马歇尔就任联邦最高法院首席大法官，杰斐逊当选总统，历史同时将二人推上美国最高政坛，标志着马歇尔和杰斐逊之间那场将深刻影响美国政治走向与宪法面貌的斗争拉开了序幕。

---

① Jean Edward Smith, *John Marshall: Definer of a Nation*, New York: Henry Holt and Company, Inc., 1996, p. 12, p. 14.
② John F. Dillon, ed., *John Marshall: Life, Character, and Judicial Services*, Vol. 3, Chicago: Callaghan, 1903, p. 370.

第三章　马伯里诉麦迪逊案和司法审查制度的确立

马伯里诉麦迪逊案是马歇尔就任首席大法官后第一起重要的案件，也是美国最高法院史上具有里程碑式的案件之一。该案之所以重要，不仅是因为它解决了最高法院面临的困境，宣示了法治和司法独立的原则，更重要的是该案确立了司法审查制度，也即最高法院有权宣告违反联邦宪法的法律无效，这使权威不高的最高法院拥有了和行政部门与立法部门平起平坐的权力，对美国民主体制和宪政机构的完善都发挥了重大作用。司法审查权成为最高法院的撒手锏，为最高法院在美国政治生活中确立至高无上的、一锤定音的权威奠定了基础。马伯里诉麦迪逊案对美国宪政史的发展产生了重要影响，世事沧桑巨变，及至今日，司法审查权依然是美国最高法院拥有的最为重要的权力；不仅如此，马伯里诉麦迪逊案穿越国界，扩及世界，对其他国家的司法制度也产生了重要影响。

马伯里诉麦迪逊案是在什么情况下发生的，最高法院是如何运用政治和法律的智慧来判决这一案件，司法审查制度是如何确立的，它在美国历史的长河中都经历了什么样的世事变迁？对世界其他国家产生了什么样的影响？

一　马歇尔就任最高法院首席大法官及其所处的诡谲局势

1800年总统大选局势明朗之后，渐渐淡出选举危机的亚当斯，开始忙于安排他离职后的事情。由于联邦党在总统选举中失利，在国会选举中也一败涂地，为此，亚当斯将希望寄托于不受选举影响的司法部门。而时任首席大法官的奥利弗·埃尔斯沃斯由于身体状况不佳适时地辞去了首席大法官一职，为亚当斯任命马歇尔铺平了道路。

亚当斯清楚，如果想为埃尔斯沃斯找到接班人，就必须尽快行动，赶在杰斐逊就任之前。① 亚当斯最初想把这个职位交给前任首席大法官约翰·杰伊，尽管参议院批准了对杰伊的提名，但他拒绝了，因为他不仅厌恶最高法院法官的巡回骑乘工作，而且觉得法院缺乏"生气、力量和尊严"，难以发挥其应有的作用。杰伊拒绝后，亚当斯的朋友督促他提名宾夕法尼亚的塞缪尔·西特格里夫斯，这时最高法院没有来自宾夕法尼亚州的人，出于地域考虑，加上他也被认为是能够胜任最高法院工作的人，对他的提名还是有一定的道理，但亚当斯不同意。这时他们又推荐来自新泽西的威廉·佩特森，这是联邦党内激进派人们普遍看好的人。马歇尔后来回忆说："首席大法官埃尔斯沃斯辞职后，我推荐佩特森大法官接任。"但是，亚当斯坚决反对，因为后者是联邦党内汉密尔顿派的人物，而亚当斯想要那些他能够绝对相信其忠诚的人。② "现在我该提名谁呢？"亚当斯若有所思地说，"我回答说我也说不出来，因为我想他仍然拒绝提名佩特森法官。他以坚定的语气说'我不会提名他'。犹豫了一会儿，他说，'我认为我应该提名你。'"③

马歇尔对于提名自己当首席大法官甚是惊喜，虽然他不希望过多地参与政治，但对于法律的喜爱使他很乐意接受这一任命。"就在听到我的名字前，我甚至连想都没有想过这一点。""我当时又惊又喜，简直说不出话来，只是向总统鞠了一躬。"④ 第二天亚当斯就将这一提名提交了参议院。然而，马歇尔的提名并没有立即得到党派的一致认可，相反，参议院内大多数领袖宁要佩特森，而不要马歇尔。据联邦党参议员乔纳森·戴顿的描述，参议院反对这项提名的情绪如此强烈，以至于"我相信……如果他们确信这样做就能使佩特森被招来填补这一职位的话，他们就会拒绝这一提名"⑤。参

---

① 据传新当选总统杰斐逊已经有了合适的人选，计划埃尔斯沃斯在任上过世后，任命其好友、弗吉尼亚州最高法院首席大法官斯宾塞·罗恩出任联邦最高法院首席大法官。但没有料到，埃尔斯沃斯提前辞职，让亚当斯捡了一个大便宜。
② 在 XYZ 事件后，美国与法国关系紧张，甚至达到准战争的程度。在联邦党内，以汉密尔顿为首的激进派主张与法国开战；而以亚当斯为首的温和派主张继续与法国和谈，尽量避免战争。在 1800 年大选期间，汉密尔顿公开反对亚当斯连任，致使后者选举失利，也使得二人的关系一度非常紧张。
③ John Stokes Adams, ed., *John Marshall, an Autobiographical Sketch*, Ann Arbor: University of Michigan Press, 1937, p. 30.
④ John Stokes Adams, ed., *John Marshall, an Autobiographical Sketch*, Ann Arbor: University of Michigan Press, 1937, p. 30.
⑤ Maeva Marcus, ed., *The Documentary History of the Supreme Court of the United States*, Vol. 1, 1985, p. 147.

议院把这项提名至少搁置了一个星期之久，希望能说服亚当斯，最终由佩特森代替马歇尔。但亚当斯丝毫不动摇，因为这时他已经是个瘸腿鸭子①，不再顾虑什么政治责难了，否则的话，他也许会放弃原来的主张。参议院认识到如果不批准对马歇尔的任命，可能会使得这项任命流产而使即将上任的杰斐逊有机会提名。在这种情况下，参议院做出了让步，并一致通过了对马歇尔的提名。

马歇尔的任命虽在当时并不被看好，但却是一件令人高兴的改变历史进程的事件。当马歇尔来到最高法院时，美国宪法还只是一部原始的文献，而当他去世时，最高法院已经将这部毫无生气的原始文献变成了活生生的宪政，而原本威望不高的最高法院在马歇尔的领导下，逐步成长为一个与立法部门和行政部门平起平坐的机构，法官被赋予庄严的和至今都是空前的权力和职责；而马歇尔在判决中所体现的思想则为美国未来的发展指明了方向。早在1792年，当杰斐逊听说汉密尔顿正在积极推动马歇尔进入国会时，曾给麦迪逊写信说："我得知马歇尔并不十分愿意进入国会。因此我认为汉密尔顿一定是通过不断地赞扬和请求来达到他的目的，而我认为再没有比担任一名法官更适合马歇尔了。"② 杰斐逊头脑中的法官当然是州法官，他认为将马歇尔放在不太重要的法官位置上，可以牵制马歇尔，但马歇尔出任法官的思想一定会使他后悔的。

1801年2月4日，一个细雨霏霏的早晨，新任首席大法官马歇尔在只经过"简单装修"，"让人感觉十分不方便"③ 的最高法院宣誓就职。由于法院权威不高，马歇尔的就职仪式并没有引起很多人的关注。不过，马歇尔对司法机关颇为重视，自上任伊始，他就开始精心构筑一个使宪政体制平衡、使联邦稳固的司法机关。完成这项繁难浩大的工程，不仅需要忧国忧民的高瞻远瞩，还需要高超的智慧和十足的耐心，幸运的是，马歇尔兼具二者！他清楚地意识到自己肩头的重任，"我深深感觉到司法机关在所有时期而且尤其是在当前的重要性，我愿在这个岗位上倾我所能，不让朋友们失望。"④

---

① 瘸腿鸭子是指在选举中失败、即将下台的总统。
② 菲利克斯·法兰克福特：《约翰·马歇尔和司法职能》，石明磊、吴斌、牟效波译，载《哈佛法律评论》，张千帆组织编译，法律出版社，2005，第78页。
③ George L. Haskins and Herbert A. Johnson, *Foundations of Power: John Marshall, 1801 - 1815* N. Y. : Cambridge University Press, 2010, p. 82.
④ Charles F. Hobson. et al, ed., *The Papers of John Marshall*, Vol. 6, Chapel Hill: University of North Carolina Press, 1990, p. 89.

然而，要做到"不让朋友们失望"，马歇尔的确需要倾其所能，因为此时最高法院面临着十分不利的政治局势。激烈的党派斗争是最高法院面临的最大麻烦。1800年总统大选局势明朗后，趁新总统未上任和新国会未召开之际，联邦党人控制的国会相继通过了《1801年司法法》和《哥伦比亚特区组织法》，通过新增设法官职位的办法以达到控制司法部门的目的。虽然这两个法案也有很多可取之处，比如《1801年司法法》取消了法官们厌恶的巡回骑乘制度，减少了他们巡回审判的负担；但与此同时，创设了6个新的巡回法院，为此增加了16名联邦巡回法官；另外，或者说是为了减少杰斐逊上任后提名最高法院大法官的机会，或者说是为了使最高法院的判决不至于出现平局的情况，《1801年司法法》还将最高法院的人数由6人减至5人。由于联邦党人坚决支持该法且新任命的法官大都是联邦主义者，共和党人从一开始控制国会即要求废除该法。随后不久国会通过的《哥伦比亚特区组织法》，正式建立了首都哥伦比亚特区，授权亚当斯总统任命42名任期5年的特区治安法官。

这样一来，联邦党人就可以担任这58个新增的法官职务。为此，亚当斯忙活了半个月，直到卸任前一天（1801年3月3日）午夜，才完成所有58个法官的任命程序，国务卿马歇尔也匆忙在所有"午夜法官"的委任状上盖上国玺，马不停蹄地将这些委任书颁发给法官本人。本来就对亚当斯极度不满的杰斐逊，对他离职前这番完全出于政治目的的任命，更是愤怒之极，斥之为"A先生（即亚当斯）拿着皮鞭和马刺威逼出来的"。[①] 不仅如此，在共和党人看来，联邦党人已退居法院这个堡垒，试图摧垮共和党的一切事业。这一矛盾冲突很快就爆发出来。

由于时间仓促和交通不便，A先生尽管"拿着皮鞭和马刺"，仍有几位法官的委任状未能及时发出。在1801年3月4日，新总统杰斐逊上任后立即下令停止颁发。已获得任命但还没有拿到委任状的准法官中，就包括被任命为哥伦比亚特区治安法官的威廉·马伯里。他是一个成功的土地投机商，虽然不依赖哥伦比亚特区治安法官这个不起眼的职位谋生，但对于已经到手的官职却突然不翼而飞多有不满。于是，在联邦党人的怂恿之下，他和其他三

---

① 〔美〕詹姆斯·西蒙：《打造美国：杰斐逊总统与马歇尔大法官的角逐》，徐爽、王剑鹰译，法律出版社，2009，第101页。

位难兄难弟一起将国务卿麦迪逊告上了法庭，要求其颁发委任状。这就是著名的马伯里诉麦迪逊案。

马伯里他们聘请前总检察长[①]查尔斯·李为律师，与马歇尔一样，李也是一个温和的联邦党人，对杰斐逊甚为不满。作为一个训练有素的律师，1801年12月16日，根据《1789年司法法》第13条的规定，李提请最高法院下达训令状，要求麦迪逊说明没有向马伯里及其他3名起诉人送出委任状的理由。共和党人本来就已经剑拔弩张，只是还不愿意打响第一枪而已，训令状一出，立刻将杰斐逊及其共和党的神经惊醒。"你怎样看待上周联邦法院下达的针对国务卿的这个训令状呢？"参议院共和党领袖之一的布雷肯里奇问杰斐逊，"我认为这是迄今为止联邦党人最为胆大包天的攻击"。[②] 随即，杰斐逊建议共和党控制的国会撤销《1801年司法法》，并且预料"砍掉不久之前才寄生在法院系统中的杂草"将会催生他以前不惜代价才堪以避免的政治冲突。[③] 1802年1月，布雷肯里奇就向参议院递交了关于撤销《1801年司法法》的议案。

对此，联邦党人予以激烈的反击。他们认为撤销《1801年司法法》将会削弱联邦法院的独立性，使法官成为立法机关的附属，而这是1787年制宪之父们极力避免的情况，宪法中规定法官终身任职就是为了使得司法部门独立于立法和行政部门，如果对于联邦法院系统中的机构，国会想撤就撤，法官们的独立性将不复存在。他们尖锐地抨击《撤销法案》将"使整个司法体制不健全，而且威胁到宪法的存在"。[④] 他们认为，"在这个世界上，只有诉诸合众国的司法机构，才能得到一部法律因违宪而无效的判决，否则就只能诉诸革命的原则，导致内战"。[⑤]

[①] Attorney General，在美国建国初期一般译为总检察长，因为此时司法部门并没有建立起来，直到1870年司法部建立之后，才可以称之为司法部部长。

[②] Charles Warren, *The Supreme Court in United States History*, Vol.1, new & rev. ed., Boston: Little, Brown &Co., 1999, p.204.

[③] Thomas Jefferson to Doctor Benjamin Rush, Dec. 20, 1801, in Paul Leicester Ford ed., The Works of Thomas Jetferson, Vol. 9（1799－1803）, 1905. http://oll.libertyfound.org/titles/jefferson-the-works-vol-9-1799-1803

[④] Charles Warren, *The Supreme Court in United States History*, Vol.1, new & rev. ed., Boston: Little, Brown &Co., 1999, pp. 208－209.

[⑤] Larry Kramer, *The People Themselves: Popular Constitutionalism and Judicial Review*, New York: Oxford University Press, Inc., 2004, p.138.

尽管一些共和党人士也担心撤销这一法案会对宪政体制有所影响，但经过长时间激烈的辩论，该法案还是被撤销了。由于《撤销法案》要到1802年7月1日才生效，最高法院6月份的审理期是否会对《撤销法案》的合宪性做出判决？马伯里诉麦迪逊案会如何进行审理？这是两党都非常密切关注的问题。预料到危机即将来临，为了不使最高法院将《撤销法案》宣布为违宪，共和党控制的参议院迅速通过了《1802年司法法》，将巡回骑乘职责重新收归最高法院，取消最高法院6月和12月的两个审理期，代之以每年2月的单一审理期。这样，最高法院将会在《撤销法案》生效之后的14个月内无法开庭。

尽管作了技术处理，但有关《撤销法案》和《1802年司法法》的合宪性问题还是被联邦党人揪住不放，成为沸沸扬扬的政治争议。最高法院的大法官们也深陷其中，意见不一。作为首席大法官，马歇尔"很遗憾明年6月的审理期将不得不中止"，但"相信这个法案将马上得到实施"。① 对于继续担任巡回骑乘职务，他表示这样的规定虽然不合理，但由于《1789年司法法》制定以来，法官们一直身兼巡回法庭法官之职，既然有这样的先例，就应该尊重这一成规。他巧妙地劝说各位同僚，虽然好斗的蔡斯反复强调《撤销法案》违宪无效，但他的其他同事，库欣、佩特森和布什罗德几位法官都赞同他的观点，这样一来，马歇尔的意见获得了多数票的支持。② 没有经过太多讨论，法官们重新担起巡回骑乘职责。一场风暴就这样消散了。

然而，联邦党人并不甘心，亚当斯内阁的总检察长查尔斯·李哀悼，"法院系统确实失守了，这还不算完。杰斐逊先生正准备推倒任何政治架构。

---

① Charles F. Hobson, et al, ed., *The Papers of John Marshall*, Vol. 6, Chapel Hill: University of North Carolina Press, 1990, p. 184.
② 关于马歇尔对于《1802年司法法》的态度，学界有不同的观点。马歇尔的传记作家约翰·史密斯认为马歇尔虽然对此有一些宪法顾虑，但他对撤销法案并不太关注。Jean Edward Smith, *John Marshall: Definer of a Nation*, New York: Henry Holt and Company, Inc., 1996, pp. 305 – 306。学者布雷斯·阿克曼则认为马歇尔给最高法院其他大法官写信征询对《1802年司法法》的看法，其意为共同抵制《1802年司法法》，拒绝到各地出任巡回法官，并不计后果。因其他大法官无意支持而放弃。Bruce Ackerman, *The Failure of the Founding Fathers: Jetterson, Marshall, and the Rise of Presclental Demacracy*, Cambridge, MA: Belknap Press of Harvard University Press, 2005. 本文认为，马歇尔作为一个温和的联邦党人，在杰斐逊共和党人的进攻态势之下，他审慎地予以应对，不会在此情况下公然地予以对抗。而后审理的斯图亚特诉莱尔德一案也说明了马歇尔的这种立场。

杰斐逊不会让某些人失望的，他会勤勤恳恳、不知疲倦地把国家大厦一砖一瓦地拆除掉，就像当初华盛顿亲自把这一切组装起来一样。甚至，这座大厦的基石，也会在4年内被抹去。"① 对于联邦局势的担忧促使李不断反击，在里士满巡回法庭审理的斯图亚特诉莱尔德一案中，李代表约翰·莱尔德积极参与此案，力促法官判决《撤销法案》违宪无效。1801年12月，莱尔德在新设立的巡回法庭打赢了一场关于财产权的官司；但判决之后，那个巡回法庭因"撤销法案"而被取消了。李代表莱尔德提出这个判决仍然有效，并阻止原先的案件闹到马歇尔主持的巡回法庭。他声称《撤销法案》违宪，最高法院大法官不能担任巡回法庭法官。作为主审法官，马歇尔驳回了李的主张，因为宪法授予国会建立合适的下级司法机构，并且有权将案件从一个法院转移到另一个法院，"宪法上没有哪句话禁止或者限制立法权的行使"。② 在大原则确立的前提下，马歇尔做出了有利于莱尔德的判决。

尽管如此，李依然不服，又向联邦最高法院提起上诉。在不断升级的紧张局势下，共和党报纸甚至威胁道，任何"把司法凌驾于行政和立法之上的联邦主义以及使那些受宠的部门拥有影响力"的企图，都会"以司法的衰弱和失宠而告终"。③ 以马歇尔为首席大法官的最高法院，原本也无意于挑战国会的立法权，对共和党人气势高昂的挑衅，并没有予以迎战，而是在该案中再次确认了《撤销法案》和《1802年司法法》的合宪性。对他们来说，宪法规定国会有权制定司法条例及相关法律，这是宪法授予国会的权力。

在马歇尔就任首席大法官的最初两年里，最高法院并没有像联邦党人所希望的那样，跟共和党对抗，而是顺从了国会制定的《1802年司法法》，引导法院逐步远离党争，这段时间最高法院抵挡住了来自联邦党和共和党的双重夹击，成功地改变了那种把最高法院当作联邦党代理人的成见。

二 马伯里诉麦迪逊案

树欲静而风不止，尽管马歇尔和杰斐逊两人都有意地避免正面冲突，但

---

① George L. Haskins, Herbert A. Johnson, *Foundations of Power: John Marshall, 1801－1815*, N. Y.: Cambridge University Press, 2010, p. 166.
② Bernard Schwartz, *A History of the Supreme Court*, N. Y.: Oxford University Press, 1993, p. 31.
③ Charles F. Hobson, *The Great Chief Justice: John Marshall and the Rule of Law*, Lawrence: University Press of Kansas, 1996, p. 34.

他们依然是一对不可调和的矛与盾。1803年2月,关闭14个月之久的最高法院终于开庭。马伯里诉麦迪逊案赫然出现在备审案件的名单上,张牙舞爪,要将最高法院拖入你死我活的党派纷争之中。作为马伯里的律师,查尔斯·李誓与共和党抗争到底,而政府上下所有被传唤的人,从总检察长林肯到国务院最普通的职员,无不对李穷追不舍的询问虚与委蛇。作为被告,麦迪逊从未在最高法院露面。法院下达训令状后,麦迪逊也置之不理。杰斐逊政府显然把马伯里案看作最高法院的政治挑衅而非单纯的法律争议。在共和党人看来,最高法院向新政府挑战的想法,荒唐而可笑。此时,他们不仅已撤销了《1801年司法法》,还启动了弹劾联邦地区法官约翰·皮克林的程序,如果大法官们稍事不慎,就会使得整个最高法院处于危险的境地。

以马歇尔为首的最高法院面临着两难困境:驳回马伯里的请求不但意味着联邦党在政治斗争中的再度失利,而且也显示出法院的软弱无力,屈服于来自白宫和国会的政治压力;如果支持马伯里,几乎可以肯定,后果会更糟,将使得最高法院成为国会共和党多数派和杰斐逊的攻击目标,而后者的民众支持率当时正在节节上升。无论要求麦迪逊送达委任状的命令多么有说服力,总统和国务卿乖乖听话的可能性都是非常渺茫的。而更坏的结局可能是,共和党将从法院入手,大举反击,运用弹劾手段猛攻司法机构,直至整个司法系统完全重组。

政治斗争与原则斗争交织在一起,考验着最高法院大法官们的政治智慧和法律智慧,特别是作为首席大法官的马歇尔,能不能够另辟蹊径,从困境中解脱,充分展现他司法政治家的才能。作为直接当事人(他作为国务卿未能最终将这些委任状送发给个人),马歇尔完全有理由回避这一案件,但他坚持要参与此案,是因为他意识到该案涉及的宪法问题举足轻重,尤其对于司法独立至关重要。作为一个深受政治影响的案件,马歇尔将此案从政治漩涡中拉扯出来,作为一个纯粹的法律问题予以解决。可以说,马歇尔的政治智慧首先体现为一种法律思想,这种思想"意味着一套新的法理学的兴起,由于它,一些指导性原则被升华到制定法和国家之上,并赋予了法官一种神圣的、前所未闻的权威和义务"。①

---

① 强世功:《司法审查的迷雾——马伯里诉麦迪逊案的政治哲学意涵》,《环球法律评论》2004年冬季号,第418页。

马歇尔起草并宣读了法院的一致意见,在这份一致意见中,他将整个案件的诉讼争议分解为逻辑上层层递进的三个核心问题:第一,申诉人是否有权要求颁发委任状?第二,如果他有这个权利,而且此项权利受到了侵犯,那么美国的法律是否为其提供了救济手段?第三,如果法律确实为他提供了救济手段,是否该由最高法院来下达强制令,要麦迪逊将委任状颁发给马伯里?① 实际上,这三个问题也可以简要地概括为两个问题,也即实质问题和程序问题,第一个和第二个问题是实质问题,也即马伯里能否得到他想要的委任状;第三个问题是程序问题,即马伯里能否在最高法院申请这种强制令?从马歇尔判决的全文来看,我们发现对于实质性问题,也即第一个和第二个问题,马歇尔用了将近五分之四的篇幅来回答;而对于程序问题,也就是阐述马伯里能否在最高法院获得救济这个问题,仅占了整个篇幅的五分之一。一般来说,法官在面对一个案件的时候,首先考虑的就是程序问题,即这个案件是否属于法院的受案范围,只有解决了程序问题,法院才能正式进入实质问题。然而,在马伯里诉麦迪逊案中,马歇尔反其道而行之,他为什么要先花如此大的精力来讨论实质问题,然后才回到本案真正要解决的诉讼管辖问题呢?是因为他想反击杰斐逊共和党派在行政和国会的全面胜利。

马歇尔曾经是亚当斯总统的国务卿,在亚当斯总统签署了委任状之后,是国务卿马歇尔在委任状上加盖了国玺,而且马歇尔有责任将委任状送到马伯里手中。正是由于马歇尔的延误,导致新上任的国务卿麦迪逊扣押了委任状。马歇尔面临的首要任务不是被后人继承且广泛应用的司法审查制度,而是要从法律上证明前总统亚当斯任命治安法官这一政治行动的合法性,从而证明麦迪逊扣押法官委任状的行为是出于党派利益的非法行动。因此,对于实质性问题,马歇尔的回答都是肯定的。他指出:

> 当总统签发了委任状,即意味着做出了任命,一经国务卿在委任状上加盖国玺,委任即算完成。因此,马伯里先生已经被任命了,因为总统已经在委任状上签了字,并且国务卿也加盖了国玺。由于法律设置了治安法官这一职位,并赋予该法官可以行使五年的、独立于行政机构的权力。因此,这个委任状不仅不可撤销,而且授予该法官某些法定权

---

① Marbury v. Madison, 5 U. S. 137, 154 (1803), http://laws.findlaw.com/US/5/137.html.

利,这种权利是受国家法律保护的。①

马伯里先生已经获得了任命,那么,扣留委任状的行为就不是法律授权的行为,而是对法定权利的侵犯。从这点出发自然引出了马歇尔的第二个观点——如果马伯里有这个权利且这一权利受到了侵犯,那么美国的法律能否为他提供法律上的救济？"毋庸置疑,公民自由权的真正本质在于：每个人在受到侵害时,都有权要求法律给予保护。政府的一个首要职责就是提供这种保护。我们一直强调,美国政府是法治政府而非人治政府。但是,如果我们的法律不能给受到侵害的法定权利提供救济,那么,我们当然不能认为它无愧于'法治政府'这一崇高称号。"马歇尔指出："在任何案例中这都是一个无可争议的原则,那就是：只要有法律权利的地方,任何时候这种权利受到侵犯,就一定有通过诉讼或其他法律行为引起的法律救济。""因此,我们有责任查明：在我们的社会是否有人免于法律调查,或者拒绝给予受害一方以法律的救济。"②也就是说,国务卿麦迪逊不得剥夺马伯里的既得权利,法院有责任帮助马伯里获得公正补偿。

那么,作为国务卿的麦迪逊是否有权按照总统的指示而对法院的要求置之不理呢？马歇尔认为麦迪逊是作为国家公共官员而不是杰斐逊的下属在行事。他应该尊重法律的权威,而不是按照总统的指示。为了使这个问题的回答更显完备,马歇尔详尽阐述了作为公共官员和作为内阁成员效忠总统方面的区别,也即法律和政治的区别,"根据美国宪法,总统掌管某些重要的政治权力,在行使这些权力的过程中,他可以使用自由裁量权,同时仅以其政治人格对国家及自己的良心负责"。这属于政治范畴,法院绝不能调查此类行为。而"法庭也没有必要干涉这类运用政治权力的活动。一个过分的限制,会显得荒诞而不近情理,绝不可能得到支持"。③

---

① Marbury v. Madison, 5 U. S. 137, 154 (1803), http://laws.findlaw.com/US/5/137.html.
② Marbury v. Madison, 5 U. S. 137, 162 – 163 (1803), http://laws.findlaw.com/US/5/137.html.
③ Marbury v. Madison, 5 U. S. 137, 158, 165 – 166, 170 (1803), http://laws.findlaw.com/US/5/137.html.

"但是，当立法机关继续将其他职责赋予这一官员时——当他接受法律强制去执行某些行为时，当个人权利有赖于那些行为的实施时——就此而言，他就是法律的执行者，其行为必须守法，不能因行使自由裁量权而践踏其他人的法定权利。"① 最高法院有责任决定行为的性质是属于政治行为还是法律行为。就像1800年马歇尔为纳什辩护中将案件分为政治性和法律性一样，在马伯里案中，他再次清晰地将法律问题从政治问题中剥离出来，并宣告最高法院有权区分二者，也顺势扩大了最高法院的权力。

在马伯里案中，马歇尔认为麦迪逊并不是以杰斐逊下属的身份在行事，而是作为公共官员来处理公务。因此，麦迪逊应该履行法定的职责，对马伯里等人不公正的遭遇予以补救。通过对这两个问题的回答，马歇尔以法治为主线，将自己的政治对手置于反法治的境地之中，由此构成了对杰斐逊政府破坏法治的强烈控诉，从而在法理上、舆论上或者意识形态上挽回联邦党人的失败；不仅如此，也为最高法院拥有司法审查权作了一个很好的铺垫，如果没有这些法理上对实质问题的讨论，如果马伯里没有获得法律救济的实体权利，那么，讨论最高法院是否拥有管辖权的问题就显得非常单薄，甚至没有必要，由此得出所谓的司法审查也就显得牵强附会。

既然法院认定马伯里任职的权利受到了侵犯，且他有资格获得法律的救济，那么，最高法院颁发强制令、要求麦迪逊下发委任状看起来就是顺理成章的事情了。就任首席大法官两年以来，马歇尔一直小心翼翼地避免与行政部门发生直接的冲突，而今，他看似正走上一条与杰斐逊政府的对抗之路。然而，关键时刻，就像悬疑小说的作者把他的英雄从悬崖边上拉回来一样，马歇尔把他的法庭从眼看要降临的灾难中拯救了出来。对于第三个问题，马歇尔的回答却是否定的。

虽然联邦法院有权对行政官员发出强制令，但在马伯里这一特定的案件中，这并不是最高法院的责任，因此它无权命令麦迪逊发出委任状。马歇尔的论证是这样的：最高法院是否有权发出强制令取决于它所管辖的范围。根据美国联邦宪法第三条第二款的规定，只有涉及大使、公使、领事等外国使节或州政府为一方当事人的案件时，最高法院才有初审管辖权；

---

① Marbury v. Madison, 5 U. S. 137, 166 (1803), http://laws.findlaw.com/US/5/137.html.

所有经由其他正常途径提交的案件，最高法院拥有复审权。而马伯里既非外国使节也不是州政府的代表，因此最高法院对他的案件没有初审管辖权。马伯里的律师查尔斯·李声称将此案直接带到最高法院的依据是国会通过的《1789 年司法法》第 13 条。该条规定："在法律原则和法律惯例许可的案件中，最高法院拥有对以合众国名义任命的法官或公职人员发布令状的权力。"显然，该条与宪法的规定相冲突。那么，最高法院是应该遵从《1789 年司法法》第 13 条，还是应遵从联邦宪法来做出裁决呢？据此，马歇尔一下子将问题跳到了国会法律的合宪性上。

马歇尔对这一问题的阐述成了该案的根本和主题，也成为司法审查在联邦法院确立的一个主要标志。马歇尔指出，《1789 年司法法》第 13 条规定最高法院有权向政府官员发出强制令，实际上是把联邦宪法明确规定的原始司法权扩大了，如果最高法院遵从 1789 年《司法法》，就等于最高法院承认国会可以扩大宪法明确授予最高法院的权力。但事实上，国会没有这个权力，因为宪法是人民制定的，制宪是人民"原始权利"的伟大运用，但这种权利的运用"不能也不应该经常地反复"，所以，宪法一旦制定，其基本原则也就建立起来，这些原则所产生的权威在制宪时就被认为拥有"超越一切的"和"恒久的"的性质。是宪法制约着任何与其相抵触的立法行为还是立法机关可以通过普通法案来修改宪法？

> 在这两种选择中，没有中间道路可走：宪法要么是一种优先的、至高无上的法律，不能被一般法律修改；要么与普通立法一样，立法机关可以随时加以修改。如果是前者，那么一项与宪法相抵触的立法便不是法律；如果是后者，那么成文宪法不过是人们荒唐的企图，用来限制一种本质上不可限制的权力（立法权）。①

说到这里，宪法的神圣性呼之欲出。"显然，成文宪法的制定者将宪法视为国家基本的、重要的法律，他们坚持的理论是：与宪法相抵触的立法法案都是无效的。……这也是我们社会的基本原则之一。"② 当法律与法

---

① Marbury v. Madison, 5 U. S. 137, 177 (1803), http://laws.findlaw.com/US/5/137.html.
② Marbury v. Madison, 5 U. S. 137, 177 (1803), http://laws.findlaw.com/US/5/137.html.

律之间，以及立法机关的立法和宪法之间发生冲突时，最高法院必须就其中一个的合宪性做出裁决，因为"判定什么是法律属于司法部门的权限和职责，那些将规则具体适用于具体案件的人，必须详细说明并阐释该规则"。"当我们宣布何谓国家的法律时，首先提到的是宪法，并且，不是所有合众国法律，而是只有符合宪法的法律才能被列入法律的行列。"因此，"所有与宪法相抵触的法律都是无效的，法院与其他机构一样，都必须受宪法的限制"。① 也就是说，《1789 年司法法》第 13 条违宪无效。虽然马伯里的权利受到了侵犯，有资格获得法律的救济，但最高法院对此案无管辖权，他必须到地方法院来为自己的正当冤情寻找救济，若地方法院判决不公，他可一步步上诉到最高法院。马伯里一看此案牵涉甚多，且治安法官无太多利益可争，于是就撤回了诉讼，此案就此完结。

从表面上看，该案中是麦迪逊胜诉，联邦党人马伯里败诉；实际上，最高法院借此裁决，不仅避免了被行政部门的羞辱，而且明确并合宪地拥有了审查其他两个政府部门法律、命令的权力，最高法院真正成为与其他两个部门相匹敌的机构。从策略上看，面对这一困境，最高法院不可能找到更合适的情形来宣布这一权力。因为最高法院的判决并没有裁定支持马伯里，因而也不会引起与杰斐逊政府的直接冲突。正如研究美国最高法院的资深学者麦克洛斯基所说：马歇尔"通过否定司法管辖权，进而绕开了与杰斐逊共和党人迎头相撞的危险；但与此同时，扣押委任状为非法的法院声明，消除了法院纵容行政当局行为的任何印象。这一消极战术以其独特的方式获得了巧妙的成功"。② 由于杰斐逊共和党人大都把注意力放在了马伯里的委任状上，很少有人关注最高法院是通过什么样的逻辑来判决这一案件的。即使像杰斐逊这样对马歇尔极度不满的人，也发现要想攻击此案很难，因为他们很难对最高法院拒绝宪法所没有授予的管辖权的判决进行抨击。最高法院高傲地拒绝了国会授予但宪法没有授予的权力，这样的现象在最高法院的历史上相当常见但却让最高法院的批评者困惑不已。让法院意见流芳百世的机会毫无疑问就在眼前，但只有拥有像马歇尔这样洞

---

① Marbury v. Madison, 5 U. S. 137, 177 – 178（1803）, http://laws.findlaw.com/US/5/137.html.
② Robert G. Mccloskey, *The American Supreme Court*, Six Edition, Chicago: University of Chicago Press, 2016, p. 26.

察力的法官才会意识到。

在行政部门的敌意面前，马歇尔审慎地将政治纷争转化为法律议题，将行政和司法部门的对立转化为国会法令的合宪性问题，巧妙地确立了最高法院宣布国会法律违宪的权力，为最高法院在宪政体系的大厦中争得了一席宝地。后来的历史证明，正是这一权力，确保了最高法院与国会和行政部门地位的平等。在这一堪称神奇的司法创举中，马歇尔以清晰透彻的逻辑、洗练有力的文字及真理在握的坚定信心，构筑了他的结论，而最高法院通过司法审查制度，激活了宪法，使其从政治的神坛上走下来，真正成为人民权利的保护者。"马歇尔的天才表现在，他并不满足于挽救一个糟糕的局面，而是抓住时机提出司法审查的原则。"① 一方面，宪法是本土最高法，是至高无上的，和宪法不一致的法律是无效的；另一方面，"判定什么是法律属于司法部门的权限和职责"②。这样，与宪法相抵触的法律无效问题就变成了由司法机关来决定哪些法律无效的司法审查问题，从而将法院的普通司法职能变成了对立法的违宪审查。

伟大的人物从来不是循规蹈矩遵守规则的人，而是用更大的视野来创造规则的人，他们不是执法者，而是立法者。马歇尔无疑就是这样一个伟人。正如霍姆斯所言，马歇尔之所以伟大是因为他所做出的判决中包含了"某种更为广阔的理论酵母，因此可能给法律的肌体组织带来局部的深刻变化"，因此，他是"思想转变的原创者"。③

三 马伯里诉麦迪逊案的争议

马歇尔在马伯里诉麦迪逊一案中的判决并非彻底的变革，因为在该案之前，无论是州的层面还是联邦层面，都有数起类似的宣告立法无效的案件，在最高法院初建十年中，也有多起类似审查国会或州立法的案件，但这一点完全无损于该案的重要性。这位伟大的首席大法官，就像起草《独立宣言》的杰斐逊那样，可能只是把以前已经宣告过的内容以明确的形式

---

① Robert G. Mccloskey, *The American Supreme Court*, Chicago: University of Chicago Press, 2016, p. 26.
② Marbury v. Madison, 5 U. S. 137, 177 (1803), http://laws.findlaw.com/US/5/137.html.
③ 强世功：《司法审查的迷雾——马伯里诉麦迪逊案的政治哲学意涵》，《环球法律评论》2004年冬季号，第421~422页。

确定下来。不过，正如马歇尔的传记作家贝弗里奇所说的那样，"如果托马斯·杰斐逊和约翰·马歇尔分别作为毕生都在撰写宣言和法律意见的夏洛特斯威尔和里士满普通公民的话，如今除了好奇的研究者之外可能没有人会知道曾经有过这样的人"。① 让那两位美国人的宣告永垂不朽的是他们恰好占据的显赫职位。如果马歇尔在马伯里诉麦迪逊案中的成就不是改革而是系统阐述的话，那么正是由最高裁判机构作为实证法律的权威加以阐释这一事实才使得它如此重要。

尽管有学者指出马歇尔在此案中理应回避，即使不回避，也应该首先阐述法院是否有管辖权方可审理，而不是反其道而行之，不过在作者看来，马歇尔之所以如此判决，恰好说明了他的伟大之处。如果马歇尔当初没有选择这种判决方法，他将失去宣布国会立法违宪并主张最高法院拥有宪法解释权的机会，马伯里一案也就会变成宪政史上一个不起眼的注脚。研究美国最高法院的学者施瓦茨就认为："要是马歇尔一开始没有以权威的方式确立审查权的话，这项权力完全有可能从不会得到支持，因为直到1857年最高法院才再次行使宣布一项联邦法律无效的权力。要是马歇尔法院没有采取这种立场，国会万能在60多年内就都不会遭到质疑。在司法机关顺从国会的最高地位这么长时间之后，再提出异议很有可能就是徒劳的。"②

不过，并不是所有学者及法官都认可马歇尔的判决。1825年，在埃金诉劳布③一案中，宾夕法尼亚州最高法院的约翰·吉布森法官就对马歇尔该案判决的逻辑给予了强有力的反驳。他认为：司法部门正常的和主要的职能是判断立法机关制定一项法律的真实意图，并据此在特定案件中对其进行解释、实施。但这种权力没有扩展到司法机关去审查立法机构制定的法律。"宪法和立法机构的立法权可能起冲突；但是，这种冲突能否成为司法裁决的正当对象？如果是，那么司法机构必定是一个非同一般的部门，有权修改立法机构的程序，纠正其错误，可我们从宪法的哪一部分能

---

① Albert J. Beveridge, *The Life of John Marshall*, Vol. 2, Boston and New York: Houghton Mifflin Company, 1916, p. 118.
② Bernard Schwartz, *A History of the Supreme Court*, N. Y.: Oxford University Press, 1993, p. 41.
③ 埃金诉劳布案（Eakin v. Raub, Pa. 1825, 12S. &R. 330, 334 – 358), in Albert P. Melone, George Mace, *Judicial Review and American Democracy*, Ames: Iowa State University Press, 1988, pp. 69 – 75。另参见马克·图什内特编著《反对有理　美国最高法院历史上的著名异议》，胡晓进译，山东人民出版社，2010，第4~10页。

找到司法机构这种优越的地位呢？宣布按照宪法规定的形式所制定的法律无效，难道不是司法篡权？……司法机构的职责是解释法律，而非审查立法者的权威。"① 对于马歇尔将宪法中就职宣誓的誓词作为司法审查的依据之一，吉布森对此反驳道：

> 支持宪法的宣誓并非为法官所特有，而是不加区别的适用于每个政府官员；且它是被用来检验人的政治原则，而非在履行责任时约束官员……即使假设宣誓的目的是在法官履行公务时确保其对宪法的支持，这也未必授权法官去判决立法的合宪性问题。……因此，官方宣誓仅和官员的公务行为有关；它并不能授权官员偏离其寻常事务的轨道，去审查其他分支的事务是否违反了责任，也不像想象中那样定义了官员的权力。②

吉布森还否认了分权制衡的概念中包含有司法审查的思想。他认为宪法本身在贯彻权力制衡这一目标时已作了充分的保障，如果宪法的缔造者们有意要司法机关作为一道附加的壁垒的话，他们就会直截了当地将这项权力授予法官，而不是保持沉默。如果司法机关有权解释宪法，那么立法机关至少有同样的解释权。如果立法机关存在错误解释宪法的可能性，那么司法机关同样也会存在这个问题。因此，不能认为司法机关的解释就是最终解释。

吉布森在埃金诉劳布一案中的异议被认为是对马伯里诉麦迪逊案的强有力的回击，但笔者认为，吉布森的观点并非无懈可击。既然解释法律是司法机关的主要职能，他就不应该否认司法机关是在充分理解宪法的基础上对法律进行解释，也只有在遵循宪法精神的前提下对普通法律的解释才是有效的。因此，司法机关是解释宪法的最有力的机构，而在解释宪法的过程中，否决那些违宪的法律也是理所当然的事情。在埃金诉劳布案后20

---

① 埃金诉劳布案（Eakin v. Raub, Pa. 1825, 12S. &R. 330, 334–358), in Albert P. Melone, George Mace, *Judicial Review and American Democracy*, Ames: Iowa State University Press, 1988, p. 70.
② 埃金诉劳布案（Eakin v. Raub, Pa. 1825, 12S. &R. 330, 334–358), in Albert P. Melone, George Mace, *Judicial Review and American Democracy*, Ames: Iowa State University Press, 1988, p. 71.

年，吉布森升任为宾夕法尼亚州最高法院首席大法官。他宣布改变自己的这一观点，因为在此之前，宾夕法尼亚州的宪政会议默许了法院的实践，在法院的实践过程中他也逐步认识到司法审查的必要性。

虽然吉布森最终默认了法院司法审查的实践，但关于司法审查合宪性的争论并未平息，一直持续至今。① 司法审查制度在人们的争议中逐步得以巩固和确立，当然少不了马歇尔的功绩，是马歇尔在1803年的马伯里诉麦迪逊案中，带领最高法院的大法官们，通过判决的形式，在世界上首次确立了司法审查制度，它不仅加强了司法部门与其他两个政府部门相抗衡的地位，使司法部门开始与立法和行政两部门鼎足而立，而且增强了联邦最高法院作为一个政府机构的威望与声誉，使最高法院成为宪法的解释者，确立了联邦法院对国会立法和行政部门的审查权力，为美国宪政相互制约和平衡发展提供了条件。可以说，司法审查制度的确立，是美国政治制度史和人类政治制度史上的一座伟大的里程碑。

马伯里诉麦迪逊案的法律意见标志着美国司法审查制度的确立，正如前面所言，该案并非第一起司法部门审查立法的案例，在该案之前，最高法院及各州法院都有直接或间接涉及司法审查的案例。尽管有关司法审查的范围还存在着很多含糊与混乱，但大多数人都认可或假设着某种司法审查的存在，特别是对那些公认的明显违宪的行为，公众普遍认为司法部门有权予以审查。这也是为什么1803年马歇尔在马伯里诉麦迪逊一案中宣判国会法令违宪无效时得到一致认同的一个重要原因。不过，这也使得一些学者将此案视为一个微不足道的案件，认为它在论证上"压根未能说服那些在1803年仍质疑司法审查之正当性的人们"，同时"压根未能让最高法院获得必要的政治声望，以使得司法审查在实践与理论上具有意义"。② 马伯里诉麦迪逊案是否开拓出了新的疆域？

无论就判决的篇幅还是语言的措辞上，马歇尔在该案中对于法院司法审查权的辩护都是有限的。不过，完全否定司法审查也不是共和党人的主流立场，大多数共和党人愿意承认基于杰斐逊部门理论下的有限审查。在

---

① 有关司法审查制度的争论，可参见拙作《美国学界和政界有关司法审查制度的争论》，《世界历史》，2007年第1期。
② Michael J. Klarman, "How Great Were the 'Great' Marshall Court Decision?" 87 Va. L. Rev., 2001, p.1126.

这样一种情况下，马歇尔以一种迂回的策略，既批评了杰斐逊，又没有触发共和党的报复甚至是报纸强烈的批评；同时，又再次确认了最高法院与其他部门一样，都拥有解释宪法的权力，这和杰斐逊的"部门理论"有诸多相似之处。① 用拉里·克雷默的话说是，"马歇尔的目标是在记录中留下司法审查——不是建立司法审查的存在，而是转移攻击司法审查之正当性的萌芽运动"。② 的确，在该案发生的时间与环境里，最高法院的任务不是建立司法审查，而是摆脱党派的攻击，但重申司法审查不仅使最高法院摆脱了当前两难的局面，而且也有力地保卫了司法审查这一实践。同时，在肯定法院有限审查的基础上，马歇尔还多次援引宪法文本，将司法拒绝实施违宪法案的权力与成文宪法联系在一起，并为宪法文本的司法解释提供根据。宪法司法化，最高法院可以对宪法进行司法解读，正是这种"普通法院对成文宪法的实施"，构成了"美国宪法对立法权进行约束的特殊有效性的最重要根源"。③ 虽然马歇尔的司法审查还很弱，以至于不能对那些真正侵犯宪法的行为予以约束，但是，它为政治原则的约束赋予了一种迄今还不为人知的力量，即附着在普通法律上面的某种常规的、内在化的、有约束力的特性。

既然制宪先贤的思想中有明确的司法审查的想法，而且又有相关的实践，为什么司法审查制度直到马歇尔上任后才得以确立呢？美国杰出的最高法院研究学者麦克洛斯基认为，这里除了马歇尔个人的因素外，更多的是历史时机的成熟：

> 部分答案在于，大法官们有意识地或本能地理解自己的局限和自己的机会。他们认识到，宪法并没有明确给予他们所渴望的权力，舆论也没有充实这个政府架构法中的漏洞。他们还认识到，汉密尔顿那

---

① 在杰斐逊看来，司法部门拥有司法审查的权力，但司法部门并不是唯一、最终解释宪法的部门，行政、立法同样有权对宪法做出解释。有学者就认为，在马伯里诉麦迪逊案中，马歇尔在司法审查理念上是持杰斐逊的观念，如 David E. Engdahl, "John Marshall's 'Jeffersonian' Concept of Judicial Review", *Duke Law Journal*, Vol. 42, No. 2 (Nov., 1992).
② Larry Kramer, *The People Themselves: Popular Constitutionalism and Judicial Review*, New York: Oxford University Press, Inc., 2004, p.124.
③ Gordon S. Wood, *The Creation of American Republic, 1776–1787*, Chapel Hill: The University of North Carolina Press, 1998, p.291.

种充满个性的绝对逻辑，无论看起来是多么有说服力和诱惑力，还不是很适合他们的目的。在某个单一的时刻，政论文大家汉密尔顿能够熔前提、论据和结论于一个单一的大胆陈述。宪法法官，或者说可能会成为宪法法官的法官，作为这一陈述的支持者，却需要时间，而不能如此轻而易举地行事。司法帝国——如果将会有这样帝国的话，必须是一步步地、缓慢地征服建立。一个观念今天可能是隐含的，明天可能会拐弯抹角地陈述，后天就可以直言不讳地宣示。在司法部门准备好激活这一观念，作为一个判决的原则之前，还有待时日。同时，当这一原创性的观念开始深入受过教育的美国人的内心中，汉密尔顿直白的逻辑变成公众认可的较少张扬更多潜力的逻辑。到那时，一旦现实行动的机会到来，大路也就铺就了。①

四 司法审查制度的发展演变

自1803年马歇尔大法官在马伯里诉麦迪逊案中成功地主张最高法院有权宣告一项国会法令违宪以来，随着时间的流逝，司法审查制度成为美国宪政制度的一项既定特征，也被认为是美国宪政的最独特的贡献，最高法院被认为是宪政、联邦制度、分权和保障个人权利的捍卫者。200余年来，虽然历经质疑和批评，但司法审查制度已牢牢地确立了下来，作为宪法至上权威的保障与实现制度，它不仅确保了宪法的稳定性，而且使宪法能够随着时代的发展而发展。

纵观美国200多年的历史，司法审查制度在其中的发展轨迹非常清晰，在1890年之前，司法审查制度的应用不多；从1890年开始，最高法院频频使用这一权力审查经济立法，为此也导致了诸多批评，并最终导致行政部门对司法部门的极大不满；而经过1937年司法革命后，司法审查制度开辟出新的领域，开始转向对弱势群体的保护，最高法院逐步成为弱势群体权利的捍卫者。② 司法审查制度缘何出现如此大的变动，现代意义上的司

---

① Robert G. Mccloskey, *The American Supreme Court*, Six Edition, Chicago: University of Chicago Press, 2016, pp. 22 – 23.
② Christopher Wolfe, *The Rise of Modern Judicial Review: From Constitutional Interpretation to Judge-made Law*, New York: Basic Books, 1986.

法审查制度是如何形成的,与马歇尔时期的司法审查制度有何不同?学者威廉·纳尔森的《马伯里诉麦迪逊案:司法审查的渊源和遗产》① 一书回答了这些问题。

马伯里诉麦迪逊案最终赋予美国最高法院及世界其他国家宪法法院巨大的权力。作为一个如此重要的案件,缘何在当时没有引起异议,纳尔森认为,这与当时的社会背景密切相关。在18世纪英属殖民地的自治群体中,人们逐步形成了共同的价值体系,如财产权、社会稳定和社会道德等。法院做出的判决大多是为了保护这些固有的、深深植根于现实中的共同价值体系。虽然美国革命推动了人民主权思想深入人心,使之受到广泛的欢迎,但革命一代并没有抛弃这一古老的思想,也即人民制定的法律不能超越他们固定不变的基本权利。作为温和的联邦主义者,马歇尔既支持人民主权原则,又认为法律有其固有的不可改变的原则,这也是大部分美国人所认可的。马伯里诉麦迪逊案之所以在当时没有引起异议,就是因为马伯里要求颁发委任状的官职,如同财产权一样,在人们的观念中是不容侵犯的基本权利。这些法律固有的原则不仅与适用他们的法官的意志无关,而且与藐视他们的政客们的意志无关。所以,尽管杰斐逊共和党人对马歇尔非常不满,但他们并没有批评这一判决。

马伯里诉麦迪逊案的核心是马歇尔把最高法院从党派政治中解脱出来。美国早期的司法审查制度继承了这一核心原则,即回避政治问题。19世纪早期,法官尽量避免去判决那些非常有争议的问题,而仅仅去保护那些美国人确信无疑的既定权利,因此而免受政治的攻击。法院试图把有冲突的问题留给立法机关去处理,一旦立法机关通过获得广泛公众支持的方式解决了冲突,即使一个或更多的组织继续反对,只要这种违宪不是明显的和不可避免的,法官就会把这种解决看作是大多数人的决定并让它发挥决定性的影响。

19世纪的法官把"人民"看作是拥有共同政治目标和理想的一个政治相似的和一致的实体,而不是看作是各自拥有自己的一套目标和理想的派别和利益团体的聚集体。早期宪法案件中的法官所关心的是立法者和他们

---

① William E. Nelson, *Marbury v. Madison: the Origins and Legacy of Judicial Review*, Lawrence: University Press of Kansas, 2000.

的委托者之间冲突的可能性——不忠实的立法者可能背叛信任他们的人民的可能性。司法审查的目的是保护人民不被背叛，而不是给人民的代表在执行人民赋予他们的信任而做出决定的过程中设置障碍。正因为如此，19世纪早期，法院很少使用这一权力，所招致的批评也很少。但并不是任何时候法院都能远离政治的漩涡，马伯里案后54年，当法院再次实施这一权力时，却使自己完全卷入政治的纷争之中，结果导致法院判决得不到实施，威信扫地。经历这样的宪政失败，最高法院在三十年间很少卷入政治冲突之中，大都是顺从立法机构的判决，根据传统的固有原则断案。

然而，到19世纪末20世纪初，司法审查的传统模式发生了巨大的变化。一方面，随着司法审查原则的稳固确立，法官开始频繁地使用这一权力；另一方面，19世纪早期司法审查赖以实施的政治上潜在的一致也难以持久，随着美国政治派别的扩张，宪法的原则，特别是私有财产神圣不可侵犯的原则，逐步成为政治争论的主题。

19世纪初期私有财产神圣不可侵犯在大多数民众看来是属于共同的价值体系，但到19世纪末，这种共同的价值体系却不复存在。19世纪末，美国的经济出现了飞速发展，为了追求更多的利润，企业通过垄断来实现规模效益，大部分财富集中于个人之手。正像政治上的绝对权力导致绝对腐败一样，经济上的绝对权力（垄断）也同样会导致腐败。为了巩固垄断利益，强大的工商业集团竭力插手政党政治，影响政府决策，维护其特权利益。经济权力和政治权力的结合，产生了美国著名作家马克·吐温笔下《镀金时代》里的种种黑幕和腐败。在这样一种情况下，进步主义运动改革应运而生。这些进步主义人士积极活动，迫使各级立法机关制定限制垄断、保护竞争、维护中下阶层利益的立法，构成了经济立法上的规制运动，试图制约毫无节制的自由放任。

然而，最高法院却不顾时代的发展变化，依然将私有财产不可侵犯看作神圣的教条，频频运用宪法第十四条修正案中的正当程序条款和由此而引申出的合同条款，否决政府经济立法。"因为法院有权审查政治分支立法的合宪性，这项制度的存在使那些在政治论坛上的失利者有机会在合众国的最高法院内重燃战火。此时代的主要宪法问题在于：原本为1787年的小型与简单的社会而起草的联邦宪法，是否能够不经修正案即适合于庞大与复杂的现代工业社会。作为最终阐释者的最高法院，是尝试着通过撤销新的立法来保持从前的小规模的中央政府与无限制的经济自由，还是将使用它的解释权力来塑造联邦宪法以适应新时代的需要？"① 最高法院选择了前者，对政府经济立法频繁地使用严格的审查权，最终导致行政、立法部门对司法部门的强烈不满，并造成了1937年罗斯福总统改组最高法院的司法革命。

经过30年代的大萧条和激荡的"二战"岁月，那种认为司法审查纯粹是保护共同的价值体系的观念瓦解了，而法律和政治的界限也变得越来越模糊，法官开始越来越频繁地涉足于先前回避的民主政治领域。特别是在20世纪30年代，大众操纵的政治使希特勒和墨索里尼分别在德国和意大利走上了最高权力，民主政治的缺陷清晰地展现在民众面前。而一些人因为反对罗斯福新政，作为少数派遭到了多数派的压制。这一切让美国人意识到，过于强大的政府是对他们自由的威胁。多数人的暴政不再是虚幻的传说，而成为实实在在的威胁。在利益集团盛行的时代里，立法不再体现民众的普遍意志和大众利益，而逐步演化成为以一些利益集团的自由和平等为代价去偏袒另一些利益集团。司法审查不再被认为是法官支持人民对抗背信的立法者的机制，而是一种支持一定特殊利益对抗其他利益的司法选择。

政府性质的转变导致司法审查职能的转变。在1938年前，政府的本质是如何体现多数人的意志，而此后，政府的本质是怎样结束种族、族裔和宗教的压迫，保护少数弱势群体。正如最高法院大法官哈兰·斯通在1938年写给纽约上诉法院欧文·莱曼（Irving Lehman）法官的信中所说，他已经开始"深深地担忧可能毁灭这个世界的种族和宗教的褊狭"，而且这可能"在这个国家产生争议"。在同年联邦最高法院判决的"美国诉卡罗琳产品公司案（United States v. Carolene Products Company）"中，斯通写下了著名的《脚注四》，在这个改变美国宪政历程的脚注中，他写道，当"对个别孤立的少数派进行歧视时，他们可能构成一个特殊的政治程序，这一政治程序使得保护少数派的倾向严重削弱"，法院应对此类"针对特殊的宗教……民族……种族"的立法进行严格审查，以保证实现一个多数主义

---

① Archibald Cox, *The Court and the Constitution*, New York: Houghton Mifflin Company, 1987, p. 119.

立法的公平、合法和正义。① 在这里，斯通提出对三类案件进行严格的司法审查，其一，明显违反《权利法案》和第十四条修正案的立法；其二，那些限制更多人参与政治进程的立法；其三，那些歧视弱势群体、妨碍他们参与政治进程的立法。对这三类立法，最高法院要进行严格的司法审查。在这样一种情况下，最高法院在短短几年内就改变了司法审查的本质和内涵，转而成为弱势群体的保护者。

在体现多数人意志的政府中，司法审查有必要扮演一个不起眼的角色，作为最不民主的政府分支，法官几乎没有理由去猜测立法者是否体现了多数人的意志，更不用说去判决立法无效。他们判决立法无效仅仅是建立在这样的基础上，即保护人民不受偶尔出现的背叛人民的不忠实的立法者的干扰，因为不忠实的立法者篡权了人民对他们的信任，将他们排除在多数政治之外，以使人民权力得到更好的保护。假如政府的基本任务是保护少数人的自由和平等，那么非民主选举的法官就将扮演一个特殊的角色，他们实施对立法审查的权力成为政府正义的主要方式。因为民选的立法和行政部门代表的是多数势力，无法保护少数人民的权利，而不受多数人控制的终身制法官则是保护少数人利益的最佳选择。通过这样的转变，司法审查制度不仅在功能上，而且在理论上都有了一个完全不同于马歇尔时代的发展演变。

第二次世界大战后，在付出了沉重的代价，特别是德国法西斯主义对宪政体制的极端破坏和对人权的肆意践踏的代价后，人们认识到，只有建立起坚固的宪法屏障和有效的护宪机制，才能防止法西斯主义的复活和人类血腥大屠杀之类的悲剧重演。德意日等国在战后新的宪法中都规定了行之有效的违宪审查制度。其他一些施行不同类型宪政体制的国家，也都相继建立了不同类型的违宪审查制度。到目前为止，世界上有130多个国家已经建立了违宪审查制度，其中，有64个国家建立了类似美国的普通法院审查立法是否违宪的模式，有40个国家建立了宪法法院以审查立法是否违宪。② 这样，由马伯里诉麦迪逊案宣布的、在接下来一个半世纪里被美国最高法院改变的司法审查原则，在第二次世界大战后在全世界范围内得到

---

① William E. Nelson, *Marbury v. Madison: the Origins and Legacy of Judicial Review*, Lawrence: University Press of Kansas, 2000, p.210.
② 林广华：《违宪审查制度比较研究》，社会科学文献出版社，2004，第2页。

了广泛的传播。之所以如此,一是因为采取它的实体的特定政治需要;二是在保持民主稳定性上美国民主原则发挥了有效的作用。①

小　结

马伯里诉麦迪逊案是马歇尔就任首席大法官后第一起重要的案件,该案对美国宪政制度及整个世界的宪政体系的发展都产生了重要影响。也正因为此,学者对该案的研究非常多,甚至有"神话"它的倾向。"将一个涉及具体争议的案件变成一个普遍原则的象征,甚至某种法律传统的象征,无疑包含了神话的过程。不幸的是,我们的法学家们对这样的神话过程往往缺乏智识上的自觉,其结果是我们的法学研究从理性的科学堕落为非理性的教义宣传。"② 虽然该案被公认为司法审查制度确立的奠基案件,正如前面论述司法审查制度的渊源中所述,此案所确立的司法审查并非首创,在本案之前,已有相当多的司法实践。而且,就案件本身来看,其判决也并非完美无瑕。首先,此案在送达最高法院时,已成为沸沸扬扬的政治热点议题;其次,马歇尔本人直接涉及此案,理应回避,而他却没有回避,甚至有"公报私仇"的嫌疑;最后,马歇尔在此案的判决过程中有违"司法常规",既然最高法院对此案没有管辖权,那么他就应该直接将此案驳回,由马伯里在下一级法院起诉。不过,美国学界对诸如此类的批评很少理会,正如杰出的美国宪法学家考文所说:"马歇尔的论证没有任何错误。"实际上,"他对该案的说明是以欧几里得式证明的精密一步步得出结论的"。③

但这样的逻辑推理却常常受到国内学者的质疑。如国内学者刘大生在《美国司法审查制度是如何产生的——对一种流行说法的质疑》一文中就认为,美国司法审查制度早在制宪会议时就已由制宪之父们正式提出,并在美国宪法中加以确认。马歇尔受理马伯里诉麦迪逊案不仅在程序上违反了美国宪法,而且马歇尔的判决书在内容上也违反了美国宪法。刘大生甚至上纲上

---

① William E. Nelson, *Marbury v. Madison: The Origins and Legacy of Judicial Review*, Lawrence: University Press of Kansas, 2000, p. 120.
② 强世功:《司法审查的迷雾——马伯里诉麦迪逊案的政治哲学意涵》,《环球法律评论》2004 年冬季号,第 417 页。
③ Edward S. Corwin, *John Marshall and the Constitution: A Chronicle of the Supreme Court*, Toronto: Glasgow, Brook & Co., 1977, p. 70, p. 67.

线认为马伯里诉麦迪逊案是司法审查制度的一次坏的实践。① 这可以说是对该案的全面的否决了，是国内学者一种较为少见的偏激的观点。

另外一种观点认为，马歇尔在此案中出于党派斗争的判决，虽说动机未必高尚，却成就了伟大的事业，正式确立了司法审查制度，也使该案成为美国宪政史上的一个里程碑。② 这种观点在国内颇为流行，比如学者林来梵在他的《司法上的创举与谬误——也评"马伯里诉麦迪逊案"》一文中对马歇尔参与审理此案，推理的方式和论据等都提出了质疑，特别是他认为，"本案在推理演绎的方式上也存在缺陷。按理来说，法院应首先就自己对该案件是否拥有管辖权进行审查，如做出有权管辖的判断，才可进入实体审查。然而，本案的判决则反其道而行之：它首先就马伯里是否有权得到法律上的救济进行审查，并做出肯定的判断，但最终的结论则是最高法院对此案无管辖权，并驳回马伯里的请求。马歇尔之所以采用这种判决方式，显然是为了借机辨明自己的立场，并诉说共和党政府的不是，但从纯粹法理的逻辑上而言，其中的瑕疵不容争辩"。③ 尽管存在瑕疵，他并不否认该案是一个伟大的案件。他认为，恰恰是这些有意识或无意识的错误，使得该案成为一个具有里程碑意义的宪法判例。

这些评价从另一个方面给我们以启发，也即法律并不是单纯的逻辑推理，在某种程度上，经验赋予了法律以生命，使得法律在观念上获得一种生机勃勃的原创力量，正如大法官霍姆斯所说，法律是一面魔镜。从这面镜子里，我们不仅能看到我们自己的生活，而且能看到我们前人的生活。④ 而马歇尔之所以伟大，就在于他不像很多法官律师那样，拘泥于法律的条条框框，死抠案件的细枝末节，而是具有一种高瞻远瞩的战略眼光，一种依法治国的雄心壮志，一种纲举目张的办案能力。⑤ 正是因为马歇尔这种

---

① 刘大生：《美国司法审查制度是如何产生的——对一种流行说法的质疑》，《法学》，2006年第8期。
② 任东来：《在宪政舞台上——美国最高法院的历史轨迹》，中国法制出版社，2007，第65页。
③ 林来梵：《司法上的创举与谬误——也评"马伯里诉麦迪逊案"》，http://www.iolaw.org.cn/showNews.asp?id=4119。
④ 伯纳德·施瓦茨：《美国法律史》，王军、洪德、杨静辉译，中国政法大学出版社，1990，第1页。
⑤ 任东来：《在宪政舞台上——美国最高法院的历史轨迹》，中国法制出版社，2007，第106页。

兼具法学家和政治家的战略眼光，看到了摆在他面前的机遇，并抓住这一难得的机会，宣称法院有权对国会立法的合宪性进行裁决，从而使最高法院获得了一把撒手锏，不仅提高了最高法院的权威，也使得民众对法治的理念更加信赖。自此，宪法、法治和最高法院紧密地联系在一起。

尽管司法审查制度在后来的应用过程中发生了很多的变化，但作为最高法院的撒手锏，司法审查制度在美国宪政体系中的作用丝毫未减。最高法院通过解释宪法，否决与宪法相冲突的案件，不仅树立了宪法的至上权威，也保证了宪法的稳定性和适时性，使得宪法能够随时代的发展不断展现出新的内涵。特别是在第二次世界大战之后，最高法院通过司法审查权来保护弱势群体，反映了多数人对公平正义价值的诉求。有人甚至认为，在马伯里诉麦迪逊案中宣布的司法审查权已经成为美国宪法机器中绝对必需的部件，抽掉这个特制的螺栓，这部机器就化为碎片。[1]

对于判决马伯里诉麦迪逊的主审法官马歇尔，学界对他的评价自然很高。一百多年后，美国最高法院大法官卡多佐赞叹道："马歇尔在美国宪法上深深烙下了他的思想印记；我们的宪法性法律之所以具有今天的形式，就是因为马歇尔在它尚具有弹性和可塑性之时，以自己强烈的信念之烈焰锻铸了它。"[2] 马歇尔传记的作者史密斯赞扬说："如果说乔治·华盛顿创造了美国，约翰·马歇尔则确定了美国的制度。"[3]

---

[1] 伯纳德·施瓦茨：《美国法律史》，王军、洪德、杨静辉译，中国政法大学出版社，1990，第36页。
[2] 本杰明·卡多佐：《司法过程的性质》，苏力译，商务印书馆，2000，第107页。
[3] Jean Edward Smith, *John Marshall: Definer of a Nation*, New York: Henry Holt and Company, Inc., 1996, p. 1.

第四章 马歇尔和杰斐逊的龃龉

在马伯里诉麦迪逊案中,马歇尔机智地避开行政部门的敌意,有分寸地、审慎地指出法治的原则,并巧妙地确立了最高法院宣布国会法律违宪的权力。虽然马歇尔高超的判决并没有留下使杰斐逊及其共和党人攻击的口实,他们对此案也采取了不予置评的态度。但这并不表明杰斐逊及其共和党人赞同马歇尔的判决,相反,杰斐逊及其共和党人反司法的情绪在缓慢地酝酿着,并最终发展成为声势浩大的弹劾运动,司法独立的原则受到极大的威胁,在事关司法的前途命运的关键时刻,马歇尔扮演了什么样的角色,他是如何应对这场危机的?

杰斐逊共和党人发起的弹劾法官运动失败了,他并不甘心就这样让联邦党人占据法院的宝座,他都采取了哪些措施,这些措施奏效了吗?作为一个温和的联邦党人,马歇尔缘何与杰斐逊水火不容?在堪称当时最为壮观的伯尔案审理中,马歇尔和杰斐逊是如何针锋相对,最终又是如何将此案予以了结的?在二人的龃龉过程中,马歇尔是如何带领最高法院的同事们塑造美国宪法的?对于占据主导优势的杰斐逊共和党人的猛烈攻击,最高法院是如何坚守宪法原则的?

一 驱逐法官此路难行

在马伯里诉麦迪逊案中,马歇尔对行政部门职责的论述和对司法审查原则的阐述,让杰斐逊叫苦不迭。因为在马歇尔的判决中,虽然宣布了一项国会法令违宪无效,但这是对最高法院自身权限的限制,最高法院拒绝了宪法中没有给予最高法院的权限,国会有何借口不满法院的判决呢?尽管马歇尔认为马伯里有权获得委任状,但他并没有向麦迪逊发出强制令,只是建议马伯里去下级法院控告麦迪逊。这样,行政当局同样找不出任何借口与最高法院过不去,也根本无从挑战马歇尔大法官的裁决。加之1803

年，杰斐逊的任期步入中期，他要为连任做准备，而此时如果卷入与马歇尔的公开争辩中，有可能使他连任的机会大打折扣。正因为此，在此后一年的公共演讲和私人通信中，杰斐逊都没有对马歇尔的审理意见做出任何评价。共和党媒体也效仿杰斐逊，大多只是对该案的判决予以报道，而不加评论，更没有予以斥责。但这并不表明杰斐逊认同马歇尔的判决，只是出于对时局的考虑，他才决定暂时不予置评。而当局势对他有利时，他还是忍不住对此案进行责难。在1804年9月份他写给亚当斯夫人的信中就如此评论道：

> 宪法中没有任何迹象给予法官替执法机构决定的权力，就像执法机构没有权力为他们决定一样。在他们被分配的行动范围内，两类官员同样独立……如果相信法律违宪，那么执法官员即有义务免除其执行；因为宪法已把那项权力授予他。宪法欲使同等机构彼此制约。如果授权法官去决定法律的合宪性，不仅他们自己在其行动范围内做出决定，而且还为立法与执法机构在他们的行动范围内做出决定，那就将导致司法机构成为专制分支。①

其后，随着最高法院权威的不断上升，杰斐逊对马歇尔各项判决的批评也愈加激烈。在1823年，他给约翰逊大法官的信中，就对马伯里诉麦迪逊案进行了详尽的批驳。他认为，马歇尔的这个判决——马伯里的任命既已签封就具有了法律效力——是错误的；与合同相似，委任状只有在送达后才能生效。他还抱怨："马歇尔法官的做法十分不正常，绝不可接受，因为他抛开案件事实本身，偏离了目标而去专断地认定在一个有争议性的案件中法律应该怎样。"另外，杰斐逊也倡导对司法权予以限制，认为既然最高法院无权审理这个案件，马歇尔就不应该对案件本身的是非做出认定。"这样做的目的显然是告诉其他法庭，如果马伯里到他们那里去起诉，他们应该怎么处理"，杰斐逊直言，"还有什么行为比这种不公正的干涉更不符合法律呢？"②

---

① *Letter to Abigail Adams*, 11 September 1804, http://memory.loc.gov/master/mss/mtj/mtj1/031/0100/0170.jpg
② Thomas Jefferson Randolph, ed., *Memoirs, Correspondence and Private Papers of Thomas Jefferson*, Vol. 4, London: Henry Colburn and Richard Bentley, New Burlington Street, 1829, pp. 377 – 382.

二人关系的僵局不仅源于彼此的不欣赏，更是源于二人观点的不同。作为一个温和的联邦党人，马歇尔较为认同汉密尔顿有关司法职能的陈述，也即司法部门由于"既无军权，又无财权"，且"实施其判断亦需借助于行政部门的力量"，在三权之中属最弱的一个分支，而"司法部门的软弱必然招致其他两方的侵犯、威胁与影响"①。如果不能保证司法权不受立法和行政部门的侵犯，那么公民的自由权将不复存在。防止司法部门被侵犯的最好方法就是保持司法独立，司法独立"无疑是现代政府最宝贵的革新。在君主政体下，此项规定是限制君主专制的最好保证；同样，在共和政体下，也是限制代议机关越权及施加压力的最好保证。在任何政府设计中，此项规定均为保证司法稳定性及公正不阿的最好措施"。② 要确保司法独立，除了宪法中规定的法官实行终身制外，司法审查也是防止立法和行政部门侵犯司法独立的一个很好的方法。正如汉密尔顿在《联邦党人文集》第78篇中所论，"解释宪法乃法院的正当与特有的职责"，"法官在互相矛盾的两种法律中做出司法裁决可谓常见之事"。③

尽管马歇尔并没有宣布法院是宪法的最终阐释者，也没有明确宣称唯有法院拥有审查其他部门法律的权限，但对于杰斐逊及其共和党人来说，马歇尔的判决"使得司法机构拥有了绝对权力，因为法官们可以裁定什么样的法律合宪，什么又是违宪的；而且，不仅是他们自己权力范围内的活动，就连立法和行政部门的行为，也得受制于他们"。④ 这是一种非常危险的学说，"这种学说将会把我们置于寡头专制之下"。因为：

> 我们的法官的诚实程度和其他人一样，而不会比其他人更诚实。他们和其他人一样，具有相同的激情来追求党派、权力和他们这个特殊群体的特权。他们所坚持的信条是：好的司法就是扩大管辖权。

---

① 汉密尔顿、杰伊、麦迪逊：《联邦党人文集》，程逢如、在汉、舒逊译，商务印书馆，1980，第391页。
② 强世功：《司法审查的迷雾——马伯里诉麦迪逊案的政治哲学意涵》，《环球法律评论》2004年冬季号，第423页。
③ 汉密尔顿、杰伊、麦迪逊：《联邦党人文集》程逢如、在汉、舒逊译，商务印书馆，1980，第392~393页。
④ Thomas Jefferson Randolph, ed., *Memoirs, Correspondence and Private Papers of Thomas Jefferson*, Vol. 4, London: Henry Colburn and Richard Bentley, New Burlington Street, 1829, p. 27.

比起其他部门，法官的权力更为危险，因为他们终生任职却不像其他部门那样，对选民负责。宪法没有设立一个独一无二的法院，知道无论把权力托付给谁，随着时间的推移和党派的腐蚀其成员都会变成暴君。宪法更明智地使政府各部门同样平等，同样具有独立主权。①

在杰斐逊看来，政府中居同等地位的几个部门，对其自身职责范围内的事务，都应该拥有不容置疑的宪法解释权和审查权。而当国会立法违宪时，是各州议会，而不是法院的司法审查，才是宪法权利的真正捍卫者。就像他在1798年起草的《肯塔基决议案》中所宣称的那样，只有州议会才有权裁定联邦法律是否违宪。而联邦党人法官不惜压制言论自由，大力支持依据《惩治煽动叛乱法》所提起的诉讼，将一大批共和党人投入监狱，这份痛苦的记忆在杰斐逊脑海里依然清晰。要抹去联邦党人暴政的痕迹，还有很多工作要做，尤其是在当前联邦党人依然占据最高法院的情形之下。在给纽约州长克林顿的信中，杰斐逊就认为："我觉得还得两到三年，才能把那些在1798年被'可怕的狼嚎'所惊扰而犹疑不定的兄弟们带回共和主义的轨道中来。到那时，人人都能坚持自己的立场，而不会因为自己的主张是倡导变革而遇到麻烦。"②

对马歇尔的个人成见和对司法职能的不同理解以及对1798年动乱的痛苦记忆，促使杰斐逊决定反击，而激进共和党人对此也早已跃跃欲试。早在1801年6月，来自弗吉尼亚的激进共和党领袖威廉·吉勒斯在给杰斐逊的信中就说："除了使当前的司法机构停止运转，推倒重建，别无他法可以让这个糟糕的系统走上正轨。"③ 党内其他激进分子，包括众议院议长约翰·伦道夫，对此都深表赞同。杰斐逊共和党人首先挑选了一个"软捏的柿子"予以试探，1803年2月4日，杰斐逊向众议院提交了有关皮克林的免职书，其中放言："敦请众议院明察，宪法已经授权给你们在必要时通

---

① 强世功：《司法审查的迷雾——马伯里诉麦迪逊案的政治哲学意涵》，《环球法律评论》2004年冬季号，第421~423页。
② 〔美〕詹姆斯·西蒙：《打造美国：杰斐逊总统与马歇尔大法官的角逐》，徐爽、王剑鹰译，法律出版社，2009，第134页。
③ Richard E. Ellis, *The Jeffersonian Crisis: Courts and Politics in the Young Republic*, New York: Oxford University Press, 1971, p.21.

过制度化的程序解决相关问题。"① 在杰斐逊的授意与主导下，众议院中激进派共和党人对联邦党控制下的司法系统展开了猛烈攻击。

约翰·皮克林是新罕布什尔州最优秀的律师之一，曾任该州议员，参与起草新罕布什尔州宪法。1791年，他出任该州最高法院首席大法官，一开始工作做得有声有色，但由于身患顽疾，外加神经衰弱，使得皮克林的工作受到严重影响，甚至无法正常履职。但由于法官终身制，只有在"叛国、贿赂或其他重罪和轻罪"的情况下才能被弹劾离职，尽管皮克林无法胜任这一职位，却不能将其罢免。皮克林的病情时好时坏，在好的情况下，尚能正常履职，而在病情恶化的情况下，就歇斯底里地扰乱断案。在这样一种情况下，他就成为法院系统中的一个累赘。该州议会曾经对他发起过一次弹劾，但因一票之差未果。1795年，新罕布什尔州终于说服华盛顿总统，让他任命皮克林为联邦地区法官，把这一难题转嫁给了联邦司法系统。就任联邦法官后不久，皮克林的病情进一步恶化，加之酗酒成性，精神状况极度糟糕，根本无从履行其职。

皮克林的联邦党同僚对他也非常失望，但他们并不想在此时由杰斐逊共和党人将其弹劾下去，而皮克林拒不辞职使得杰斐逊共和党逐渐将弹劾提上日程，尽管杰斐逊抱怨"弹劾法官，真是费事"②，却找不到更好的办法罢免不合格的法官。皮克林只是酗酒和精神紊乱，与宪法中关于免去联邦法官职务的规定相去甚远。精神错乱是重罪抑或轻罪，很难断定，共和党人避开精神错乱的话题，将矛头对准皮克林审理案件时的失误上。杰斐逊甚至认为："弹劾书上提到他在烂醉如泥时不当地否决了一桩上诉，只要确有其事，就足以将他免职，无须过问其他问题。"③ 尽管对一个精神失常的人提起弹劾实在不公，但皮克林无法胜任工作确是有目共睹，这个难题最终通过弹劾得以解决。皮克林亦成为第一个被国会弹劾免职的联邦法官。

作为一次党派之争，皮克林弹劾案造成了极其恶劣的影响。为了党派

---

① Richard E. Ellis, *The Jeffersonian Crisis: Courts and Politics in the Young Republic*, New York: Oxford University Press, 1971, p. 71.
② Richard E. Ellis, *The Jeffersonian Crisis: Courts and Politics in the Young Republic*, New York: Oxford University Press, 1971, p. 72.
③ Lynn W. Turner, "The Impeachment of John Pickering", *American Historical Review*, Vol. 54, No. 3, April 1949, p. 493.

的利益，可以任意扭曲宪法的内涵。不过，这一恶劣影响并没有扩大化，紧接着蔡斯弹劾案的失败有力地阻止了对宪政体系的破坏。

对皮克林弹劾的成功鼓舞着共和党激进分子，就在参院投票罢免皮克林的当天，众院通过了弹劾联邦最高法院法官塞缪尔·蔡斯的决议。作为一个激进的联邦党人，蔡斯多次攻击和诋毁杰斐逊和共和党人。自1796年就任联邦最高法院大法官以来，他就利用职务之便积极地执行联邦党的政策，对亚当斯政府通过的颇有争议的《惩治煽动叛乱法》，他不仅认同，且严格执行之。脾气暴躁的他，在审讯过程中对共和党人时有不敬之处。在1800年总统大选中，他积极地为亚当斯总统竞选摇旗呐喊，并断言如果杰斐逊当选总统，"我们的共和政府将沦为暴民政治，变成可能有的政体中最坏的一种"。① 如此这般，就连亚当斯的儿子昆西在写给他堂弟的信中都说"蔡斯投入竞选活动太过了"。② 杰斐逊当选后，他依然我行我素，丝毫未有收敛之意。在最高法院的成员中，只有他向马歇尔提出倡议，力主法院应该审议共和党1802年颁布的"撤销法案"是否合宪。1803年，在巴尔的摩的联邦巡回法院上，他利用给大陪审团发表"宣示"的机会，就国会通过的《1802年司法法》，猛烈抨击杰斐逊及其共和党人，"现在这些改革家鼓吹所有社会成员都应享有平等的自由和权利，他们的言论正把我们带入误区；我担心这个局面会发展到不可收拾的地步，和平、秩序、自由和财产都将毁于一旦"。③

蔡斯这番言辞被巴尔的摩一家报纸披露出来，杰斐逊很快得知此事，面对蔡斯的再三挑衅，杰斐逊勃然大怒，欲除之而后快，"你一定听说切斯（蔡斯）提交给巴尔的摩大陪审团的非比寻常的控告书。难道这个对于我们宪法原则以及一个州的行动（指马里兰的民主改革）进行的煽动性的攻击，不应该受到惩罚吗？"④ 在杰斐逊的积极推动下，1804年，众议员约翰·伦道夫领导的一个众议院委员会如期提出了对蔡斯的弹劾，指控他

---

① 〔美〕塞缪尔·埃利奥特·莫里森：《美利坚合众国的成长》（上卷），南开大学历史系美国史研究室译，天津人民出版社，1980，第149页。
② Bernard Schwartz, *A History of the Supreme Court*. N. Y.: Oxford University Press, 1993, p. 30.
③ Richard E. Ellis, *The Jeffersonian Crisis: Courts and Politics in the Young Republic*, New York: Oxford University Press, 1971, p. 80.
④ 刘祚昌：《杰斐逊传》（上卷），齐鲁书社，2005，第824~825页。

在下述三个方面行为不端，即（一）1800 年在对约翰·弗利斯案①的审理和对卡伦德一案②的审理过程中行为不端，不仅专断、压制不同意见，而且傲慢无礼，违背了法律和正义的原则。（二）同年蔡斯在特拉华的纽卡斯尔审理案件的过程中，因当地陪审团未依照其"指示"裁决，强硬地对待之。（三）1803 年蔡斯在巴尔的摩陪审团面前那番极有争议的宏论，正是这番言论激怒了杰斐逊，才导致了此次的弹劾。

不过，蔡斯的做法虽然欠妥，但远没有达到宪法规定的弹劾标准。法官在审判程序上犯有技术性错误，并不能等同于那些"犯了叛国、贿赂或其他重罪或轻罪"的法官一样，遭到弹劾。然而，对于共和党人来说，"弹劾不过是国会两院的质询，质询任何一个担任公职的人是否有更合适的人来替代……审讯和免职一个法官并不一定暗示他有任何的罪行和腐败"。③ 共和党人进行弹劾的目的就是要把联邦党人从司法系统中清除出去。较为中立的《纽约晚间邮报》对此就评论道："法院里主要都是些联邦党人法官，这可是大大的罪过，行为不端的程度实在严重……现在，不管用什么方式，坐在法官席上的那些人都要被清除，而代之以服从于政府强权的人……这样做的代价是，为树立法庭值得尊重的公正形象而做出的努力，都付之东流。"④ 面对来势汹汹的弹劾，人们普遍认为，蔡斯的弹劾只是杰斐逊及共和党人计划的第一步。杰斐逊醉翁之意不在酒，"现在我们已经逮到了这条大鱼，让我们把眼睛再盯住这个鱼群"。⑤ 所谓的鱼群，

---

① 约翰·弗利斯是一个小型民兵组织的领袖，他率领一群人反对《1798 年联邦财产税》，威胁税务人员，并迫使一名法警放走了囚禁在宾夕法尼亚伯利恒的囚犯。弗利斯遭到逮捕，初审被定为叛国罪；1800 年该案提起上诉，蔡斯是首席法官。他对弗利斯的行为表示愤慨，对弗利斯的两名共和党人律师处处为难，虽为其道歉，但最终还是判处其叛国罪，不过最终弗利斯由亚当斯总统赦免。

② 詹姆斯·卡伦德是一名共和党激进派人士，在 1800 年总统大选中，他发表多篇文章，出版宣传手册，向联邦党发起猛烈炮击，同时不加掩饰地为杰斐逊拉票。卡伦德"嚣张、疯狂的诽谤"激起蔡斯的"义愤"，在卡伦德案的审理过程中，蔡斯多次打断卡伦德律师的发言，强硬地宣称卡伦德攻击性的言辞违反了《惩治煽动叛乱法》，并判处其 9 个月的监禁。

③ Robert G. Mccloskey, *The American Supreme Court*, Six Edition, Chicago: University of Chicago Press, 2016, p. 29.

④ 〔美〕詹姆斯·西蒙：《打造美国：杰斐逊总统与马歇尔大法官的角逐》，徐爽、王剑鹰译，法律出版社，2009，第 142 页。

⑤ Charles Warren, *The Supreme Court in United States History*, Vol. 1, new & rev. ed., Boston: Little, Brown &Co., 1999, p. 294.

自然是整个最高法院。参议员约翰·昆西·亚当斯在写给他父亲的信中说："对蔡斯法官的攻击毫无疑问是为另一项指控铺路的，即一举清空最高法院的法官。"①

国会在行政部门的授意下掀起对最高法院大法官的弹劾案，紧张局势步步紧逼。最高法院面对行政部门和立法部门的强势围攻，势单力薄，危在旦夕。作为蔡斯的同事，马歇尔虽然不赞同蔡斯判决中某些专业技术上的问题，但他对蔡斯并没有什么不满，相反，马歇尔盛赞蔡斯"拥有强有力的人格、丰富的学识，是一个令人尊重的法官"②。尽管如此，皮克林弹劾的成功以及对宪法弹劾条款的宽泛解释，还是使得马歇尔非常的警觉，他担心他所珍视的宪政原则就此被摧毁，他甚至私下建议，作为替代弹劾的一种选择，国会可以拥有对最高法院判决的上诉管辖权。"我认为，目前的弹劾规则最好是让位于立法机构处理上诉事由的权力。让立法机构撤销不恰当的法律决议，比起直接免除一个他们并不清楚犯了什么错误的法官的职务，当然要更符合我们人性中对于温和与适度的追求。"③ 马歇尔对于局势的担忧使得他在为蔡斯作证的过程中"过于小心，非常胆怯，太掩饰自己了；他本该更勇敢、更坦率，态度更明确"④。不过，马歇尔的担心不无道理，如果根据已提出的证据断定蔡斯有罪，那就有理由相信，整个最高法院都会遭到清洗，而共和原则将不复存在。对危机重重的最高法院来说，审慎而灵活的处事原则可谓至关重要。

共和党人真会像马歇尔担忧的那样，把宪法的弹劾条款当作政治工具来使用吗？他们已经成功地免去了皮克林的职位，现在轮到蔡斯，局势如马歇尔所担忧的那样不令人乐观。作为这次弹劾的主力，伦道夫多次表露了以弹劾为工具来对付任何渎职的联邦党人法官的想法，弹劾并不限于刑事犯罪，还应包括最高法院法官的渎职行为。他竭力证明，蔡斯屡次怀着

---

① Richard B. Lillich, The Chase Impeachment, *The American Journal of Legal History*, Vol. 4, No. 1, (Jan., 1960), p. 56.
② Richard B. Lillich, The Chase Impeachment, *The American Journal of Legal History*, Vol. 4, No. 1, (Jan., 1960), p. 53.
③ Charles F. Hobson, et al, ed., *The Papers of John Marshall*, Vol. 6, Chapel Hill: University of North Carolina Press, 1990, p. 347.
④ Albert J. Beveridge, *The Life of John Marshall*, Vol. 3, Boston and New York: Houghton Mifflin Company, 1919, p. 196.

肮脏的政治目的，以武断而充满偏见的裁决误导了联邦司法。

由5位卓越的联邦党人律师组成的辩护团为蔡斯进行了强有力的辩护，其中，被称为"辩护之王"的路德·马丁引经据典，以高超的法律天才和演讲技巧，为蔡斯无罪和司法独立的重要性进行了精彩辩护，给参议员们留下了深刻的印象。他强调，依据宪法，蔡斯只有在犯有叛国罪或其他重罪和轻罪的情况下，才能被弹劾。而蔡斯的傲慢行为"与其说是违法，不如说是违背了礼貌的原则；绝不是犯了重罪或轻罪，只是做事方式欠妥而已"。他提醒参议员们，"我们的政府是法治的政府"，如何才能真正配得上这一称号？唯有独立的司法系统。"我们的财产、我们的自由、我们的生命，只能由这样（独立）的法官来看护。尊敬的弹劾庭，让我们保护这样的法官吧！"[①] 很多中间派人士都为马丁的辩护深深折服，当时参议院中25位是共和党人，只有9位是联邦党人，如果按照党派立场投票，蔡斯在劫难逃。不过，对独立司法系统的珍视最终超出了党派的偏见，参议院最终投票判决蔡斯无罪。

蔡斯能够转危为安，除了伦道夫行动不力及共和党内部发生分歧外，根本的原因还在于，参议院内很多共和党成员，虽然不满蔡斯的举止，但他们对于司法部门的愤怒还没有达到摧毁其独立的程度。司法独立，不仅对马歇尔和联邦党人非常重要，对很多共和党人来说也是如此。况且，马歇尔就任首席大法官后，不仅认可了"撤销法案"的合宪性，而且试图将最高法院从政治纷争中抽身出来。马歇尔的这些努力，给两党人士都留下了深刻印象。既然如此，就没有必要对最高法院穷追猛打，如果蔡斯被免职，今后在政治上不受欢迎的法官将都会面临着被弹劾的威胁，那么司法独立何在？蔡斯认为此次弹劾是对他的一次公正的判决，但此后他也没有再以激进的立场出现，而是走上了温和路线，在某次审理之后，共和党刊物《国家情报员》就以赞赏的语气报道："这位大法官对大陪审团作了简短而切中要害的指示——他的发言重点突出，态度温和，而且非常中肯"。[②]

[①] Albert J. Beveridge, *The Life of John Marshall*, vol. 3, Boston and New York: Houghton Mifflin Company, 1919, p. 202, p. 204.

[②] Richard E. Ellis, *The Jeffersonian Crisis: Courts and Politics in the Young Republic*, New York: Oxford University Press, 1971, p. 105.

蔡斯弹劾失败对美国法律的发展产生了广泛的影响,不仅支持了司法独立的原则,而且树立了从严解释弹劾的先例,避免了弹劾政治化。美国最高法院研究的奠基人查尔斯·沃伦就指出:"弹劾蔡斯失败对美国法律史所产生的广泛影响再怎么估计也不过分。毫无疑问,如果弹劾成功,杰斐逊及共和党人定会弹劾所有的法官。"而且,"他们必将弹劾视作一种工具,用来保证法院与立法和行政部门所表达出来的意志一致。宣布国会法令违宪将成为弹劾法官并将其免职的理由,因为法官已把自己置于反对政府的行列中"。① 如果这样,司法独立何在?又何来最高法院的司法审查权?要是蔡斯大法官被撤职的话,整个宪法结构所依赖的司法机关的独立将不可能实现。作为一个历史问题,蔡斯的无罪判决宣告了基于政治理由撤销法官职务的危险已经结束。自 1805 年以来,一共出现了 11 起弹劾联邦法院法官的案子(6 次定罪,3 次未遂和 2 次涉案法官在参议院审讯前辞职),再也没有出现过因政治原因而弹劾的案子。②

蔡斯虽然免于成为"烈士",然而,司法和行政部门的对立并没有就此结束。在随后的伯尔叛国罪审判中,马歇尔和杰斐逊政府再次迎头相撞,弹劾法官的呼声也再次响起。

二 亚伦·伯尔的阴谋

1807 年的伯尔案是马歇尔在里士满巡回法庭判决的一起案件,该案因前副总统伯尔受审在当时引起了巨大的轰动,作为美国历史上最具影响和最富有戏剧色彩的案件之一,马歇尔在该案中的判决引起了以杰斐逊为首的行政部门的强烈不满,批评之声不断。该案也是一起颇有争议的案件,马歇尔在该案的审理过程中是坚守宪法原则还是出于党派动机将伯尔予以无罪释放?该案是马歇尔法官生涯中的一个污点还是又一起坚守原则的典范?至今学界依然未有定论。

美国宪法史研究的著名学者爱德华·考文早在 1919 年就提出马歇尔对于此案的审理是出于党派偏见,而非宪法原则,并认为这是马歇尔大法官

---

① Charles Warren, *The Supreme Court in United States History*, Vol. 1, new & rev. ed., Boston: Little, Brown & Co., 1999, p. 293.
② 任东来:《在宪政舞台上——美国最高法院的历史轨迹》,中国法制出版社,2007,第 70 页。

生涯中一个抹不去的污点。① 受考文影响，一些研究马歇尔的学者及对杰斐逊持同情态度的学者，大都持这种观点，如麦克洛斯基认为马歇尔在审理该案时"被当时的党派狂热和仇敌杰斐逊所激怒，偏离了审慎的道路……马歇尔的解释是相当有问题的"。② 我国研究杰斐逊的专家刘祚昌在《杰斐逊全传》一书中对该案进行了详细的阐述，他认为马歇尔在包庇和纵容伯尔，在证据确凿的情况下，却以伯尔是否在场这个问题上大做文章，借以使一个罪大恶极的叛国分子逍遥法外。他感慨："单凭首席大法官一个人的意志，叛国罪便轻轻地一笔勾销了。美国司法机关之飞扬跋扈，于此可见一斑。"③ 对这种观点提出质疑的学者则力图表明，马歇尔在该案中是依照宪法行事，并不带有任何党派和个人偏见。学者罗伯特·福克纳就认为马歇尔在该案的审理中是严格按照宪法的叛国条款判案，并试图将政治纷争与法律隔离开来，而对马歇尔所谓的指控并不存在。④ 学者詹姆斯·西蒙也认为马歇尔在此案中扮演了宪法权利最为警觉的捍卫者的角色，而杰斐逊为了报复地惩罚伯尔等人，却把基本人权抛到了脑后。⑤ 虽然该案的影响随着时间的流逝逐渐的淡去，但由该案引发的争议依然持续着，因此，实有必要对本案详加分析。

亚伦·伯尔是美国历史上一个非常有争议的人物，1756年出生于新泽西纽瓦克，天资聪颖，以其温文尔雅和机智博学而著称。美国独立战争期间，他积极投身于革命之中，被授予上校军衔。但他并不得华盛顿的赏识，华盛顿认为他虽然作战英勇，却是一个爱搞阴谋的人。的确，伯尔是一个无固定原则的人，总是小心翼翼地使自己站在胜利者的一边，为自己谋取最大的利益。

1789年伯尔出任纽约州总检察长之职，为了获得进一步上升的空间，

---

① Edward S. Corwin, *John Marshall and the Constitution*; *a chronicle of the Supreme court*, Toronto: Glasgow, Brook, 1919.
② Robert G. Mccloskey, *The American Supreme Court*, Six Edition, Chicago: University of Chicago Press, 2016, pp. 30 – 31.
③ 刘祚昌：《杰斐逊传》（下卷），齐鲁书社，2005，第1147页。
④ Robert K. Faulkner, "John Marshall and the Burr Trial", *The Journal of American History*, Vol. 53, No. 2 (Sep., 1966), pp. 247 – 258.
⑤ 〔美〕詹姆斯·西蒙：《打造美国：杰斐逊总统与马歇尔大法官的角逐》，徐爽、王剑鹰译，法律出版社2009，第181页。

他不顾自己是联邦党人，和纽约州州长、共和党人乔治·克林顿结成联盟，公然转向了共和党人。1791 年，在克林顿和共和党人利文斯顿的支持下，伯尔击败联邦党对手当选为参议员，此举也激化了他与联邦党的关系。在联邦党的政治前途如此暗淡，伯尔愉快地接过了杰斐逊伸出的橄榄枝。1800 年总统大选，他中途和杰斐逊搭档，为共和党在纽约州获胜做出了不懈的努力。由于党派界线分明，最终导致杰斐逊和伯尔得票相同，突如其来的胜利使伯尔有了向最高职位进军的念头。尽管一开始竞选时他就声明，万一出现平局，自己将"毫不犹豫退出竞争"，绝不会"阻挠选民们热盼杰斐逊当选的愿望和预期"。① 但当得知自己的选票与杰斐逊一样后，伯尔就含糊其辞了。他不主动退居第二位，听凭议会投票陷入僵局，几乎要导致一场政治危机。伯尔此举也葬送了他的政治前程，"这位马基雅维利式的政客缺少常识和政治洞察力到了惊人的程度。假如他及时退出总统选举，假如他在 1800 年 12 月通情达理地接受第二把交椅，他本来有伟大的政治前途。但是直到最后，他拒绝说出人们期待他说出的话。他不加反对地接受联邦党人的选票，甚至在他就职以前，就被认为是他的党的叛徒"。②

　　伯尔身处副总统高位上，却不得共和党人的信任，他的处境并不惬意。1804 年总统大选，共和党人抛弃了伯尔，将杰斐逊的搭档换成纽约州州长克林顿。被替换后，伯尔参加了纽约州的州长选举，结果遭到另一政敌、联邦党人汉密尔顿的公开反对而失败。在短短的几年内，伯尔的政治生涯经历了戏剧性的变化：从一下子上升到副总统，又迅速变成一无所有。他把愤怒发泄到汉密尔顿身上，1804 年 7 月，二人决斗，汉密尔顿中枪身亡。伯尔在纽约和新泽西两州都因谋杀而被指控。

　　政治前程彻底完了，一度风生水起的律师事业，此时也走到了尽头。伯尔的这种处境，足以摧垮一个平庸之辈，但野心勃勃的伯尔怎么会认输呢？早在搬出副总统办公室之前，他就有了一个完美的西进计划，企图从西班牙手中夺过墨西哥，并为夺取这些领地制订了详细的军事方案。他同英国公使安东尼·梅里接触，恳求英国政府予以资助，帮助他实现这个计

---

① 〔美〕詹姆斯·西蒙:《打造美国：杰斐逊总统与马歇尔大法官的角逐》，徐爽、王剑鹰译，法律出版社，2009，第 89 页。
② 吉尔贝·希纳尔:《杰斐逊评传》，王丽华等译，中国社会科学出版社，1987，第 388 页。

划。他告诉梅里，他不仅要夺取这些领地，还要领导西部各州脱离联邦，成立一个新的邦联，自立为王。梅里被伯尔庞大的西进计划和脱离运动所说服，力促英国予以支持，但唐宁街却无意推动美国的分离运动。不过，此后伯尔在兜售他的计划时，很少再提及脱离联邦，仅仅是夺取西班牙的殖民地。伯尔究竟是真打算脱离联邦，还是想以叛国为借口从英国骗钱，直到今天，学者们仍有争论。

为了他的西进拓疆计划，1805年4月，伯尔从费城出发，沿俄亥俄河而下，沿途到处停泊，向各地兜售他的计划。生性好斗的西部人，都被纽约州的这位绅士迷住了。攫取西班牙控制下的美洲领土，对于热切盼望土地的西部人士来说，是一件多么令人兴奋的事。伯尔所到之处，发现西部人无不渴望与西班牙开战。哈曼·布伦纳哈赛特，这位富有的爱尔兰移民，被伯尔的计划彻底征服了；安德鲁·杰克逊，这位未来的美国总统，此时田纳西州的军事少校，对伯尔的计划也非常热衷，并表示，如果伯尔移居田纳西，他将使伯尔当选为参议员；身为路易斯安那总督和美国陆军高级将领而仍领取西班牙津贴的詹姆斯·威尔金森将军，早就同伯尔讨论过这一计划，并对此表示大力支持，对于如何进行军事行动，他也多次参与其中。不过，也正是这个威尔金森后来出卖了伯尔。

伯尔完成西部之旅后，于1806年夏，在肯塔基的莱克星顿成立总部，开始积极招募人员进行他的远征。8月份，伯尔进行了第二次西部之旅，一切准备就绪。在这关键时刻，威尔金森将军给杰斐逊总统写了一封阴森可怖的信，揭发伯尔要肢解联邦的阴谋。威尔金森为何选择背叛伯尔呢？作为一个精明且有手腕的人，威尔金森认为伯尔的阴谋成功希望非常渺茫，且他的计划也不是什么秘密，不断有人指责他叛国，该计划随时有流产的可能性。而美国和西班牙若能和平共处，他还可继续在两国同时担任公职。权衡利弊，威尔金森抛弃伯尔就不难理解了。

在收到威尔金森的信之前，杰斐逊早就听闻有关伯尔谋反的警告，他半信半疑，威尔金森的信使得杰斐逊不再怀疑。虽然威尔金森在信中声称他并不知道该行动的首领是谁，但杰斐逊依然将此信作为指控伯尔的有力证据。他公开声明：某些人正非法策划与西班牙的战争，他要求西部各州采取各种措施，阻止伯尔计划的实施。杰斐逊的声明传到西部，伯尔已是千夫所指。11月初，来自肯塔基的检察官约瑟夫·戴维斯逮捕了伯尔，但由于缺乏证据，陪审团做出了不予以起诉的决定，伯尔获得释放。杰斐逊并不这么认为，他声称伯尔既"非法纠聚私人武装来破坏联邦的和平和安全"，又未经政府授权就擅自发动对西班牙的远征，① 如此明显的叛国行径，罪不可恕。以保护公民自由权为第一要务的杰斐逊如此高调地宣称伯尔有罪且不容宽恕，为后来马歇尔审理此案设置了重重障碍，也使得两人的积怨加深。

1807 年 1 月，看到政府方面对于此次阴谋的声明及逮捕他的公告后，伯尔在密西西比向政府投诚。密西西比最高法院大陪审团认为，伯尔在密西西比并没有犯下令人惊恐的罪行，拒绝对他起诉。政府方面并不甘心，两周后再次将他逮捕，押送到里士满待审。在这里，伯尔将面临政府对他的指控——叛国罪，以及谋划跟西班牙交战的"较重的轻罪"。

1807 年 3 月 30 日，伯尔站在马歇尔的面前，② 听候政府对他的正式指控。作为一名优秀的律师，伯尔为他自己进行了强有力的辩护。伯尔的审判在即，里士满热闹非凡。不少来自新英格兰地区的人士都前来观瞻这一司法大案，报纸也推波助澜，争先报道这一审判进程。全国大牌律师穿梭其间，唇枪舌剑，观点针锋相对，蔚为壮观。尽管杰斐逊高调宣称伯尔罪不可恕，但伯尔在里士满还是相当受欢迎的，他文质彬彬的绅士派头，不仅赢得很多有身份有地位的人士的认可，也颇得女士们的同情。华盛顿·欧文是纽约一家报纸的记者，负责前来报道此案。他就写道："女士们都很同情不幸的伯尔，希望他最后能免罪。"③ 在欧文看来，伯尔也是无辜的。在伯尔最为落魄的时期，他的这些朋友为他提供了各种帮助。

伯尔是否真要将西部各州分离出去并建立一个独立的国家，至今依然不是很清楚。伯尔的支持者坚持说他的目标是军事的：发动和西班牙的战争，夺取墨西哥，最终解放西班牙统治下的南美。从这个意义上看，伯尔是一个爱国者，他的举动反映了 19 世纪美国扩张主义的思想——和杰斐逊购买路易斯安那可相媲美。而伯尔的敌人坚持认为他反对西班牙是掩盖他叛国的阴谋——将阿巴拉契亚山以西的州分离出去并自做总统的阴谋。从

---

① 刘祚昌：《杰斐逊全传》（下卷），齐鲁书社，2005，第 1138 页。
② 美国早期最高法院法官不仅在最高法院审理案件，每年还要到各自的巡回区协助地方法官审理案件，马歇尔的巡回区是弗吉尼亚和南卡罗来纳。伯尔案就是在弗吉尼亚的巡回区里士满就审，由马歇尔主持。
③ 〔美〕詹姆斯·西蒙：《打造美国：杰斐逊总统与马歇尔大法官的角逐》，徐爽、王剑鹰译，法律出版社，2009，第 163 页。

今天的观点来说,这两种假设都有可能,因为伯尔作为一个机会主义者,并没有一个明确的目标,而是依据事情的发展随时改变行动的人。

政府方面根据威尔金森的密码信逮捕了伯尔,但是否能够利用这些信件作为伯尔叛国指控的证据则是另一回事,因为这些信件在递交法庭之前,内容不仅有删除,而且有明显的修改,如此重要的信件怎能进行篡改呢?况且威尔金森一开始就知道并且参与到伯尔的阴谋中,为何此时才上报呢?起诉伯尔叛国罪最为重要的证据,威尔金森的证言和威尔金森提交的密码信的可信度都得到了人们的质疑,这对于政府方面可谓是一大失利。但杰斐逊并不气馁,他一直确信:除非审判者太有同情心并且在政治上另有企图,否则伯尔及他的同谋必死无疑。他向负责此次起诉的弗吉尼亚地方检察官乔治·海多次下达指示,并告诉他:"请你让每一个证人都对他们的证言进行宣誓,然后整理出一份完整的证据,提交给我。"至于花费,不是问题,"为达到目的,花多少都在所不惜,可以让司法部长[总检察长]① 把其他用途的资金也划拨给你"。② 杰斐逊在伯尔叛国一案中如此深地卷入其中,当最终马歇尔判决伯尔无罪释放时,可以想见杰斐逊的心情是多么愤怒。

诉讼的另一方,伯尔的辩护律师及他本人则发表了强有力的辩护。作为一个具有高超法律技巧和丰富审案经验的律师,伯尔提醒法庭,他已经被3个陪审团无罪开释③,而政府方面却依然不放手。而且,自政府发布搜捕他的命令后,3个多月过去了,为什么政府方面还是没有找到足够的证据来表明他叛国了呢?对于被告的此番辩护,马歇尔表示认同,"这个案件中所要证明的情况,非同小可,是为广大民众所不容的事件。它要么确实存在,要么子虚乌有。"④ 对于叛国罪这么一个很容易被政治化的罪

---

① Attorney General,在美国建国初期一般译为总检察长,因为此时司法部门并没有建立起来,直到1870年司法部建立之后,才可以称之为司法部长。
② Thomas Jefferson to George Hay, May 26, 1807, in Paul Leicester Ford ed., The Works of Thomas Jefferson, Vol.10 (Crespondence and Papers 1803 – 1807), 1905. http://oll. Libertyfund. org/titles/jefferson-the-works-vol-10-correspondence-and-papers-1803-1807.
③ 这三个陪审团分别是1806年11月肯塔基法兰克福陪审团,1807年1月密西西比华盛顿陪审团,联邦地区法庭陪审团。
④ Charles F. Hobson et al., eds., *Papers of John Marshall*, Vol. 7, Chapel Hill:University of North Carolina Press, 1993, p. 19.

名,更需要有精确的证据。制宪之父们已经在宪法中对叛国罪进行了详细的界定,也即宪法第三条第三款明确规定:"对合众国的叛国罪只限于同合众国作战,或依附其敌人,给予敌人以帮助和支持。无论何人,除根据两个证人对同一明显行为的作证或本人在公开法庭上的供认,不得被定为叛国罪。"那么,什么叫与合众国作战?准备战争是否算是与合众国作战?打算发动战争但没有实施算是叛国吗?宪法中虽然明确规定了何为叛国,但其内涵并不确定,马歇尔认为:"只有实际动用武装力量,才能叫战争。"①威尔金森的密码信及其他证人证言,只能证明伯尔有调集军队的企图,但并未发动战争。如果政府方面确信伯尔确实犯下了不可饶恕的叛国罪,那么政府方面应该下大力气去搜集证据。"

另外,伯尔向法庭提出请求,声称他必须见到威尔金森给总统的信,因为杰斐逊1月份在国会发布关于他有罪的声明时,提到了这封信。由于杰斐逊没有主动提供这些文件,因此伯尔请求马歇尔下达出庭传票,要求杰斐逊提供这些文件。伯尔的请求,将行政和司法部门置于相互冲突的境地,总统是否可以免于刑事法律之要求呢?法庭是否有权向总统发布出庭传票?马歇尔面临着两难,宪法第六条修正案明确规定:在所有刑事诉讼中,被告人有权得到迅速、公开的审判,接受审判时有权要求法庭传召对辩护确属必要的证人和文件。起诉伯尔叛国罪最为重要的证据——威尔金森的密码信,当然属于必要的文件,伯尔的要求并无不当。但杰斐逊会乖乖听取马歇尔的裁决吗?而马歇尔一直致力于将法院从政治泥潭中剥离出来,如此一来,是否又要陷入政治的纷争之中?这是马歇尔所不愿意看到的,但他必须依据法律行事。

总统是否可以免于刑事法律之要求呢?总统是由人民选举产生的,一旦去职,也就泯然众人。马歇尔认为在法律面前,总统和其他美国公民并没有不同,因此,他不能免于刑事法律之要求。不可否认,总统有其行政自由裁量权,司法部门无权干涉。就像在马伯里诉麦迪逊案中的审理意见一样,马歇尔试图将法律从政治中剥离出来,法院并没有企图干预总统的行政特权。但什么是政府的行政特权,是所谓的"政治事务"呢?又该由

---

① John Marshall, *the Writings of John Marshall: Late Chief Justice of the United States, Upon the Federal Constitution*, Boston: James Munroe and company, 1839, p. 54.

谁说了算？这在马伯里一案中不是问题，因为当时所针对的信息不具有政治性。但在伯尔一案中，情况就不同了。政府这边的律师明确声明，总统根据宪法有权保留伯尔提到的这些材料。马歇尔委婉地否定了这一主张，认为这个问题该由法院来决定。尽管杰斐逊并不反对上交威尔金森的密码信，但他声称要保留"美国总统独有的权威，以决定他作为总统所拿到的文件中是符合公益而允许透露的，以及应该向谁透露"。[1] 他让负责此次诉讼的弗吉尼亚地方检察官乔治·海来把把关，看看威尔金森的密码信中是否有任何应该保密的内容。可以说，在杰斐逊看来，法院并不是政治问题和法律问题的最终裁判者，总统也享有相应的宪法权力。不过，法院对这一问题有最终决定权是逐步确立起来的，并非由一个案件一锤定音。马歇尔的观点，后来为最高法院所继承，并成为一种明确的主张。马歇尔并没有强行要求杰斐逊必须出庭，只是表示，为了获得刑事案件的关键证据，法庭可以向总统下达出庭传票。对于涉及有关政治事务的内容，总统当然有权予以保留。

尽管马歇尔在这一问题上非常的审慎，而且给杰斐逊留下了足够的空间，但二人对于宪法的不同理解还是导致杰斐逊对马歇尔非常不满。他抨击马歇尔是别有用心的联邦党法官，试图在伯尔一案中操纵法律，服务于联邦党的政治目的。"从这次对叛国罪的处理可以看出，我们宪政体制的问题，不是行政部门权力太小，而是司法系统权力太大，或者说相比于其权力，这个部门承担的责任太小。"[2] 在杰斐逊看来，法官不对民众负责，这是司法系统权力太大的最主要的一个表现。而如果法官们真的不顾及广大民众的感受，最终导致民众制定一个宪法修正案，使整个联邦司法系统受制于民，将指日可待。他要求政府方面搜集的所有证据都整理一份交付于他，如若马歇尔偏袒被告，那么他将就这些证据呈与国会，由国会通过宪法修正案限制司法权抑或弹劾法官之用。

面对杰斐逊及共和党人咄咄逼人的态势，马歇尔丝毫不畏惧，即便在他授人以话柄的情况下，也坚持遵从法律办案。所谓授人以话柄，是指在

---

[1] Thomas Jefferson Randolph, ed., *Memoirs, Correspondence and Private Papers of Thomas Jefferson*, Vol. 4, London: Henry Colburn and Richard Bentley, New Burlington Street, 1829, p. 85.
[2] 〔美〕詹姆斯·西蒙：《打造美国：杰斐逊总统与马歇尔大法官的角逐》，徐爽、王剑鹰译，法律出版社，2009，第165页。

伯尔案开审之前,伯尔的辩护律师威克姆在家中举行了一次晚宴,邀请马歇尔出席。一向随和的马歇尔多次受邀参加各种宴会,于是他愉快地接受了邀请,待他到威克姆家中后才发现,伯尔也在被邀之中。一个是主审法官,一个是被指控的叛国分子,在这样一种场合下见面,该是怎样的尴尬,又给人以何种想象?这件事被杰斐逊及共和党人抓住不放,大肆攻击马歇尔。弗吉尼亚共和党报刊《里士满探寻报》就发文,指责马歇尔和伯尔沆瀣一气,不仅"不顾及自己的人格尊严",也"肆无忌惮地侮辱了"他的国家。① 马歇尔无疑意识到了自己的失误,也意识到了自己的这一失误给共和党人以攻击的口实,但他没有反驳,只是冷静地看着事态的发展,并不为外界的批评所干扰。

1807年8月10日,马歇尔主持的联邦巡回法院在弗吉尼亚州议会开庭,长达近6个月的辩护就在此一审,伯尔是否犯下了不可饶恕的叛国罪也在此一审,其重要性可见一斑。对于如此重要的刑事案件,由陪审团审理是理所当然的。然而,由于重要政治人物参与其中,有倾向性的报纸长篇累牍地报道,使得当时大多数人都相信伯尔有罪。要找到12个公正无私的合格的公民组成陪审团,都显得异常困难,最终不得不同意让那些认为伯尔有罪的人担任陪审员。

开庭后,弗吉尼亚检察官乔治·海代表政府首先做了起诉发言,在发言中他指控伯尔招兵买马,试图攻击西班牙和分裂联邦。他承认,在布伦纳哈赛特岛上的那个叛乱集会之夜,伯尔并不在场。但他认为,正是伯尔"发起"并"策划"了这个集会,不管他是否在场,在法律上他都有责任。而威尔金森等人的证言也都证明了伯尔的叛国计划,因此,伯尔的叛国罪行是昭然若揭的。

政府方面召集了140名证人左右的庞大队伍来证明伯尔招兵买马是为了"叛国的目的"。然而,最重要的证言——那天夜晚待在布伦纳哈赛特岛上的人的证言——模糊不清,还有些矛盾。陪审团顶多能隐隐约约地想象出这样的画面:一小群来自边远地区的人,怀着不轨目的,偷偷开始了一次沿俄亥俄河而下的冒险,而作为被告的伯尔,当时并不在那里。在传

---

① Albert J. Beveridge, *The Life of John Marshall*, Vol. 3, Boston and New York: Houghton Mifflin Company, 1919, p. 396.

召了12名证人后,马歇尔终止了政府方面的举证。因为宪法关于叛国罪的条款写得很清楚,必须能证明有公开的行为,而政府方面的证人却无人能证明伯尔有公开的叛国行为;况且伯尔还未在现场,即使有一个惊天大阴谋,也仅仅是叛国意图,并未实施,尚不足以构成叛国罪。

  双方的辩护律师又进行了长达8天的辩论,这场美国有史以来最大的审判案即将落下帷幕。1807年8月30日,马歇尔写下了他35年法官生涯中最长的一份判决书。在这份判决书中,他援引了大量英美法律,对于美国宪法中有关叛国罪的规定进行了详细的阐释,他指出,宪法中规定公开叛国行为,光有和平集会远远不够,必须以军事形式出现;而这种敌对性的行为还必须得到两个证人的证明,但政府方面连一个能证明的人都没有。虽说策划或发起叛乱的行为通常是秘密行为,找到证据有难度,但这并不能成为没有证据就可做出判决的合法理由。叛国罪很容易被统治者利用来打击反对力量,因此更应该严格按照宪法中的规定予以判决。对于马歇尔所提供的法律意见,陪审团虽然很不情愿,但他们表示,就所提供的证据而言,伯尔对他所受的指控是无罪的。因此,伯尔无罪释放。

  虽然杰斐逊及其共和党人认为马歇尔会袒护伯尔,但他们没有想到,马歇尔会如此判决,"这不仅洗刷了伯尔的罪名,也让世人无法知道那些证据"。杰斐逊痛惜地表示,这个判决使"那些对联邦不满、同时又毫无贡献的人大受鼓舞;而且,那些深为外国政府所盼望、必将危害我们国家的阴谋诡计,也许自此将源源不断"。① 伯尔没有犯下叛国罪,那他挑起对西班牙的战争、破坏美西关系该是一"较重的轻罪"吧,于是政府方面再次以"较重的轻罪"起诉他,"如果他被认定有罪,法官至少会为我们留个面子,对他予以短期拘留"。② 杰斐逊如是想。然而,政府一方依然未能提出有力的证据,为了能使伯尔绳之以法,政府方又提出让伯尔在西部各州受审,因为他所犯的罪行是在西部各州。政府的这一动议得到马歇尔的认可,伯尔被转移到俄亥俄关押。虽然杰斐逊将伯尔绳之以法的主意从未改变过,但经过如此长时间的折腾,且拿不出新的证据,俄亥俄对于联邦

---

① Thomas Jefferson Randolph, ed., *Memoirs, Correspondence and Private Papers of Thomas Jefferson*, Vol. 4, London: Henry Colburn and Richard Bentley, New Burlington Street, 1829, pp. 104 – 105.

② Thomas Jefferson Randolph, ed., *Memoirs, Correspondence and Private Papers of Thomas Jefferson*, Vol. 4, London: Henry Colburn and Richard Bentley, New Burlington Street, 1829, p. 105.

检察官起诉伯尔的愿望也冷淡了下去。伯尔被无罪释放后，随即流亡欧洲。杰斐逊虽然早就料到是如此的结局，却难以接受。他向国会提交了审判伯尔的相关文件，希望国会根据这些文件，判断这次审判令人大失所望的原因。"是证据不足，还是法律有漏洞，或者是运用法律的过程出了毛病。"① 虽然共和党内不断有人呼吁要弹劾马歇尔，但鉴于蔡斯弹劾的失败，这一提议并没有获得通过。使司法机关受制于民、国会两院2/3的多数即可罢免法官的宪法修正案，也没有获得通过。

杰斐逊对此非常的愤慨，"我们将以何种正当的言论论及此事，难道法律的一切原则都可以被曲解，使其有利于存心颠覆国家的罪犯？"他甚至提出"战争期间法律无效论"，"对待叛国罪犯不必拘泥于法律形式，而是要所有善良公民一致同意把他们关押起来"。② 美国人民应该庆幸，杰斐逊的意见并没有得到重视，如若不然，叛国罪不仅会被滥用，而且法治的原则也必将受到损毁。作为《独立宣言》的作者和人权法案中诸项个人权利的坚定的支持者，在伯尔案中，杰斐逊一味地坚持伯尔有罪，不惜置法律原则于不顾，把基本人权抛于脑后，可谓是一大讽刺。再者，即使伯尔有罪，作为国家最高长官，杰斐逊也不应该在陪审团审判之前就做出伯尔有罪的判定，这不仅违反了宪法三权分立的原则，而且也违反了嫌疑人在被判有罪之前无罪推定的原则。对此，来自肯塔基的共和党议员休斯一语中的："自由政府的拥护者们，如果因那些破坏自由的企图而怒火攻心，于是，本要捍卫和支持自由，但情难自控之下，采取的行动却削弱了政府赖以建立起来的原则。这种事情，其实并不鲜见。"③

马歇尔是出于党派利益抑或是对杰斐逊的个人敌视故意放走伯尔的吗？笔者认为，非也。虽然马歇尔在不知情的情况下参加了伯尔的律师威克姆的晚宴，法官与即将交审的嫌疑犯杯酒言欢，颇受后人诟病。但伯尔与马歇尔并无交情，马歇尔对于伯尔毫无原则的投机活动非常讨厌；而伯

---

① Thomas Jefferson Randolph, ed., *Memoirs, Correspondence and Private Papers of Thomas Jefferson*, Vol. 4, London: Henry Colburn and Richard Bentley, New Burlington Street, 1829, p. 105.
② Thomas Jefferson to William Branch Giles, April 20, 1807, in Paul Leicester Ford ed., The Works of Thomas Jefferson, Vol. 10 (Correspondence and Papers 1803 – 1807), 1905. http://oll. Libertyfund. org/titles/jetterson-the-works-vol-10-correspondence-and-papers-1803-1807
③ Charles Warren, *The Supreme Court in United States History*, Vol. 1, new & rev. ed., Boston: Little, Brown &Co., 1999, p. 305.

尔对于马歇尔也没什么好感,尤其是他认为马歇尔面对政府的压力谨小慎微,并最终屈服于政府的压力让他转移到西部受审,更让他感到反感。伯尔最终无罪释放不是源于马歇尔的个人好恶,而是源于他对于宪法叛国罪条款的解读,他严格解释此条款,要求政府方面必须有证据证明伯尔公开的叛国行为,且有两位证人证明伯尔在叛乱现场方可证明其叛国,这对于政府方面来说确实很有难度。政府方面虽不辞辛苦寻找了很多证人,却无人能证明这两点。因此,伯尔本就不应该被定为叛国罪。马歇尔在此案中担负起了保护犯罪嫌疑人的职责,成为其宪法权利最为警觉的捍卫者。而他为宪法中规定的叛国罪确立了严格的证据要求,有效地避免了这一罪名沦为政治迫害的工具。

  长达六个月的审理使马歇尔备受煎熬,由于此案深受政治影响,杰斐逊总统大张旗鼓地宣称伯尔罪不可赦,群情激奋,誓将叛徒缉拿归案;而马歇尔却判伯尔无罪,加之杰斐逊及共和党人对马歇尔的攻击,使很多民众相信是马歇尔曲解宪法,放走了伯尔。而支持伯尔的一方也因为马歇尔最终同意将其押送西部受审而对其大为不满。因此,来自官方和民间对马歇尔的批评和攻击不断。审判结束一个月后,马歇尔在给好友理查德·皮特斯的信中就表达了对该案的沮丧和无奈,"我多么希望我能有一个机会让此案平息,就好像开了一个玩笑一样……如此悲惨的局面我不能给这个问题以别的解释,也许我没有意识到尊重民意而不是法律的重要性"。① 马歇尔将该案看作是他35年最高法院职业生涯中最令人不愉快的案件。不过,他抵挡住了来自政府和民间的巨大压力,依然坚持宪法原则,严格按照宪法行事,"法庭不能滥用权力,这是真理;法庭不能逃避职责,这也是真理"。② 虽然此案深受政治影响,寻找中立的陪审团都成问题,但马歇尔依然坚持宪法原则,不为民众情绪所左右,实属可贵。而马歇尔在该案中对行政特权和行政法律责任的区分,在1974年的美国诉尼克松一案中产生了最为戏剧化的回音,法院一致否决了尼克松关于行政特权的主张,要求他把水门事件的录音带交给特别检察官,迫于法律的威严,尼克松交出

---

① Charles F. Hobson. et al, eds, *The Papers of John Marshall*, Vol. 7, Chapel Hill: University of North Carolina Press, 1993, p. 165.
② John Marshall, *the Writings of John Marshall: Late Chief Justice of the United States, Upon the Federal Constitution*, Boston: James Munroe and company, 1839, p. 110.

录音带，而后辞职。

纷纷扰扰的伯尔案早已落下帷幕，伯尔是否真的叛国，在学界也引起了广泛的关注。布朗大学历史学教授戈登·伍德独辟蹊径，他认为伯尔遭到叛国罪的起诉不是因为他的西进拓疆计划和分离运动，而是他和同时代其他领导人之间的矛盾。伯尔背叛的不是他的国家，而是他所属的那个阶层，这才是导致他被起诉的真正原因。之所以说他背叛了他的阶层，是因为作为革命一代的领导人，他不像华盛顿、杰斐逊、麦迪逊等人有着高尚的革命情操和优秀的品德，伯尔不具备这些，他是一个地地道道的政客，为了金钱和职位毫无原则投机的人。[1] 的确如此，即使伯尔要叛国，当他被逮捕之后，国家安全的威胁已去除，杰斐逊却不顾及公民自由权正受到侵害而非要置伯尔于死地，一个最为重要的原因就在于他认为伯尔毫无原则和品德，而这正是革命一代建立共和制政府最为珍视的价值和原则。作为一个共和人，马歇尔对这些原则和价值也非常珍视，他视乔治·华盛顿为楷模，就是因为华盛顿很好地体现了共和制的价值原则。但不同于杰斐逊，马歇尔认为，在共和制下，具有优良品德和才能的领导人固然重要，但宪法和法律规制着民众的生活，必须严格遵守宪法和法律，方能保证共和政体的良好运转。

由于对伯尔案的判决，杰斐逊和马歇尔造成了针锋相对的直接冲突，共和党人对马歇尔个人的攻击及对其弹劾的威胁，极度喧嚣。尽管如此，但已经成不了气候。一方面，政府对其他事情的关注一定程度上影响了事态的发展，另一方面，司法独立本身已经成为一面可以抵御党派攻击的盾牌。而马歇尔凭借对伯尔案的判决，不仅重申无人能凌驾于法律，而且通过严格解释宪法中的叛国条款，有效避免了叛国罪沦为政治迫害的工具。

三 马歇尔与杰斐逊的对峙

马歇尔和杰斐逊本为远方表兄弟，但不同的生活环境和社会经历造就了二人不同的人生，产生了不同的思想。亲历独立战争的马歇尔目睹了地方主义种种弊端，誓为联邦而战；对个人自由极度推崇的杰斐逊则担心强

---

[1] Gordon S. Wood, "The Real Treason of Aaron Burr", *Proceedings of the American Philosophical Society*, Vol. 143, No. 2 (Jun., 1999), pp. 280–295.

大的联邦会损害州的权力，进而危及个人自由。在宪政思想上，马歇尔高度赞扬 1787 年宪法，对于宪法中的司法条款进行了有力的辩护，认为司法独立是保障个人自由的最后屏障，除此之外，他还认为宪法不同于一般法律文本，应根据时代需要对其从宽解释；杰斐逊虽未明确反对宪法的通过，但对其中的诸多条款有着不同的阐释，他认为司法部门和其他部门一样，应该对民众负责，尤其是当司法部门积极执行《惩治煽动叛乱法》时，他更认为司法部门蜕变成了联邦党的分支，对其充满了敌意，并试图削弱法官们的权力。在宪法解释问题上，他认为应该严格解释宪法，不可有半点逾越。本来就是联邦政府中最弱小也最不受重视的部门，在杰斐逊总统和共和党人占绝对优势的国会的敌意下，联邦最高法院前景堪忧。就是在这样一种情况下，马歇尔入主联邦最高法院，开始了审慎而又大胆的创举，为最高法院争得了一席之地。在和杰斐逊的对峙中，马歇尔是如何坚守宪法原则的？杰斐逊又进行了哪些反击？二人的较量对美国历史的发展起到了什么样的作用？

马歇尔以中庸但极具象征性的姿态开始履职。在法庭的第一个开庭期，这位新任首席大法官穿着一件简朴的黑袍，而其他 5 位法官则穿着较为正式的法官服或色泽鲜艳的学者袍。从法庭的第二个工作期开始后，其他 5 位法官也都效仿马歇尔，穿起了同样简朴的黑袍。在马歇尔就任首席大法官之前，法官们很少有时间聚集在同一个城市里。马歇尔就任后，他安排最高法院的所有成员进驻康拉德旅舍，在那里，他们同吃同睡在一个屋檐下；不仅如此，在康拉德旅舍，有一个较大的会议厅，他们经常围在一起讨论案件，职业和生活融合在一起。在饭桌上共同举起一杯马得拉白葡萄酒的欢快氛围中，首席大法官凭借其卓越的领导能力和颇受欢迎的个性，很快就使最高法院的兄弟们对即将处理的案件达成了一致意见，改变了过去最高法院沿袭英国的做法，让每位大法官单独发表其法律意见的做法。而他随和的性格、灵活的思考与深邃的政治远见，也使他很快建立起了自己的权威。从 1801 年到 1804 年，马歇尔参与了 42 个案件的审理，所有的判决书都是由他撰写的。"有史以来第一次，首席大法官不顾由大法官逐一发表法律意见的传统，冷静地自己担负起宣告最高法院意见的职责。"①

---

① Albert J. Beveridge, *The Life of John Marshall*, Vol. 2, Boston and New York: Houghton Mifflin Company, 1916, p. 16.

由多个法院意见转变为一致意见，对于刚成立不久最高法院来说可谓是提升其权威和尊严的最好办法。为了实现判决的最终一致性，马歇尔总是耐心地倾听他人的意见，虽说法院意见大多都是由首席大法官来宣读的，但判决常常是众人在互相包容和让步的讨论过程中形成的合作成果。"马歇尔是代表最高法院发言的，但开口说话的却是他。"① 这也使得他能够以自己的方式阐释美国宪法具有划时代意义的事件。

作为首席大法官，马歇尔在法官间搭建共识的能力，给人留下了深刻印象，因为，他入主最高法院之前并无审判经验，况且，要让 6 个截然不同而高度自主的人达成一致，难度本就可想而知。② 马歇尔最初的 5 位同事分别是年长的库欣，精明的佩特森，顽固的蔡斯，沉默寡言的布什罗德及身材矮小的穆尔。库欣是 1789 年华盛顿任命到联邦最高法院的第一个大法官，曾担任马萨诸塞州最高法院首席法官。他生平最为重要的判决是 1793 年的奇赫姆诉佐治亚州（Chisholm v. Georgia）案，在该案中，库欣采纳多数派的观点，判定一州的公民可在联邦法庭起诉另一州，沉重打击了州权势力，但也遭到了州权主义者的强烈反击，国会最终通过了宪法第十一条修正案推翻了此判决。曾参与起草《1787 年宪法》和《1789 年司法法》的佩特森是一位聪慧过人的出色法官，在埃尔斯沃斯辞去首席大法官职务后，参议院认为他是最为合适的接班人选，但亚当斯总统却拒绝接受之，而是提名对自己更为忠诚的马歇尔。不过，这并未造成二人之间的矛盾，因为佩特森大法官本无意担任首席大法官，而且还特意赞扬了对马歇尔的任命。"马歇尔先生是一个天才，有着极强的理性力量，是一个可靠、正派的法律工作者。他的才华同时具有金子般的光泽与坚实。"③ 本为竞争对手，却成为了惺惺相惜的朋友。性情暴躁的蔡斯以善于挑起争端而为人所知。他担任马里兰州议员时，就被其他官员贬为"爱管闲事、不知疲倦的暴乱煽动者，暴动者的头目，容易上火、满嘴恶臭而又喜欢制造矛盾和派别分歧的混蛋"④。年岁的增长和革命的成功，都没能让蔡斯的政治

---

① Bernard Schwartz, *A History of the Supreme Court*, N. Y.: Oxford University Press, 1993, p. 39.
② G. Edward White, *the Marshall Court and Cultural Change, 1815 – 1835*, New York: Macmillan, 1988, p. 184.
③ Bernard Schwartz, *A History of the Supreme Court*, N. Y.: Oxford University Press, 1993, p. 34.
④ George L. Haskins and Herbert A. Johnson, *Foundations of Power: John Marshall, 1801 – 1815*, N. Y.: Cambridge University Press, 2010, p. 91.

激情冷却，他的情绪仍会说来就来。他曾参与宪法的制定，但最终却反对宪法的批准。被华盛顿任命为最高法院大法官后，他积极奉行联邦党人政策，并不时参与政治之中。他对共和党的批评和严格执行《惩治煽动叛乱法》打压共和党人的做法，最终导致他被弹劾。在法院成员中，在个人背景和政治观点上与马歇尔最为接近的是布什罗德·华盛顿，他是第一任总统华盛顿的侄子，1798 年被亚当斯总统委任到最高法院，以其仔细严谨的法律意见而受到尊重，但他最为人们关注的是他与马歇尔的长久友谊，二人在重大问题上很少有分歧，在共同任职的 29 年中仅有 3 次持不同意见①，也因此被认为是马歇尔的影子。但布什罗德并不是毫无原则地追随马歇尔，在马歇尔的影子之外工作时，他展现了其出色的能力。斯托里就写道："他被高度赞扬为颇有造诣的法律工作者，而我认为这并非没有道理。他撰写的法律意见洋溢着才华。"② 在华盛顿去世后，布什罗德继承了其遗产，其中包括华盛顿总统的公共和私人信件，后来他将这些文件借与马歇尔，协助马歇尔撰写了《华盛顿传》5 卷本。最后一位法院成员是艾尔弗雷德·穆尔，1799 年他被亚当斯总统委任为最高法院大法官。虽然他拥有不同寻常的分析能力，但在最高法院，他实际上是一个无足轻重的人，在最高法院五年的时间里，他只在一起案件中发表过一次法律意见。③

这就是马歇尔最初的几位同事，截然不同而又高度自主，但他们同为联邦党人，对于联邦事业的钟爱使得他们相对来说达成一致意见并不那么困难，而事实也是如此。法院的一致意见赋予了法院一种前所未有的团结，提升了法院的权威。面对杰斐逊及其共和党人咄咄逼人的攻势，马歇尔和同事们一道将大胆与谨慎结合在一起，未雨绸缪化解了几次和共和党的潜在冲突。他们并不总是支持联邦党人的利益，而是试图将最高法院从政治纷争中拉出来，成为一个中立的政府机构，守护宪法。对于马歇尔极其不信任的杰斐逊，将法院的一致意见看作是马歇尔将自己的意志强加于各位法官的结果，而这是他极其不能容忍的。蔡斯弹劾的烦琐和最终失利使得

---

① George L. Haskins and Herbert A. Johnson, *Foundations of Power: John Marshall, 1801–1815*, N. Y.: Cambridge University Press, 2010, p. 99.
② Charles Warren, *The Supreme Court in United States History*, Vol. 1, new & rev. ed., Boston: Little, Brown &Co., 1999, p. 464.
③ George L. Haskins and Herbert A. Johnson, *Foundations of Power: John Marshall, 1801–1815*, N. Y.: Cambridge University Press, 2010, p. 101.

杰斐逊和共和党人都对此失去了信心，他们将希望寄托在新任命的法官身上，希望就此打破马歇尔法院的一致性。然而，他们的希望往往成为泡影。

1804年，体弱多病的艾尔弗雷德·穆尔的辞职为杰斐逊提供了第一个任命法官的机会。他决心任命一位忠实的共和党法官来对抗首席大法官和他的法律哲学。经过广泛筛选，杰斐逊将这一职位送给了南卡罗来纳州最高法院法官威廉·约翰逊。时年32岁的约翰逊是南卡罗来纳州最为重要的共和党领导人之一，曾经在该州立法机关任职并担任众议院发言人，被认为是一位狂热的共和党人。约翰逊不愧是杰斐逊任命的第一人，他是马歇尔法院中最独立于首席大法官的人，用20世纪著名法官菲利克斯·法兰克福特的话说是，他是最高法院中头脑最坚定的人之一。他不喜欢首席大法官马歇尔经常代表法院发表一致意见的习惯，充分展现他的异议，也被称为是第一个异议者。

的确如此，与马歇尔的其他同事相比，他发表的独立意见要多得多。据统计，在他就职于联邦最高法院的29年间，约翰逊共起草了112份多数意见，21份赞同意见，34份反对意见及5份独立意见。只有马歇尔和（后来被麦迪逊总统任命的）约瑟夫·斯托里法官曾撰写过比他多的法庭意见。① 尽管如此，他却无力改变最高法院的格局，他在致杰斐逊的一封信中悲叹地说："库欣无法胜任，蔡斯你是无法让他思考或写作的——佩特森迟钝，主动把困难推给别人，而其他两位法官（指约翰·马歇尔和布什罗德·华盛顿），你知道，通常被认为像一位法官一样。"② "我对我们最高法院首席大法官宣布他所审理的所有案件的法律意见，甚至有时候是与他自己的判断和投票相反的案件的法律意见感到非常惊讶。但是我的抗议无效；答案是他不怕麻烦，而且这是对他的尊重。"在抵制马歇尔的做法无效后，"最后我认为我或者屈从于现实，或者是在我们的磋商会上成为一个如此无足轻重的人以至于一点好处都没有。因此我屈从于大流"。③ 尽

---

① 〔美〕克米特·霍尔主编《牛津美国联邦最高法院指南》，许明月、夏登峻等译，北京大学出版社，2009，第485页。
② R. Kent Newmyer, *John Marshall and the Heroic Age of the Supreme Court*, Baton Rouge: Louisiana State University Press, 2001, p. 397.
③ Donald Grant Morgan, *Justice William Johnson, the First Dissenter: The Career and Constitutional Philosophy of a Jeffersonian Judge*, Columbia: University of South Carolina Press, 1954, pp. 181-182.

管杰斐逊一而再地鼓励约翰逊要打破法院的一致性,让民众了解法官审理案件的内幕,阻止马歇尔将权力集中于一人之手,但约翰逊并不是一个全然不顾一切的批评家。他的独立精神很强,不仅独立于首席大法官马歇尔,也独立于任命他为最高法院大法官的杰斐逊总统。他不赞同杰斐逊总统扩张行政部门权力的做法,对于杰斐逊总统州权理论也持批评的态度。在审理有关联邦和州关系的案件中,他每每与马歇尔意见相同,在国家主义立场上有过之而无不及,让杰斐逊对此大跌眼镜,斥之为共和党的叛徒。

1806年帕特森法官去世后,杰斐逊任命的第二位法官落在了纽约州最高法院法官布洛克霍斯特·利文斯顿的身上。利文斯顿是纽约州的望族,也是坚定不移的共和党的支持者。在1800年总统大选中,利文斯顿家族与伯尔一起组成纽约共和党派系,为杰斐逊当选总统立下了汗马功劳。作为一个法学家,利文斯顿比不上约翰逊,虽然他在联邦最高法院17年的任职里证明了自己是一个能干的、善于思考的、幽默而博学的法官,但在马歇尔法院里,他基本上是一位沉默的法官。1807年,鉴于加入联邦州数目的扩大和人口的增多,国会为最高法院增设了一名大法官名额,杰斐逊由此获得第三次任命法官的机会。这一次他将这一职位送给了来自肯塔基的托马斯·托德,托德是一名坚定的共和党人,但他在就任最高法院大法官期间,很少有异议。"尽管他和首席大法官在不同的背景中长大,在维护宪法原则方面他从未含糊过,他从来没有因为党派而放弃他的思想。"[①] 另外,托德以缺席大量的开庭期而著称,他并没有像杰斐逊所期望的那样去打破马歇尔法院的一致性,反倒更像是首席大法官马歇尔的附庸。

杰斐逊任命的三位法官并没有像他期望中的那样打破马歇尔法院的一致性,他们不仅认可了法院的一致性判决,还成为司法独立原则的积极捍卫者。"法院是宪法的解释者,政府每一个部门都受制于法院的解释。"约翰逊如此大胆地宣称,就连马歇尔都不曾如此宣称过。杰斐逊的总检察长罗德尼在给杰斐逊的信中悲叹地写道:"当你把一个人送进法院时,他很快就浸染了法院的污浊之风。"[②] 尽管很是失望,杰斐逊还是

[①] Charles Warren, *The Supreme Court in United States History*, Vol.1, new & rev. ed., Boston: Little, Brown &Co., 1999, p.301.

[②] Jean Edward Smith, *John Marshall: Definer of a Nation*, New York: Henry Holt and Company, Inc., 1996, p.382.

希望通过任命法官来改变最高法院的组成，毕竟这是改革最高法院最快、最有效的方式。

1810 年秋天，资深联邦党人库欣法官去世，杰斐逊非常兴奋，以共和党人来接替这个空位的话，将会在马歇尔法院内造成一个共和党多数的局面，而这有助于完成对联邦政府的全面改革。最高法院抵制民众意愿已达 10 年之久，这种情况将因"任命一位决定性的共和党人"改变之。杰斐逊非常关注这次任命，除了他长久以来关注于法院外，还因为他此时官司缠身。1810 年前共和党众议员、新奥尔良律师爱德华·利文斯顿起诉杰斐逊侵犯私人财产，要求赔偿 10 万美元的巨款。杰斐逊对此倍感痛苦，因为他不得不再次面对司法天敌——马歇尔。① 而这时，"老库欣死了，事情如此幸运，简直是上帝送给我的礼物"。不过杰斐逊也抱怨说："很难找到一个与马歇尔相抗衡的坚定的共和党人。"② 他先是推荐曾担任内阁总检察长的利万伊·林肯，一个坚定的共和党人，麦迪逊总统对此也表示首肯，并将对林肯的提名送交参议院批准，不料林肯以身体不佳为由婉言谢绝了。麦迪逊随后提名康涅狄格的共和党领袖亚历山大·沃尔科特，但参议院觉得他过于忠于自己的政党而未予批准。十天之内，麦迪逊又选出了一个人，驻俄使节、温和的共和党人约翰·昆西·亚当斯，他显然是两党都能接受的人物，参议院一接到提名便一致通过了。令麦迪逊惊讶的是，后者谢绝了这项任命，并表示更愿意在外交领域发展或到国内行政部门任职。

由于没有合适的人选，麦迪逊总统就将来自马萨诸塞州很有争议的司法天才约瑟夫·斯托里提了出来。哈佛毕业的斯托里，作为一个法律学者和出众的演说家，当时已是声名显赫。虽然只有 32 岁，却已担任过众议员、马萨诸塞众议院发言人，是律师界的领袖。作为一个共和党人，他并不是一个严格遵循党派路线的人，他倾向一个强大的中央政府，对于党内同僚坚决维护州权的立场，他并不认同。斯托里的观点赢得了新英格兰地

---

① 1811 年 12 月，马歇尔在里士满巡回法庭审议了此案的管辖权问题，即弗吉尼亚的联邦巡回法庭是否有权审理涉及新奥尔良具体财产的案件。最终，马歇尔和巡回法院的另一名法官泰勒认为管辖权有问题，不予受理此案。尽管如此，马歇尔实际认定杰斐逊是一个违法者。利文斯顿没有对马歇尔的判决提出上诉，但他最终在另一场官司中获胜。

② Thomas Jefferson to Albert Gallatin, Sept, 27, 1810, in Paul Leicester Ford ed., The works of Thomas Jefferson, Vol. 11 (Correspondence and Papers 1808 – 1816), 1905. http://oll.libertyfund.org/titles/jefferson-the-works-vol-11-corresponderce-and-papers-1808-1816

区联邦党人的赞许，但也引起了杰斐逊的强烈不满，特别是斯托里还曾拒绝支持杰斐逊那有争议的 1807 年禁运法。听说提名斯托里，杰斐逊马上表示反对，他宣称斯托里是一个"冒牌的共和党人"，一个"政治上的变色龙"，"独立的政治阴谋家"。① 斯托里被提名之所以使杰斐逊如此愤怒，除了斯托里不严格遵循党派路线外，还因为斯托里与马歇尔交情甚好，他对首席大法官有着一种个人崇拜的情结。"我很喜欢他的笑，"在 1808 年斯托里给好友菲的信中就写道："那种爽朗的笑充满魅力；他的好脾气和不倦的耐心，不管工作上还是学习中，都让人赞赏。"②

让杰斐逊倍感尴尬的是，麦迪逊对于他关于斯托里的负面评价未予理睬，依然提名了斯托里。参议院也并不是很喜欢斯托里的提名，但最高法院的这个空缺已经闲置一年多了，加之，库欣去世后不久，蔡斯也撒手人寰，蔡斯的职位也闲置了好几个月，议员们都想尽快结束这种僵局，而全国民众对于这场任命游戏也早已厌倦。1811 年 11 月，麦迪逊总统将斯托里和另外一名忠实的共和党人加布里埃尔·杜瓦尔一起送交参议院批准，三天后，参议院一致同意了二人的任命。在美国历史上，作为一名杰出的法学家，斯托里的任命被看作是一次最为意外的任命。他很快就成为马歇尔国家主义思想的主要支持者，并且成为首席大法官在宪法学说方面至关重要的助手。马歇尔长于归纳，倾向于一般性的原则；而斯托里长于法律研究，"能告诉我们从十二铜表法到最新报告中所有的案例"③。二人之间的配合非常完美，甚至有人戏言，马歇尔写好判决，让斯托里去寻找先例以佐证。"他们俩的工作关系堪称是联邦最高法院历史上取得最大成就的关系之一"。④ 杜瓦尔在最高法院职位上静悄悄地工作了 25 年，以"沉默的大法官"著称。⑤

---

① 〔美〕亨利·亚伯拉罕：《法官与总统：一部任命最高法院法官的政治史》，刘泰星译，商务印书馆，1990，第 78 页。
② R. Kent Newmyer, *Supreme Court Justice Joseph Story: Statesman of the Old Republic*, Chapel Hill: University of North Carolina Press, 1986, p. 76.
③ R. Kent Newmyer, *Supreme Court Justice Joseph Story: Statesman of the Old Republic*, Chapel Hill: University of North Carolina Press, 1986, p. 93.
④ 〔美〕克米特·霍尔主编《牛津美国联邦最高法院指南》，许明月、夏登峻等译，北京大学出版社，2009，第 918 页。
⑤ G. Edward White, *the Marshall Court and Cultural Change, 1815-1835*, New York: Macmillan, 1988, p. 327.

斯托里和杜瓦尔进入最高法院后，共和党在最高法院取得了5个席位，牢牢占据多数。最高法院中的联邦党人只剩下了马歇尔和布什罗德。如果杰斐逊以为司法系统的改革就此展开，显然是高估了各位共和党法官对共和主义基本原则的坚守程度，也轻视了马歇尔的卓越领导才能。仍像以前那样，马歇尔完全支配着最高法院。之所以如此，除了马歇尔卓越的领导能力外，还因为这些共和党法官都意识到：法院和他们自身的地位有赖于这个联邦的巩固。其实，最高法院本质上就是一个国家主义的机构，理所当然会倒向国家主义原则。特别是1812年英美战争结束后，这种国家主义倾向明显增强了。另外，在宪法问题上，这些共和党法官都比较中立，与马歇尔和布什罗德并无多大差异。

在这种和谐的局面中，马歇尔以极高的智慧与不倦的耐心，领导着最高法院走向司法主权，最大限度地支持国家主义思想，从宪法的高度来为维护一个强大中央政府添砖加瓦。当时的条件很有利：外部国家主义思想高涨，内部成员稳定（从1811年到1823年最高法院成员没有发生变动），马歇尔领导的最高法院抓住这难得的历史机遇，做出了一系列跟宪法有关的重大判决，这些判决将在后面的章节中详细阐述。卸任后的杰斐逊对马歇尔批评不断，他对司法的敌意和对州权的维护使得他成为州权主义者的领袖，也使得他非常看不惯马歇尔的判决，对此大加批挞。做一个教条主义政策的批评者比做一个教条主义政策的制定者往往要容易一些。不过，杰斐逊的批评，在某种程度上也起到了一种制衡作用，使得联邦和各州均衡发展，不至于出现极端发展的局面；另外，也使得最高法院在缓慢发展的过程中，逐步得到民众的认可和信赖，宪法逐步得到民众的信仰。

第五章　马歇尔法院和联邦权

著名宪法学家爱德华·考文在评述马歇尔法院的重要宪法判决时说："有两把利剑将州权予以束缚，一把是国家至上，一把是个人权利。"① 的确，在马歇尔法院重要的宪法判决中，有关联邦和州关系的案件是其中一大重要内容。作为首席大法官，马歇尔的国家主义思想表现非常明显。参加过独立战争的马歇尔，对于战争期间各州的自行其是和大陆会议的软弱无力所导致战争失利痛恨至极；战争结束后，邦联国会软弱无力，各州主权在握，致使整个国家处于混乱而无序的状态之中，马歇尔对此更是痛心。1787 年宪法的制定和 1788 年各州批准宪法，以及由此成立新的政府，在马歇尔看来，是一次重大的变革。宪法赋予了联邦有限但至上的权力，改变了各主权州形成的邦联状态，在人民②主权的基础上形成了以宪法为核心的国家主权。通过宪法司法条款和最高条款，马歇尔将国家主义思想融入一个个具体的判决之中，为国家主义的构建添砖加瓦。正是在马歇尔的领导下，最高法院将国父们所建立的联邦结构转变为了一个甚至足以抵受内战冲击的国家。援引约翰·昆西·亚当斯的话是："马歇尔巩固了有可能被杰斐逊灵活而充满理想主义的民主制度

---

① Edward S. Corwin, *John Marshall and the Constitution*; *a chronicle of the Supreme court*, Toronto: Glasgow, Brook, 1919, p. 173.
② 在美国早期的政治话语中，"人民"是一个核心的词汇，但关于"人民"的界定却复杂多样。在美国建国精英看来，"我们合众国人民"并不是雅典民主所依赖的那种同质性的公民共同体，要构建一种有效的政治国家，就必须重新界定"人民"。他们为"人民"勾画了两种相互联系而又存在很大差别的形象：作为一个道德整体的"人民"，是政治国家一切权力的来源；而现实政治世界中的"人民"则被视为"愚昧而轻率的大众"，并不具备直接使政治权力的素质和能力。他们在思考和设计国家制度时，一方面利用抽象的"人民"名义来确立政治国家的正当性，另一方面则极力抑制和过滤普通民众的政治影响。见李剑鸣：《"人民"的定义与美国早期的国家建构》，《历史研究》2009 年第 1 期，第 110~133 页。

所分离的联邦。"① 面对州权的强势，马歇尔法院是如何解读宪法重要条款，调节联邦和州的关系？最高法院为宪法注入了什么样的活力？对美国早期宪政制度的建设起到了什么样的作用？本章通过马歇尔法院有关宪法国家主义的四个重要判决——马丁诉亨特的租户案、科恩兄弟诉弗吉尼亚案、麦卡洛克诉马里兰案、吉布森诉奥格登案，来阐释马歇尔是如何与同事们一道，为建立一个拥有所有必要政府权力的国家而努力的。

一 司法国家主义：马丁诉亨特的租户案（1816）和科恩兄弟诉弗吉尼亚案（1820）

1812年战争②使美国脱离了欧洲国家的羁绊，开始走向独立自主的发展道路。战争所激发的国家主义精神，为最高法院提供了极佳的实践其司法理想的环境。而此时的最高法院，其成员中联邦党人只剩下了首席大法官马歇尔和布什罗德·华盛顿，由杰斐逊和麦迪逊任命的五位共和党人③牢牢占据了多数，尽管如此，最高法院的国家主义思想并未减弱，在首席大法官马歇尔的卓越领导下，最高法院利用自己解释宪法的权力，最大限度地支持国家主义思想，为联邦的存续做出了应有的贡献。需要说明的是，共和党法官之所以追随马歇尔左右，除了马歇尔的个性和魅力使然外，更主要的是马歇尔观念中所体现的美国发展方向，以及他自己对美国法律与政治的深刻洞察。在一系列具有里程碑意义的案件中，马歇尔和他的同事们一起，通过对宪法的阐释，充当了联邦和州仲裁人的角色，不仅巩固和扩大了最高法院的权威，也将宪法从一纸法令变成了活生生的宪政，完善了美国的宪政制度。

不过，在美国内战前，最高法院在论及联邦问题时总是受到某种特殊压力的影响。压力之一来自美国独立战争遗产中对集权的不信任问题，美国独立战争本身是反抗伦敦的集权和专制统治，所以他们绝不希望在独立

---

① Bernard Schwartz, *A History of the Supreme Court*, N. Y.: Oxford University Press, 1993, p. 33.
② 1812年战争，是美国与英国之间发生于1812年至1815年的战争，又称美国第二次独立战争。在某种程度上，是英法之间的战争将美国拖入其中，特别是英国强征中立国船只和强征公海上的美国海员导致美英最终走向战争。
③ 他们分别是：由杰斐逊总统任命的威廉·约翰逊、布洛克霍斯特·利文斯顿、托马斯·托德，由麦迪逊总统任命的约瑟夫·斯托里，加布里埃尔·杜瓦尔。

后再建立起一个集权的国家；压力之二来源于宪法语言的模糊性，虽然宪法的制定和批准都经过了广泛的辩论，但宪法是在联邦党人和反联邦党人的妥协之下达成的，是该严格解读宪法，还是从宽解释宪法？联邦享有多少权力，各州又在多大程度上不受联邦司法权的管辖？宪法的模糊性为联邦最高法院解释宪法也设置下了难题；压力之三来源于各州脱离联邦的威胁和危险——不满联邦的各州企图脱离联邦并宣布有权作为宪法实体而享有独立的主权，这一问题直至内战的爆发，都是联邦和州关系中最为难以解决的问题；压力之四来源于最高法院面临的政治环境，各州先于联邦而存在，已经履行了大量的政府职能，而最高法院以宪法国家主义的精神来削弱州权的做法，不仅会引起州的反对，也会被指责违背实用主义的要求；压力之五来源于奴隶制问题，可以说当时所有的政治问题都受奴隶制问题的影响，在内战前，不管是主张州权，还是联邦权，都无法摆脱奴隶制问题的影响。

在压力面前，马歇尔法院大胆而又审慎地迎接着各种挑战。其中，挑战之一来自于州权主义者对联邦最高法院上诉管辖权的限制。在这方面，最高法院在马丁诉亨特的租户案和科恩诉弗吉尼亚案中进行了有力的回击，为最高法院的上诉管辖权辩护。

（一）马丁诉亨特的租户案（1816）

1787年宪法设立了联邦最高法院以及由国会设立的下级法院，授予联邦有限的管辖权。联邦与各州的双重法院系统不仅要求按照案件的起因，合理分配司法管辖权，而且对于两者同时具有管辖权的案件，要求存在统一司法解释的法律机制。宪法第六条规定宪法为最高法，各州法官均受宪法与法律的制约，从而也赋予了各州法院解释联邦宪法的权力。问题在于，当各州法院和联邦法院对联邦宪法解释不一致时，何者为基准呢？

联邦最高法院是否有权审查州法院的判决，宪法中并无明文规定。不过，在随后国会制定的《1789年司法法》则对此问题进行了详细规定。对于联邦法院的司法管辖权问题，《1789年司法法》明确规定：对由联邦法引起的案件，州法院和联邦法院具有共同管辖权，涉及不同州公民之间的案件，既可以由州法院审理，也可以由联邦法院审理。若由州法院审理，是否是终审判决？案件能否再次被上诉到最高法院？《1789年司法法》给予了明确答案，该法第25条明确规定：当州法院否决了以联邦宪法、联邦法律或联邦条约为依据提出的权利要求时,最高法院可以以"纠错令"的方式审查州法院的判决。如果认定州法院判决有误,其有关裁决将被推翻,其所依据的州法也将无效。这实际上意味着:一切涉及联邦宪法、联邦法和联邦条约的案件上,联邦最高法院拥有终审权。

这一规定加上宪法最高条款,赋予了联邦最高法院名义上的权威,这些纸上的法律能否变成活生生的宪政还有待于在具体案件中进行检验。而联邦司法部门成立伊始,远不如总统和国会那样引人注目,更没有前两者的影响力。联邦政府建立后的一段时期内,联邦最高法院几乎无案可审,大部分案件仍由州法院受理,很少有案件上诉到最高法院。自 1789 年至 1813 年,联邦最高法院审理了 16 起上诉案件,并没有引起太大的争议。① 直到 1813 年,在马丁诉亨特的租户案中,弗吉尼亚上诉法院和联邦最高法院因联邦的管辖权问题陷入严重的冲突之中。

该案缘起于弗吉尼亚一块 30 万英亩土地的所有权问题,它原属于英国贵族费尔法克斯勋爵,美国革命期间,弗吉尼亚根据州议会制定的没收法令将这一地产没收。接着,州政府将这片土地分成若干块,赠予或授予他人。一个西部土地的投资商,戴维·亨特,就从弗吉尼亚州政府手中买下了这块土地的一部分(788 英亩)。美国革命后,费尔法克斯勋爵的继承人丹尼尔·马丁,根据 1783 年《巴黎和约》与 1794 年《杰伊条约》,要求重新获得土地所有权,因为这两个条约都确认了英国公民对美国土地的所有权。马丁聘请后来成为首席大法官的约翰·马歇尔为律师,在 1786 年的海特诉费尔法克斯一案中,为马丁争取到了费尔法克斯勋爵土地的所有权。然而,由于费尔法克斯地产庞大,地形复杂,且很多土地尚未有勘测,地界不明,州政府趁机将一些尚未占用的地产予以没收转卖,由此产生很多纠纷。另一方面,马丁常年居住在英国,并不打算移居北美,因此急于卖掉这片土地,这也造就了马歇尔有生以来最大的一次土地投机。1793 年,马歇尔和他的弟弟詹姆斯组建了一个合伙公司,购买了费尔法克斯地产中超过 16 万英亩的土地,由于地界不明,产生很多异议。四年后他们和弗吉尼亚议会达成协议,马歇尔兄弟获得没有争议的、费尔法克斯勋

---

① Jean Edward Smith, *John Marshall: Definer of a Nation*, New York: Henry Holt and Company, Inc., 1996, p. 426.

爵保留给自己使用的土地，其他土地则转让给州政府。①

该案中有争议的问题是：亨特购买的土地是否在费尔法克斯勋爵保留给自己使用的土地范围内，因此属于马歇尔兄弟，还是属于州政府所有的土地。亨特依据弗吉尼亚没收法认为该土地属于州政府，进而属于自己；而马歇尔兄弟二人则依据《巴黎和约》和《杰伊条约》，认为该土地属于费尔法克斯勋爵留给自己使用的土地，因此属于他们。双方据理力争，互不相让。虽然涉嫌争议的土地面积不大，但涉及的宪法问题却很关键。在某种意义上，州权（执行本州的法律）和联邦政府大权（执行条约）之间不可调和的矛盾被摆上了台面。

虽然此案的纠纷早已有之，但直到1810年才由弗吉尼亚上诉法院审理，弗州上诉法院首席大法官斯宾塞·罗恩对联邦法和联邦条约进行严格解释，做出了有利于州政府的判决。马歇尔兄弟不服，根据《1789年司法法》第25条的规定，将此案上诉至最高法院，联邦最高法院以纠错令的形式接受了此案的上诉。

当此案（费尔法克斯地产遗赠人诉亨特的租户案，Fairfax's Devisee v. Hunter's Lessee）在联邦最高法院于1813年开庭的时候，马歇尔由于有重大利益关系而予以回避。斯托里大法官代表法院宣布了意见，联邦最高法院推翻了州法院的判决，"指示"和"要求"弗吉尼亚法院依据1783年《巴黎条约》和1794年《杰伊条约》对费尔法克斯这片土地的归属做出裁决，并裁定弗吉尼亚没收法令因违反1783年《巴黎条约》而无效。②

在弗吉尼亚上诉法院骄傲而敏感的法官看来，这一判决实在欺人太甚，而对于弗吉尼亚上诉法院的首席大法官斯宾塞·罗恩这位极端的州权主义者与重要的政治力量来说就更是如此了。弗吉尼亚上诉法院拒绝服从联邦最高法院的判决，而且大胆挑战联邦最高法院的上诉管辖权。在再度听审此案时，里士满的法官一致宣称，"联邦最高法院的上诉管辖权不适用于本法庭"。③ 他们承认州法官必须按照联邦最高条款的指示来遵循联邦

---

① 有关马歇尔兄弟购买费尔法克斯地产的相关信息可参见第二章中第63页的注释2。
② Fairfax's Devisee v. Hunter's Lessee, 11 U.S. 603（1813），http://supreme.justia.com/us/11/603/case.html
③ Jean Edward Smith, *John Marshall: Definer of a Nation*, New York: Henry Holt and Company, Inc., 1996, p. 427.

宪法，但是他们主张在发生于州法院的案件中，联邦宪法、联邦法律与条约的意义必须由州法官根据他们的理解与自身职责来最终确定。他们继续辩称，联邦宪法第三条规定，除非州政府或外国外交官为一方当事人，否则联邦最高法院仅具有"上诉管辖权"。联邦最高法院属于一个主权，而州法院属于具有同等尊严与权力的另一个主权。而"上诉管辖权"一词通常意义并不包含从一个主权的法院到另一个主权的法院去上诉，而且在两个主权之间没有高低之别，没有哪个有权命令或指示另一个。因此，联邦最高法院对州法院不具有上诉管辖权，《1789 年司法法》第 25 条授予联邦最高法院此项权力，属违宪行为，不应具有法律效力。①

弗吉尼亚上诉法院在费尔法克斯地产遗赠人诉亨特的租户人案中挑战最高法院的权威，将这一普通纠纷变成了重大宪法对抗。否认《1789 年司法法》第 25 条的合宪性将使最高法院失去其上诉管辖权，如此一来，州法院将在有关宪法、联邦法律和条约问题上成为最终判决，而且不可避免地造成各州间宪法解释的不一。各州对宪法解释不同，联邦最高法院在全国的统一性将失效。正如一位历史学家所认为的那样，弗吉尼亚上诉法院拒绝执行联邦最高法院的判决，将使"弗吉尼亚成为另一个哈特福德大会②。这个议题的价值，如果没有超越、至少等同于马伯里案：它向前可以追溯至罗恩所引用的 1798 年《弗吉尼亚决议案》和《肯塔基决议案》，向后预示了 1820 年代直至内战期间有关州权的论争"。③

由于马歇尔在本案中有着切身的利益关系，回避了联邦最高法院对该案的首次审理。不曾想联邦最高法院的判决却遭到如此坚决地拒绝，如果不及时制止，联邦最高法院的上诉管辖权将危在旦夕，而联邦最高法院的权威也会一落千丈。在这关键时刻，马歇尔决定干预此事。他亲自起草了

---

① F. Thornton Miller, "John Marshall versus Spencer Roane: A Reevaluation of Martin v. Hunter's Lessee," *The Virginia Magazine of History and Biography*, Vol. 96, No. 3; "The Example of Virginia Is a Powerful Thing": The Old Dominion and the Constitution, 1788 – 1988 (Jul., 1988), pp. 309 – 311.

② 1812 年美英战争爆发后，新英格兰地区的联邦党人强烈反对这次战争，他们于 1814 年 12 月，在康涅狄格州的哈特福德召开会议，抗议政府对英开战，建议成立新英格兰联盟，以此分离出去。不过，他们还未来得及实施，战争已结束。

③ R. Kent Newmyer, *Supreme Court Justice Joseph Story*, Chapel Hill: University of North Carolina Press, 1985, pp. 107 – 108.

请愿书，要求颁发再审令，重新讨论这一议题。1816年联邦最高法院开庭再次审理此案，经过3天的审议，法院很快做出判决，由斯托里大法官代表法院的一致意见宣读判决。

在判决中，斯托里从宪法制定的历史和宪法文本本身就最高法院的司法管辖权进行了详细的阐释，一如马歇尔的国家主义思想一样，他认为宪法是"合众国人民"的宪法，而非各州的契约：

> 合众国宪法的制定与建立者，并非处于主权地位的各州，而是宪法前言所宣布的"合众国的人民"。毫无疑问，人民能够把所有他们认为合适与必要的权力赋予大众政府，并根据他们的爱好，扩展或限制这些权力，或授予首要与最高的权威。同样毫无疑问的是，如果他们认为各州权力违背了普遍契约，那么他们就有权禁止各州使用这类权力，并使各州的权力从属于联邦权力，或为自己保留那些他们拒绝委托于任何一方的主权。①

人民是宪法的创建者和解释者，人民，而非各州政府，才是宪法权威最终的维护者。宪法代表了人民这更高一级主权的论点，强有力地反驳了州主权不可侵犯的论调。针对原告提出弗吉尼亚法院并不隶属于联邦最高法院的上诉管辖、《1789年司法法》第25条违宪的说法，斯托里提出：在宪法起草时，制宪之父们对此有过广泛的争议，起草者最后确认了州权有限的概念；这样的概念，宪法通篇都有体现，最主要体现在宪法第三条司法条款和宪法第六条最高条款；《1789年司法法》第25条只是给予确认而已。

> 根据宪法规定，最高法院的上诉管辖权不受限制，且除了那些本院拥有初始管辖权的案件外，本院可以在所有其他案件中行使上诉管辖权。②

---

① Martin v. Hunter's Lessee, 14 U. S. 304, 324 – 325 (1816), http://laws.findlaw.com/US/14/304.html
② Martin v. Hunter's Lessee, 14 U. S. 304, 328 (1816), http://laws.findlaw.com/US/14/304.html

没有理由认为联邦最高法院审理上诉案件限制了州法院的独立性，宪法第三条明确规定："司法权（包括上诉管辖权）适用于所有案件"，且"对于前述一切其他案件，联邦最高法院拥有上诉管辖权。"根据宪法第三条的规定，联邦最高法院的管辖权是因案件而不是因审理法院来决定的，因此，凡涉及联邦问题的任何案件都属于司法权的管辖范围，而无论案件起源于哪一个法院。虽然有可能造成一些案件在联邦法院与州法院同时出现，不过制宪代表们肯定想到了这一点，即当州法院行使他们的一般管辖权时，在合众国司法管辖权范围内的案件不但可能而且一定会出现在州法院。考虑到这一点，宪法第六条规定：

> 本宪法和根据本宪法制定的合众国法律，以及根据合众国的职权缔结或应缔结的条约，应为国家最高法律。每一州的法官都受本宪法的约束，即使本宪法与任何州的宪法或法律中的规定相冲突。

很明显，这个责任对州法官来说是强制性的，不论他们是处在私人身份还是正式身份时都是如此。从他们司法职责的本质来说，他们定会被要求在判决中宣布适用于案件的法律。他们不能仅根据州的法律或者州宪法来判案，而且要根据合众国的宪法、法律及条约——"国家的最高法律"来判案。斯托里还强调：在马丁诉亨特的租户案之前，各州已先后16次接受了联邦最高法院对来自各州的上诉所做出的裁决，且没有提出质疑，这实际上等于确认了联邦最高法院拥有如此权威。另外，有关联邦宪法、联邦法律和条约问题的判决，在合众国境内保持一致不仅十分重要而且非常有必要。

> 各州之具有同等学识且同等诚实的法官，可能不同地解释合众国的一项制定法或条约，甚至是宪法本身。如果没有高于州的权威来控制这些不一致、相互冲突的判决，并将它们协调成一个统一整体，那么，合众国的法律、条约与宪法在不同的州就会不同，并且可能在任何两州中都将没有完全相同的解释、强制力或者效力……①

---

① Martin v. Hunter's Lessee, 14 U.S. 304, 348 (1816), http://laws.findlaw.com/US/14/304.html

宪法绝不能在 50 个不同的管辖区有 50 种不同的解释。① 因此，斯托里宣布，"本院认为，合众国的上诉管辖权适用于州法院有权管辖的案件，并且《1789 年司法法》第 25 条授权（本院）在特定案件中通过纠错令的形式来行使该管辖权，亦为宪法的文字与精神所支持。"②

在费尔法克斯地产遗赠人诉亨特租户案中持异议的约翰逊大法官在本案中发表了一个强有力的附议。虽然他不认同斯托里国家主义的观点，但他承认："国会有权赋予联邦法院必要的权威，以完成宪法的授权。"联邦是防止共和国分裂和解散的屏障，"联邦的存在不是为了削弱州权，而是促进全体人民的安全与幸福"，而"当联邦政府失去了在宪法实施过程中受保护的权力，那么联邦将不复存在"。③

联邦最高法院再次确认了《1789 年司法法》第 25 条的合宪性，推翻了弗吉尼亚上诉法院的判决。斯托里对马丁诉亨特的租户案的第二次判决，州权主义者虽有异议，但并没有掀起很大的波澜。马歇尔虽未直接参与此案的审理，但他在幕后对该案的推动却是有目共睹的，马歇尔的传记作家贝弗里奇告诉我们，人们普遍认为马歇尔"实际上口授了"斯托里的法律意见。④ 虽然这未必是真实的，但也足见马歇尔对该案的关注程度。

作为美国司法史上的里程碑，马丁诉亨特的租户案重申了联邦最高法院的上诉管辖权，确立了联邦最高法院对各州法院的权威，也为联邦最高法院成为宪法、联邦法律和条约最终的阐释者打下了根基，从而为合众国统一各州对宪法、联邦法律和条约的解释奠定了基础。该案如此之重要，以至于可以与马伯里诉麦迪逊案相媲美。20 世纪初，著名法官霍姆斯断定："假如我们失去了宣布国会法案无效的权力，我并不认为合众国会寿终正寝；但如果我们不能对诸州法律审查的话，我真的认为联邦将会受到威胁。"⑤ 这

---

① 杰罗姆·巴伦、托马斯·迪恩斯：《美国宪法概论》，刘瑞祥等译，中国社会科学出版社，1995，第 12 页。
② Martin v. Hunter's Lessee, 14 U. S. 304, 351（1816），http://laws.findlaw.com/US/14/304.html
③ Martin v. Hunter's Lessee, 14 U. S. 304, 363（1816），http://laws.findlaw.com/US/14/304.html
④ Albert J. Beveridge, *The Life of John Marshall*, Vol. 4, Boston and New York: Houghton Mifflin Company, 1919, p. 164.
⑤ Norman Redlich, John Attanasio, Joel K. Goldstein, *Understanding Constitutional Law*, New York: M. Bender, 1999, p. 8.

也充分说明了联邦统一司法管辖权的重要性。

但是在当时,并不是所有的州都毫无例外地遵守这些原则。在宪法批准的过程中,很多州就担心联邦权力会危及州权,拒绝批准宪法。像马萨诸塞、弗吉尼亚、新罕布尔什等州则督促国会通过宪法修正案,将联邦权力限制在宪法明确授予的范围之内。① 从建国到内战结束之前,至少有 7 个州的法院拒绝承认联邦最高法院审查州法院决定的宪法权力,有 8 个州的立法部门通过决议或法律反对联邦最高法院对州立法的审查。② 马丁诉亨特的租户案是第一起有关联邦至上的案件,在接下来的几年中,对联邦最高法院管辖权挑战最为严重的案件依然来自弗吉尼亚,这次马歇尔抓住机会,再次重申联邦最高法院的司法管辖权,以及司法国家主义的宪法精神。

(二) 科恩兄弟诉弗吉尼亚案 (1821)

斯托里在马丁诉亨特的租户案中的判决以及从宪法和法律角度对联邦最高法院的上诉管辖权做了清楚明了的分析,但是对联邦最高法院立场的批评不仅始终存在,而且变本加厉。在许多广为流传的匿名文章中,弗吉尼亚上诉法院首席大法官斯宾塞·罗恩激烈地反对司法国家主义。加之 1819 至 1820 年,由于密苏里准州加入联邦的问题,在美国各地,北起缅因州、南至路易斯安那,均引起轰动的预测性辩论。西部和南部赞成地方主义或州权派得势的州,尤其是弗吉尼亚、俄亥俄、宾夕法尼亚等州的好战分子,更乘机公开向国家主义及联邦政权挑衅。在国会两院中,均存有爆发内战的可能及导致联邦解散的威胁。就在这一情势之下,1821 年发生的科恩兄弟诉弗吉尼亚案给了联邦最高法院又一次维护其权力的机会。通过科恩兄弟诉弗吉尼亚案,最高法院向全体美国人民再度宣告联邦至高无上的权力,重申最高法院的上诉管辖权,为司法国家主义的确立和完善奠下了基础。

科恩兄弟诉弗吉尼亚案缘起于一项联邦法律,该法律授权首都华盛顿

---

① Bernard H. Siegan, *The Supreme Courts Constitution: An Inquiry into Judicial Review and Its Impact on Society*, New Brunswick: N. J. Transaction, 1987, p. 7.
② Norman Redlich, John Attanasio, Joel K. Goldstein, *Understanding Constitutional Law*, New York: M. Bender, 1999, p. 10.

特区发行彩票,以支付当地修建新市政厅所需的费用,促进城市的发展。作为美国主要的彩票销售机构,科恩家族彩票交易办公室(Cohens's Lottery and Exchange Office)在纽约、费城、查尔斯顿以及弗吉尼亚州的诺福克等都建有分支机构,并在全国通过邮寄的形式销售彩票。面对彩票业丰厚的利润,弗吉尼亚为维护本州彩票管理权,防止外来彩票业的竞争,于1820年1月份通过一项法律,规定除经该州法律授权者外,禁止在该州销售州外彩票,违者每次罚款100美元。科恩兄弟因违反弗吉尼亚法在诺福克市销售哥伦比亚特区的彩票,于1820年6月在诺福克被捕,诺福克市法庭根据州法判处他们100美元罚金。科恩兄弟不服,遂根据《1789年司法法》第25条规定,以国会曾授权在华盛顿特区发行彩票为由,向联邦最高法院提起上诉。

该案中的关键性问题有二:一是联邦最高法院的管辖权问题,一部与联邦法律直接冲突的州法,有效与否,是不是得由联邦最高法院来做最终的判定?二是案件的实质问题,即弗吉尼亚能否限制国会授权的彩票在本州发行?

当联邦最高法院发布纠错令将此案调至最高法院审理时,这一举动立即引起了弗吉尼亚愤怒的浪潮。州议会先后通过两个决议,否认联邦最高法院有权审理此案,并对本州检察官下达禁令,要求他们在联邦最高法院审理此案时不参与任何有关案情实质的讨论;在最高法院代表州政府的律师,"只要将他们的辩论限制在管辖权问题就行,而如果法院的管辖权得到支持,那么他们的任务就算结束了"。[1]

对于弗吉尼亚的挑战,联邦最高法院并没有退缩。1821年联邦最高法院开庭审理此案,弗吉尼亚州检察官亚历山大·斯迈思和国会议员菲利普·巴布尔代表州政府辩护,声称根据联邦宪法第十一条修正案,联邦最高法院不能审理这个案件;《1789年司法法》第25条授权联邦最高法院的上诉管辖权不适用于此案。弗吉尼亚作为一个主权州,不能受迫违心听命于联邦最高法院,如若不然,势必引发叛乱。

> 法院保有国会授予的权力,正如国会保有人民授予的权力一样,

---

[1] G. Edward White, *the Marshall Court and Cultural Change*, 1815–1835, New York: Macmillan, 1988, p. 505.

如有可能，二者要和谐相处，避免联邦和州发生冲突。联邦和州在各自范围领域内行事，将其权力局限于宪法指定的范围。我们欢迎这样的宪法……未被宪法授予的联邦权力不被支持，也不能被联邦行使，因为这种权力是有害的。除了掀起州政府的敌意外，没有什么能危及联邦的存在。而州政府的敌意将决定着联邦能幸存多久。①

面对斯迈思半遮半掩的威胁，科恩兄弟的辩护律师威廉·平克尼，则发表了一番激情四射的演讲来为联邦权辩护。"针对州政府失当和溢权的行为，联邦政府从司法层面施加控制，正体现出宪法所规定的联邦主权，这么做，甚至对联邦主权的存续来说都不可或缺；如果没有这一控制，联邦不过是无稽之谈，只有虚妄的幻象，十足的讽刺！"最高法院凌驾于各州之上的权威，在处理刑事案件时尤为重要，因为"各州的主权，是其骄傲的象征，更是其利益所在，会成为一种强大的诱因，导致错误发生"。②从案件伊始，平克尼就大力为联邦权辩护，科恩兄弟在诺福克法院败诉后第二天，他就和其他四位杰出的律师在巴尔的摩的《尼尔斯周报》上联合发文，声称国会授权发行彩票是促进国家资本的合适手段，弗吉尼亚州法不能逾越联邦法。

由于该案的案情并不复杂，在经过简短的辩论之后，马歇尔就代表最高法院宣读了法院的一致意见。针对弗吉尼亚法院提出的极端观点，即"联邦宪法并没有规定由谁来作为宪法本身、联邦法律以及条约的裁断者，这个角色，最终只能留给联邦各州的法院"。马歇尔指出：

> 弗吉尼亚州所主张的解释将带来的有害后果，我们必须予以高度重视。正如有人已经说过的那样，它将使联邦政府及它的法律向联邦内的每个州俯首称臣。……当一个州通过立法程序就能够抵制联邦政府权力的行使的时候，还有什么样的政府权力能够以它自身的手段在这个州中得到行使？联邦法律只能通过各州之中的个人来实施，如果这些个人遭受刑罚，而联邦法院又不能纠正据以执行这些刑罚的判

---

① G. Edward White, *the Marshall Court and Cultural Change*, 1815 – 1835, New York: Macmillan, 1988, p. 510.
② Cohens v. Virginia, 19 U. S. 264, 371 (1821), http://laws.findlaw.com/US/19/264.html

决，联邦政府的事务进程将可能在任何时候被其任何一个成员所左右。这就意味着每个成员都可否决整体的意志。①

这绝不是宪法之父们的意图，"宪法是为千秋万代制定的，意在达到人类制度所能企及之永恒，它的进程不可能总是风平浪静，定会遭受狂风暴雨的侵袭。而若宪法的制定者没能够在宪法的性质所允许的范围内，为宪法提供必要的自保措施以使之免于注定要面临的危险的话，那他们就一定是愚不可及的政治家。"② 制宪之父们不可能创建一个具有如此巨大缺陷的政体，而且宪法制定本身，就是为了纠正邦联时期各州无视邦联法律，进而导致邦联国会软弱无力和混乱的局面的。"在这个事实的教育下，也是在这个事实带来的巨大压力下，当时召开了制宪大会以改变这种制度。他们理应赋予司法机关在每一个案件中解释宪法及合众国法律的最终权力，赋予它们尽其所能地保护宪法及合众国法律免于受到来自各方侵犯的权力。"在马歇尔看来，在宪法和联邦法律的框架内，将整个联邦有效地捏合在一起的，正是联邦最高法院。"法院是最常用的手段：认为一个政府应倚仗自身的法院而不是其他法院，这是合情合理的。"③

阐述完联邦最高法院在宪政体制内拥有的广泛权威，马歇尔接着回应案件中弗吉尼亚政府提出的核心主张——作为一个独立的主权州，它不应该在联邦最高法院受审。弗吉尼亚如此肯定地确认这一点，是因为有宪法第十一条修正案作为依据，根据宪法第十一条修正案："合众国的司法权，不得被解释为适用于由于他州公民或任何外国公民或国民对于合众国一州提出的或起诉的任何普通法或衡平法的诉讼。"有宪法第十一条修正案保驾护航，弗吉尼亚可谓胜券在握。马歇尔又是如何寻找宪法的突破口，打破州主权思想，进而维护联邦权呢？

马歇尔承认：宪法第十一修正案确实禁止联邦最高法院审理由一州的公民起诉另一州的案件，除非州的同意，一个独立主权州是不可诉的。但州的同意并非在每个特定案件中都是必需的，需要州的同意只不过是一个

---

① Cohens v. Virginia, 19 U. S. 264, 377（1821），http://laws.findlaw.com/US/19/264.html
② Cohens v. Virginia, 19 U. S. 264, 387（1821），http://laws.findlaw.com/US/19/264.html
③ Cohens v. Virginia, 19 U. S. 264, 387–388（1821），http://laws.findlaw.com/US/19/264.html

一般规则。

如果一州已经让渡了它的一部分主权,那么它的诉讼责任是否是已让渡的这部分主权的一部分,则应由让渡主权的文件——宪法来决定。假如根据宪法的公正解释,该州必须被起诉,那么它就已经放弃了在每个案件中按照它自己判断来审判的权力,并已将此种权力托付给了一个其公正受到它信任的法院。①

根据宪法的规定,联邦最高法院对两类案件有管辖权,一类取决于案件的性质,而不论案件当事人为谁;一类取决于当事人的性质,而不论争议的主题为何。前者包括"根据本宪法、合众国法律和根据合众国的职权缔结或将要缔结的条约所产生的一切普通法与衡平法案件";后者包括"两个州或者两个以上州之间的争讼、一州与另一州的公民之间的争讼","一州与外国、外国公民或者臣民之间的争讼"。根据第一类授权,联邦最高法院有权审理起因于宪法或者合众国法律的任何种类的案件。在这个一般性授权中,并未规定一州为一方当事人的任何案件为例外。"我们认为所有起因于宪法或合众国法律的案件,都可由联邦法院管辖,而不问案件的当事人为谁。"科恩诉弗吉尼亚案即为这类案件,当需要对联邦法律做出解释时,联邦最高法院是有管辖权的,可以受理上诉过来的案子。

再说,"当时建立司法机关的明确目的之一,就是要裁决州与州之间还有州与个人之间的争议。只要当事人一方是一州,联邦最高法院就有管辖权。那么,恰恰在完全相符的情况下,又如何能辩称,对于一个被认为已违反了宪法和合众国法律的案件,同样是这部宪法的同一条款还可以被解释成联邦最高法院对它没有管辖权呢?"②

宪法第十一修正案禁止联邦最高法院审理由一州公民起诉另一州的案件是有其特定的目的,该修正案旨在使一州免于被私人债权人起诉,只是在诉讼行为由个人"肇始"的情况下才适用;这种赦免权,并没有宽泛到绝对不受联邦最高法院管辖的程度,如果案子是由州挑起的,个人仍然可

---

① Cohens v. Virginia, 19 U. S. 264, 380 (1821), http://laws.findlaw.com/US/19/264.html
② Cohens v. Virginia, 19 U. S. 264, 383 (1821), http://laws.findlaw.com/US/19/264.html

以把州告上法院，各州需要为自己的行为辩护。而科恩诉弗吉尼亚案并非宪法第十一修正案所特指的那种案件，挑起官司的并非科恩兄弟，他们不过是对一个以他们为被告的刑事案件之判决感到不服，提起上诉而已。

对于弗吉尼亚严重挑战联邦最高法院的管辖权并威胁的行为，马歇尔义正词严地予以回击："本院不能在它不该行使管辖权的地方行使管辖权，这是非常正确的，但是，同样非常正确的是，本院不能在它应该行使管辖权的地方不行使这种权力。"联邦最高法院不能像国会那样，因为一个措施涉及宪法的范围问题就避而不做出决定。"我们不能因为对它有疑问就忽略它，不论有什么疑问，也不论有什么困难，只要一个案件被提交给我们来处理，我们就必须处理它，并做出判决。我们无权拒绝受理应当由我们管辖的案件，就像我们无权受理不应由我们管辖的案件一样。肯定有一些问题是我们非常愿意回避的，但我们根本无法回避它们。"①

在详尽论述联邦最高法院的管辖权之后，马歇尔发表了他本人关于国家主义思想最为完整的一次论述，对州权主义者给予了强有力的反击。

> 迄今无人否认，合众国是为了多种目的，而且是为了许多最重要的目的而组成一个单一的国家的。在战争中，我们是一个整体的民族。在和平时代，我们是一个整体的民族。……人民已经宣布，在为了达到所有这些目的而行使权力的时候，这个政府具有至高的地位。因此，为了实现这些目的，它可以合法地控制美利坚领土上的任何个人或政府机构。一州的宪法和法律，与联邦宪法和法律相冲突时，必然无效。各州都只是联邦的组成部分，是一个伟大国家的成员——在某些目的上，它们是至高无上的，而在某些目的上，它们处于从属地位。②

马歇尔上述对国家主义思想的阐述，可说是他出任联邦最高法院首席大法官20年来所说出最大胆和最极端的词句。他无异在州权主义者的脸上，盖上了违法的戳记。他明确地答复州权主义者，美利坚合众国是一个整体的国家，各州已放弃很大部分的主权，以组织一个整体的中央

---

① Cohens v. Virginia, 19 U.S. 264, 404 (1821), http://laws.findlaw.com/US/19/264.html
② Cohens v. Virginia, 19 U.S. 264, 413-414 (1821), http://laws.findlaw.com/US/19/264.html

政府；这个政府的最高权力既系一种宪法原则，并经宪法广泛授权。"它可以合法地控制美国领土内所有的个人和政府。任何一州的宪法和法律，要是和合众国的宪法和法律相抵触，就绝对无效。"① 为了能够决定各州宪法和法律是否与联邦宪法和法律相抵触，联邦最高法院必须有上诉管辖权。任何上诉案件，不论当事人之一是否为州，均在联邦法院管辖权之内。

确认了联邦最高法院对科恩案的管辖权后，马歇尔开始着手处理案件的实质性问题，也即弗吉尼亚能否限制国会授权的彩票在本州发行？在这一问题上，马歇尔并未沿着原告律师的思路前行，就像在马伯里诉麦迪逊案的处理手法一样，马歇尔照顾了批评者的面子，让他们在案件实体问题上扳回一城。马伯里诉麦迪逊案的判决，使得麦迪逊不必送达委任状。在科恩兄弟诉弗吉尼亚案中，马歇尔则认为：哥伦比亚特区的彩票，虽由国会批准，但只是服务于地方需要，并未增进整个国家的利益。于是，最高法院判决：弗吉尼亚关于禁止在州内销售哥伦比亚特区彩票的规定，属于其主权的正常行使。马歇尔的这一判决，并非全是照顾批评者的面子，还有其深刻的内涵。马歇尔并非今天意义上主张扩大联邦权力的国家主义者，而是主张抑制州权、使联邦保有必要权力、联邦和州平衡发展的"国家主义者"。由于各州先于联邦而存在，已经履行了大量的政府职能，联邦政府不可能一下子全部承担起这些功能，各州在"治安权"的名义下，依然行驶着州内治理的大量政府功能。马歇尔的判决，一方面，重申联邦至上、司法国家主义的宪法原则，打击和回应极端的州权理论；另一方面，在实际操作的过程中，又给各州以一定的自由裁量权，使得各州按照本州不同的发展情况制定出适宜的政策。联邦保有其必要的权力，各州保留一定的权力，二者和谐发展，共同促进美国人民的利益。

弗吉尼亚州在诉讼方面虽然获胜，但州权理论的主张却大受挫败。可以说，弗吉尼亚赢得了战斗，却失去了战争。州权主义者并没有因为弗吉尼亚诉讼方面的胜利而停止对最高法院的批评，此案刚审结完毕，对其攻击的文章就相继发表出来。弗吉尼亚上诉法院首席大法官斯宾塞·罗恩化名阿尔杰农·西德尼，在《里士满探寻报》上发表了一系列文章，攻击马

---

① Cohens v. Virginia, 19 U. S. 264, 414 (1821), http://laws.findlaw.com/US/19/264.html

歇尔在科恩兄弟诉弗吉尼亚案中的意见是"最为可怕的、史无前例的判决"。罗恩认为,对于这一令人难以接受的判决,唯一的解释是法官们"对于权力的迷恋,腐蚀了他们的心灵,正如历史上的诸多教训一样"。①他不仅哀叹州权势力的衰落,警告联邦集权危险的趋势,对联邦最高法院法官们的一致意见也是火冒三丈。他痛陈马歇尔法院是"登峰造极的暴君专权",指责共和党法官同"那个走极端路线、身为法院领导人的联邦党法官"亦步亦趋,向付给他们薪水的联邦政府低了头。②

虽然大法官们对州权主义者猛烈攻击法院颇为担心,不过,反对科恩兄弟诉弗吉尼亚案判决的强烈声浪,基本只限于弗吉尼亚。除了弗吉尼亚外,科恩诉弗吉尼亚案赢得了包括温和派共和党人在内的大多数人的支持。像南卡罗莱纳的查尔斯顿,该地出版的《南方爱国者》就称此案判决表明了"宪法的真实意图和逻辑……法院判决中关于司法管辖权问题的部分是我们所见过的最具说服力的宪法辩论之一",弗吉尼亚"实在没有必要对她的权力比其他州更为敏感"。③

在弗吉尼亚的州权主义者看来,最高法院在科恩兄弟诉弗吉尼亚案中对于司法管辖权的诡辩太过于离谱,连被认为保护州权的宪法第十一条修正案都无法阻止其发展的势头。他们鼓动立法,或者更加细心地制定宪法修正案来遏制最高法院的权威。于是,在整个1820年代,几乎每届国会都会以这样或那样的方式,提出过修正司法控制原则的议案,但所有这些努力最终都归于失败。究其原因,一方面是因为州权主义者无法形成一个统一的阵线,一州遇到麻烦,其他州冷漠处之,使之力量分散。就像在此案中,后来猛烈攻击国家主义原则的南卡罗来纳,此时对弗吉尼亚的处境并没有伸出援助之手。另一方面,联邦最高法院一个又一个强调国家主义的判决,使得民众已经习惯于接受最高法院给自己确定的功能角色。司法国家主义思想越来越得到民众的认可,而对这一问题的审查也越来越困难。

---

① Judge Spencer Roane of Virginia: Champion of States' Rights——Foe of John Marshall, *Harvard Law Review*, Vol. 66, No. 7 (May, 1953), p. 1255.
② 〔美〕詹姆斯·西蒙:《打造美国:杰斐逊总统与马歇尔大法官的角逐》,徐爽、王剑鹰译,法律出版社,2009,第201页。
③ Charles Warren, *The Supreme Court in United States History*, vol. 1, new & rev. ed., Boston: Little, Brown &Co., 1999, p. 560.

对于科恩诉弗吉尼亚案判决的重要性,一位历史学家如此写道:"马歇尔确立了最高法院的管辖权,对宪法第十一条修正案进行了重要阐释,扩大了先前州上诉到联邦最高法院案件的管辖权,并使国会可以自由地制定适用于哥伦比亚特区的法律。"① 马歇尔的传记作者阿尔伯特·贝弗里奇就将此案的判决看作是"他为了将美国人民联合成为一个统一、强大、不朽的国家而编成的多股纽带中最坚实最持久的几股中的一股"。② 的确,最终解决联邦最高法院审查州法院判决之权限的正是马歇尔这一精彩的判决,自科恩兄弟诉弗吉尼亚州一案后,州法院在涉及美利坚合众国宪法、法律和条约的案件中自己充当最终裁判者的企图注定要被联邦最高法院挫败。用菲利克斯·法兰克福特的话来讲,联邦法院已成为这个国家"维护每一项由宪法、法律及美国缔结的条约所授之权力的首要和强有力的保障"。③

美国革命后政局的变动使得开国之父们在宪法中确认了司法国家主义的原则,然而对于先有州后有联邦这样的格局,司法国家主义每每遭遇挑战,联邦最高法院的管辖权时而陷入危机之中,即使在国家主义思想高涨之时,州权的阴影依然暗流涌动。在马丁诉亨特的租户案和科恩兄弟诉弗吉尼亚案中,最高法院力挽狂澜,对州权主义者的猛烈抨击予以有力的回击,再次确认联邦最高法院对州法院的审查权,使得司法在全国统一成为可能,并使得司法国家主义思想逐步得到民众的认可。

用考克斯的话说,马丁诉亨特的租户案、科恩诉弗吉尼亚案,"这些案件共同提供了一个一元的解释联邦宪法时的权威声音。没有这一声音,整个政府蓝图有可能会失败,它将为政府权力所存在的许多分支之间的冲突所摧毁。即便是存在着这一声音——内战也是建立一个不可分割的联邦所必需的前提。长期看来,这些判决的意义不仅如此,它们还意味着那些制宪者们留待未决的重要的开放性问题,无论是关系到联邦制的问题还是个人自由的问题,都将通过宪法解释——通过一个法院根据法

---

① W. Ray Luce, *Cohens v. Virginia, the Supreme Court and State Rights: A Reevaluation of Influences and Impacts*, New York: Garland Publishing Co., 1990, pp. 243 – 244.

② Albert J. Beveridge, *The Life of John Marshall*, Vol. 4, Boston and New York: Houghton Mifflin Company, 1916, p. 343.

③ 〔美〕克米特·霍尔主编《牛津美国联邦最高法院指南》,许明月、夏登峻等译,北京大学出版社,2009,第492页。

律——来决定。"①

在美国早期的宪政实践中,除了联邦最高法院管辖权受到州权主义者的严重挑战外,在联邦至上的道路上,联邦最高法院对宪法的从宽解释也受到州权主义者的广泛质疑,并鲜明地表现在麦卡洛克诉马里兰案中,此案在当时引起了普遍的争议,面对各方的攻击,马歇尔本人也参与到捍卫最高法院的论战之中。

二 暗含权力和国家至上:麦卡洛克诉马里兰案(1819)

麦卡洛克诉马里兰案,也称第二合众国银行案,"是马歇尔经手过的最伟大的判决——一个对美国未来最为重要的案件,最高法院司法原则提出史上一项最有影响的判决"②。在该案中,首席大法官约翰·马歇尔对于宪法的从宽解释、联邦政府权力以及联邦政府相对于各州的优先地位进行了较为详细的阐释,奠定了美国未来对联邦主权的认知。正是由于该案所宣示的原则极其重要,该案多次被法院引用③。同时,该案也是马歇尔经手过的最富有争议的判决,自合众国成立以来,政府成立合众国银行的这种主张一直是一个颇具争议的政治问题,而马歇尔在该案中不仅涉入此问题,而且重申政府成立合众国银行的宪政原则,引起州权主义者、甚至是温和派人士的猛烈抨击。面对来势汹汹的批评,马歇尔奋起反击,这也是他就任首席大法官以来唯一一次参与到捍卫法院判决的公开论战之中,足见马歇尔对联邦局势的担忧。作为马歇尔法院一起重要的国家主义判决,对此案件的前因后果进行详细剖析,不仅有助于了解最高法院所处的联邦局势,更有助于了解最高法院在美国早期宪政制度完善过

---

① Archibald Cox, *The Court and the Constitution*, New York: Houghton Mifflin Company, 1987, p. 67.
② Robert G. Mccloskey, *The American Supreme Court*, Six Edition, Chicago: University of Chicago Press, 2016, p. 43.
③ 麦卡洛克诉马里兰案是美国最高法院引用率最高的案例之一,2013 年在美国诉安东尼·詹姆斯·凯本迪奥克斯(United States v. Anthony James Kebodeaux)案中,针对国会是否有权制定《性侵犯登记和告示法》(Sex Offender Registration and Notification Act, SOR-NA),布雷耶大法官代表法院发表的意见中,再次援引了马歇尔在该案中的法律意见:"只要(联邦立法的)目的合法,并在宪法允许的范围之内,则所有适当的、显然合乎该目的而未被禁止的、与宪法条文和精神一致的手段,都是合乎宪法的。"http://www.law.cornell.edu/supremecourt/text/12 – 418。

程中所起的作用。

(一) 有关成立合众国银行的争议①

麦卡洛克诉马里兰案涉及的宪法争端，是有关第二合众国银行及州对其征税的合宪性问题。该问题早在1791年第一合众国银行成立时就引发了广泛的宪法争议，虽然最终合众国银行得以成立，但反对合众国银行的声音一直不断。

1790年12月，时任财政部部长的亚历山大·汉密尔顿向国会提交了《关于设立国家银行的报告》，掀起有关成立国家银行合宪性的争端。"宪法中没有任何关于银行与金融的条款，尽管它可以有，因为这一议题在宪法起草的时候就已同时具备经济和政治的重要性了。"② 由于宪法中并没有明确授予国会建立合众国银行的条款，汉密尔顿的这一提议遭到了来自南部的国会议员、国务卿杰斐逊以及国会众议院领袖麦迪逊的强烈反对。他们坚决反对由国会创建合众国银行，并谴责成立国家银行超越了宪法赋予国会的权力；而如果对国会的权力进行宽泛解读的话，宪法本身将遭到破坏。而南部各州基于经济利益考虑，认为国家银行将为商业较为发达的北部地区提供更多的便利，而南部农业州从中得到的利益则寥寥无几。经济利益与宪政问题结合在一起，掀起反对银行法案的高潮。

对此，汉密尔顿并不认同。他认为，政府任务的繁杂性决定了不能将政府的行动严格限制在宪法明确规定的具体条文之中，"政府被授予的每一项权力在本质上都是主权性的。根据这个术语的含义，也就包含着为达到这种权力的目标而使用一切必要与适当手段的权力，只要这些手段没有被宪法规定的限制和例外所排除，也不是不道德的，或和政治社会的基本目标相抵触的即可"。在他看来，宪法授予政府某项权力的同时，也就授予了其使用这一权力所必要的手段，这一手段是暗含于权力之中的。他宣称，在宪法中"既有明示的权力，也有暗含的权力，暗含权力像明示权力一样有效。"③ 建

---

① 文中提到合众国银行，主要指第一合众国银行和第二合众国银行，有时以国家银行代指。
② Bray Hammond, *Banks and Politics in America from the Revolution to the Civil War*, Princeton: Princeton University Press, 1957, p. 103.
③ 汉密尔顿对建立银行法案的合宪性之意见，参见〔美〕保罗·布莱斯特等：《宪法决策的过程：案例与材料》，张千帆等译，中国政法大学出版社，2002，第14页。

立银行就是政府为达到繁荣国家经济的目的而采取的必要措施或手段，因而是合乎宪法的。汉密尔顿的意见占了上风，1791年，第一合众国银行成立。

正如汉密尔顿的预期，第一合众国银行为建立强大的联邦政府提供了坚实的金融基础，不仅有助于全国统一的金融市场的形成，也为联邦政府开辟了一条正常的财源。但由于没有宪法的授权，其合宪性一直受到质疑。当合众国银行20年授权于1811年到期时，国会因一票之差未能继续授予合众国银行特许状，实际上是废止了该行。对银行的反对主要来自杰斐逊所代表的小农阶层——尽管此时杰斐逊本人公开表示支持银行，以及私人企业界和银行界。不管是出于对合宪性的怀疑还是更有可能出于国会中反联邦势力的力量，重新授权未能通过[①]。

在合众国银行被废止后的第二年，美英战争爆发（1812~1814年），战争期间的封锁和破坏导致国内经济出现很多问题，军费的增加和战债的发行，使本来就很脆弱的联邦财政更加混乱不堪；各州银行不顾自身硬币储备不足，大量发行纸币，加之管理不善，造成纸币泛滥，信用全无，面值大跌，形同废纸；而联邦政府需要借助各州银行以借款并支付国家债务，带来了严重不便。为了整顿这一混乱的局面，更是为了支付政府欠下的战债，在战后国家主义形势一片大好的情况下，成立第二合众国银行的法案于1816年被递交国会。后来成为州权主义者的南卡罗来纳众议员约翰·卡尔霍恩成为国会众议院出台银行法案的积极推动者，而当年质疑国家银行合宪性、并激烈反对第一合众国银行成立的麦迪逊总统，此时也改变了先前的看法，并平息了对银行合宪性的质疑，签署了这一法案。

与第一合众国银行一样，第二合众国银行也不是一个纯粹的政府机构，其资本额中80%为私人拥有，剩下20%为政府所有，在25位董事中，20位由股东选举产生，剩下5位由总统任命。银行充当着政府的首要财政机构，拥有发行纸币、代理国库的职能，并有权在各大城镇开设分行。第二合众国银行开张营业后，逐步改善了全国混乱的金融秩序。经济走向繁

---

① Bray Hammond, *Banks and Politics in America from the Revolution to the Civil War*, Princeton：Princeton University Press, 1957, p. 212.

荣，民众的乐观情绪完全压倒了对银行是否合宪的质疑声。

虽然合众国银行为经济增长增加了动力，但反对合众国银行的声音从未停止过。由于合众国银行的汇票可作为货币，许多州银行不得不向合众国银行借款，这使得合众国银行实际上有了控制货币市场的功能。这种功能对于阻止过度消费和漫无边际的投机是有用的，但也束缚了州银行的手脚，因而遭到一些州的反对。更为严重的是，合众国银行在各大城镇设立分行，这对于联邦政府的财政活动来说非常有必要，但在很大程度上抢了各州州立银行的地盘和生意①。而合众国银行中80%的资本额为私人拥有，4/5的董事是由股东选举产生，这也使得董事们为股东们的私利奔走，加剧合众国银行分支与州银行之间的矛盾。特别是到1818年秋，国家经济下滑，金融恐慌横扫全国。而此时，合众国银行因缺少库存，突然宣布收回贷款，这对严峻的经济形势无疑是雪上加霜，而合众国银行管理不善，贪污横行，使各州的投资人、特别是新兴的西部和南部投资人蒙受重大损失。农场主、商人及各州银行以各种方式诅咒这个"恶魔"银行和它高度集中的"财权"，取消国家银行许可证的呼声高涨。在民众的呼声中，国会成立调查小组，对国家银行及各分行进行调查，结果发现合众国银行有18个分行的管理极其糟糕，银行信誉一落千丈，首任主席威廉·琼斯宣布辞职。

琼斯辞职并没有缓解合众国银行在地方上的不受欢迎程度。对国家银行反对最为激烈的是西部和南部各州，由于西部南部各州硬通货奇缺，投机活动依赖于州银行发行的大量纸钞，对此合众国银行也予以默认。而1818年经济萧条时，合众国银行不合时宜地宣布收回贷款，并以硬通货支付，使得大多数州银行难以为继，纷纷破产。加之1812年美英战争使各州财政紧张，在多重因素的作用下，多州政府采取措施，压制合众国银行的业务，或在州宪法内予以禁止，或采用重税政策，寓禁于征。如印第安纳州和伊利诺伊州分别于1816年和1818年的州宪内禁止未经州授权的银行营业；马里兰、佐治亚、田纳西、北卡罗来纳、肯塔基、俄亥俄等州相继

---

① 1816年第二合众国银行成立时，州和地方银行多达246个；而1791年第一合众国银行成立时，只有3个州或地方银行。资料来源：United States. Bureau of the Census: *Historical Statistics of the United States: Colonial Times to 1957*, Washington, 1961, p.623. 州和地方银行增多，也是其与第二合众国银行分支发生冲突的一个主要原因。

颁布法律，对第二合众国银行在本州的分支征收数额不等的税。①

麦卡洛克诉马里兰案就是在这样的背景下发生的。1818年马里兰州通过一项税法，规定未经州立法机关"核准特许"的银行，每年必须一次性缴纳15,000美元的营业税，或者在其所发出的票据上，贴上马里兰的印花，据此向州政府纳税，否则不得在马里兰营业。而未经州立法机关核准特许的银行，只有第二合众国银行在巴尔的摩设立的联邦分行。马里兰之所以予以征税，其主要原因主要是为了提高税收。该州在1812年美英战争中损失惨重，虽然国会同意予以补偿，但鉴于联邦税收有限，迟迟未有行动。为了应对资金短缺，马里兰州议会批准一系列的征税议案，如对州银行、私人公司等征税。后来在麦卡洛克诉马里兰案中为马里兰辩护的律师约瑟夫·霍普金斯就表示：州政府对合众国银行征税与对其他私人公司征税一样，是为了增加税收，而"不是意图摧毁该机构或对其联邦用途予以破坏"。② 的确，"几乎城市里所有的银行都被以同样的方式征税"。考虑到合众国银行巴尔的摩分支众多的业务，该征税很明显并未威胁到巴尔的摩分支的生存。而且，对于马里兰的征税行为，时任财政部长的威廉·克劳福德和巴尔的摩分支的一位董事乔治·威廉姆斯都认为合众国银行最好是支付税收而不是反抗使自己陷入政治和宪法的泥潭。③ 不过，尽管马里兰并没有意图驱除巴尔的摩支行，但这并不意味着巴尔的摩支行会欣然接受这一征税。

作为国家银行巴尔的摩分行的出纳员，詹姆斯·麦卡洛克不仅是国家银行在巴尔的摩的主要代理人，而且在国会调查期间，他还是国家银行在国会的主要说客。对于马里兰制定州法限制国家银行的做法，麦卡洛克不屑一顾，拒绝予以执行。该州乃诉之于法院，要求强制其交付罚金。巴尔的摩地方法院和马里兰州的上诉法院做出一致判决：州法有效，虽然它让一个联邦银行机构受制于州政府，但这只不过是在行使马里兰州的主权而已。麦卡洛克不服，乃上诉至联邦最高法院，这就是著名的麦卡洛克诉马

---

① Ralph C. H. Catterall, *The Second Bank of the United States*, Chicago: Chicago University Press, 1902, pp. 64-65. 一些学者如拉尔夫·C. 卡特罗尔将各州对合众国银行的征税视为一种由"仇恨和敌意"助长的予以消灭之的普遍行为。实际上，各州情况不同，其对合众国银行征税的目的也各不同，不能一概而论。

② McCulloch v. Maryland, 17 U. S. 316, 346 (1819), http://laws.findlaw.com/US/17/316.html

③ Richard E. Ellis, *Aggressive nationalism: McCulloch v. Maryland and the Foundation of Federal Authority in the Young Republic*, New York: Oxford University Press, 2007, p. 68.

里兰案。

（二）麦卡洛克诉马里兰案

麦卡洛克诉马里兰案的有关纠纷，早已是沸沸扬扬的政治议题，而今诉至最高法院，再度将国家银行的合宪性问题呈上纸面，更关系到如何解读宪法的问题。虽然1812年英美战争之后国家主义情绪大涨，但对于联邦政府和州政府权力的管辖范围，依然存在很多争议。联邦权的限度在哪里？州权的限度又在哪里？宪法中关于联邦权的一些弹性条款该如何解读？

1819年2月22日，联邦最高法院开庭审理麦卡洛克诉马里兰案。考虑到该案涉及的法律问题的重要性，马歇尔领导下的最高法院同意双方各请3位律师出庭辩护。双方围绕着合众国银行的性质、联邦和州的关系，从严从宽解释宪法等问题，唇枪舌剑，你来我往，辩论了整整9天。为合众国银行辩护的律师是刚崭露头角的丹尼尔·韦伯斯特、被誉为马歇尔法院最出色的庭辩律师威廉·平克尼和联邦总检察长威廉·沃特。马里兰一方则有该州首席检察长、参加过制宪会议的路德·马丁、来自宾夕法尼亚的出色律师约瑟夫·霍普金森及来自华盛顿特区的沃特·琼斯。

马里兰州的律师主要就第二合众国银行的合宪性及州是否有权对其征税说起。在他们看来，合众国银行并非一个政府部门，其80%的私人资本额，4/5的私人董事，为赢利的目的而存在，所有这一切都展现了其是一个私有公司。它仅仅是一个以合众国挂名的银行，政府只是其中的一个股东，其股份可随时卖掉。"这样的一个机构，怎能宣称其是主权豁免的政府机构呢？"① 而就第二合众国银行的合宪性来说，霍普金森认为，根据宪法"必要与适当"原则，第二合众国银行建立之时各州银行已相当成熟，再建立一个合众国银行已非必要，宪法中没有授权国会建立合众国银行，不能从宽解释宪法以曲解制宪者的意图。参加过制宪会议的路德·马丁更是援引历史证据来证明，宪法批准之时适用的是严格解释理论，而今合众国银行的支持者们正在否定这一理论："我们现在被要求去适用这一当时为宪法的朋友们所否定的解释理论；我们现在被要求接受这一当初为他们所否决的权力；如果这些在制宪伊始即受到清楚地确认，这将阻止新宪法

---

① McCulloch v. Maryland, 17 U.S. 316, 341 (1819), http://laws.findlaw.com/US/17/316.html

的批准。"① 退一步讲，即使"国会有权成立一家银行"，各州"也可以在他们的版图范围内"行使征税权，因为"各州批准宪法大会清晰地表明了除了关税外，州的征税权是绝对没有任何限制的"。②

为合众国银行辩护的律师则从联邦权说事，根据对"必要与适当"条款的宽泛解读和宪法最高条款，引申出第二合众国银行的合宪性及州无权对联邦机构征税。韦伯斯特和平克尼的辩护尤其重要，因为马歇尔在法律意见中不仅借用了他们辩护时使用的大量词汇；而且接受了二者对宪法中心议题的构建，也即从第二合众国银行成立的合宪性和州对其分支征税的合宪性来分析问题。在他们看来，国会有权选择必要与适当的手段以实现其目标，其中成立合众国银行就是其中一个手段。"如若要宣布合众国银行违宪无效，人们要证明，合众国银行与政府机构权力和责任的实施没有正当的联系。"而这显然是不可能的。既然国会建立合众国银行是合宪的，那么这一权力就必须是完整的，"它的运行不能被州法挫败或阻止"。征税权就是摧毁权，"没有控制或限制的征税权，本质上就是摧毁的权力。如果一个国家机构以这种方式被摧毁，那么所有的国家机构可能都会面临同样遭遇"。③ 显然，最高法院大法官们被银行辩护律师强有力的辩护所折服，"所有有关州权力和州主权的诡辩和形而上学的理论都被他（指平克尼）强有力的论辩驳斥掉"。④

辩论结束三天后，马歇尔即代表最高法院起草了该案的法律意见，3月6日，最高法院以7∶0做出了有利于银行的判决。像所有重大判决一样，在这份意见书中，马歇尔首先将复杂的案情精简为两个议题：一是国会是否有权设立国家银行？二是马里兰州是否可以不违反宪法而向该分行征税？这两个议题在国会和行政部门都已争论多时，但并没有形成统一认识，且大都停留在理论的基础上。对于这些问题的回答，不仅涉及对宪法

---

① Archibald Cox, *The Court and the Constitution*, New York: Houghton Mifflin Company, 1987, p. 77.
② G. Edward White, *the Marshall Court and Cultural Change, 1815 – 1835*, New York: Macmillan, pp. 238 – 239.
③ McCulloch v. Maryland, 17 U. S. 316, 326, 330, 391（1819）, http://laws.findlaw.com/US/17/316.html
④ G. Edward White, *the Marshall Court and Cultural Change, 1815 – 1835*, New York: Macmillan, p. 246.

的解释问题，更关系到联邦未来的走向。特别是此时西部和南部大多数州都通过或拟通过对合众国银行分支征税的法案，以宣示州主权的原则，也使得这一案件的判决显得刻不容缓。

对于第一个问题，马歇尔的论述非常详尽。他援引宪法，从宪法的制定过程、宪法文本出发，指出宪法来自于作为主权者的广大人民，是人民使得联邦拥有高于州的权威。宪法草案经由各州人民成立的宪法批准大会同意和批准，政府直接来自人民；以人民的名义制定与实施。批准还是否决宪法，人民有完全的决定自由；而批准还是否决宪法，无须州政府的确认，州政府也不能否决。一旦被人民批准，宪法就具有完全的约束力，并限制各州。因此，"联邦政府……确实是一个人民的政府，不论在形式上还是实质上，联邦政府都产生于人民，其权力由人民授予，直接对人民行使，并且是为了人民的利益而行使"。① 宪法授予联邦政府列举的权力，虽然权力有限，但在权力范围内是至高无上的。宪法第六条就明文规定，"本宪法和依本宪法所制定的合众国法律，……都是国家的最高法律，每个州的法官都应受其约束，即使州的宪法和法律中有与之相抵触的内容"。所以，当州权与联邦权发生碰撞时，州权必须让位于联邦权。

针对宪法没有明文授权国会成立合众国银行的指控，马歇尔认为宪法也没有任何词语，排除附属权力或暗含权力存在的可能，并且也没有任何语句要求对所有授权事项都必须加以明文、细致的表述。"宪法的性质要求它是纲要性的，仅指出其重要目标，至于这些目标的具体细微构成，则由这些目标本身的性质演绎而来。"② 宪法第一条第八款规定国会有权"制定为执行……一切权力所必要与适当的法律"，这样高度概括性的语句，其本身就意味着需要对宪法进行宽泛的解释，只有这样，联邦政府才能有效地履行宪法赋予的职责，才足以应付大大小小各种变局，"我们必须牢记我们正在解释的是一部宪法"，③ 20世纪的著名大法官法兰克福特曾经把这说成是"美国宪法中最重要的单句"。这句话确定了宪法解释的主

---

① McCulloch v. Maryland, 17 U.S. 316, 404 - 405 (1819), http://laws.findlaw.com/US/17/316.html
② McCulloch v. Maryland, 17 U.S. 316, 406 - 407 (1819), http://laws.findlaw.com/US/17/316.html
③ McCulloch v. Maryland, 17 U.S. 316, 407 (1819), http://laws.findlaw.com/US/17/316.html

题——即宪法不能被理解为"用小字体写就的保障条款，而应当被理解为着眼于不确定的无限未来的……政府安排"。① 在以后的岁月中，这句话经常被挑出来单独引用，从而去证明宪法可以随时代的发展而不断成长与变化这一结论。

从以上有关联邦宪法的本源和性质的前提出发，马歇尔论证了联邦政府建立第二合众国银行的合宪性。宪法虽然没有明确授予联邦政府成立银行或公司的用语，但宪法明确赋予了联邦政府征税、借款、规制商业活动等重要的权力。"权力已被授予，为其行使提供便利，这是国家利益之所在。禁止选用最为适当的行使手段并以此阻碍权力的行使，使之陷入窘境，这绝不符合人民的利益，更不能被认为是他们的初衷。"② 合众国银行在贯彻国家的财政政策方面是方便、有效而又基本的工具，是为更好实施宪法赋予联邦的权力所采取的必要手段，是国会依照"必要与适当"这一宪法条款来行使职能的体现。

针对马里兰州律师辩称"必要与适当"条款是限制性的，国会仅有权制定那些对于执行明示权力而言必不可少的法律。马歇尔首先从语义分析，指出"必要"一词"仅仅意味着一事物对于另一事物是便利的，或者有用的，抑或是重要的"。"必要"一词"本身并不具有一种专属的固定不变的含义。它能用于各种程度的比较对照，而且可与其他词语并用，以增强或减弱该词给人们带来的紧迫感受。一件事情可以是必要的、非常必要的、绝对必要或是断然不可或缺的。"③ 再说，宪法中不止一次地出现了"必要"一词，第一次是单独出现，第二次则加了修饰性的副词"绝对"（即表述为"绝对必要"）④；既然制宪之父们在同一个文本中的用法都不同，怎么还能说这个词只有一种词义呢？在马歇尔看来，只要"适合于"实现宪法第一条所提出的目标，或者为实现这一目标而"作了易于理解的调整"，都符合"必要与适当"一语的含义。

---

① Bernard Schwartz, *A History of the Supreme Court*, N. Y. : Oxford University Press, 1993, p. 38.
② McCulloch v. Maryland, 17 U. S. 316, 408 (1819), http://laws.findlaw.com/US/17/316.html
③ McCulloch v. Maryland, 17 U. S. 316, 414 – 415 (1819), http://laws.findlaw.com/US/17/316.html
④ 除了这里讨论的"必要与适当"条款之外，宪法第一条第十款中还有一处出现："任何一州，未经国会同意，不得对进口货或出口货征收任何税款，但为执行本州检查法所绝对必要者除外……"

我们承认，政府拥有的权力是有限的，这一限制不应被逾越。但是，我们认为，对宪法的合理解释必须容许国家立法机构对宪法所授予权力的行使方法，享有自由裁量之权，以使政府能够以对人民最为有利的方式，履行宪法所赋予的神圣职责。只要（联邦立法的）目的合法，并在宪法允许的范围之内，则所有适当的、显然合乎该目的而未被禁止的、与宪法条文和精神一致的手段，都是合乎宪法的。①

在得出这一结论后，马歇尔轻而易举地展现了合众国银行的合宪性。那么，一个州能否运用它自身保留的征税权，对合众国银行征税呢？这是第二个关键性的问题，也是很棘手的问题。而在当时，虽然多州质疑合众国银行的合宪性，但并不希望就此撤销其特许状。本案中马里兰州即是一个鲜明的例子，当1819年国会调查第二合众国银行的情况并讨论是否要撤销其特许状时，没有一个马里兰议员予以支持；相反，他们倾向于对第二合众国银行进行适度的改革。② 该案争议的核心不是第二合众国银行的合宪性，而是州对其征税的合宪性。对于这一问题，作为一个国家主义者，马歇尔在法院意见中没有留下任何质疑的余地。他承认联邦和州同时拥有征税的权力，但"宪法具有一项公认的至高无上的特性，它可以使权力对某一事物失效，即使是征税权"。宪法的至高无上性决定了它们的效力高于各州的法律，州征税的权力虽然重要，但它受制于宪法。各州不能向其主权所不包含的主体征税，因为"征税的权力同时包含了破坏的权力，而这一破坏权力将使得创制权变得空泛而毫无意义"。如果允许一个州对联邦银行征税，那么它也可以对诸如邮政、造币厂、海关等征税，如此一来，联邦政府将名存实亡，成为各州的附庸，"美国人民绝不希望看到这样的结果，他们并未打算让他们的联邦政府依附于各州"。③ 因此，"州无权以征税或其他形式去阻止、妨碍、束缚，或以任何其他方式控制国会为

---

① McCulloch v. Maryland, 17 U. S. 316, 421 (1819), http://laws.findlaw.com/US/17/316.html
② Richard E. Ellis, *Aggressive nationalism*: *McCulloch v. Maryland and the Foundation of Federal Authority in the Young Republic*, New York: Oxford University Press, 2007, p. 69.
③ McCulloch v. Maryland, 17 U. S. 316, 425, 431, 433 (1819), http://laws.findlaw.com/US/17/316.html

行使赋予联邦政府的权力而制定的宪法性法律的实施。"①

该案就此结束。实际上，该案的核心议题是第二合众国银行的性质问题（也即第二合众国银行是私有银行还是国家银行）以及马里兰州对第二合众国银行巴尔的摩支行征税的合宪性问题。在判决中，马歇尔直接默认了第二合众国银行的国家性质，并没有回答马里兰州律师的质疑；对于马里兰州对第二合众国银行分支征税的合宪性问题，马歇尔论述也较为简略，并没有区分征税权在多大程度上会成为破坏的权力。很明显，马里兰州对合众国银行分支征税并不是为了破坏合众国银行的权力，与肯塔基、俄亥俄等州以重税试图将合众国银行予以驱逐有明显的不同。相反，在该案中，马歇尔将2/3的法院意见集中在联邦的起源与性质、"必要与适当"条款的内涵以及第二合众国银行的合宪性问题上，系统地阐述了人民主权、联邦至上的理论。而作为一个温和的州，马里兰并未挑战第二合众国银行的合宪性，也不希望就此撤销其特许状，它主张严格解释宪法，限制联邦的权力，以免联邦侵权危及州权，但并没有主张从契约理论来解释联邦的起源和性质。正因为此，该判决遭到了西部、南部州权主义者甚至温和人士的激烈批评。那么，马歇尔缘何要将这些议题置于该案的中心呢？虽然没有确切的证据去解答这一问题，但从整个判决意见来看，马歇尔对这些议题一直都有着强烈的倾向，并思考多时，直到该案才有机会予以展现，而从时人对该案的反应及马歇尔的回应也可看出一些端倪。

（三）对麦卡洛克诉马里兰案的反应

作为一起对后世影响深远的判决，麦卡洛克诉马里兰案在宣判之时，即引起激烈的争论。在东部和北部商业较为发达的地区，受1818年金融危机的影响较小，民众对国家银行的认可度相对较高，马歇尔有利于国家银行的判决得到较为有力的支持。一些温和的州，如马里兰一样，也很快接受了最高法院的判决，并将最高法院看作联邦与州冲突的仲裁者。相比较，西部和南部一些州则激烈地反对该案的判决，尤以弗吉尼亚最为激烈。

弗吉尼亚对加强联邦权力保持着高度警惕，担心联邦集权会损害州的权

---

① McCulloch v. Maryland, 17 U. S. 316, 435 (1819), http://laws.findlaw.com/US/17/316.html

力和压制人民的自由。同时,弗吉尼亚以务实的态度看待联邦的发展,虽质疑第二合众国银行的合宪性,但基本上默认了它的存在。即使在1818~1819年经济萧条时,弗吉尼亚也没有对该行分支征税。弗吉尼亚如此激烈地反对该判决,主要是攻击马歇尔的推理逻辑和对宪法的从宽解释。攻击联邦最高法院的主要成员有《里士满探寻报》的主编托马斯·里奇、弗吉尼亚地区法院法官威廉·布罗肯伯勒、弗吉尼亚上诉法院首席大法官斯宾塞·罗恩等。① 他们将麦卡洛克诉马里兰案的判决看作是对弗吉尼亚主权致命的打击,发表多篇文章予以谴责,并试图摧毁该判决所依据的基本理论。如斯宾塞·罗恩化名为"汉普登",连续发表数篇文章猛烈抨击此案,声称宪法是联邦和州之间的一个契约,联邦和州是否违反这个契约,各州才是公正的裁判者,联邦最高法院无权管辖之。"联邦最高法院只是联邦的一个分支……联邦政府尚无权决定二者的冲突,更何况它的一个分支机构。"而在该案中,法院行使"法庭职权之外的权力",以"必要与适当"条款为幌子,"授予国会无限制的权威,使他们摆脱宪法所施加的限制"。法院不仅"使自己成为联邦和州冲突中唯一的裁判者",还引申出暗含权力原则,这一原则将"彻底改变了宪法,完全摧毁了州的权威"。罗恩指责马歇尔在该案中的判决实"为联邦未来的立法者写了一封慷慨的邀请信",引诱他们任意践踏州权,"我认为这些判决就是彻头彻尾的联邦篡权"。②

对此,马歇尔甚是忧虑,"那些文章会把我们批得体无完肤,而另一方,又不言不语,我们肯定会被骂成是一帮顽固的贵族",他说,"是立法机构和行政机构制定出的法律,但他们手握大权,不难逃过谴责;只有法院最可怜,没权没势,吓不了谁,只好承担所有非议"。③ 正是马歇尔的这种忧虑,促使他对州权主义者奋起回击。他化名"联邦之友"和"宪法之友",相继发表11篇文章予以回击,再次重申联邦权理论,驳斥州权主义思想。

---

① 这些人大都是马歇尔的邻居,彼此相识达30年之久,却是政治上永久的对手。Jean Edward Smith, *John Marshall: Definer of a Nation*, New York: Henry Holt and Company, Inc. 1996, p. 447.
② Gerald Gunther, ed., *John Marshall's Defense of McCulloch v. Maryland*, Stanford: Stanford University Press, 1969, pp. 152 – 154, pp. 111 – 114.
③ Charles F. Hobson, *John Marshall Writings*, Library of America, 2010, p. 437.

马歇尔否定了罗恩的前提，认为依据宪法创建起来的联邦不是由各独立州组成的联盟，而是"一个政府，由全体美国人民的意志创建的国家"。人民，而不是联邦政府或州政府，是宪法的唯一方。宪法建立起了全国性的立法、行政和司法部门，"所有政府部门的行动，都直接听从于人民的意志，无须再通过州政府为媒介"。在对宪法的本质阐述完后，马歇尔指出联邦政府的司法机构不是"片面的地方机构"，而是为解决全国问题而创建的"国家"机构。司法部门作为政府的一部分以全体人民的利益行事，不代表任何特别的机构。法官，从人民中选出，且在行为良好的情况下终身任职，这些都保证他们在"有缺陷的人类制度"中公正无私。把这些问题委托于联邦法院，"并不是允许当事人一方在自己案件中充当裁判者"。①

对于罗恩认为联邦法院扩大了国会的权力，使之成为不受约束的联邦分支，马歇尔反驳说："国会实施权力所采用的手段一直受制于宪法'必要与适当'的条款，而且法院也明确指出，国会在实施权力为达到既定目的的过程所采纳的手段是以法律的形式确定的，而不是直接授予给国会的。而判决一项国会立法因违反宪法而非本土法律，对于本法院来说是一项较为痛苦的职责。"② 马歇尔对于弗吉尼亚对国家银行案的猛烈抨击非常担忧，在最后一篇文章中，他向广大民众发出警示：这场争论，不仅仅是探讨抽象原则那么简单，"如果'汉普登'取得胜利，宪法会彻底变样。整个政府将匍匐在它的成员脚下，当年为建立这个政府而倾力奉献出的才智、美德和爱国热诚，就成了毫无意义的牺牲"。③

罗恩和马歇尔之间的交锋即时效果并不是很显著。在弗吉尼亚，对麦卡洛克诉马里兰案的判决可谓呈现一片倒的趋势，甚至连亲自批准成立第二合众国银行的前总统詹姆斯·麦迪逊也对马歇尔的判决颇有微词。在给罗恩的信中，麦迪逊就认为，像马歇尔这样"把普遍和抽象的原则与这一特定案子交织在一起是不合时宜的"。他不无夸张地批评说，马歇尔判决

---

① Gerald Gunther, ed., *John Marshall's Defense of McCulloch v. Maryland*, Stanford: Stanford University Press, 1969, pp. 202–203, pp. 211–212.
② Gerald Gunther, ed., *John Marshall's Defense of McCulloch v. Maryland*, Stanford: Stanford University Press, 1969, p. 187.
③ Gerald Gunther, ed., *John Marshall's Defense of McCulloch v. Maryland*, Stanford: Stanford University Press, 1969, p. 214.

的真正危险是,"它有意通过对国会权力的列举,高度认可了似乎突破了界限的扩展宪法的范围,以立法的自由裁量权替代了手段和目的之间的固定联系,而对于前者,并没有设置实际的限制。"① 而一向与马歇尔不合的托马斯·杰斐逊对马歇尔法院的一致判决甚为不满,他甚至将联邦司法机关比作是"一伙专挖我们联邦大厦墙角的地道兵","尽管已有 5 位民主共和党法官进入最高法院,但旧势力就像酵母一样将新的法官予以同化,20 年后……我们会发现司法部门不遗余力地把我们塑造成了一体化的国家,而宪法在最高法院手中变成了石蜡一样的东西,可任意扭曲变形"。②

在他们的影响下,1820 年,弗吉尼亚议会通过一系列决议,谴责马歇尔对麦卡洛克诉马里兰案的判决,并提出一项宪法修正案,建议成立一个新的法院,来裁断涉及宪法"这个契约之下各州政府和联邦政府权力"的问题。③ 草案由于弗吉尼亚参议院未获得多数的支持而遭废弃。

在弗吉尼亚的这场论战是马歇尔就任首席大法官后唯一一次参与对州权的论战,足见他对州权势力的担忧。而他的这种担忧,在其家乡弗吉尼亚浓厚的反联邦集权的氛围之下④,显得更为紧迫。相比较,在独立战争中锻造成长的马歇尔,很早就形成了国家主义的意识。马歇尔的这种国家主义的理念以及要建立一个有效的联邦政府的信念,与弗吉尼亚强大的州权主义势力联系在一起,使他对联邦的未来忧虑重重,也正是这种担忧,

---

① 克米特·霍尔主编《牛津美国联邦最高法院指南》,许明月、夏登峻等译,北京大学出版社,2009,第 581 页。
② 詹姆斯·西蒙:《打造美国:杰斐逊总统与马歇尔大法官的角逐》,徐爽、王剑鹰译,法律出版社,2009,第 196、197 页。
③ G. Edward White, *the Marshall Court and Cultural Change, 1815 - 1835*, New York: Macmillan, p. 567.
④ 在美国早期国家建构的过程中,弗吉尼亚起到了巨大的作用。不过,弗吉尼亚对加强联邦权力一直保持着高度的警惕性,担心联邦权力危及州权及个人自由。早在 1788 年弗吉尼亚批准宪法时,这一趋向就鲜明地展现出来,反联邦主义者列出多项宪法将导致君主制的可怕后果。宪法虽最终得以批准,但反联邦主义者的思想却延续下来。宪法批准后十年,1798 年弗吉尼亚又掀起反对《惩治煽动叛乱法》的高潮,并通过了由杰斐逊起草的《肯塔基决议案》及麦迪逊起草的《弗吉尼亚决议案》,宣称联邦是各主权州的联合,州有权否决国会违宪的法案。虽然这一危机随着 1800 年杰斐逊当选总统而自然化解,但《肯塔基决议案》和《弗吉尼亚决议案》却被后来的州权主义者所利用,成为向联邦权威挑战的理论武器。在法院层面,弗吉尼亚也屡屡发起对联邦的挑战,在 1816 年的马丁诉亨特的租户案、1819 年的麦卡洛克诉马里兰案、1820 年的科恩兄弟诉弗吉尼亚案中,弗吉尼亚州权主义者多次否决最高法院的管辖权、攻击最高法院的判决。

使得他在该案中超越案情本身，系统阐述人民主权、联邦至上理论。同时，也正是因为马歇尔所宣示的这些原则，使得该案成为有关国家主权的经典性判例，在此后反击州权理论时被多次引用。

然而，他的忧虑绝非杞人忧天。州权理论和奴隶制交织在一起，使得局势更为复杂。1819年至1820年关于密苏里加入联邦问题在全国引起激烈争论，南部、西部州权主义者更乘机公开向国家主义及联邦政权挑衅。作为南部州权理论的倡导者，弗吉尼亚坚决反对国会有关奴隶制的立法，并将之归咎于马歇尔的判决，"任何热爱宪法的人都不会袖手旁观"，国会从麦卡洛克诉马里兰案判决中得到不受限制的立法权，最终将会"弄出一批绝非人民所生、毫无宪法血脉的杂种"。①

（四）奥斯本诉合众国银行案

尽管最高法院对麦卡洛克诉马里兰案的判决做出了强有力的辩护，但对国家银行的反对一直此起彼伏。虽说弗吉尼亚对该案判决的批评非常严厉，但弗吉尼亚州权主义者从未打算向银行征税而使之不能生存。他们感到不安的不是联邦法院赞同该银行的合宪性，而是法院通过扩充解释联邦宪法而使其合法化。与弗吉尼亚不同，俄亥俄州决定置麦卡洛克诉马里兰案的判决于不顾，对第二合众国银行在该州的分行征税，限制其业务。

1819年俄亥俄州就通过立法，决定对国家银行在该州的每一个分行征收五万美元的税收。在遭到国家银行分行的拒绝后，州审计员拉尔夫·奥斯本等人强行进入到合众国银行大楼，抢走了10万美元的现金和银行票据，并存入州国库。银行起诉奥斯本，在联邦巡回法院中获得胜诉。俄亥俄州立法机关不满，于1821年1月通过法律，宣布州议会有权对合众国银行征税，其原因是合众国银行是一个盈利的私有企业，作为私有企业，银行不能免除税收。该案在1823年上诉到联邦最高法院，马歇尔得以再次重申合众国银行的合宪性，并禁止各州对联邦机构征税。

作为首席大法官，马歇尔无法忽视俄亥俄州对联邦法院权威的直接挑

---

① John Taylor, *Construction Construed and Constitutions Vindicated*, Richmond: Shepherd & Pollard, 1820, p.2.

战，特别是佐治亚也提起一桩全面否决麦卡洛克诉马里兰案判决的案子。马歇尔将佐治亚提起的案件融入奥斯本诉合众国银行一案中，再次对该问题进行了全面的阐释。他较长的判决，据 G. 爱德华·怀特研究，很可能是在法庭辩护之前就事先写好的。① 该判决不仅重申了麦卡洛克诉马里兰案判决的正确性，而且在该判决的基础上有所延伸。

在麦卡洛克诉马里兰案中，马歇尔在判决中并没有涉及第二合众国银行的性质问题，而是将其默认为联邦机构；在奥斯本诉合众国银行一案中，马歇尔就此问题进行了详细阐述，他指出："私有企业是为个人贸易和私人利益服务的"，"和政府没有什么联系的"。显然，合众国银行不是这样的私有企业，它是国会"为公共和国家利益而创设的公共机构"，尽管银行有能力处理私人间的商业往来，但它保持了作为一个公共机构的各种特征。银行借贷的业务对于其实现公共目的是必不可少的，也使它成为"政府财政运作的工具"。② 因此，银行商业交易有必要免除州的控制。虽然国会并没有明文规定要各州对国家银行免税，但这一权力暗含在宪法的授予之中，就像税收员、邮递员和其他受职务保护的公职人员免税一样，国会并没有明确规定。他们的免税是由司法部门予以保护的。"假如免除合众国银行贸易业务是政府财务运转必不可少的基本条件，那么法院也将受制于这样的解释。"③ 而对于俄亥俄州质疑联邦司法部门越权的行为，马歇尔强调道："法院仅仅是法律的机构，没有意志。当说到实施自由裁量权时，也仅仅是法律的自由裁量权，即辨别采用何种法律的裁量权；当采用何种法律确定后，法院有义务去遵从之。"④

不过，说法院仅仅是"法律的机构"、"没有意志"，不代表马歇尔就支持机械般的判决。法官不是简单地套用合适的先例或法律就行了，他们在做出判决的过程中既包含了选择适用的法律，又包含对法律的阐释，这

---

① G. Edward White, *the Marshall Court and Cultural Change*, 1815 – 1835, New York: Macmillan, pp. 526 – 527.
② Osborn v. Bank of the United States, 22 U. S. 738, 860 (1824), http://laws.findlaw.com/US/22/738.html
③ Osborn v. Bank of the United States, 22 U. S. 738, 866 (1824), http://laws.findlaw.com/US/22/738.html
④ Osborn v. Bank of the United States, 22 U. S. 738, 866 (1824), http://laws.findlaw.com/US/22/738.html

往往会被误以为是在实施法官个人的意志。马歇尔对其清晰地阐述之,不仅再度确认了合众国银行的合宪性,也对州权主义者对司法部门的攻击进行了有力的回击。

虽经马歇尔两度为银行辩护,但银行的胜利还是极其短暂的。1828年,安德鲁·杰克逊当选总统,他视合众国银行为特权垄断和政府干涉私人经济活动的象征,对之的反感由来已久。1832年7月,国会批准重新授予第二合众国银行15年许可证的法案。当法案交至总统签署时,杰克逊毫不犹豫地否决了这一法案。在否决咨文中,杰克逊断然否决了马歇尔在麦卡洛克诉马里兰案判决的依据,他不仅认为国会成立合众国银行既不必要也不合适,而且认为麦卡洛克诉马里兰案的判决,"攫取了各州对其境内开展银行业务的分支机构的征税权,摧毁了保护各州免遭联邦侵犯的最有力的一道屏障。"他还提醒各州,"银行、银行业及银行股份就是最适当的征税主体,各州应当牢牢坚持这一点"。[①] 杰克逊否决重新授予合众国银行的许可证后,于1833年命令从合众国银行中撤出所有联邦存款,从而完成了他对合众国银行的致命一击。

马歇尔对第二合众国银行的遭遇深表遗憾,对于州权主义思想的甚嚣尘上甚是担心。但并不像今日的国家主义者那样去扩大联邦权力,他对联邦的解读更多是将各州有机地结合在一起,防止各州的分离运动。相对于州权主义者的进攻态势,马歇尔对联邦的捍卫依然是被动的和自卫性的;尽管他多次强调联邦至上,但这样的表述与其说是用来阻碍或约束州政府的攻击性工具,还不如说是联邦政府自由地行使其有限的权力、抵制州权侵害的自卫武器。即使是对联邦权力自卫性的保护,最终还是招致失败。国家银行既已不存在,麦卡洛克诉马里兰案缘何成为一个里程碑式的判决呢?

该案之所以成为一个里程碑式的判决,源于马歇尔在该案中所阐述的各种原则,这些原则虽然未能抵挡住内战的爆发,却在内战的炮火中得以重生。马歇尔在麦卡洛克诉马里兰案中否决州有权对国家银行征税,进而否决州以其他方式来控制联邦政府,这对于一个在敌视环境中新生的联邦

[①] 安德鲁·杰克逊的否决咨文,参见保罗·布莱斯特等:《宪法决策的过程:案例与材料》,中国政法大学出版社,2002,第52页。

政府来说至关重要。它不仅确保了联邦政府的权力,并通过"必要与适当"条款扩大了联邦国会行使宪法列举权力所采用的手段,进而扩大了联邦的权力,在某种程度上削弱了州权。在麦卡洛克诉马里兰案中,马歇尔明确认可了由汉密尔顿所提出的"暗含权力"论,接受了从宽解释宪法的观念,进而支持和鼓励了那些从政治和哲学层面上主张从宽解释联邦权力的人士。而内战后联邦的发展,也正是按照麦卡洛克诉马里兰案的法理来不断扩大其权力的。"在联邦与各州权力之争过程中,马歇尔对宪法灵活性与国会自由裁量权的解读,为联邦权威的加强投下了法院的一票。而该案的法律意见,也逐渐成为联邦行动合法性的一个蓄水池,甚至比马歇尔所预料的要强大得多。"[①] 到 20 世纪,麦卡洛克诉马里兰案很快成为联邦政府广泛干预经济活动、新政和福利国家,以及各种其他社会、科学和教育计划的事实上无可争议的宪法性基础。

三 商事权力:吉布森诉奥格登案(1824)

与 5 年前的麦卡洛克诉马里兰案一样,1824 年的吉布森诉奥格登案也是关于联邦和州关系的案件,是马歇尔法院对国家主义思想的再一次强有力的论述。与麦卡洛克诉马里兰案不同,吉布森诉奥格登案得到了民众广泛的认可和热烈的欢迎,这也是马歇尔法院在重要宪法性案件中为数较少的几个得到广泛赞扬的案件之一。该案不仅对当时的社会产生了巨大的影响,为美国社会形成一个统一的开放的全国市场提供了理论依据;而且对美国后来的发展也产生了深远的影响,尤其是在罗斯福新政之后的世界里,国会根据商事条款扩展出了几乎不受任何限制的联邦权力,这一权力不仅运用到调控经济中,也被运用到对少数族裔的保护上。作为马歇尔法院一个里程碑式的案件,有必要对该案进行详细阐释。

(一)吉布森诉奥格登案的缘由

吉布森诉奥格登案,也被称为"汽船垄断案",是最高法院反垄断的第一起重要判决。1808 年,纽约望族罗伯特·利文斯顿和发明家罗伯特·

---

① Daniel A. Farber, "The Story of McCulloch: Banking on National Power", 20 Const. Comment. 679, 2003, p. 711.

富尔顿说服纽约州议会通过法律，授予二人在纽约州水域垄断汽船运输的特权，并规定未经二人允许，擅自闯入纽约州水域者，二人有权将其汽船扣押，垄断时长为30年。早就对汽船航运业信心满满的利文斯顿，对扩展汽船生意不遗余力。他和富尔顿到西部活动，试图获得密西西比河流域的独家经营权，三年后，他们终于如愿以偿，被授权在密西西比河下游的路易斯安那实行垄断经营。

对富尔敦——利文斯顿的垄断行为，不论在纽约还是他州，也不论是普通民众还是希望涉足于内河航运的企业家，都极为不满。对纽约垄断经营汽船航运业最为不满的是康涅狄格和新泽西，他们报复性地制定法律，不许纽约州的汽船进入本州水域揽生意，并下令抓捕越过雷池的纽约州汽船。正如后来总检察长威廉·沃特代表联邦政府出庭时所做的声明那样：对汽船航运垄断权的激烈竞争造成彼此心态失衡，大西洋中部的三个州"陷入内战的边缘"。①

对于那些梦想在纽约州实施垄断的人们来说，汽船实在是太有利可图与吸引人了，以至于纽约州的垄断必将受到挑战。挑战之一是来自新泽西的商人阿伦·奥格登，他和利文斯顿一样，亦官亦商，在新泽西州很有影响。1811年，他当选为该州州长。而在他走马上任之际，新泽西州议会通过了对纽约州的报复性立法，为了说明垄断的弊端，也出于与纽约州竞争的需要，他与另一位汽船的改进人士丹尼尔·杜德合伙，在新泽西水域运营汽船生意，并仿效利文斯顿和富尔顿，说服新泽西授予他和杜德垄断经营权。奥格登反其道而行之，试图引起州政府的重视，以此取消各州间对汽船垄断的授权。终于，1814年纽约政府为解决汽船垄断引发的争端，召开了一次听证会。此时已不再担任州长的奥格登在这次听证会上的表现可谓是反垄断的斗士，他极力向参加听证会的纽约官员说明，以保护专利为名的汽船垄断不仅毫无意义，而且会阻碍经济的发展，造成各州间的不合。尽管奥格登最终说服了参加听证会的官员，但纽约州议会以法律的神圣性为名，拒绝接受听证会建议。而此时新泽西州议会对于奥格登的表现极为不满，于1815年取消了授予他和杜德的垄断经营权。内外交困之际，奥格登为摆脱财

---

① Charles Warren, *The Supreme Court in United States History*, Vol. 1, new & rev. ed., Boston: Little, Brown &Co., 1999, p. 598. 这三个州分别是纽约、康涅狄格和新泽西。

政上的困境，不得已从利文斯顿那里买下了从其家乡新泽西伊丽莎白城到纽约这条航线十年的垄断经营权，从反垄断斗士变成了垄断的拥护者。

另一位更富于冒险精神的是托马斯·吉布森，一位年轻而富有的佐治亚种植园主，看到有利可图的汽船航运业，他便来到新泽西，在伊丽莎白城开始了他两艘渡船的生意，并雇请更富于野心的科尼利尔斯·范德比尔特①来驾驶，在奥格登的眼皮底下大摇大摆地与之抢起生意来。这一做法显然有违奥格登的授权，于是他诉之于纽约地方法院，法院依据纽约垄断法，责令吉布森停业。聪明的吉布森在范德比尔特的协助下，想出了一个两全之策，也即他们经营在新泽西沿岸零星的散客，然后把他们送到奥格登的船上，对于这一增加自己客源的方案，奥格登显然不会反对，两人遂成为合作伙伴。然而，好久不长，就被利文斯顿发现，他直接将两人同时告上法庭，指控他们联手损害了他的垄断权。地方法院再次站到了垄断的一方，判决奥格登和吉布森败诉，败诉后的奥格登尚可继续营业，而吉布森的生路却没了。一向反对垄断的吉布森旧案重提，并声称，他的汽船经过合法登记，并拥有从事沿海州际贸易的执照。也就是说，他开展渡船业务的依据，是1793年国会制定的《联邦海岸许可法》。而根据美国宪法，只有国会才有权管理州际贸易，纽约州无权管辖；不仅如此，即使纽约州管理州内事务，其垄断法也与国会制定的《联邦海岸许可法》相违背，根据宪法最高条款，纽约垄断法违宪无效。

审理此案的是纽约州大名鼎鼎的法官詹姆斯·肯特，此公不仅学识渊博，而且声望很高，遇有难办的案子，最高法院法官也时有向他请教；除此之外，他还著书立说，为后世留下了四卷本的《美国法律评论》，影响非常深远。不过，在这个案子中，他却站在了垄断一方，并将纽约授予利文斯顿和富尔顿30年垄断经营权看作是一项神圣的个人产权。针对吉布森提出只有国会才有权管辖州际贸易的观点，肯特认为，国会的确拥有州际贸易的管理权，但这并不排除各州也拥有管理州内贸易的权力，纽约垄断法只是禁止外州汽船的进入，并不是管理州际贸易，因此纽约垄断法并没有违反宪法；他承认在州际贸易领域，州法若与联邦法相抵触应让位于联

---

① 范德比尔特是19世纪非常著名的冒险金融家，他白手起家，逐步成长为航运、铁路、金融巨头。特别是他将纽约中央铁路公司建设成为一个更为现代的运输帝国。他也以"雄心勃勃、足智多谋却又冷酷无情"著称。

邦法。但他认为，吉布森依据 1793 年《联邦海岸许可法》获得的执照只是纳税的凭证，而不是贸易执照，纽约垄断法与《联邦海岸许可法》并不冲突。吉布森败诉。尽管得到肯特这位国内非常受尊敬的法官的支持，但对垄断的挑战却愈演愈烈。吉布森拒不服输，上诉至联邦最高法院。一个对联邦经济发展和联邦未来影响深远的宪法性议题，摆在了马歇尔的面前。对于这个问题的解答，不仅关系着吉布森和奥格登两个人的未来，更关系着美国未来的发展趋势。

(二) 吉布森诉奥格登案

吉布森诉奥格登案上诉到联邦最高法院后，大法官们立即感觉到它的重要性。当初制宪之父们之所以要制定宪法，一个重要的原因就是要建立一种统一而有序的商业管理制度，以代替邦联时期各州间因贸易战导致的混乱局面。因此制宪之父们在宪法第一条第八款中明文规定，国会有权"管制同外国的、各州之间的及与印第安人部落间的商业"，这就是著名的商事条款。国会成立的初年，即先后立法管理来自外国的船只和货物，并规定从事沿海贸易与船只颁发执照事宜。而各州依据宪法，大都放弃了歧视别州船只和货物的办法，国会对于日益发达的州际商业，并未作任何积极管理规定，一切似乎都井然有序。

然而，由汽船垄断经营所导致的各州之间报复性立法和对抗行为，再度使各州陷入经济的无序之中。除了大西洋三大州之间激烈的贸易战外，俄亥俄、宾夕法尼亚等州也相继制定法案，禁止任何垄断船只在本州内的港口卸载或运送旅客与货物。各州之间报复性立法、激烈的对抗及相互指责，种种迹象表明，1820 年代的美国似乎又要回到 1780 年代混乱的状态下。吉布森将此案上诉到最高法院，也给了最高法院一个难得的机会解读宪法商事条款的本质和内涵。作为联邦主义思想的核心，商事条款的内容带有很大的模糊性，也有待大法官们进一步阐明。

1824 年 2 月最高法院开庭审理此案。吉布森聘请当时律师界领袖、联邦总检察长威廉·沃特和被称为"像恺撒一样志向远大"的丹尼尔·韦伯斯特[①]二

[①] Alchibald Cox, *The Court and the Constitution*, New York: Houghton Mifflin Company, 1987, p. 87.

人为自己辩护。来自新罕布什尔州的韦伯斯特或许是联邦最高法院有史以来最伟大的辩护律师,加之他完美的演说,常常使得听众和法官都深为折服。他数度出任参议员、国务卿和总统候选人,是一个坚定的国家主义者,憧憬着一个全国范围内的开放经济与一个不可分割的政治联邦。他认为在该案中"唯一值得辩护的立场是……宪法授予国会排他性的权力去调控在合众国的所有可航水域上的所有形式的贸易"。① 国会之所以没有制定统一的州际贸易法,是为了让各州的商人们可以自由地经商,国会在管理州际贸易方面无所作为并不代表州就有权来管理州际贸易。韦伯斯特认为,在国会未制定统一法案之前,各州有权调控州际贸易的观点"是十分有害和危险的。如果予以接受,无人能知道它止于何处"。② 在韦伯斯特看来,纽约州的垄断法案直接违反了宪法第一条第八款的贸易条款,因此无效。

与韦伯斯特不同,威廉·沃特选择从另外一个角度来为吉布森辩护。他认为吉布森根据1793年《联邦海岸许可法》已经获得了从事海岸贸易的执照,而国会并没有要求从事海岸贸易的其他执照,纽约州将垄断法案适用于吉布森,显然与国会的这一法案相冲突,根据宪法最高条款,纽约州垄断法案无效。除了为吉布森本人的权力辩护外,韦伯斯特和沃特都阐释了垄断对美国经济所造成的危害,各州间通过报复性的法律树立起贸易壁垒,形成一种敌对的氛围,这怎能不让法官们想到邦联时期美国各州以邻为壑的商战?沃特甚至不无担心地警告说:"法官先生们,如果你们不施以友好的援手,根除纽约州播下的无政府的种子,你们将会面对一场内战!"而这绝不是危言耸听,从联邦层面看,纽约、康涅迪格和新泽西三个近邻州因汽船垄断几乎处于内战的边缘,如果敌对状态继续,这种状态再扩及他州,形势是如此之危急。沃特认为,在国会无立法的情况下,法官们"施加善意和公正的干预是联邦最高法院的崇高职责"。③

奥格登的辩护律师托马斯·奥克莱和托马斯·埃米特几乎毫不费事地就将问题引向了州权主义的思想和严格解释宪法的层面。这对最高法院来

---

① Charles Warren, *The Supreme Court in United States History*, Vol. 1, new & rev. ed., Boston: Little, Brown &Co., 1999, pp. 601 – 602.
② Gibbons v. Ogden, 22 U. S. 1, 17 (1824), http://laws.findlaw.com/US/22/1.html
③ Gibbons v. Ogden, 22 U. S. 1, 185 (1824), http://laws.findlaw.com/US/22/1.html

说毫不陌生，从1788年各州批准宪法的辩论到弗吉尼亚决议案和肯塔基决议案，再到对最高法院国家主义判决的各种批评，随时都有州权主义者的影子。奥克莱宣称："宪法是一部限权和明确授予的法律"，因此，联邦的权力应限于明确授予的权力，根据宪法第十条修正案，未授予联邦和未禁止各州行使的权力属于各州。宪法并没有规定航行水域归联邦政府专管而与所在的各州无关，授予汽船航行垄断权就如同修建和管理公路和运河一样，各州有权决定之。埃米特在辩护中对严格解释宪法做了进一步的说明，也即他认为宪法第一条第八款中所说的"商业"（commerce）一词的含义只是"物物交换"，并不包括汽船运营，因此国会无权管辖此问题。[①]

双方律师整整辩论了5天，在场的大法官詹姆斯·韦恩后来曾评论说："就律师的辩论所表现出的渊博学识和非凡智慧"而言，没有哪一个案子能够超过吉布森诉奥格登案。[②] 该案在当时引起了广泛的社会关注，因为法院的判决对美国未来的发展将产生巨大的影响，它不仅要解决眼前的问题，而且从长远来看，该案将清晰地界定联邦政府在建立统一经济政策方面的角色，是约束州立法还是提升联邦的地位？与麦卡洛克诉马里兰案和奥本斯诉合众国银行案中联邦权与国家银行相结盟不一样，吉布森案中州权与不受欢迎的垄断结合在一起，法院拥有一个罕见的机会来使判决既反对州权，又赢得民众的广泛认同。

经过激烈的辩论后，最高法院做出一致判决，裁定吉布森获胜。马歇尔发表了法院的一致意见。在判决书中，马歇尔首先驳斥奥格登方面将商业解释为仅指"贸易、买卖，或交换货物，而不承认商业包括航运"的意见，明确指出"商业"一词包括航运，并强调不能将一个本适用于许多对象的普遍性条款限定在其所有含义的某一个方面。

> 毫无疑问，商业是贸易，但不止于贸易，它还指相互之间的往来。它描绘了国家之间、国家的组成部分之间、国家的组成部分内部的商业往来。很难想象，一个管理国家间商业往来的制度可以排斥所有和航运相关的法律……规制航运的权力，自政府成立伊始即予行

[①] Gibbons v. Ogden, 22 U. S. 1, 33-34 (1824), http://laws.findlaw.com/US/22/1.html

[②] G. Edward White, *the Marshall Court and Cultural Change*, 1815-1835, New York: Macmillan, 1988, p.571.

使，并获得所有人的同意、被理解为商业规则。在整个美国，人们一致认为并且一直这么认为，"商业"一词包括航运。①

在赋予"商业"一词如此宽泛的解释之后，马歇尔接着对国会管制州际商业的权力给予同样宽泛的解释。他认为"各州之间的商业"不能仅在各州的边界处戛然而止，而是可以进入其内部。"国会的权力不会受到这些州管辖范围的限制。如果不能超越各州的司法管辖界限，国会的权力也就一无是处。……穿越我们国土的朝各个方向奔流不息的深深河流，几乎通过联邦内每一个州的内部地带，并提供了行使这一权力的手段。如果国会有权对之进行管理，那么这项权力就必须在其对象存在的任何时候都适用。如果航行开始或止于某一州内的港口，国会有权在该州行使其权力。"②

具有如此广泛包容性的定义理所当然地包括航行，而就国会调控权力的范围而言，一旦发现管制对象属于州际商业，这一权力便是"完整无缺的，可以行使到最大程度，除了宪法的规定以外，它不承认任何限制"。③这些文字及其背后的内涵播下了20世纪联邦权力急剧扩展的种子。但对当时的人来说，有待回答的最为紧迫的问题是国会行使州际贸易的权力是否是排他性的？各州是否被排除在州际贸易管辖权之外？对于这一问题，不仅法官们意见不一，而且就连吉布森的两位律师也观点不一，为达成一致意见，马歇尔对该问题巧妙地加以回避。他说：

> 不论是贸易还是治安事务，在行使其纯属内部事务的管理权时，各州都有权颁布法律，但这些法律是否有效，取决于它们与国会颁布的法律是否相抵触甚至完全相悖。本院有权对纽约州的法律进行审查，看其是否与国会所颁布的法律相冲突……如果相冲突，那么，这些法律是根据该州享有的"管理对外商业和各州之间的商业"的共同管辖权制定的，还是根据其所享有的管理内部贸易和治安事务的权力制定的，都是无关紧要的。无论如何，纽约州的法律必须服从国会的法律，而维持该州法律所给予的特权的裁决，若与联邦法律所授予的

---

① Gibbons v. Ogden, 22 U. S. 1, 189 – 190 (1824), http:∥lws.findlaw.com/US/22/1.html
② Gibbons v. Ogden, 22 U. S. 1, 195 (1824), http:∥laws.findlaw.com/US/22/1.html
③ Gibbons v. Ogden, 22 U. S. 1, 196 (1824), http:∥lws.findlaw.com/US/22/1.html

权力相抵触，肯定是错误的。①

也即无须判决纽约垄断立法是否与宪法商事条款相冲突，只要看该法和国会制定的1793年《联邦海岸许可法》是否相冲突就足矣了。马歇尔认为国会的这项法律给予沿海贸易的船只登记注册和颁发执照，并没有将汽船排除在外。既然如此，"汽船就应该像帆船一样，享有同样的特权。汽船在那些帆船可以自由航行的水域上航行，或进入那些帆船可以自由进入的港口，不能受到任何的限制。"② 而纽约垄断法却将汽船的运行限制在特定的水域中，这与1793年《联邦海岸许可法》相违背，根据宪法最高条款，联邦法律的效力优于州法，纽约垄断法违宪无效。

在意见书的末尾，马歇尔对叫嚣不停的州权主义者和从严解释宪法论者再次给予了严厉的批评。他指出：那种对宪法狭隘至极的理解，会极大地削弱联邦政府的权力；如果沉迷于那种"精确且形而上学的推理"，将会"架空我们的宪法，只留下一个堂皇的框架，毫无实用之处"。他们使人们的理解复杂而混乱，"以致本来很清楚的原则变得晦涩难懂，在通常情况下不会引发任何疑问之处产生团团疑云。因此，重申安全而基本的原则实有特殊的必要"。③ 马歇尔所谓安全而基本的原则，无疑是指从宽解释宪法和国家主义思想。对于当时州权思想的猖獗和从严解释宪法理论的流行，马歇尔几乎在每一个涉及宪法性的重大案件中都要重述这些原则，从中可见马歇尔对这些原则的珍视。

（三）吉布森诉奥格登案的影响

吉布森诉奥格登案肃清了各州的汽船垄断权，有利可图、却充满争议的垄断最终寿终正寝。该案也被认为是马歇尔法院内最后一桩重大判决，对美国经济的发展起到了巨大的促进作用，被誉为"美国贸易解放的宣言"。④

---

① Gibbons v. Ogden, 22 U. S. 1, 210 (1824), http://laws.findlaw.com/US/22/1.html
② Gibbons v. Ogden, 22 U. S. 1, 221 (1824), http://laws.findlaw.com/US/22/1.html
③ Gibbons v. Ogden, 22 U. S. 1, 222 (1824), http://laws.findlaw.com/US/22/1.html
④ Thomas Hughes Cox, *Courting Commerce: Gibbons v. Ogden and the Transformation of Commerce Regulation in the Early Republic*, Dissertation, the State University of New York, 2004, p. 326.

该案的判决在全国引起了广泛的好评，报纸欢呼不合理的垄断被打破了，水域自由了。水域自由促使汽船航运业大增，《奈尔斯日报》就报道说自判决生效至 1824 年 11 月，纽约汽船数从 6 艘飙升至 43 艘。① 而随着 1825 年伊利运河的开通，水域自由促使纽约成为国家的商业中心，蓬勃、自由的商业航运在哈德逊河和长岛水域红红火火。

马歇尔对商事条款的从宽解读，不仅把水域从各州各自为政的状态下解放出来，也为美国未来的发展提供了一个自由的空间和牢固的法律基础。而就在此案判决两年前，门罗总统刚刚否决了国会通过的一项兴建州际公路的法律——《坎伯兰公路法》，在其否决咨文中，门罗严格解释宪法，他认为宪法对国会"唯一的授权是征收与外国贸易的关税，并防止各州间征收关税"，宪法没有授权国会兴建州际公路的权力，如果要想由国会改进国内道路，需通过宪法修正案才可以。门罗总统对宪法的狭义解释将严重束缚美国经济的发展，而马歇尔在吉布森诉奥格登案中的判决冷酷地扫除了这一狭隘理论，并为那些支持国家主义思想的政治人物，诸如亨利·克莱和丹尼尔·韦伯斯特提供了宪法上的支持。在吉布森诉奥格登案判决五年后，美国第一辆火车上路了。此后，铁路业迅速发展，各州之间的新型运输模式不断涌现；而新的州际商业形态更是层出不穷；由于吉布森诉奥格登案有例在先，任何阻碍州际交通和货物自由流通的地方法律都将被判定为违宪，地方再也不能为了自己局部的利益而损害整个国家的经济。可以说，该判决"不仅打破了各州对汽船的垄断行为，而且勾画了未来一个世纪国会对州际贸易管制的蓝图"。②

吉布森诉奥格登案更为深远的影响是，它极大地扩大了联邦的权力。作为宪法授予联邦政府最重要的一项权力，国会管理州际商业的权力如何解读事关重大，马歇尔对该条款的解读涵盖了 20 世纪的商业革命和交通革命，在没有宪法修正案的情况下，该案成为联邦与州和人民之间定位的主要渠道。与麦卡洛克诉马里兰案确立暗含权力原则一样，吉布森诉奥格登案也创建了联邦权扩大的宪法基石，法院在未来扩展联邦权时有了充分的

---

① B. H. Meyer and C. E. Macgill, *History of Transportation in the United States*, Washington, D. C.: Carnegie Institution, 1917, pp. 107 – 108.

② Thomas Hughes Cox, *Courting Commerce: Gibbons v. Ogden and the Transformation of Commerce Regulation in the Early Republic*, Dissertation, the State University of New York, 2004, p. 326.

宪法支持。现代公司的兴起、福利国家的建设等都有赖于法院的这些重要判决，他们被联邦法院和州法院数千次地引用来扩大联邦权的范围。威廉·道格拉斯大法官（1939～1975年任职）曾说商事条款是"巨大权力的源泉与开端"，之所以如此，完全是因为在吉布森诉奥格登案中"马歇尔以至今尚未超过的幅度描述联邦的商业权力"。① 正是马歇尔从一开始就强调联邦商业权力所具有的包容性和渗透性，使得商业条款成为联邦政府在和平时期所行使的最重要的权力源泉。

尽管在吉布森诉奥格登案中，马歇尔回避了一个更为重要的联邦和州的问题，即国会管理州际贸易的权力是否是排他性的？在国会未实施这一权力时，各州是否还拥有这一权力？马歇尔没有明确回答这一问题，也使得一些学者认为马歇尔在该案中的法院意见是"非常不确定的……尽管吉布森诉奥格登案被大肆宣扬，但实际上并没有解决多少问题，而且是非常笨拙的一种方式"。② 这无疑低估了该案的作用，而且，马歇尔之所以没有清楚明了地宣布国会专有州际贸易权，是因为他知道：完全否决各州调控州际贸易的权力并非是明智之举。如果排他原则盛行，那么源于州法管理内部贸易或其治安权的案件将大大上升。法院将不得不从事繁重而琐碎的工作，以区分案件是有关外国和州际贸易的，还是州内贸易和治安权的问题。而这个界限的划分带有很大的主观性，他们如此紧密地结合在一起，"以致很难说他们在多大程度上混合在一起"。③ 不仅如此，如果否决各州对州际贸易的共管权力，国会也难以为每一个港口制定地方性的规则。

而根据马歇尔在吉布森诉奥格登案中的判决思路，不管州法是源于共管州际贸易权还是管理州内贸易和治安权，只要与联邦法相冲突，州法都要服从于联邦法。即使一项州法是对主权的合法行驶，如果和联邦法冲突也必须让步。这也使得联邦法成为限制州权的强大武器。该案判决100年后，时任首席大法官的哈兰·斯通大法官评价说，"商事条款和对该条款英明的阐释，在将各州结合成为一个联邦方面所起的作用方面超过了其他

---

① Bernard Schwartz, *A History of the Supreme Court*, N. Y. : Oxford University Press, 1993, p. 48.
② G. Edward White, *the Marshall Court and Cultural Change, 1815-1835*, New York: Macmillan, 1988, pp. 578-579.
③ Charles F. Hobson, *The Great Chief Justice: John Marshall and the Rule of Law*, Lawrence: University Press of Kansas, 1996, p. 146.

任何一个因素，这是历史的判断。"①

有学者认为在吉布森诉奥格登案中，马歇尔的立场是倾向于"国会拥有专有的权力来调节州际贸易，即使国会没有行使这一权力，各州也没有这个权力"②。作者并不认同这样的观点，在该案中马歇尔没有支持韦伯斯特提出的国会在州际贸易上排他权的理论，而是采纳了沃特的州法与联邦法相冲突的做法，尽管马歇尔对国家主义思想很挚爱，但他并不是联邦集权的拥护者，他的国家主义思想是使联邦拥有必要的权力，使联邦和州均衡发展。在1829年的威尔森诉黑鸟河沼泽地公司案中，马歇尔就清楚地回答了五年前吉布森诉奥格登案中遗留的问题，即各州是否对州际商业有某种程度的共同管辖权？

为了改良沼泽地，特拉华州立法授权黑鸟河沼泽公司在可航行的黑鸟河上建立一个堤坝以排干沼泽。原告威尔森称该河是一条"公共的可通航河流"，通过"某种公共方式"，所有美利坚合众国公民都可以自由地通过，对于该条河流的管理属于国会独有的权力，各州无权管辖，特拉华州立法违反了美国宪法中的商事条款。经过简短的辩论，最高法院一致判决，特拉华州立法合宪。马歇尔代表最高法院发表意见，他认为在州际商业中，州和国会拥有并存管辖权，当国会此项权力未予实施时，各州可以实施同时发挥作用的权力管制商业，特拉华州的立法作为一项公共健康措施是正当合理的。"授权黑鸟沼泽地公司在该条河流上建筑大坝的法令，在本案所涉及的全部情况下，哪怕是在潜在意义上，都不能被认作和商业管理权相抵触，或者与任何已通过的商业管理法律相抵触。"③ 该判决经常被认为是马歇尔从早期强硬的国家主义立场退却的判例之一，不过该判决也清晰地表明了马歇尔有关商事条款的立场：也即在国会未予实施州际商事权的情况下，各州有权对其进行调控，只要不违反相关的联邦法和宪法即可。从中也展现了马歇尔灵活实用的作风，他并不是一味地支持联邦主权，而是希望在联邦和州之间予以平衡。

---

① Harlan F. Stone, "Fifty Years Work of the Unites States Supreme Court," 14 *American Bar Association Journal*, p. 428, 430 (1928).
② 任东来、陈伟、白雪峰：《美国宪政的历程：影响美国的25个司法大案》，中国法制出版社，2004，第82页。
③ Willson v. Black-bird Creek Marsh Co., 27 U.S. 245, 252 (1829), htp://laws.findlaw.com/us/27/245.html

小　结

联邦和州的关系一直是美国政治生活的重心，尤其是内战前，联邦和州的关系是整个美国社会生活中的重中之重。先有州后有联邦、各州在联邦成立之前已履行了大多国家建设所需的权力，而这些权力要回归联邦政府并不是那么一件容易的事。在许多强调联邦权的人士看来，1787 年宪法的通过，标志着对过去的决裂，宪法创建了人民主权，这里的人民自然是指全体人民，而全体人民主权就使得权力重心移至联邦，由宪法创建的联邦政府自然是一个超越各州的中央政府；而对那些州权主义者来说，1787 年宪法的通过，仅仅是对《邦联条例》的修改，并没有改变州主权的实质，宪法创建的州和联邦的二元体制，二者有各自的管辖范围和领域，不得僭越，地位均等，不存在一方服从另一方的问题。面对州权的强势，联邦随时面临着解体的风险。

而民众对集权政府的恐惧使得联邦政府履行正常的权力都受到影响，联邦行政部门缺乏有效管理的行政手段和这方面明确的宪法授权，国会则只是作为立法者的普通公民的集合体，并不是专业化的政府组织。政府权力的重心依然在各州和地方政府，正是由于立法、行政和联邦政府机制在发展上的这种严重滞后状态，使得美国的法院在这个国家经济发展的重要时期不得不承担起本来应由立法和行政部门承担的许多责任。[①] 美国政治学家斯蒂芬·斯考罗内克研究发现，"法院和政党一起形成了早期美国国家机器的中流砥柱"。[②]

正是在这样的情况下，马歇尔法院在一系列涉及宪法性的案件中做出了有利于联邦的判决，不仅为联邦的存亡做出了自己应有的贡献，而且奠定了美国未来的发展趋势。马丁诉亨特的租户案和科恩兄弟诉弗吉尼亚案、麦卡洛克诉马里兰案、吉布森诉奥格登案等都是最高法院就联邦和州的关系所做出的经典判决。在马丁诉亨特的租户案中，马歇尔由于自身原因回避了此案，斯托里代表最高法院发表了法院的一致意见。针对弗吉尼亚州法院对联邦最高法院上诉管辖权的挑战，他从宪法文本

[①] 韩铁：《美国宪政民主下的司法与资本主义经济发展》，上海三联书店，2009，第 9 页。
[②] Stephen Skowronek, *Building a New American State: The Expansion of the National Administrative Capacities, 1877–1920*, New York: Cambridge University Press, 1982, p. 29.

到现实需要，层层驳斥州权主义者的思想；该案是联邦最高法院第一起对州法院判决的审查，可谓意义重大。在科恩兄弟诉弗吉尼亚案中，联邦最高法院上诉管辖权再度受到挑战，这次马歇尔抓住机会，不仅重申了斯托里的基本观点，对宪法和合众国的性质再度予以阐释，而且把一向认为保护州权的宪法第十一条修正案，诠释为允许个人向最高法院上诉，即使是州作为一方当事人。马歇尔捍卫联邦最高法院上诉管辖权的判决虽然遭到了州权主义者的批评和攻击，但却在某种程度上保全了法院，保全了联邦。

麦卡洛克诉马里兰案中所涉及的宪法争端，早在成立第一合众国银行时就引起了广泛的争论，而这一争议并没有随着第一合众国银行的成立而终止；诚如法国政治学家托克维尔所言："在美国，几乎所有政治问题迟早都要变成司法问题。"① 有关合众国银行的合宪性问题在1819年上诉到联邦最高法院，马歇尔代表最高法院发表了一致意见。在该案中，马歇尔通过对宪法"必要与适当"条款的诠释，确立了国会"暗含权力学说"，解决了那些从严解释宪法论者和从宽解释宪法论者之间的争论，确保了联邦拥有进行有效统治的权力。不仅如此，通过宪法最高条款，马歇尔再度宣称各州要服从于联邦的法律，在削弱州权的同时，进一步提升了联邦权。毫无疑问，该案的判决再度遭到州权主义者的猛烈攻击，尤其是对马歇尔从宽解释宪法论极度不满，对于州权主义者的攻击，马歇尔就任首席大法官以来第一次参与到论战之中，从中我们清晰地看到马歇尔对于联邦权的珍视和对于国家未来的忧虑。虽然最终合众国银行还是被否决了，但马歇尔在该案中所阐发的宪法原则经受住内战的考验，直至今日。

吉布森诉奥格登案是马歇尔法院最后一桩重要的宪法判决，也是罕有的得到当时民众称颂的一起案件，该案不仅一举肃清了各州自利的垄断权，促进了经济的发展；而且通过对宪法"商事条款"的解读，为美国未来的发展提供了一个自由的空间和牢固的法律基础，也为联邦权的进一步扩大奠下了基础。同时，该案的判决也再度清晰地阐明了马歇尔法院国家主义思想的内涵：即最高法院并不希望建立起一个集权的联邦政府，而是希望建立一个拥有必要权力的联邦政府，在联邦拥有必要权力的情况下，

---

① 托克维尔：《论美国的民主》，董国良译，商务印书馆，1991，310页。

联邦和州均衡地发展。

联邦和州的关系作为马歇尔法院最为关注的对象，在法院判决中体现得非常清晰，尽管时常遭到州权主义者的猛烈抨击，但作为一个国家机构，最高法院大法官们判决的过程中毫不怀疑地为加强联邦的权力而努力。马丁诉亨特的租户案、科恩兄弟诉弗吉尼亚案、麦卡洛克诉马里兰案、吉布森诉奥格登案这些具有里程碑意义的判决，在州权主义者的批评声中，磕磕碰碰地织入美国的宪政结构中。特别是首席大法官马歇尔，凭着他一贯的远见，将大胆与克制精妙地结合在一起，为美国宪法法的构建做出了巨大的贡献。

第六章 马歇尔法院和契约条款

作为早期联邦最高法院的灵魂人物,马歇尔一直主导着最高法院案件的判决。"在他漫长的法官生涯中,有两个观念一直支配着他,那就是联邦国家的主权和私有财产的神圣性。"① 在上一章讨论的四个具有里程碑意义的案件中,马歇尔与他的同事们一起,运用宪法、特别是运用宪法中的"必要与适当"条款、最高条款,确定了作为整个政体体制之基础的联邦主权。除了联邦主权思想外,另外一个支配着马歇尔法学思想的就是对财产权的保护。对他和当时其他的法官,甚至于普通民众而言,法律的首要目的就是保护私有财产权不受侵犯。私有财产的确定和确认需要契约来规范,宪法第一条第十款就特别规定,任何一州都不得"通过任何……损害契约义务的法律"。在一系列的案件中,马歇尔法院启用该条款,在对契约条款的解读中,不仅捍卫了私有财产权的神圣性,而且在某种程度上削弱了州权。本章选取最高法院对契约条款解读的经典案例:弗莱彻诉佩克案、达特茅斯学院诉伍德沃德案、斯特吉斯诉克劳宁谢尔德案和奥格登诉桑德斯案来阐述早期最高法院如何运用契约条款,将宪法文本的规定转化为活生生的宪政,这些有关契约条款的判决又是如何构成了学者爱德华·考文所说的"美国宪法法的基本原则"。②

一 作为契约的公共授权:弗莱彻诉佩克案(1810)

宪法第一条第十款明文规定:"任何一州都不能通过公民权利剥夺法案、追溯既往的法律或损害契约义务的法律。"该款后半部分不得通过

---

① Vernon Parrington, *Main Currents in American Thought: the Romantic Revolution in America*, New York: Harcourt Brace and World, 1954, p. 22.
② Edward S. Corwin, "The Basic Doctrine of American Constitutional Law" *Michigan Law Review*, Vol. 12, No. 4 (Feb., 1914), pp. 247–276.

"损害契约义务的法律"也被称为契约条款。该条款是在1787年制宪会议后期,由马萨诸塞州代表鲁弗斯·金提出的,他仿照几周前邦联国会通过的《1787年西北法令》提出:"在联邦议会批准和组建新邦的条文里,宜增加'各邦不得介入民间合同'一项。"① 对于此建议,制宪代表们进行了简短的讨论,麦迪逊认为"禁止各邦政府介入民间合同,可能引起困难……未必能保证效果",而"禁止各邦议会制定追溯既往的立法……就可以使法官宣布,以追究既往的方式介入民间合同无效"。② 最终,制宪代表们在仔细斟酌后以"各州不得通过公民权利剥夺法案、追溯既往的法律或损害契约义务的法律"这样高度概括的语言予以通过。而《1787年西北法令》的用语是:"为了确保人权和财产权,现宣布在上述地区,不能以任何方式制定或实施妨碍或侵犯个人已实施的真诚无欺的合同和约定。"③ 与后者相比,宪法中的语言更简洁、更具有弹性。不仅删去了界定性的"个人"和"已实施"这样的词汇,而且去掉了金所提议的"民间",直接以各州"不得通过损害契约义务的法律"来界定,为后来最高法院广泛运用该条款来捍卫私人财产权并在某种程度上打击州权势力提供了一定的宪法根基。

最高法院第一次启用宪法契约条款是在1810年的弗莱彻诉佩克案,在该案中,最高法院不仅对宪法中的契约条款进行了详细阐释,而且运用宪法契约条款第一次宣告州法无效,确立了联邦最高法院对各州立法的纵向审查权,极大地削弱了州权势力,进一步加强了联邦权。在州权势力较为猖獗的年代里,联邦最高法院对各州立法的审查虽然引起了州权主义者的强烈不满和批评,但对宪法成为整个国家的最高法不仅至关重要,而且必不可少。

该案源于佐治亚州议会1795年通过的一项法律,该法将亚祖河流域(日后成为亚拉巴马州和密西西比州)的3500万英亩的土地,以50万美元的低价售与4家土地投机公司。州政府向私人出售土地本是平常事,但这次出售土地之所以会引起一桩旷日持久的纠纷,不仅因为这次土地出售面积巨大,而且更为重要的是这次土地出售中腐败现象严重。在1795年土

---

① 〔美〕麦迪逊:《辩论:美国制宪会议记录》,尹宣译,辽宁教育出版社,2003,第629页。
② 〔美〕麦迪逊:《辩论:美国制宪会议记录》,尹宣译,辽宁教育出版社,2003,第629~630页。
③ Charles F. Hobson, *The Great Chief Justice: John Marshall and the Rule of Law*, Lawrence: University Press of Kansas, 1996, p. 76.

地出售法案通过后不久，真相大白，投票决定出售土地的议员，除一人外，都或多或少地得到实惠。其中还包括两名国会参议员、两名国会众议员，一个领地州长和三名法官，受贿的三名法官之一中竟有联邦最高法院大法官詹姆斯·威尔逊！如此大规模的受贿使得民众非常愤慨；又因棉花分离机的发明，使该州的地价大涨，更属火上加油。于是住在该州首府附近的民众纷纷自行聚集，群情汹涌，决定以私刑制裁立法奸细。该州政治活跃人物及仅有的两家报纸更是对此事口诛笔伐，几乎全体新选出的议员均保证以最有效的方式取消上述欺诈立法。

1796年，新一届议会在毫无争议的情况下通过了撤销法令，废除了此次出售土地，并规定："盗用议会名义的法令"以及和亚祖河土地舞弊案中有关的所有"记录、文件和地契"，"都必须从州记录的封面和索引中删除，且登记注册的法律或盗用名义的法令应当众烧毁，从而使如此违宪、卑鄙与欺诈的交易不在本州的公共机关中留下任何痕迹"。为了表达对此次腐败行为的憎恨，州政府专门任命了一个委员会，负责将1795年法案及相关土地出售的纪录焚烧。为突出事件的震撼作用，焚烧仪式在州议会公开举行，并通过一个放大镜对准太阳光引起天火将这些丑恶的罪证予以焚毁。马歇尔的经典传记作家贝弗里奇就对此次事件进行了生动的描述：

> 在州政府门前生起一堆火，两院成员围着火堆而立。州务卿从州的档案中取出此次土地出售的材料和盗用名义立法，将之交与参议院议长；后者检查后，交与众议院发言人检查；检查完毕后交与众议院书记员，书记员应高声朗读他们的标题，然后交与众议院特派员，后者大声宣布："上帝拯救这个州！永远维护她的权利！让每一项损害权利的企图都像现在这些腐败行为那样灭亡！"……
>
> 该场表演的每一个细节都带着戏剧效应进行着。……某个具有戏剧天赋的人建议，对于如此亵渎神灵的立法，其火葬不应被人手点燃，而应该用天堂之火。为此造了一幅放大镜，由参议员杰克逊拿着它在柴堆上面，柴火就被"正义的眼中所喷射出来的炽烈之焰"所点燃。①

---

① Albert J. Beveridge, *The Life of John Marshall*, Vol. 4, Boston and New York: Houghton Mifflin Company, 1919, pp. 565–566.

但在撤销法令通过之前，上述土地投机公司已在中部各州和新英格兰地区，出售了大部分有关的土地。当撤销法在新英格兰地区刊出时，那些投资人大为愤怒与不安，并成立各种组织，以保障他们的利益。此时被认为全国声誉最隆的律师和最有才能的政治家亚历山大·汉密尔顿发表书面意见，反对1796年佐治亚议会做出的撤销法令，他认为尽管决定此次土地出售的立法充斥着腐败行为，但不能为此而扩及第三方无辜受害者，1796年撤销法令违反了宪法第一条第十款"州不得制定……损害契约义务的立法"，因而无效。亚祖丑闻不仅引起土地投机各方的买卖纠纷，还上升到政治层面，进而成为一个政治议题。在州的层面，由于州议会议员的受贿行为引发巨大政治风暴，加之党派斗争，更是乱象丛生，从参议院辞职的共和党人詹姆斯·杰克逊则专职领导起了这场反亚族丑闻的运动；在联邦层面，由于此次出售的土地地处印第安人部落边界，是否有效就成为一个问题，华盛顿总统曾就这个问题专门咨询参议院，并极力促使各方谈判协商解决此事。

尽管此争议早已是沸沸扬扬，很多人士也希望上诉到最高法院由其定夺，但碍于宪法第十一条修正案的规定而无法对佐治亚州提出控告。后来，一个名叫约翰·佩克的波士顿大地产商人，于1803年5月14日，以3000美元的代价将1.5万英亩的有关土地售与或假装售与新罕布什尔州的罗伯特·弗莱彻。次月弗莱彻即向马萨诸塞州的地方法院提出控诉，要求佩克返还购地价款，因为佐治亚通过撤销法案，佩克不再拥有这片土地的地产。这是一桩"共谋"的或"虚假"的诉讼（collusive case），因为弗莱彻和佩克并非利益的真正冲突方，他们二人都是新英格兰密西西比土地公司的成员，该公司则是购买亚祖流域土地最为重要的第三方。之所以提起诉讼，为的是上诉到联邦最高法院以检验亚祖河土地所有权的归属问题。假如佐治亚有权撤销1795年立法，弗莱彻就有权要回他的钱；假如佐治亚无权撤销，那么1796年的撤销法案就无效，佩克最初购买这片土地的所有权依然有效。双方缠讼多年，及至1807年，由联邦最高法院大法官威廉·库欣在巡回法院判决佩克胜诉。弗莱彻乃向联邦最高法院提起上诉，请求发布纠错令，于是一起有关财产权的案件摆在了大法官们的面前。

弗莱彻诉佩克案使大法官们陷入了困境，由腐败的立法者做出的出售土地的授权是否可被无瑕疵的立法机关撤销？虽然该案起源于经济议题，但经过15年的争论——在州议会、联邦国会、各党派、小册子和报纸上以及来自各方人士的通信中，已深深地被政治化了。对于那些深爱共和主义原则的人士来说，亚祖丑闻不仅是共和主义衰退的表现，还展现了政府的道德处于危险之中，为了拯救共和主义原则，他们要求严惩受贿的议员，并废除这一肮脏的土地交易。双方的律师也展开激烈争辩，法律和政治不可避免地缠绕在一起。

政治腐败和私人产权交织在一起，最高法院的大法官们该何去何从？对于这一难题，大法官们毫不含糊：私人产权必须得到捍卫。首席大法官马歇尔代表最高法院发表了法院的一致意见，他首先明确表达了对政治腐败导致的危险的担心和不齿，"腐败之风竟然渗入我们新生的共和国政府之中，污染到了立法部门本身，或者说，一项法律的通过，或一项立法性契约的订立，竟然是不良动机的结果，这种情形确实让人非常痛心"。① 但他并不认为法院有权对立法的腐败行为进行审查，立法动机在多大程度上能构成法院审查的基础是非常值得怀疑的。

> 一项法律的有效性在多大程度上取决于法律制定者的动机，为了订立一项契约而对一州的最高权力机关的成员进行利诱在多大程度上可以在法庭上接受审查，这些都是很值得质疑的。即使我们承认最高权力机关的一项法律可以由于导致法律通过的手段而被法院宣布无效这一原则，我们仍然很难说清楚这些手段必须在多大程度上使用才能产生这种效果。直接贿赂是必需的吗？或者说，任何利益或不正当影响就已足够了吗？必须要求这一腐化因素对大多数议员都发挥了作用吗？或者说，需要多少数目的议员才够了呢？是否不管全国人民的意愿如何，该法令一概无效呢？或者它的有效或无效取决于公众情绪呢？
>
> 如果议会中的大多数议员都腐化了，那么司法部门就有权对他们的行为进行监督，这一观点是很值得质疑的。而且，即使在只有少数人行为有不纯洁动机的情况下，指导司法介入的原则也不明确。②

---

① Fletcher v. Peck, 10 U. S. 87, 130 (1810), http://laws.findlaw.com/US/10/87.html
② Fletcher v. Peck, 10 U. S. 87, 130 (1810), http://laws.findlaw.com/US/10/87.html

司法机关介入本属于立法的事情，这不是法院应该做的事情，法院的职责不是惩罚立法的腐败行为，立法的腐败行为是属于议会的议题，只能靠选民来决定之，法院不能也无法对立法动机进行审查；对法院来说，真正的问题是财产的所有权，是捍卫个人的权利不受侵犯。在这起深受政治影响的案件中，马歇尔小心翼翼地将政治问题从法律问题中剥离，他认为该案纯粹是两个人之间私人契约的案件，并不涉及佐治亚州的立法是否受腐蚀。只要1795年出售土地的立法并不违反佐治亚宪法、联邦宪法及联邦法律，新一届议会就无权在损害第三方无辜者利益的情况下撤销这一法令。

> 在佐治亚州于1789年通过的州宪法中，本院看不出任何约束州议会的规定，禁止它通过1795年的法案。因此，本院不能认为在通过该法案时，州议会曾超越了它的权限而违反了宪法。[①]

也就是说1795年立法并没有违反佐治亚州宪法，不能被认为是无效的。那么1796年撤销法令是否损害了第三方无辜者的利益呢？马歇尔的答案是肯定的。作为土地的合法买主，弗莱彻事先并不知道土地交易中的腐败问题，因此他的财产所有权应得到保障。"即使初次交易因欺诈而有重大瑕疵，但这些购买人并未参与也未注意到这一点，他们是无辜的。然而，佐治亚州议会却把他们牵扯到该交易中来了，而且，如果这项法令有效，他们的权利也就被取消了。"[②]

如果仅仅是双方当事人之间的让与行为，有一方存在欺诈行为，且欺诈得到清楚的证明，那么当事人之间的转让就将被撤销；但若第三方在不知情的情况下参与其中，那么根据普通法原则，财产权是不可剥夺的绝对权利，无辜第三方的权益不能弃之不顾。马歇尔认为，"产权，无论依据何种法律标准，都是一种完全的权利。购买人受让产权时总是带着充足的信心，因为他相信购买人是安全的。假如由于购买人之前很早的前手的行为导致该产权存有隐藏瑕疵，但购买人并未注意到这一点，那么，就不能

---

① Fletcher v. Peck, 10 U. S. 87, 128 – 129 (1810), http://laws.findlaw.com/US/10/87.html
② Fletcher v. Peck, 10 U. S. 87, 132 (1810), http://laws.findlaw.com/US/10/87.html

利用这一隐藏瑕疵对他产生不利。他已经为有效的产权支付了价款，他是无辜的，无论别人有什么罪过，公平原则将使他不受这一罪过引起的惩罚的影响。假如这一原则被推翻，那么一切产权都将不安全，人与人之间的交易将受到严重阻碍。"① 而且，佐治亚1796年撤销法案在某种程度上也有追溯既往法律的效果，它为了一件不是弗莱彻所做的，而是那些卖土地给他的人的罪行剥夺了他的地产。因此，依据财产权固有的规则和衡平法原则，佐治亚州议会不能侵犯那些不知情的第三方的权益。

除了根据普通法原则来说明佐治亚1796年的撤销法令损害了第三方的权益外，马歇尔还启用宪法契约条款，论证撤销法令因违反宪法而无效。他指出一项土地买卖的法律，"本质上是一项契约，当依据该契约转让了绝对的权利后，即使撤销了这项法律，也并不能剥夺这些权利。如果要合法地废除这些权利，那么废除的权力也应平等地掌握在每一个成员的手中。"② 宪法第一条第十款规定，"任何州都不得……通过任何公民权利剥夺法案、追溯既往的法律或损害契约义务的法律"，佐治亚州1795年土地授予法案通过后，州和私人之间订立的契约关系即已成立，佐治亚必须受制于契约的义务，不能撤销其已核准的法律。而1796年佐治亚议会在买主不同意的情况下私自撤销其已签订的契约，违背了宪法中的契约条款，当属无效。对于宪法契约条款是否是专指私人契约，不包括公共契约的说法，马歇尔明确表示："宪法文字本身并未作这样的区分。它们是一般性的，适用于每一种契约。"③ 针对被告律师宣称的州和联邦是平等的主权关系，联邦无权撤销州法的说法，马歇尔义正词严地宣布：

> 佐治亚州不能被视为单独的、没有关联的主权实体，除了她自己的宪法外没有其他东西可以限制其整个立法。她是一个大一统的一部分，是美利坚合众国的一个成员。这个联邦有一部宪法，其至高无上性为所有人承认，她对各州的立法加以一些限制，没有哪个州有权超越这些限制。④

---

① Fletcher v. Peck, 10 U. S. 87, 133 - 134 (1810), http：//laws. findlaw. com/US/10/87. html
② Fletcher v. Peck, 10 U. S. 87, 135 (1810), http：//laws. findlaw. com/US/10/87. html
③ Fletcher v. Peck, 10 U. S. 87, 137 (1810), http：//laws. findlaw. com/US/10/87. html
④ Fletcher v. Peck, 10 U. S. 87, 136 (1810), http：//laws. findlaw. com/US/10/87. html

然后，从这一十足的自明之理出发，马歇尔轻柔地迈出了一大步，裁定佐治亚 1796 年撤销法令无效。"不论是依照我们的自由体制所共有的普遍的原则，还是依照合众国宪法的特定条款，佐治亚州都不得通过一项法律，可以合宪合法地损害原告所购土地的产权并使之无效。"①

该案是马歇尔就任首席大法官以来首次判决州法违宪无效的案件，自然激起了州权主义的愤怒，他们认为宪法并未授予联邦最高法院审查州法并宣告州法无效的权力，联邦最高法院对该权力的实施构成对各州主权和人民自由的威胁。而该案判决明显"偏袒"土地投机商的做法，也使得佐治亚民众对判决非常不满。不过，这种不满并没有扩及其他地区，相反，马歇尔的判决得到了大多数民众的积极拥护。时任总统的詹姆斯·麦迪逊为新英格兰地区的分离运动所头疼，这一有利于新英格兰地区土地投机商的判决，部分缓解了东北部对政府的敌意，麦迪逊对这一判决当然持欢迎态度；而他早在 1803 年时就受杰斐逊委托调查过此事，并从中极力调解，试图达成一个各方皆大欢喜的妥协方案。在政府的推动下，该问题终于在 1814 年得到解决，国会拨出 500 万美元用以购买这块土地，联邦政府得到了它盼望已久的土地，佐治亚州政府和各方土地投机商从中获得了丰厚的利润。马歇尔的这一判决在某种程度上也有助于法院和麦迪逊政府建立起一种亲密的合作关系，在之前的杰斐逊总统任期，联邦最高法院和行政部门处于僵持的状态，特别是马歇尔和杰斐逊二人不仅政见不一，且相互不信任，法院的判决往往得不到行政部门的认可。而弗莱彻诉佩克案的判决则开启了司法部门和行政部门合作的开端，尽管二者之间依然有很多的磕绊，但终究不再是直接的对立。

在该案中，马歇尔以自然法原则为铺垫，以宪法契约条款为依据，宣告佐治亚州 1796 年撤销法令违宪无效，巧妙地阐释了美利坚合众国早期复杂的联邦和州的关系，在联邦时时受到州权威胁的情况下，巩固和加强了新生的联邦政府。联邦宪法约束着各州立法的自由，与宪法相违背的州立法无效，是联邦主义战胜地方主义的最早、最强有力的司法判决之一，被

---

① Fletcher v. Peck, 10 U. S. 87, 139 (1810), http://laws.findlaw.com/US/10/87.html

认为是"奠定了美国宪法结构的第二块基石"①。该案也是第一起有关宪法契约条款的权威案例,根据历史学家皮特·马格拉斯的说法,该案"提供了第一起保护既得财产权利的伟大的宪法机制"②。不管该案是运用已经确立的契约文化还是该案创立了契约文化,有一点很清楚,那就是该判决赋予契约以神圣性,使得私有财产权获得了首要的保障,商业交易中稳定的、可靠的法律环境得以确立。这对经济发展来说可谓至关重要,当马歇尔将契约条款作为"每个州人民的基本权利"时,他得到了大多数人的认可。在1810年时,只有三个州的宪法中包括了类似联邦宪法中的契约条款。而到内战时,另有23个州宪法中加入了契约条款。③ 对此,马格拉斯认为,弗莱彻诉佩克案是一个几近完美的判决,"与大多数有政治意识的美国人的价值观和谐一致"。④

但该案并不是一个完美无缺的案件,作为最为重要的案件之一,弗莱彻诉佩克案也是马歇尔判决过的最有争议的案件之一。这主要源于两个因素,一是该案是一个"共谋的"或者说"虚假的"案件,诉讼双方都希望法院做出判决,在有确凿的证据表明这一点的情况下,法院依然做出判决;二是马歇尔对该案的解释偏离了传统对契约条款的解释,传统对契约条款的解释只适用于私人间所缔结的契约,而不涉及州作为一方当事人的案件。

大法官约翰逊的附议就清楚地阐明了这两点。在附议中,约翰逊毫不怀疑佐治亚1796年撤销法令无效,但他是以自然法的原则而不是宪法契约条款来做出这一判决的。"一旦议会对个人转让了任何领域的利益或财产,他们就失去了对它的全部控制,不能对它再采取任何行动;产权离开了他们,被授予个人,并与个人的存在紧密地结合在一起,就像血液流经其全身一样基本。"⑤ 在附议中,约翰逊还指出依据宪法契约条款来宣告佐治亚

---

① Bernard Schwartz, *A History of the Supreme Court*, N. Y.: Oxford University Press, 1993, p. 43.
② C. Peter Magrath, *Yazoo: Law and Politics in the New Republic: the Case of Fletcher v. Peck*, Brown University Press, 1966, p. 101.
③ Benjamin Fletcher Wright, Jr., *the Contract Clause of the Constitution*, Cambridge, Mass., 1938, p. 26.
④ C. Peter Magrath, *Yazoo: Law and Politics in the New Republic: the Case of Fletcher v. Peck*, Brown University Press, 1966, p. 114.
⑤ Fletcher v. Peck, 10 U. S. 87, 143 (1810), http://laws.findlaw.com/US/10/87.html

州立法无效的基础很脆弱,因为如何界定契约义务本身就是一件很困难的事情。在附议中,约翰逊还透露了一个重要的细节,就是该案是一个"共谋的"案件,而且他被首席大法官施压、违心地与大多数意见一致,而这也是杰斐逊等共和党人对马歇尔最不满的地方。正如约翰逊所说:"我一点也不情愿得出这样的判决。从表面看来强有力的证据却是一个共谋的案件。我们的职责是对权利做出判决,而不是对投机商做出判决。然而,我的信心在一个令人尊敬的绅士的劝说下逐渐动摇,他们保证不会对一个共谋的案件做出判决。"① 约翰逊的附议之所以重要,是因为它不仅表明了他受到了马歇尔法官的巨大压力,而且它告诉我们有利于契约条款私有化、不利于州法的诉讼是一起共谋的案件,根本不必判决。政治考虑使法律予以实施,法律又如何超越政治呢?

虽然马歇尔对该案的判决引来很多争议,但这并无损于该案作为一个重要的判决出现。约翰逊单纯从自然法原则来否决佐治亚州立法,虽然也具有一定的道理,但单纯依靠自然法这种无形的高级法来判决,将会使得最高法院的权力难以界定。而马歇尔援引自然法原则在为宪法契约条款增加道德支持的同时,着重以宪法契约条款为判决依据,将自己的论据固定在宪法的话语中,将联邦最高法院和宪法联系在一起,并进而使最高法院成为宪法的阐释者打下了根基。研究美国最高法院的学者罗伯特·麦克洛斯基就认为:"就当时的情形而言,因为契约条款并没有强大到足以支撑这一原则:各州必须遵守协议,为此,他愿意用自然法作为一个辅助支撑。后来,当契约条款发展到了其法律上成熟的高级阶段,就不再谈论自然法和合理原因了,上述原则便牢固地并且明确地基于契约条款。"②

的确如此,在两年后的新泽西诉威尔森一案中,马歇尔就抛开自然法原则,单纯从宪法契约条款的角度来阐述财产权不被侵犯的原则。该案的案由是这样的:1758年新泽西殖民地议会通过法律,将一部分土地留与印第安人,并给予其土地免税权。1803年这一地区的印第安人将这一土地出售并搬迁至纽约。由于这一土地免税,很多人前来购置,其中之一就是威尔森。然而,1804年新泽西议会通过法令,废除了这一土地的免税权。于

---

① Fletcher v. Peck, 10 U. S. 87, 147 – 148 (1810), http://laws.findlaw.com/US/10/87.html
② Robert G. Mccloskey, *The American Supreme Court*, Six Edition, Chicago: University of Chicago Press, 2016, p.33.

是，威尔森以新泽西议会侵害了契约义务为由将后者告上了法庭。1809年，新泽西高等法院支持了议会的这一决议，威尔森不服，又将之上诉到联邦最高法院。该案的案情很简单，唯一的问题就是1804年法案废除免税权是否破坏了契约义务。在简短的法院意见中，首席大法官马歇尔将弗莱彻诉佩克案作为州为一方当事人契约条款的权威案件，他展示了新泽西和印第安人之间的协定包括了"契约（合同）的每一个必要成分"。尽管免税主要是想让印第安人收益，但这项权利附属于土地本身，购买者理所当然继承这项权利。1804年撤销法案构成了对契约的损害，违宪无效。不过，该判决并没有削弱州的征税权，因为马歇尔承认，新泽西出售该土地时可将这一免税权收回。①

弗莱彻诉佩克案作为一个具有里程碑意义的案件在美国历史上扮演了重要角色，该案被联邦法院和各州法院引用了数千次，主要是作为私有财产不被州侵犯为由而引用的。直到19世纪末宪法第十四条修正案做出实质性解释前，由马歇尔所阐释的契约条款一直是防范州进行经济干预的宪法屏障。同时，该判决也适应了新出现的建立在契约自由和经济个人主义基础上的市场文化，推动了经济快速发展。

二 作为契约的公司宪章：达特茅斯学院诉伍德沃德案（1819）

在所有由弗莱彻诉佩克案引发的相关契约案中，没有比达特茅斯学院诉伍德沃德一案影响更为深远的了。在弗莱彻诉佩克案中，马歇尔将宪法契约条款作为保护私人财产权以对抗州行为的宪法屏障；在达特茅斯学院诉伍德沃德案中，马歇尔将公司作为法人，其财产就如私人一样不受侵犯，以宪法契约条款的原则来捍卫公司的权益。达特茅斯学院诉伍德沃德案的判决对美国社会产生了深远的影响，不仅对美国的私立高等教育，而且对美国商业公司的形成和发展都起到了巨大的作用。

该案缘起于新罕布什尔州的政治变动。像哈佛、普林斯顿和耶鲁等学校一样，达特茅斯学院也是一个私立教育机构，1769年由英王乔治三世颁

---

① Charles F. Hobson, *the Great Chief Justice: John Marshall and the Rule of Law*, Lawrence: University Press of Kansas, 1996, pp. 87 – 88.

发的特许状予以成立。该学院创建的主要目的是教化印第安人，并使之成为基督徒，学院的主要财政来源于募捐。根据英王颁发的特许状，学院建立了用于募捐的信托基金，设立了管理学院的、永久存在的董事会，董事会握有学院的行政大权，有权补充董事缺额，选任院长等。美国革命后，学院的第二任院长约翰·惠洛克和学院董事会之间的矛盾逐渐突出，加之学院董事会成员大都是联邦党人，而惠洛克本人却是杰斐逊派共和党人，二者的矛盾愈演愈激烈，最终，学院董事会便依据学校章程炒了惠洛克的鱿鱼。惠洛克不服，跑到州议会控告董事会，因为这时新罕布什尔州的大部分议员都是共和党人，他希望州政府出面干预以改变自己在与董事会斗争中所处的不利地位。学院内部的矛盾随着新罕布什尔州议会的插手而升级。

1816 年共和党人威廉·普拉默当选州长，虽然他是一位温和的共和党人，但他对于达特茅斯学院自行决定连选连任的体制持强烈批评的态度，视其为贵族体制，并宣称达特茅斯学院的宪章因其由永久存在的董事会管理而不符"自由政府的精神和实质"。[①] 同年 6 月，由共和党控制的州议会通过立法，将达特茅斯学院更名为达特茅斯大学，并将董事会的成员由 12 人扩及到由州长任命的 21 人，经过这一变更，达特茅斯学院由原来的私立学院变成了由州政府控制的公立大学。该法案遭到了董事会的坚决反对，他们致函州长，表示不接受州议会的立法，并强调："州内任何文教机构都拥有自身的权利、特权和财产，州议会的立法不是根据法律固有的原则，而是根据州议会的独断意志和喜好做出的。"[②] 董事会的抗命进一步惹怒了州政府。1816 年年底，州议会通过新的法律，对抗命的学院董事会成员和教授每人罚款 500 美元——这在当时可不是一个小数目。面对州政府的压力，学院的秘书兼司库威廉·伍德沃德吃不消了，他偷偷带走了学院的校印、账本和文件，投奔新设的公立大学。

在这样一种情况下，董事会诉诸法院，不仅要求伍德沃德归还这些物品，还要求法院判决 1816 年州议会此项立法无效，原因是他们侵犯了私人

---

① G. Edward White, *the Marshall Court and Cultural Change, 1815–1835*, New York: Macmillan, 1988, p. 613.
② G. Edward White, *the Marshall Court and Cultural Change, 1815–1835*, New York: Macmillan, 1988, p. 613.

财产，破坏了具有契约效力的特许状，违反了宪法中的契约条款。然而，新罕布什尔州的各级法院均站在州政府一边，理由是该案不适用于宪法契约条款。新罕布什尔州最高法院首席大法官威廉·理查森就认为，该案的主要问题集中在达特茅斯学院的法律地位上，如果该学院是私立慈善机构，公司服务的目的是保护个人财产，那么适用宪法契约条款，州议会无权改变其章程；但如果该学院是公共机构，为公共目的而服务，那么为了公共利益，州议会有权改变其章程，这个时候宪法契约条款不适用。具体到达特茅斯学院，因其最初创建的目的是教化印第安人，具有公共性质，加之独立后建立起来的州政府业已继承了原有的英王殖民地的一切权力和责任，作为民意机构的州议会就有权修改原来的特许状，并把它改为公立大学。1818年该案以纠错令的形式被带到联邦最高法院，又一起重要的宪法议题呈送在了大法官们的面前。

为达特茅斯学院辩护的是它从前的毕业生丹尼尔·韦伯斯特。这位来自新罕布什尔州的农家男孩，已成长为这个时代最杰出的法律与政治代言人，曾数度出任参议员、国务卿和总统候选人。1818年联邦最高法院开庭后，早已精心准备好辩护的韦伯斯特旁征博引、侃侃而谈。他首先驳斥了新罕布什尔州最高法院认为达特茅斯学院是公共机构的看法，"达特茅斯学院系私人慈善机构，它经英王颁发特许状、由私人募捐而成立，学院应根据捐赠人的意愿来管理，其财产应被看作是私人财产"。① 接下来韦伯斯特援引大量先例来说明新罕布什尔州立法不仅侵犯了英美两国普通法中对私人财产权的保护，也侵犯了美国宪法契约条款。"新罕布什尔州立法机构在未经原告同意的情况下，擅自剥夺了他们的财产权；即使根据新罕布什尔州法的规定，州政府也无权在未经法院审判之前，对人民作判决并没收其财产。这不是立法机构对其权力的合理运用。"况且，"一项授权就是一份契约，根据弗莱彻诉佩克案的先例，州政府也必须遵守契约义务"。② 因此，新罕布什尔州通过的这些立法违反了普通法和宪法，理应无效。为了说明该问题的严重性，韦伯斯特最后说道：

---

① Daniel Webster, *The Great Speeches and Orations of Daniel Webster with an Essay on Daniel Webster as a Master of English Style*, Vol. 1, Charleston：BiblioBazaar, 2006, p. 110.

② Daniel Webster, *The Great Speeches and Orations of Daniel Webster with an Essay on Daniel Webster as a Master of English Style*, Vol. 1, Charleston：BiblioBazaar, 2006, p. 85, 111.

本案绝非通常的普通案件，而是非同寻常。它不仅影响达特茅斯一个学院，而且将影响全国所有的学院和文教机构。……把这些文教机构置于时刻存在着的党争和变化不定的政见的控制下是一项危险的、极度危险的做法。如果此类特许权可以随时被夺走或损害，那么，财产也可以被剥夺和改变用途。……所有高尚的灵魂都会离学校而远去，学校遂成为政治角逐的舞台。①

毫无疑问，韦伯斯特的演讲达到了感人的效果。据大法官斯托里的记载：韦伯斯特的演说"令在场的所有人为之动容，很多人热泪盈眶……当演讲结束时，会议厅内鸦雀无声，大家都沉浸在演说之中"②。

尽管韦伯斯特的演说很精彩，但并没有将所有的法官打动，托德和杜瓦尔表示支持新罕布什尔议会，其他大法官也未能形成清晰的法院意见。马歇尔决定延期审理，1819年法院再次开庭时，最高法院以5票赞成、1票反对、1票弃权宣判原告达特茅斯学院获胜。1819年2月2日，马歇尔代表法院宣布了多数意见。

在法院意见中，马歇尔开宗明义，指出本案的情形构成了一个契约。"为成立一个宗教和人文机构而向英王申请了一个特许状。申请书本身就指出，为此目的，已有大量捐赠，一旦机构成立，这些捐赠将立即授予该法人。特许状获准后，捐赠财产如约转让。可见，完整与合法契约所需之一切要素皆存在于这一转让中。"③ 这个契约是否为合众国宪法所保护？该契约是否因新罕布什尔州议会通过的那些法案而受到损害？在马歇尔看来，这两个问题是法院应考察的重点问题。

要回答第一个问题，就必须鉴别达特茅斯学院是私立慈善机构还是公共机构？这一点非常重要，因为新罕布什尔州最高法院认为宪法契约条款针对的只是影响私有财产的行为，如果是为了公共目的的公共机构，则不

---

① Daniel Webster, *The Great Speeches and Orations of Daniel Webster with an Essay on Daniel Webster as a Master of English Style*, Vol. 1, Charleston: BiblioBazaar, 2006, p. 118.
② G. Edward White, *the Marshall Court and Cultural Change, 1815 – 1835*, New York: Macmillan, 1988, p. 617.
③ Dartmouth College v. Woodward, 17 U. S. 518, 625 (1819), http://laws.findlaw.com/US/17/518.html

受其限制。对此马歇尔表示认同，正像他所说："本案中当事人双方对一般原则、对宪法在理论上的真实含义并无多大分歧，而在那些原则如何适用到本案中和1769年特许状的真实含义上意见相左，这正是本案的症结之所在。"①

针对新罕布什尔州最高法院认为达特茅斯学院是一个公共机构，因而受制于立法机构管辖的观点，马歇尔表示不能接受。他认为达特茅斯学院是"一个私立慈善机构"，其资金来源是私人性的，"达特茅斯学院确实是由私人捐赠的，他们为了在印第安人之间传播基督教，也为了普遍提升宗教虔诚和知识水平而捐出了资金。教师的工资来源于这些资金……仅就其资金来看，它是一个私立机构"。尽管教育事业是一项关涉全国的目标，也是立法的正当对象，但这主要是对政府所创建的教育机构，达特茅斯学院人员从事青年教育事业的事实，"并不能使他们转变成为公共官员，从而牵涉公共职责之中，也没有给立法机关干涉这些资金管理的权力。捐赠者将这些资金交由受托人手中管理，受托人必定已被允许执行他们的信托，不受立法当局的控制"。②

那么，是什么使得新罕布什尔州议会和该州最高法院认为达特茅斯学院已变成了一个公共机构，它的受托人已成为公共官员，为公共目的而行使公众授予的权力呢？"这样的观点不是来自它资金的来源，因为它的资金完全是私人性的和慈善性的，也不是来自于那些资金的运用，尽管资金是因教育而付出，但收到它的人并未因从事青年教育而成为政府的一员。"③难道来自于法人成立的特许状？为此，马歇尔特意对法人进行了界定：

> 法人是一种虚拟的存在，无形无状，难以捉摸，只能在法律的设想之中存在。作为法律的创造物，法人拥有它根据最初的特许状所转让的特权，或有明文规定，或是自其存在之日起附带而来的。此外，它还有能够最好地实现其目标的那些特性。其中，最重要的就是它的

---

① Dartmouth College v. Woodward, 17 U. S. 518, 629 (1819), http://laws.findlaw.com/US/17/518.html
② Dartmouth College v. Woodward, 17 U. S. 518, 632 - 634, 635 (1819), http://laws.findlaw.com/US/17/518.html
③ Dartmouth College v. Woodward, 17 U. S. 518, 635 (1819), http://laws.findlaw.com/US/17/518.html

永续性和独立人格性，如果允许这样表述的话还有财产，只有通过财产，无限期更迭的大量人员才能被当作和最初一样未发生变化，如单一个体般活动。这使得一个法人得以处理自身的事务和占有财产，不必为了将财产在不同人之间转移而陷入令人困惑的复杂处境，或者面临持续转让财产的无尽而危险的需要。主要是为了赋予持续更迭的人员以这些特质和能力的目的，法人才得以发明，并至今还被人们所利用。通过这些手段，持续更迭的个人才能够像一个永续的生命一样行动，促进特定目标的实现。①

公司法人和自然人一样，其财产权受到宪法契约条款的保护，立法机构不得对法人组织随意立法，否则将有违反宪法契约条款之嫌。契约是神圣的，州议会无权改变之，它也不会因为政局的变动而失去其应有的效力，契约保证了一个法人机构存在的永久性。马歇尔对法人概念的阐释强有力地驳斥了新罕布什尔州议会认为为了公共利益，有权对法人机构调控的观点。除此之外，马歇尔还强调：契约条款的目的就是，"要限制未来立法部门对财产权的违反"，从而确立了一项对未来产生重大影响的宪法解释原则，即各种形式的产权，不论是个人的还是法人的，也不管是来自契约还是来自市场，都可以得到宪法契约条款的保护，免受立法机关的干涉。最高法院将一如既往地捍卫个人权利，包括公司产权。

针对被告提出制宪之父们在制定契约条款时，对法人权利的保护并没有特别地进入制宪者的视野，马歇尔指出，"一旦规则被确立，就必须受该规则管辖，除非能提出一些排除该规则适用的明显而强有力的理由。仅仅说在制定这个条款的时候，制宪会议没有考虑到这个案件，以及当其被通过的时候，美国人民也没有考虑到这样的案件，是不够的"。② 制宪之父们并没有用那种能够把类似达特茅斯学院这样的公益机构排除在外的语言，因此，我们必须假定它也包括在保护之列。

---

① Dartmouth College v. Woodward, 17 U. S. 518, 636 (1819), http://laws.findlaw.com/US/17/518.html
② Dartmouth College v. Woodward, 17 U. S. 518, 644 (1819), http://laws.findlaw.com/US/17/518.html

该案件，既然在该规则语词的范围之内，就必定在该规则适用的范围之内，除非这种字面解释是如此荒唐和有害，或者和宪法的总体精神如此相悖，以致能够证明那些把该案件当作例外的宪法解释者是正确的。①

达特茅斯学院作为一个私立慈善机构，其特许状理应受到宪法契约条款的保护，各级政府都不得随意更改其章程。而新罕布什尔州议会通过的法律不仅改变了该学院的内部控制程序，而且把外部的、公众的约束施加于学院的管理之中。通过这样的重组，1769年授予达特茅斯学院成立的特许状将荡然无存；根据其创建人的意志而建立的、并由民间学者控制的一个文化机构，转化为一个完全屈从于政府意志的机器。"这或许对该学院本身是有利的，或许总体上对文化是有利的，但这不符合捐赠人的意志，并彻底破坏了他们捐赠财产所依赖的契约。"② 根据宪法第一条第十款规定，任何州"不得通过……损害契约义务的法律"，新罕布什尔州的这些立法侵犯了州和学院之间最初的契约义务，因此违宪无效。

与弗莱彻诉佩克案不同，在达特茅斯学院诉伍德沃德案中，马歇尔将判决依据完全建立在宪法契约条款的基础上，通过解释宪法文本即可判决立法的有效性。他并没有否认宪法建立在对自然法和普通法的广泛根基上，只是在判决中有意识地避免运用那些宪法之外的原则，因为只有将自己的论据固定在宪法的话语中，才能使得最高法院最终成为宪法的捍卫者。一个声称其权力超出宪法的法院，将会放弃其最有价值的支撑，结果可能是不再拥有任何权力。因此，当宪法契约条款强大到足以否决一项州法时，马歇尔就撇开了自然法和普通法这种无形的原则，直接援引宪法文本，来论证新罕布什尔州州法的违宪性。可以说，马歇尔对达特茅斯学院诉伍德沃德案的宪法分析从头至尾完全建立在宪法文本的基础上，这样的分析结果在某种程度上也证明了宪法契约条款广泛的内涵。契约条款不仅适用于保护个人之间的契约，也适用于保护公司法人的财产。原本微不足

---

① Dartmouth College v. Woodward, 17 U. S. 518, 645 (1819), http://laws.findlaw.com/US/17/518.html
② Dartmouth College v. Woodward, 17 U. S. 518, 653 (1819), http://laws.findlaw.com/US/17/518.html

道的契约条款，变成了司法至上、保护财产权抵制各州侵蚀的强大武器。

在辩护中援引大量先例，并将该案建立在既得权利原则和宪法契约条款基础上的韦伯斯特，在该案判决之后兴奋地说："首席大法官以他特有的方式，一步步地详细论证之，没有援引任何先例及先例中所采用的原则，却将整个案件形成一个紧凑而有力的判决。"① 为达特茅斯学院辩护的另一位律师约瑟夫·霍普金森，也称赞该案的判决"建立在广泛和深厚的原则基础上，确保公司不受立法专制和党派暴行所侵犯"。② 60 年后任首席大法官的莫里森·怀特（Morrison Remick Waite）写道，由马歇尔在达特茅斯学院案中揭示的原则，"已深深融入美国的司法之中，以至于成为宪法的一部分"。③

作为一个具有里程碑意义的案件，达特茅斯学院诉伍德沃德案的判决对美国历史的发展产生了非常重要的影响。该案的直接结果是达特茅斯学院获得了新生，韦伯斯特为达特茅斯学院的辩护被永远地铭记。1901 年，达特茅斯学院院长就指出："在美国这片土地上，如果有哪个教育机构的名字和它的毕业生甚至它的创办者那样密不可分，那就是达特茅斯学院和韦伯斯特这个名字。"④ 该案的判决结果从法律上肯定了私人办学的权力，私人办学的积极性受到极大鼓舞，私立学校蓬勃发展。据统计，在 19 世纪初的前 20 年，私立大学仅有 12 所，自"达特茅斯学院诉伍德沃德案"判决后的 10 年中，就又成立了 12 所。到 1860 年左右，美国全国共有 182 所大学，其中 116 所为私立大学。⑤

但本案更为深远的意义在于，私人团体和商业公司可以像自然人一样，受到宪法的保护、免受各州的干预，这极大地刺激了私人投资的积极性。1819 年后私人团体和商业公司如雨后春笋般出现证明了该判决的影

---

① Charles Warren, *The Supreme Court in United States History*, Vol.1, new & rev. ed., Boston: Little, Brown &Co., 1999, p. 483.
② Charles F. Hobson, *The Great Chief Justice: John Marshall and the Rule of Law*, Lawrence: University Press of Kansas, 1996, p. 91.
③ Jean Edward Smith, *John Marshall: Definer of a Nation*, New York: Henry Holt and Company, Inc., 1996, p. 437.
④ G. Edward White, *the Marshall Court and Cultural Change, 1815–1835*, New York: Macmillan, 1988, p. 275.
⑤ 杨捷：《19 世纪美国达特茅斯学院案及其影响》，《河南大学学报》，2000 年第 5 期，第 43 页。

响。在 1819 年，只有 50 家商业公司，而到 1830 年，据一位权威学者的统计，仅在新英格兰地区就有 1900 家商业公司，近 600 家是从事制造业和采矿业。① 整个 19 世纪，该案成为公司反对管制和资本主义放任思想的法律和意识形态的武器。对于该案判决的巨大影响，英国著名法律权威亨利·梅因教授（Henry Maine）曾在 1885 年撰文指出：达特茅斯学院诉伍德沃德案的判决成为"许多美国大铁路公司成功的基础"。正是它的原则"在现实生活中保证了对经济力量的充分利用，由此取得了开拓北美大陆的成就"。② 公司可能没有灵魂，但是他们通过马歇尔法院的判决取得了法律人格的基本要素，使其得到宪法契约条款的严格保护，"由于马歇尔判决所确立的信用，那种公司数量激增，很快就改变了整个国家的面貌。"③

马歇尔在该案的判决除了对美国经济的发展具有很大的促进作用外，还进一步完善了美国商法。虽然英国法院处理与公司相关的案件已有数百年之久，但他们发展起来的法律几乎全部都是针对非营利性公司的，对于解决美国商业公司所面临的问题没有多大的价值。商业公司的发展及其与之相关的法律问题大都是美国法律的自制产品。从一开始，美国的法官就支持把公司制度看作是从事商业的一种方法，正是在马歇尔时期，"现时代司法判决……在把公司和自然人看作具有同等地位……这一持续的趋势方面"迈出了第一步。④ 通过裁定公司章程是宪法契约条款所保护的契约，达特茅斯学院诉伍德沃德案的判决赋予了公司受宪法保护的契约权利，为商业公司的发展创设了一个免受州政府任意干扰的广阔空间，"推动了商业的发展，［在某种程度上］塑造了法律以使之符合市场的要求和实践，而且形成了与财产和商业交换机制越来越多的、动态的应用相一致的学说和规则"。⑤

考虑到该判决所产生的变革性的影响和马歇尔大胆的策略，很容易将

---

① Edwin Merrick Dodd, *American Business Corporations until 1860, with Special Reference to Massachusetts*, Cambridge, Mass.: Harvard University Press, 1954, p. 11.
② 任东来：《在宪政舞台上——美国最高法院的历史轨迹》，中国法制出版社，2007，第 95 页。
③ Bernard Schwartz, *A History of the Supreme Court*, N. Y.: Oxford University Press, 1993, p. 50.
④ Bernard Schwartz, *A History of the Supreme Court*, N. Y.: Oxford University Press, 1993, p. 50.
⑤ G. Edward White, *the Marshall Court and Cultural Change, 1815 – 1835*, New York: Macmillan, 1988, p. 828.

他看作是无所不能的政治家:他预见到了商业公司对现代化的影响,塑造法律以适应所想得到的结果。如研究美国最高法院史的伯纳德·施瓦茨就认为,"大法官们完全了解他们判决的社会和经济后果。这对那个占据最高法院头把交椅的人来说尤其如此。在这里,马歇尔同样把法律看作满足社会需要的一种工具。在类似达特茅斯学院这样的案件中,他帮助确立了既能够保护财产权利又能够促进经济增长的法律原则。"① 不过,也有学者不同意这种观点,R.肯特·纽迈耶就认为,"从马歇尔一贯坚持的立场来看,他脑海中并没有产生未来美国商业公司发展的前景,而仅仅是新英格兰地区的私立教育机构的身份问题"。"如果仔细审视其判决,就会发现他并没有预知未来,他只不过是对传统的普通法进行阐释。他运用普通法来阐释有关慈善公司和既得权力的原则,并没有在原则上创新。"②

  对于这两种观点,笔者认为,不管马歇尔是否预知到未来,该案判决客观上适应了美国未来的发展趋势;公司法人受宪法契约条款的保护,这一思想并非马歇尔的独创。制宪之父们在起草宪法时,私人契约和公共契约并不是那么泾渭分明,当他们写下宪法契约条款时,他们头脑中是如何保护私有财产,邦联时期政府治理的经验告诉他们,民主的州议会拥有无限的权力对私有财产造成严重威胁。当马歇尔在弗莱彻诉佩克案中将宪法契约条款延伸到公共契约、在达特茅斯学院诉伍德沃德案中将契约条款延伸到公司法人时,是和宪法精神相符的。当他将公司财产视为私人财产时,也就迈出了将公司宪章视为私人契约的一小步;而当他将公司宪章视为私人契约时,就完全得出了公司宪章受制于宪法契约条款的结论。如果这一判决不是明确的制宪之父的意图,那它也适合了社会的一般规则。因为不管对他还是对于社会大多数成员来说,私有财产和自由不可分割,这是由普通法的契约原则所授予的,进而成为宪法的一部分。正如杰斐逊·鲍威尔所研究的,当宪法文本不是那么含义确定时,普通法解释的传统可指导宪法解释。私法和公法、普通法和宪法融合在一起,在达特茅斯诉伍德沃德案中鲜明地得以体现,这种解释方法不仅在马歇尔有关契约条款的判决中得以运用,而且如果不能涵盖所有案件的话,也是在大部分宪法性

---

① Bernard Schwartz, *A History of the Supreme Court*, N. Y.: Oxford University Press, 1993, p. 51.
② R. Kent Newmyer, *John Marshall and the Heroic Age of the Supreme Court*, Baton Rouge: Louisiana State University Press, 2001, p. 249, p. 252.

的重大判决中得以运用。马歇尔在这种传统中工作和思考，因为这是他知道的唯一方式，也是宪法之父们意图使用的方式。①

三 破产和契约条款：斯特吉斯诉克劳宁谢尔德案（1819）和奥格登诉桑德斯案（1827）

最能反映马歇尔对宪法契约条款钟爱的重要宪法判例是1819年的斯特吉斯诉克劳宁谢尔德案和1827年的奥格登诉桑德斯案，这两起案例都是有关州破产法是否合乎宪法契约条款的案例，尤其是奥格登诉桑德斯案，该案是马歇尔就任首席大法官以来唯一一次在宪法性案件中持异议的案件，不论对于当时人还是后来的研究者来说，都非常引人注目，马歇尔不惜他一直珍视的法院一致意见而执意发表他的异议，顽强甚至可以说是顽固地捍卫宪法契约条款中所规定的契约义务。一向以灵活、务实著称的马歇尔缘何会如此呢？斯特吉斯诉克劳宁谢尔德案和奥格登诉桑德斯案分别阐释了什么样的原则？对各州和联邦有什么样的影响？

在达特茅斯学院诉伍德沃德案两周后，最高法院判决了斯特吉斯诉克劳宁谢尔德案，该案缘起于1811年4月3日纽约州议会通过的破产法案，该法废除了债务人因为欠债而入狱的传统习俗，并规定只要债务人为债权人利益已指派专人管理财产即可免除其债务。在该法通过一个月前，纽约商人理查德·克劳宁谢尔德从乔赛亚·斯特吉斯那里借了1543.78美元，第二年秋天克劳宁谢尔德的生意投资失败，他宣布依据纽约破产法，他的债务被取消。之后，他去了马萨诸塞，在那里建立了一个新的纺织厂，并很快发达起来。1816年，斯特吉斯要求克劳宁谢尔德还债，后者拒绝，于是斯特吉斯就将克劳宁谢尔德告上法庭，要求后者还债，并宣称纽约破产法因违反宪法契约条款而无效。

该案被提交法院时正值1818～1819年金融恐慌时期，金融泡沫破裂，日用品价格下跌，土地价值直线下降。结果是，很多人都未能支付他们所欠的债务。经济危机泛滥，债权人和债务人都陷入崩溃的边缘。经济萧条导致大量破产案件涌入州法院，如在纽约，自1814年至1819年，纽约法

---

① H. Jefferson Powell, "the Original Understanding of Original Intent" *Harvard Law Review* Vol. 98, No. 5 (Mar., 1985): pp. 885–948.

院受理了不下于 6000 件的破产案,在最后三年间,平均每年有 1300 起类似的诉讼。① 在国会对破产问题未采取立法的情况下②,经济的发展急需最高法院对破产问题做出定夺。斯特吉斯诉克劳宁谢尔德案作为第一起上诉到联邦最高法院的破产案,引发了广泛关注。对于新形势下经济发展的巨大变动,州是否有权制定法律,以缓和经济无序竞争导致的残酷现实?他们这样做是否符合宪法原则?对于破产问题,1787 年宪法第一条第八款规定:国会有权制定"统一的破产法",但当时联邦国会并没有相关的法律,宪法将此问题授予联邦是否限制州采取行动?如果联邦国会制定破产法不是排他性的,州也可以制定相关法律,那么纽约州的破产法是否违反了宪法契约条款?

虽然宪法规定国会有权制定统一的破产法,不过何谓统一的破产法,阐释不一。詹姆斯·麦迪逊在《联邦党人文集》第 42 篇中将之解释为:"与贸易管理非常密切,并且能在诉讼当事人或其财产所在或移入别州的地方防止许许多多的欺诈行为,因此其便利之处似乎无须再加以研究了。"③ 破产法的起因不详,联邦又没有统一的破产法,尽管早在殖民地时期各殖民地就有制定破产法的尝试,但对于各州的破产立法,还是争议颇多,亟待联邦最高法院做出定夺。然而,联邦最高法院法官们对于此问题也意见不一。如 1814 年布什罗德·华盛顿在宾夕法尼亚巡回法庭判案时,就认为宪法授权国会制定统一的破产法,这一权力具有排他性的,州无权在这一问题上制定法律,并运用宪法契约条款否决了一项宾夕法尼亚破产法。④ 对此,利文斯顿并不认同,他认为在破产问题上,联邦和州有并存管辖权,破产法或无力偿债法并没有清偿债务人未来的债务,不管溯及既往的还是即将生效的破产法,都不在宪法契约条款限制的范围之内。鉴于

---

① Peter J. Coleman, *Debtors and Creditors in America: Insolvency, Imprisonment for Debt and Bankruptcy, 1607 – 1900*, Frederick: Beard Books, 1974, p. 125.
② 国会曾于 1800 年制定了第一部联邦破产法,但该法运行不到三年时间就在 1803 年被废止了;直到 1841 年国会再次制定一部短命的联邦破产法,1841 年破产法案仅维持两年时间便被废止。
③ 汉密尔顿、杰伊、麦迪逊:《联邦党人文集》,程逢如、在汉、舒逊译,商务印书馆,1980,第 219 页。
④ 该案是 Golden v. Prince, 10 Fed. Cas. 542, 544, 545 (U. S. Cir. Ct., Pa., 1814),参见 Charles F. Hobson, *The Great Chief Justice: John Marshall and the Rule of Law*, Lawrence: University Press of Kansas, 1996, p. 96.

在纽约和其他州破产法长期实施而没有引起太多的争议,因此他主张这些法律应被认定是合宪的。① 当斯特吉斯诉克劳宁谢尔德案上诉到联邦最高法院,双方辩护律师各执一词,唇枪舌剑,就有关破产问题进行了详细的阐释。

为斯特吉斯辩护的律师戴维·达格特宣称,"宪法授予国会的每一项权力除非有所限制,否则都是完全的、专有的和至上的。"② 在破产问题上,宪法明确规定国会有权制定统一的破产法,这清晰地表明各州无权涉入此领域,国会在破产问题上拥有专有的权力,国会在废止1800年联邦破产法后没有重新立法并不代表各州有权侵入这一领域。为斯特吉斯辩护的另一位律师约瑟夫·霍普金森认为,不管国会在制定破产法问题上是否是专有的权力,1811年纽约破产法都违反了宪法契约条款。破产不再仅仅是诸如法定时效的救济,而侵入契约的核心内容,改变或侵犯了联邦宪法中的契约条款。③

为克劳宁谢尔德辩护的律师戴维·奥格登则从英国和北美殖民地时期无力偿债和破产的历史演变说起,以此来论证在联邦宪法批准之时各州已广泛实施了该权力,况且,1800年联邦破产法也没有规定其前州破产法无效或拒绝未来州的立法。这说明国会认可或者说默认了州在破产问题上的行为,因此就破产立法来说,联邦和各州拥有并存管辖权。当然,"在二者有冲突时,州法应服从于联邦法,联邦法具有至高无上的地位。但直到国会确实立法,并以这种方式限制州实施这一权力之前,就像我们在该案中所谈论的纽约破产法一样,各州保留这一权力"。④

对最高法院来说,在斯特吉斯诉克劳宁谢尔德案中形成法院一致意见的难度非常大。该案在马萨诸塞巡回法院审理时,联邦最高法院的四个法

---

① 该案是 Adams v. Storey, 1 Fed. Cas. 141,(U. S. Cir. Ct., N. Y., 1814),参见 Charles F. Hobson, *The Great Chief Justice*: *John Marshall and the Rule of Law*, Lawrence: University Press of Kansas, 1996, p. 96.
② Sturges v. Crowninshield, 17 U. S. 122, 124 (1819), http:∥laws.findlaw.com/US/17/122.html
③ Sturges v. Crowninshield, 17 U. S. 122, 190 – 191 (1819), http:∥laws.findlaw.com/US/17/122.html
④ Sturges v. Crowninshield, 17 U. S. 122, 172 (1819), http:∥laws.findlaw.com/US/17/122.html

官对此问题已有了明显倾向,斯托里和华盛顿认为国会独享破产立法,州无权制定相关法案,否则将侵犯宪法契约条款;而利文斯顿和约翰逊则认为州和联邦同时拥有破产立法的权力,1811年纽约破产法并不违反契约条款。作为首席大法官,马歇尔持中间立场,他竭力调和双方的矛盾,充分调动其领导才能,最终达成法院一致意见,马歇尔起草并宣布了法院的判决。

在判决书中,马歇尔首先提出了争论的焦点问题,也即宪法是否禁止各州制定破产法,或者说国会制定破产法的权力是否是专有的。对于这一问题,马歇尔没有简单地给予肯定或否定的答案,而是采用了模糊的言辞。他认为宪法将一些权力授予国会,并没有限制各州不能实施这些权力,在一些权力方面,联邦和州拥有并存管辖权;不过在另一些权力上,"只要宪法明确授予国会,就其权力的性质而言,该权力就应由国会完全实施,好像此项权力被从州议会中完全拿走,或明确禁止州议会实施此项权力一样"。[1] 就破产法来说,虽然宪法规定国会有权制定统一的破产法,但在国会不实施此项权力的情况下,禁止州在破产问题上立法无论如何是不合理的。"在这个问题上,让联邦与州共享立法权,既不违宪也很可行。"虽然马歇尔承认在国会采取行动之前,州有权自由行动,但他对于州和联邦实施并存管辖权也表达了忧虑:"国会此项权力的存在和实施,与州实施同类立法不相符。"[2]

在承认州在破产立法方面享有并存管辖权之后,马歇尔开始探讨1811年纽约破产法的合宪性问题,他将目光再次转向了契约条款,用他的话说是契约条款是"这些问题必须依赖的条款"。的确,他坚定地依赖于契约条款,并认为当一项契约制定后,该契约就支配着它的内涵以及双方需要承担的法律后果。契约义务是关键问题,"州不能通过任何损害契约义务的法律,这是制宪会议视之为神圣的原则,包括破产法和其他法律都不得损害之"。[3] 也就是说,只要州破产法不侵害契约义务,不违反宪法的文本

---

[1] Sturges v. Crowninshield, 17 U. S. 122, 193 (1819), http://laws.findlaw.com/US/17/122.html

[2] Sturges v. Crowninshield, 17 U. S. 122, 195 (1819), http://laws.findlaw.com/US/17/122.html

[3] Sturges v. Crowninshield, 17 U. S. 122, 197, 200 (1819), http://laws.findlaw.com/US/17/122.html

和精神，州可以进行相关立法。那么，1811年纽约破产法是否违反了宪法的契约条款呢？

马歇尔并没有直接回答这一问题，而是将问题回到案件本身，由于诉讼双方当事人是在1811年纽约破产立法通过前达成的借贷关系，那么，该法适用于之前的债务吗？马歇尔认为纽约破产立法并不能适用于之前的债务，因为这样违背了宪法中禁止有关溯及既往的法律规定。一项正在生效的契约——斯特吉斯和克劳宁谢尔德之间的借贷契约，被随后纽约州通过的立法所改变，这违反了二者之间的契约义务。马歇尔认为，尽管当前处于经济萧条的状态，要求缓解经济萧条的呼声很高，但各州缓解经济萧条的措施不能违反宪法，"宪法的精神所受到尊重的程度虽然不亚于宪法文本，不过宪法精神主要源于其文本。从外部环境极端地推断是危险的，宪法文本清晰地表明此类立法不予实施"。[1] 为了说明这一点，马歇尔还以大量的例证来论证之：制定纸币法，使债务人以实物支付债务，或是分期支付，这些都是制宪者期望补救债权人减少损失的方式。纸币法和价格管制法（tender laws）被宪法第一条第十款所禁止，契约条款是否有意包括分期支付？这样的推理违反常识，也不符合制宪之父们的想法。"没有人用涵盖所有法律的条款来指向一个单一的个体，也没有法院能够证明将内涵广泛的词语缩小为特定的危害是正当的。"马歇尔解释说，制宪之父们不仅限制损害契约条款的特别手段的实施，而且"限制一切造成此危害的任何手段的实施"。宪法契约条款针对的不是限制某项立法，而是"确立了一个基本原则：契约神圣不可侵犯"。[2] 该原则经过数代人智慧的积累，最终写在宪法之中，禁止通过任何损害契约的法律。据此，马歇尔宣布，被告所依据的也即试图取消被告债务的纽约立法违背了宪法契约条款，因此违宪无效。

在斯特吉斯诉克劳宁谢尔德案中，马歇尔依据宪法的契约条款和破产条款，来判定纽约破产法损害了契约义务。尽管马歇尔发表了法院的一致意见，但法官们在契约条款与破产立法的关系上依然没有达成一致意见。

---

[1] Sturges v. Crowninshield, 17 U. S. 122, 202（1819），http://laws.findlaw.com/US/17/122.html

[2] Sturges v. Crowninshield, 17 U. S. 122, 205, 206（1819），http://laws.findlaw.com/US/17/122.html

正像后来约翰逊大法官所指出的那样,"斯特吉斯诉克劳宁谢尔德案是一个妥协的法律判决,少数法官认为他们有必要让步而不是冒险发表异议。尽管他们的推理倾向于认为州在这一问题有权管辖……然而,拒绝此项权力用于追溯既往的契约并没有什么坏处,而且实际上是对宪法的精神实施了一个限制,他们满足于默认它,因为该判决确保了破产法对未来契约的权力,无论是从判决的言辞还是推理都能得出这一点"。① 的确,马歇尔的一致判决更多的是一种巧妙的妥协,他将判决限于当前的具体事实,并没有解决有关破产立法的宪法议题。在斯特吉斯诉克劳宁谢尔德案判决后的第二天,最高法院又在"麦克米兰诉麦克尼尔案"(McMillan v. McNeil)中推翻了路易斯安那州解除债务的破产法。是否联邦最高法院有意将破产权授予各州,但又拒绝授予其作为破产中核心权力的债务解除权?或者联邦法院是否希望对破产法制定之后签订的契约的解除,以及州内当事人之间已签订的契约的解除施加限制?这个议题直到1827年的奥格登诉桑德斯案中才得到解决。

奥格登诉桑德斯案是这样的,被告乔治·奥格登是路易斯安那人,前往纽约寻求发展。1806年9月,他从肯塔基人约翰·桑德斯那里借了一笔钱,生意失败后,他宣告破产,并依据1801年纽约破产法宣布所欠之债务一笔勾销,之后就回到了路易斯安那。对于奥格登不履行还款的行为,桑德斯诉之于路易斯安那联邦巡回法院,巡回法院判决桑德斯胜诉,要求奥格登履行其契约义务,奥格登不服,以纠错令的形式上诉至联邦最高法院。

1819年未能解决的问题,也即国会是否专有破产立法、破产法是否适用于未来契约的问题在本案中凸显出来,有关破产立法的问题再度引起人们激烈争论,诉讼双方当事人力请著名律师为己辩护。为奥格登辩护的律师主要有威廉·沃特、爱德华·利文斯顿和戴维·奥格登,他们认为州也被授权制定破产法,只要不违反契约条款和国会的相关法律即可。联邦政府允许各州制定减缓债务人负担的立法,当1800年破产法实施时,联邦并没有规定要撤回已经实施的各州破产法,也没有禁止各州制定破产法。"诚然,各州制定的破产法不能损害先前的契约,但不能就此推论说各州

---

① Ogden v. Saunders, 25 U. S. 213, 272 – 273 (1827), http://laws.findlaw.com/US/25/213.html

通过的破产法不适用于未来契约。诉讼双方当事人在州破产法通过后签订的契约，应将破产法视为契约的一部分。"①

为桑德斯辩护的律师主要是负责最高法院案例汇编的亨利·惠顿和为达特茅斯学院诉伍德沃德案辩护的丹尼尔·韦伯斯特，他们认为国会专有制定破产法的权力，各州无权涉入此领域。纽约破产法不仅违反了宪法破产条款，而且违背了契约义务，无论契约签订是在破产法通过之前还是通过之后。惠顿争辩说，宪法契约条款不仅是数代人智慧的结晶，也是制宪之父们的意图，"宪法制定的目标之一就是要恢复曾经被破坏的公共信用，将国家从萧条和堕落的状态中回归到债权人和债务人有序的管理状态"。制宪之父们希望所有的契约都包括在宪法的契约条款之中。② 契约条款被制定就是确保美国公民、外国商人和州际贸易者忠实履行契约的义务。丹尼尔·韦伯斯特也从宪法入手，他将宪法看作是"伟大的政治设计"，"确保合同安全，信用稳定，在对外贸易、各州信用、商业和州际事务中保持统一"，让联邦和州共管契约条款无论如何是不相适宜的。③

由于国会在此问题上的不作为状态，联邦最高法院成为破产问题上的最终裁判者。然而，1819 年最高法院脆弱的一致意见在 1827 年时再也无法达成妥协。该案早在 1824 年时就上诉到最高法院，并进行了激烈的辩论，但由于托德法官病重缺席，剩下的六个法官形成了 3∶3 的僵局。马歇尔、斯托里和杜瓦尔站在桑德斯一边，认为国会在破产问题上拥有排他性的管辖权，各州不得制定相关的法律，而且类似的州法也损害了契约义务，侵犯了宪法的契约条款。华盛顿④、约翰逊和汤姆普森则认为纽约破产法有效，国会制定破产法的权力不是排他性的，各州也有并存管辖权，尤其在国会未实施这一权力的情况下。纽约破产法是在诉讼双方当事人签订契约之前已经制定的，不能算是违反了契约义务。由于处于僵局状态，双方只好等托德的到来，托德由于病重错过两个任期，直到 1827 年由罗伯特·特林布尔来填补他的空缺。马歇尔早在 1824 年双方辩论结束后就起草

---

① Ogden v. Saunders, 25 U. S. 213 (1827), http:∥laws. findlaw. com/US/25/213. html
② Ogden v. Saunders, 25 U. S. 213, 218 (1827), http:∥laws. findlaw. com/US/25/213. html
③ Ogden v. Saunders, 25 U. S. 213, 237 (1827), http:∥laws. findlaw. com/US/25/213. html
④ 在 1819 年斯特吉斯诉克劳宁谢尔德案中，华盛顿法官倾向于国会制定破产法的权力是排他性的，在 1827 年奥格登诉桑德斯案中他改变了这一立场，认为国会和各州在破产问题上拥有共存管辖权。

了自己的意见，曾期待托德回来后加入他一方，然后代表最高法院发表意见，然而，未曾想特林布尔加入华盛顿法官一方，马歇尔成了少数的一方，成为异议者！这是马歇尔就任首席大法官以来在重要宪法性议题上第一次也是唯一的一次异议。

由于在破产问题上法官内部分歧严重，多数的四个法官——华盛顿、约翰逊、汤姆普森和特林布尔各自发表了他们的附议，1827 年 2 月 19 日，华盛顿法官代表法院多数意见宣布了判决。国会是否专有制定破产法的权力？对于这一个问题，在 1819 年斯特吉斯诉克劳宁谢尔德案中，他倾向于国会制定破产法的权力是排他性的；但在此案中，他改变了这一看法，"我曾经认为这一权力是国会专有的，但自大多数法官不认可这一观点时，我发现这一观点的确是错误的"。① 1801 年纽约破产法与契约条款是否协调呢？

华盛顿认为，虽然"所有文明国家普遍适用的法律是……所有的人都必须履行他们的契约"，但它只是契约义务的一部分来源，而且，所有人遵守契约的普通法，"必须严格服从于契约缔结地或履行地的市政法（the municipal law）。前者只要履行契约就可以实现，而后者则影响和控制着契约的效力、解释、证据、救济、履行和解除。前者是所有文明国家和其中每个国家的普通法；后者是每个国家的特别法"。华盛顿强调，"当二者相互冲突时，后者优于前者"。② 也就是说，在契约不受侵犯的古老原则和各州破产法之间，当二者有冲突之时，破产法的效力应高于古老的原则，这一说法在当时并不盛行，华盛顿如何协调二者的关系呢？在这里，他给出了一个对后来破产法发展深远的见解：

> 按我的愚见，州的破产法已构成了契约的一部分，不论契约当事人身处何地，它都随该契约而行。它亦得到世界上所有文明国家的尊重，并按该契约本身的形式由那些国家的法庭强制执行，除非契约当事人已同意：该契约将在他地而不是契约缔结地履行，或者该契约指定适用他地而不是契约缔结地的法律，或者该契约是不道德的，或者

---

① Ogden v. Saunders, 25 U. S. 213, 264（1827），http:∥laws.findlaw.com/US/25/213. html
② Ogden v. Saunders, 25 U. S. 213, 258, 259（1827），http:∥laws.findlaw.com/US/25/213. html

该契约与受理起诉的法庭所在地的政策相抵触。在后面这些情况下，不论契约于何处缔结，所有国家都会拒绝给予该契约强制执行的救济。在没有以上这些拒绝理由的情况下，作为该契约的一部分而伴随该契约的本地法，在每一处都应得到尊重和强制执行，而不论该州本地法影响的是该契约的效力、解释，还是解除。这是基于普通法的原则，即契约缔结地的破产法律可在任何地方解除契约，或者解除一方当事人的契约义务。①

通过将破产法纳入契约之中，契约神圣不可侵犯的古老法则与为适应市场革命、各州制定的破产法相协调一致。"对法律所禁止的违法行为加以惩罚，没有任何不公和专横。同样，法律宣布在其通过之后缔结的契约可以不同于当事人约定的方式而解除，如果他们知道或者应当知道，这些契约在某些情况下可能以不同于契约条款中约定的方式而解除，这也不能算作不公或者令人难以忍受。"② 也就是说，在破产法之后缔结的契约，契约双方当事人已默认破产法为契约的一部分，对此双方当事人不应有异议。

尽管被好友华盛顿极力劝解，但马歇尔还是坚持要发表其异议，他以极大的热情投入该案的判决中。作为一个具有商业头脑的法官和一个经验丰富的企业家③，他对于商业阶层对破产法的需求非常了解，虽然他也同情各州的破产立法，但对契约神圣不可侵犯的古老法则和宪法契约条款的钟爱胜过了一切，他不顾自己经营多年的法院一致意见，以出乎寻常的激情发表其异议。

马歇尔异议的核心在于州免除私人契约义务侵犯了宪法契约条款，尽管他承认联邦和州都有权制定破产法，但他利用宪法契约条款一样能拔除州制定破产法的利齿。针对多数意见将各州破产法作为契约的一部分纳入其中的观点，马歇尔反驳说任何企图改变契约义务的法律都破坏了宪法契

---

① Ogden v. Saunders, 25 U. S. 213, 259 - 260 (1827), http://laws.findlaw.com/US/25/213.html
② Ogden v. Saunders, 25 U. S. 213, 267 (1827), http://laws.findlaw.com/US/25/213.html
③ 马歇尔曾于1790年代购买大片的费尔法克斯地产，进行土地投机活动；此外，他还多次参与企业的投资活动等。

约条款。因为契约早于并独立于人类所成立的政府,订立契约是人类的一项自然权利,没有契约双方当事人的同意,立法机构无权通过法律强加给一项契约某些条件。"契约权力是一种自然权利,无法让渡给政府。每一个人有获得财产、根据自己的判断处置财产的权利。除非出于公共目的必要的政府管制外,个人的财产权不受干涉。"[1] 尽管州能够改变救济方式,但其义务依然完整的存在,废除或改变一项契约破坏了契约义务,救济方式被破坏了,契约义务依然存在的说法是荒唐的。[2]

马歇尔还通过宪法文本来证明宪法契约条款不仅限制溯及既往的破产法,也限制适用于未来契约的破产立法。宪法第一条第十款中列举了完全禁止州立法机关采取行动的那些情况,"相关禁止是完全性的和整体性的,不容有任何例外",他们既适用于州法通过之前发生的案件也适用于州法通过之后发生的案件。正是邦联时期州政府过度插手于个人事务以致打断了社会的正常交往,并完全摧毁了人与人之间的相互信任。"其危害是如此之强烈、如此让人震惊,以至不仅损害了商业交往、威胁到信用的生存,而且还侵蚀了人们的道德、摧毁了私人信誉的圣洁",为防止这种危害的持续,制宪之父们在制定宪法的过程,特别禁止各州通过溯及既往的法律及损害契约义务的法律。马歇尔认为宪法中的这些禁令是永久性的,不仅禁止溯及既往的法律,也适用于未来法律。"如果仅是禁止溯及既往的法律,那么在非常短的时间内,对每一个这样的法案来说,其被禁止适用的对象就会不再存在,从而使得宪法的这个条款形同虚设。这样,宪法要引入的就不是一个重大的原则,也不是要禁止所有这样可憎的法律,而只是在一段时间内暂停这项法律的适用,或者排除这些法律既存案件的适用。这样一个目标根本就没有重要到足够使之在宪法中找到自己位置的地步。"[3]

与1819年斯特吉斯诉克劳宁谢尔德案相比,马歇尔在该案中毫不妥协的立场异常引人注目,这不仅是因为该案是马歇尔就任首席大法官以来第

---

[1] Ogden v. Saunders, 25 U. S. 213, 343-344 (1827), http://laws.findlaw.com/US/25/213.html

[2] Ogden v. Saunders, 25 U. S. 213, 352-353 (1827), http://laws.findlaw.com/US/25/213.html

[3] Ogden v. Saunders, 25 U. S. 213, 335, 355 (1827), http://laws.findlaw.com/US/25/213.html

一次在宪法性案件中处于少数地位；还因为作为首席大法官，马歇尔一向为了法院一致意见而倾向于法官之间达成妥协。一向以灵活著称的马歇尔，缘何在此案中执意要发表他的异议呢？作者认为，这主要源于三方面的原因。

一是马歇尔对于契约神圣不可侵犯的古老原则和对宪法契约条款的钟爱。就像他在本案中所指出的那样，"契约权力和契约义务的本源早于社会的创建并独立于社会，像其他人类与生俱来的权力一样，它们是原初的早已存在的原则，尽管它们能被控制，但不能被人类的立法所控制"[1]。契约是"自由人之间的行为"，有理性、有道德的个人应为他们签订的契约负全部的责任，法律的任务就是去执行这些契约。"契约预期得以制定，也应逐字得以实施。"[2] 契约不应该由州立法机构的政治家来管制，法院支持州破产法相当于允许州立法机构侵入神圣的个人契约领域。尽管马歇尔对于经历经济危机的人们持同情的态度，也承认破产在当时社会造成了严重的后果，但他并不认为就此可以牺牲人类与生俱来的契约权利和义务。

二是马歇尔对于州权势力的担忧。马歇尔的传记作家 R. 肯特·钮迈耶在论及马歇尔在奥格登诉桑德斯案中的异议时就认为，1820 年代州权势力的上升、各州反法院的强势以及有关奴隶制等问题使得马歇尔感觉到州权的巨大威胁，使他觉得有必要为他所挚爱的联邦而战。[3] 的确，在国家主义思潮的外表下，州权思想暗流涌动；而各州对最高法院判决的激烈批评，特别是对 1819 年麦卡洛克诉马里兰案判决的猛烈攻击，使得马歇尔对于州权势力的嚣张非常担忧；加之 1820 年左右有关密苏里加入联邦而引发奴隶制问题大讨论，在这一过程中，州权思想和奴隶制思想结合在一起，一些州以脱离联邦相威胁的做法，严重影响到联邦的安宁。马歇尔不是不乐意出于政治考虑来达成妥协，但对于猖獗的州权思想，他觉得不能再对州权主义者妥协了，必须以宪法契约条款来限制州权。

三是基于政策的考量。为防止邦联时期各州之间的恶性竞争，宪法特

---

[1] Ogden v. Saunders, 25 U. S. 213, 344 – 345 (1827), http://laws.findlaw.com/US/25/213.html
[2] Ogden v. Saunders, 25 U. S. 213, 343 (1827), http://laws.findlaw.com/US/25/213.html
[3] R. Kent Newmyer, *John Marshall and the Heroic Age of the Supreme Court*, Baton Rouge: Louisiana State University Press, 2001, pp. 258 – 259.

意设置了商事条款、破产条款和契约条款，以此来协调各州之间的贸易。尽管如此，那些具有进攻性的商业州对他州依然造成了严重的侵犯，特别是纽约州，以其有利的地理优势占据先机，进攻性地夺取商业利润，1824年吉布森诉奥格登案就证明了这些进攻性的商业州垄断经济对其邻州所造成的危害。而纽约自1825年伊利运河开通之后，势力迅速崛起。纽约破产法使得其自身收益颇多，纽约人成为其他州最大的债务人，而破产法给他们提供了重新创业的机会。毫无疑问，马歇尔认为这破坏了各州之间的公平竞争，损害了契约义务。他再次启用宪法契约条款，并将之作为限制州破产法的最后一道防线。这样国会将不得不采取行动，制定统一的破产法；或者最高法院将所有州破产法都判为无效，以恢复各州之间的平等竞争。

尽管马歇尔毫不妥协地发表其异议，但在他去世后，他在破产法方面的观点还是被时代所抛弃，最高法院在奥格登诉桑德斯案中的多数意见逐步成为主流。究其原因，主要在于在没有联邦统一破产法的情况下，各州的破产立法顺应了时代发展的需要。在经济迅速发展的巨大变动和商业浪潮的席卷下，那些无力偿债的企业主大多不是因经营问题，而是由于他们自身所无法控制的市场因素导致。州破产法在保护债权人利益的同时，也帮助这些债务人摆脱困境，使他们留下一个清白的经商记录，重新投入商业建设之中，不必担心一次失误而终身背负债务的可怕后果，间接地促进了经济的发展。研究美国法律史的泰斗詹姆斯·威拉德·赫斯特对此就评论说，"破产法最初主要是保护债权人免受债务人的不诚实所害。但是到了19世纪中期，全国性的破产法和州的破产立法的政策倾向都是为了提供一种手段，用来拯救债务人避免无法挽回的毁灭，使他们作为冒险家能再次为市场做出建设性的贡献。"[①]

小 结

对最高法院来说，契约条款就是宪法的一个缩影。通过弗莱彻诉佩克案、达特茅斯学院诉伍德沃德案、斯特吉斯诉克劳宁谢尔德案和奥格登诉

---

① James Willard Hurst, *Law and the Conditions of Freedom in the Nineteenth-Century United States*, Madison: The University of Wisconsin Press, 1956, p. 26.

桑德斯案这些重要的宪法性判决，最高法院成功地将宪法契约条款变成了保护个人财产权免受州侵犯的宪章。正如马歇尔在1810年弗莱彻诉佩克案中所说，"美国宪法包括了各州人民的基本权利"①。在保护个人财产权的同时，通过宪法契约条款，最高法院的判决在某种程度上也削弱了州权，提升了联邦权。在宪法第十四条修正案中的正当程序条款和平等保护条款引进以前，契约条款作为联邦对各州经济立法的监督频频被采用。

最高法院对宪法契约条款的解读不仅捍卫了私人产权和契约的神圣性，在很大程度上促进了美国经济的发展。在1810年的弗莱彻诉佩克案中，马歇尔首次启用宪法契约条款，并辅之以自然法学说，将佐治亚州损害无辜第三方财产权的州法判为无效，有效地捍卫了个人的财产权，该案也被认为是私有财产权不被州侵犯的经典判例。在1819年的达特茅斯学院诉伍德沃德案中，马歇尔将宪法契约条款的适用范围扩及公司宪章，通过裁定公司宪章是宪法契约条款所保护的契约，该案判决赋予了公司受宪法保护的契约权力，推动了商业公司和民间团体的蓬勃发展。在1819年的斯特吉斯诉克劳宁谢尔德案和1827年的奥格登诉桑德斯案中，马歇尔将宪法契约条款再次扩及各州的破产立法方面，他试图阻止任何州法以任何形式损害契约义务，不过这一次他没有成功，一向默认其观点的大法官兄弟们，出来叫暂停了。马歇尔表达了异议，很显然，这个决定让他很失望。不过，最高法院的多数意见将各州破产法纳入契约之中，极大地丰富了宪法契约条款的内涵；同时，顺应了经济发展的潮流，释放了经济发展的潜能。在国会关于制定统一破产法无作为的情况下，最高法院的这一判决调和了州破产立法与宪法契约条款的关系，扫除了针对州破产立法的顽固障碍，为经济的飞速发展奠定了基础。

---

① Fletcher v. Peck, 10 U. S. 87, 138 (1810), http://laws.findlaw.com/US/10/87.html

第七章　司法权的限度

美国历史学家唐纳德·皮萨尼曾经指出："在19世纪，国会的不行动和最高法院的行动一样定义了宪法。"① 的确，在19世纪的大部分时间里，由于美国社会大众中存在着颇为强大的反对国家权力扩张和集中的倾向，国会在很多事务上都未有作为，这也使得美国的法院在这个国家经济发展的重要时期不得不承担起本来应由立法和行政部门承担的许多责任。正如前文所述，马歇尔法院在一系列重要的宪法案件中，启用宪法最高条款、必要与适当条款、契约条款、商事条款等富有弹性的条款，通过对这些条款的解读，逐步确立了美国宪法法的基本原则。不过，即使如此，司法权依然是有限度的，"法院并不是一开始就在宣告和执行法律上有优先权"。② 最高法院深知这一点，大法官们小心翼翼地将法律从政治的漩涡中剥离出来，将宪法、联邦法律与最高法院紧密地联系在一起，为最高法院成为宪法的最终阐释者铺平了道路；尽管马歇尔在就任首席大法官伊始就否决了一项国会立法，但他对司法审查权力的运用极为谨慎，除了这一次对国会立法的否决之外，在其他涉及国会立法和联邦行政行为的案件中，最高法院都顺从了其他两个部门的自由裁量权。当"自然正义"与法律的准则不相一致时，法律与道德能否和谐一致？如果二者难以协调，法律与道德孰轻孰重？虽然有关奴隶制和土著印第安人的案件并不是马歇尔法院较为重要的案件，但马歇尔法院关于奴隶制和印第安人的判决再次鲜明地展现了司法权的限度。

---

① Donald J. Pisani, "Promotion and Regulation: Constitutionalism and the American Economy" *The Journal of American History*, Vol. 74, No. 3, (Dec., 1987), p.744.
② James Willard Hurst, *The Growth of American Law: The Law Makers*, New Jersey: The Law Book Exchange, Ltd., 2007, p.85.

一 法律和政治

在英属殖民地时期,法律与政治的界线并不是那么清晰,二者往往融合在一起。在美国革命前,地方法院的法官大都是当地较有名气的绅士,他们的社会威望弥补了他们法律知识的不足。由于立法行政与司法往往混在一起,地方法院作为政府的一个重要组成部分,既要处理各种纠纷,还要行使政府的权力,处理各种头绪众多的日常行政。他们不仅要维持社会秩序,保护居民的生命和财产,又要分派和征收税款,颁发和管理各种执照。他们对司法事务的处理只是众多事务中的一部分,在地方法院之上,是由总督和殖民地参议院一起组成的殖民地高等法院,主要审理从下级法院上诉来的民事案件,也偶尔会接受初审的案子。高等法院不仅在案件处理上,而且在其成员构成上,与立法和行政浑然一体,其高度政治化由此可见一斑。加之高等法院多执行英国政策,而较少考虑殖民地本地的实际情况,特别是在殖民地时代后期,法院和殖民地行政当局一样被视为是由英国王室建立和支持的机构,在殖民地人民中得不到信任。

美国革命后,随着经济的快速发展,越来越多的商人被卷入法律诉讼,各种民事纠纷层出不穷。所有这一切对法律的准确性都提出了更高的要求,对专业律师的需求激增,律师业人数变多了,社会地位提高了。法律越来越成为一门脱离政治的学科,而且日渐专业化,成为只有经过正规法律训练、有知识的少数人才能掌握的领域。法官从政治权势的代表,逐步成为职业的法律专门人才。他们退出地方政治领域,专职于法院的司法事务,也使得法庭工作日益专业化。美国著名历史学家戈登·伍德就认为:"共和国初期,最戏剧化的制度创新就是被称为'独立司法部门'的崛起。"①

的确,伴随着革命的成功,独立的法院系统逐步得以确立,各州首次制定的州宪法中承认了法院的重要性,并把它摆在和州长、州议会平等的地位上。在联邦层面上,1787年宪法创建了独立的、由专业人才组成的司法部门。为确保司法的独立性不受立法和行政部门的干扰,宪法特别规定:"最高法院和下级法院的法官如行为端正,得继续任职,并应在规定

---

① Gordon S. Wood, *The Rodicalism of the American Revolution*, New York: Alfred A. Knopf, Inc., 1991, p. 323.

的时间得到服务报酬,此项报酬在他们继续任职期间不得减少。"根据宪法的规定,第一届国会通过了《1789年司法法》,创立了由6名法官组成的联邦最高法院。然而,在建立后的最初10年里,联邦最高法院得不到大多数美国人的尊重——国会完全忽略其存在,以至连办公室都没有为其提供;最高法院权威有限,也使得有才识之人不看好最高法院,成员构成极其不稳定。在这种前途渺茫的气氛中,新生的联邦最高法院却很有远见地试图将法律和政治分离,婉言谢绝不具有司法性的事务,明确联邦司法权的轮廓以求能够正本清源,突出地表现在1792年的海伯恩案和1793年最高法院拒绝向华盛顿总统提供外交咨询。① 最高法院将自己限定在宪法授权的司法领域,拒绝履行"非司法"的职能,为后来的法官们远离政治树立了很好的榜样。

不过,尽管有这些先例,早期的法官们并未完全摆脱政治的藩篱,他们不仅参加了许多总统或国会请求的"非司法"职务,还应总统或国会的请求,担任除法官职务之外的很多公共职务。其中,最为引人注目和最具争议的就是1794年首席大法官杰伊接受委派作为特别大使出使英国,和杰伊的继任者奥利弗·埃尔斯沃斯1799年作为驻法公使出使法国。这种"非司法"职能的任命不仅使当事人极为艰辛,更为重要的是它违反了权力分立的原则,极大地损害了最高法院的权威。

在马歇尔就任首席大法官之前,联邦最高法院卷入政治活动另外一个鲜明的例子是最高法院卷入党派斗争之中,以党派偏见来打压反对党人士。特别是在1800年总统大选前夕,最高法院中最为狂热的联邦党人蔡斯利用给大陪审团"宣示"的机会,公开抨击杰斐逊派共和党人,并积极执行《惩治煽动叛乱法》,将攻击亚当斯政府的共和党激进派人士投入监狱。除此之外,他还在马里兰为亚当斯总统的重新当选奔走呼号,其党派偏见让人叹息。加之在杰斐逊当选总统后,亚当斯和国会利用新总统未就职和新国会未召开的空隙,通过一系列将联邦党人填塞到司法系统的法案,使得杰斐逊派共和党人认为,"在选举中遭到失败的联邦党人退居司法机构,他们盼望从那道防线开炮,轰垮共和党人的一切堡垒"。② 联邦最高法院涉

---

① 参见第一章第44~45页。
② 〔美〕塞缪尔·埃利奥特·莫里森:《美利坚合众国的成长》(上卷),南开大学历史系美国史研究室译,天津人民出版社,1980,第450页。

入政治的泥潭，对其造成了极其恶劣的影响，使得联邦司法部门长期成为行政部门攻击的主要对象。

作为早期最高法院的灵魂人物，马歇尔就任首席大法官后，面对法院深陷政治泥潭的局势，小心翼翼地将法律从政治中剥离，将最高法院的管辖权限于司法权的范围之内；并成功地改变了那种把最高法院当作是联邦党代理人的成见，将联邦最高法院塑造成为宪法和联邦法律的守护神。早在1800年马歇尔作为国会议员为罗宾斯案辩护时，就曾对法律和政治的界限做过精彩的论述。他认为宪法没有授予司法部门"任何政治权"，它只能判决法律案件，这也是对其权力最为重要的限制。而法律案件和政治争端的区别在于："法律案件有其具体的界定，它是双方当事人根据一定的程序，通过法庭辩论最终达成司法判决。""司法权不能扩及政治协定，正如美国和英国间主权的界限清晰明确一样。"①

马歇尔很注重法律和政治之间的区别，他认为，法院所实施的对象"与政府无关"，而立法部门和行政部门是履行"不影响个人权利的主权问题"。② 二者在多数情况下泾渭分明，但在外交局势紧张的情况下，特别是在战争状态下，个人权利和国家主权也会不可避免地交织在一起。作为首席大法官，当有关案件上诉到最高法院时，马歇尔在保护个人权利的同时，也非常注重尊重立法和行政部门的自由裁量权。

在马歇尔就任首席大法官伊始，他就遇到了这样棘手的案子：美国诉佩吉号帆船案，一起因美法之间准战争状态而引起的战利品纠纷案。1800年4月，法国佩吉号武装商船在加勒比海被美国船只拦获。6个月后，康涅狄格州的联邦巡回法院宣布将佩吉号合法征收，并下令出售。一周后，美法签署了《孟特枫丹协定》。根据这一协定，准战争状态下被拦获的船只，在还没走到"征收已成定局"这一步之前，应该归还原船主。《孟特枫丹协定》签署时，巡回法庭关于征收佩吉号的判决还没有正式执行。为改善与法国的关系，杰斐逊政府主张佩吉号的情形应属于"征收未成定局"状态，并指示联邦检察官与法国船主交接佩吉号及补偿事宜；联邦巡

---

① Ruth Wedgwood, "the Revolutionary Martyrdom of Jonathan Robbins," *Yale Law Journal*, vol. 100, No. 2, November, 1990, pp. 345 – 348.

② Robert Kenneth Faulkner, *The Jurisprudence of John Marshall*, N. J.: Princeton University press, 1968, p. 79.

回法庭拒绝接受这一指示，并宣称总统的指示于法无据。这一事端让局面危急起来，特别是此时《孟特枫丹协定》还未完成批准程序，因此，从严格意义上说，整部条约还不具有正式的法律效力。

尽管如此，当此案上诉到最高法院时，大法官们经审理后，一致认同了政府的主张。在由马歇尔起草并发布的判决中，他认为《孟特枫丹协定》作为美法两国之间的条约，在法律效力上胜过普通的民事诉讼判决，它可以限制任何由法庭认可的私人合同条款；而联邦巡回法院的判决还允许提出上诉，存在变数，其征收佩吉号的判决并未生效，因此佩吉号应属于征收未成定局的状态。对于此案的判决，他承认该案有追溯既往的嫌疑，但考虑到国家的外交政策已延伸到"在战争需要的情况下，牺牲个人权利"的地步，该案不应该严格审查《孟特枫丹协定》的效力，它"不是应由法院，而是应由政府来决定是否给予合适补偿的案件"。①

在该案中，最高法院对于总统处理外交事务的自由裁量权给予了充分的肯定，有意识地避免司法部门卷入复杂的政治论争之中。在处理由外交事务引起个人权利受损的案件中，最高法院首先考虑的依然是行政部门的自由裁量权。在 1812 年的交换号帆船诉麦克法登案（The Exchange v. McFaddon）中，最高法院的这种思想得以充分体现。1812 年，美国一艘商船被法国私掠船截获，并作为战利品被重新装备后用作法国海军。后来该船因恶劣的天气不得已在费城避难，该船最初的船主就此提起诉讼，要求法国归还船只。对于此案的审理，大法官们非常谨慎，"该案非常复杂和重要，它提出了一个棘手的问题：即一个美国公民是否可以在美国的法庭上，索回其在美国水域内发现的国际武装船"。对该问题肯定的答复，不可避免地将使两国友好的关系蒙上阴影，法国政府会据此认为这是对法国主权和尊严的侮辱。如何判决此案，再次考验着大法官们的智慧。在由马歇尔起草的最高法院一致意见中，他从国际法的权威著作中寻找答案，"根据公法原则，一国战舰，进入与其友好国家的港口，一般被认为是免于该国管辖的"。当然，不管在什么时候，这种免于管辖权都可以被收回，但这是由政治部门决定的事情，不属于司法的权限。只有"国家的主权才有资格去惩罚另一个

---

① United States v. Schooner Peggy, 5 U. S. 103, 110 (1801), http://supreme.justia.com/case/federal/us/5/103/case.html

主权国家所犯的错误"，"这是政治性的而不是法律性的问题"。① 美国政府没有撤销其免于管辖权，联邦司法部门不能探究法国战舰的所有权问题，尽管在通常情况下法院应审理由个人提起的财产诉讼。

最高法院大法官们非常注重区别法律和政治的不同，认为法院没有任何独立于法律的意志，他们的职责仅仅是宣告法律是什么；制定法律，法律应该是什么，是立法部门的职责，是司法部门的禁区。不过，在他们认为属于司法部门管辖范围之内的案件，大法官们也当仁不让。1803 年的马伯里诉麦迪逊案尽管涉及党派的纷争，特别是行政部门对司法部门的敌意，但大法官们认为此案关系到个人财产权能否得到捍卫、行政部门是否遵守法律的重要问题，并不涉及任何政治性的问题，理应在司法权的管辖范围之内，最高法院不仅接手此案，而且在判决中详细地阐释法律和政治的不同：

> 根据美国宪法，总统（行政部门的官员）掌管某些重要的政治权力，在行使这些权力的过程中，他可以使用自由裁量权，同时仅以其政治人格对国家及自己的良心负责……不管对行政裁量行为的方式持何种意见，都不存在，也不能存在某种权力来控制它，这属于政治的范畴……但是，当立法机关继续将其他职责赋予这一官员时——当他接受法律强制去执行某些行为时，当个人权利有赖于那些行为的实施时——就此而言，他就是法律的执行者，其行为必须守法，不能因行使自由裁量权而践踏他人的法定权利。②

法院不会干涉行政部门的自由裁量权，涉入政治的禁区，"法院的活动范围仅仅是决定个人的权利，而不是审查行政机构或行政人员如何行使自由裁量权来履行职责。政治性问题或依据宪法和法律应提交行政机构的问题，绝不能由法院来解决"。③ 但法院绝不会放弃属于司法管辖的案件，"如果这非但不是对行政部门秘密的侵犯，反而是遵守一个依据法律建立

---

① The Exchange v. McFaddon, 11 U. S. 116, 145 – 146 (1812), http://supreme.justia.com/case/federal/us/11/116/case.html
② Marbury v. Madison, 5 U. S. 137, 165 – 166 (1803), http://laws.findlaw.com/US/5/137.html
③ Marbury v. Madison, 5 U. S. 137, 170 (1803), http://laws.findlaw.com/US/5/137.html

在记录基础之上的法律文件,甚至是花十美分复制的、赋予某项权利的法律文件的副本,如果这并没有干预人们认为已属行政机构管辖的事项,那么,高高在上的官员凭什么来禁止公民在法庭上主张其法定权利?又凭什么来禁止法院听取申辩,或禁止法院颁发要求该官员依据议会特定法案或法律一般原则而非依据自由裁量权来履行其职责的令状?"①

虽然最高法院最终也未能要求麦迪逊将马伯里的委任状颁发于马伯里,但他们对于个人权利的捍卫、对于司法管辖权的界定树立了一个很好的先例,也即法院不会介入政治性问题,法院仅仅是审理有关个人权利的机构。尽管该案判决国会一项立法违宪无效,但就早期最高法院来说,大法官们对于立法部门的自由裁量权给予了充分的肯定。由于法院对政治力量施加影响的脆弱性,这在某种程度上也强化了大法官们对于国会广泛自由裁量权的认可度。早在1805年的美国诉费希尔(U.S. v. Fisher)案中,马歇尔起草的法院意见中就对国会制定"必要与适当条款"给予了广义的理解,他认为"国会必须拥有选择手段的权力,必须被授权使用任何有益于实施其权力的手段"。② 这一观点在1819年的麦卡洛克诉马里兰案中得以完美地展现。在该案中,他明确指出,国会为执行宪法列举权力所采用的一切合适的手段都是符合"宪法的文本和精神的"。在国会运用合适的手段实施权力时,法院不能去"探究国会实施手段的必要程度",这样的质询将超越法律的界限,跨入政治自由裁量权的范围。用马歇尔的话说,它将"超出司法的界限……进入立法领域,法院拒绝实施这样的权力"。③ 司法部门不干涉政治进程不仅仅是司法自我克制的谨慎的行为,而且是对由人民选举代表多数统治意志的默认。麦卡洛克诉马里兰案通过对宪法"必要与适当条款"的阐释,给予了国会处理"人类事务各种危机"的手段。

在马歇尔任内,大法官们基本上都顺从了国会的立法,很少行使司法审查权来否决国会立法,不过,单单承认司法部门有权审查国会立法的合宪性,本身就是对国会权力的一种无声的制约。最高法院适时地提醒立法

---

① Marbury v. Madison, 5 U. S. 137, 170 (1803), http://laws.findlaw.com/US/5/137.html
② John Marshall, *the Writings of John Marshall: Late Chief Justice of the United States, Upon the Federal Constitution*, Boston: James Munroe and company, 1839, p. 30.
③ McCulloch v. Maryland, 17 U. S. 316, 421, 423 (1819), http://laws.findlaw.com/US/17/316.html

部门，基本法高于国会立法，判决二者是否冲突是法院的职责。在判决美国银行法案合宪性的同时，马歇尔礼貌而坚定地表示国会的自由裁量权不是无限的，"它不能在实施其权力的借口下，通过法律，实施宪法没有授予国会的权力"。如若国会通过这样的法律，法院"将不得不痛苦地宣称这样的法律不是本土的法律"。①

尽管最高法院严格区分法律和政治，将法院的权力局限于"案件"，但最高法院还是避免不了卷入政治的漩涡——特别是在宪法性案件中，法律和政治的界限并不是那么清晰，因为在宪法性案件中法院不仅仅是解释法律，还要判决立法机关实施政治权力的合宪性问题，最高法院多次游离在政治和法律的边缘，也致使其受到广泛的批评。特别是1810年弗莱彻诉佩克案，作为一起深受政治影响的案件，且双方当事人是有意识地将此问题留给最高法院来解决，这样一起"共谋的"或者说"虚假的"案件，根本不必予以审理。然而，作为首席大法官，马歇尔不顾内部成员的反对，执意要审理此案，虽然在他的劝说之下，该案最终达成一致意见，但其成员的不满还是显而易见的。尽管在判决的过程中，马歇尔有意识地将政治问题予以剥离，仅判决其中的司法问题，但政治考量使法律予以实施，法律又如何超越政治呢？②

总的来说，最高法院还是非常注重法律和政治的区别，严格限制司法部门进入政治领域，为司法部门成为宪法和联邦法律的守护者奠下了根基，也为后来的继任者立下了司法不得卷入政治的先例。尽管随着历史的发展，法院的职能发生了很大的变化，也不可避免地卷入政治领域，但司法审查回避政治问题作为一个原则还是被保留了下来，这可说要得益于早期最高法院大法官，特别是马歇尔的功劳。

二 奴隶制、联邦主义和法治

在最高法院早期的历史上，奴隶制问题并没有引起很大的争议，不过奴隶制的合法化还是不可避免地使最高法院卷入有关奴隶制的争论之中。

---

① McCulloch v. Maryland, 17 U.S. 316, 415, 423 (1819), http://laws.findlaw.com/US/17/316.html
② 有关弗莱彻诉佩克案的内容和影响参见第六章第一节"作为契约的公共授权：弗莱彻诉佩克案"。

而大法官们有关奴隶制的相关判决,也鲜明地展现了司法权的限度。当"自然正义"与宪法准则或者法律准则相互对立,而不是有机地结合在一起的时候,法律与道德何去何从?大法官们会顺从道德的准则、依据自然法来判决还是违反道德顺从制定法呢?

在有关奴隶制问题上,1787年宪法中没有一处提到"奴隶"或"奴隶制",甚至没有提及黑人,凡是涉及奴隶的地方,宪法中都用类似"所有其他人口""服劳役的人""现在某些州存在这样的人口"等这些字眼来代替。制宪者们回避了"奴隶"的字眼,但并不能回避奴隶制问题。在这部宪法中,直接涉及奴隶制问题的条款就有四条,通常被学术界称为"五分之三条款""礼让条款""奴隶贸易条款"和"逃奴条款"。① 虽然制宪者们采取了一种非常模糊的态度,但这些条款明确了奴隶制的合宪性,在19世纪州权思想盛行的年代里,奴隶制与州权思想结合在一起,使得蓄奴主义者有了宪法的根基。宪法认可了奴隶制,联邦政府无权干预蓄奴州的奴隶制度,这种观点在19世纪前半叶时有挑战,但依然是其主流思想。

对于猖獗的州权思想,最高法院启用宪法的最高条款、必要与适当条约、契约条款等不遗余力地削弱州权,捍卫联邦的统一和宪法的神圣性,在联邦主权方面,大法官们有充分的法律基础;然而,在奴隶制问题上,虽然大多数法官承认奴隶制是不道德的,但由于有宪法和各州法律为奴隶制辩护,大法官们的作为很少。在上诉到最高法院为数不多的奴隶制案件中,大法官们在大多数情况下都顺从了立法部门的意愿。在他们看来,尽管司法部门也有其自由裁量的权力,但司法自由裁量权远远没有扩大到对奴隶制政体进行直接干预的程度。这是立法部门的事情,司法部门无权进行干预。

作为首席大法官,马歇尔从内心里憎恨奴隶制,认为奴隶制与自然正义不符,希望能够以和平的方式废除奴隶制,但废奴主义者和支持奴隶制

---

① 这几个条款在宪法中的表述分别为:宪法第一条第二款规定,"各州人口数,按自由人总数加上所有其他人口的五分之三予以确定。"宪法第四条第二款规定,"每个州的公民享有各州公民的一切特权和豁免权。"宪法第一条第九款规定,"现有任何一州认为得准予入境之人的迁移或入境,在一千八百零八年以前,国会不得加以禁止。"宪法第四条第二款规定,"根据一州法律须在该州服劳役或劳动的人,如逃往他州,不得因他州的法律或规章而免除此种劳役或劳动,而应根据有权得到此劳役或劳动之当事人的要求将他交出。"

的狂热激情又使他觉得和平实现这一目标几乎是不可能的。在他看来，宪法和联邦的存续要远远优先于废除奴隶制。因此，在有关奴隶制的案件上，他严禁将感情因素渗入判决之中，而是采取一种狭义的、文本主义的方法，将案件的判决建立在普通法解释和严格的证据规则基础上。

在1813年的米玛·奎恩诉赫伯恩（Mima Queen v. Hepburn）案中，马歇尔就采用严格的证据规则（rules of evidence），否决了一起奴隶要求自由的请求。在该案中，原告米玛·奎恩是被告约翰·赫伯恩的一名奴隶，她声称自己是自由人，其原因是她的远房母系祖先玛丽·奎恩是一名自由妇女，但无人能直接证明玛丽·奎恩是一名自由妇女，只有大量的传闻，如其中一个证人理查德·迪士尼就在法庭上作证说，"他听到了大量关于原告祖先玛丽·奎恩的传闻，并听很多人说拉金船长将她带到这个国家，她有很多漂亮的衣服。"从这里可以推论出她应该不是奴隶。由于没有直接的证据证明玛丽·奎恩是自由人，这些传闻是否可被法庭采纳呢？如果传闻能作为证据被予以采用，那么米玛·奎恩将获得自由，最高法院通过司法自由裁量权为人类自由做出自己的贡献；而如果传闻不能作为证据的话，原告将作为财产再次成为赫伯特的奴隶，在某种意义上来说最高法院捍卫了私人的财产权。在自由和财产之间，该如何判决呢？

当此案上诉到最高法院时，最高法院很快做出了判决，只有杜瓦尔法官持异议，马歇尔代表最高法院宣读了判决。在判决中，他严格根据证据规则，指出传闻不能作为证据被法院采纳。"所有的问题都建立在证据规则的基础上非常重要，我们的生命、我们的自由和我们的财产都依赖于这些规则的实施，他们是由数代的智慧发展而来，为我们的先辈们所推崇和创立。"[1] 虽然马歇尔很同情原告的遭遇，但他认为不能就此远离法律的原则，"个人的同情心可能倾向给予原告以自由，但法院不能区别对待这种权利和其他权利，因为这样的传闻证据可能在争取自由权的案件中被适用，却无法在一般的财产权案件中得以适用"。[2] 在该案中做出一个例外的先例将产生一个危险的先例，进而破坏财产权的安全。马歇尔在该案中的法

---

[1] R. Kent Newmyer, *John Marshall and the Heroic Age of the Supreme Court*, Baton Rouge: Louisiana State University Press, 2001, p. 427.

[2] John T. Noonan Jr., *The Antelope*: *The Ordeal of the Recaptured Africans in the Administrations of James Monroe and John Quincy Adams*, Berkeley: University of California Press, 1977, p. 106.

律意见简洁明了，没有任何的拖泥带水，虽然他很同情原告，但作为一名法官，在道德和法律面前，他毫不迟疑地坚守法律原则，履行其法律义务。

在马歇尔任期内有关奴隶制和奴隶贸易的一个较为重要的案件是 1825 年由最高法院判决的羚羊号案。羚羊号是一艘奴隶船，1819 年被美国缉私船在佛罗里达海岸附近的国际水域截获，船上有 281 名黑人，西班牙和葡萄牙的副领事声称这些黑人是他们国家公民的财产。该案直接涉及奴隶贸易的合法性问题，在美国，早在 1808 年，国会就制定法律禁止奴隶贸易，参与奴隶贸易者按海盗罪判处，最高可被判处死刑，并没收奴隶贸易者的船只、将黑奴们送回非洲；而在西班牙、葡萄牙，奴隶贸易则是合法的。西班牙和葡萄牙一方否认曾意图将这批奴隶输入美国而触犯美国的法律，取而代之的，他们声称这批奴隶是运往巴西或古巴的——在那里，国际奴隶贸易依然合法。该案被提交到联邦巡回法院，威廉·约翰逊大法官做出了不利于奴隶的判决，他认为这些非洲人不是由美国船只装载，因此不应由美国法律来管辖，"而在其他国家，不管奴隶贸易如何的违背人道，它只不过是贸易的一个种类而已"。① 他命令以抽签的方式在美国、西班牙和葡萄牙的索赔者之间分配奴隶。他的这一判决使美国律师深感不满，他们将这一案件上诉至联邦最高法院，呈送到马歇尔的面前。

为美国一方辩护的是美国总检察长威廉·沃特和著名律师弗兰西斯·凯伊，他们认为应该严格执行国会禁止奴隶输入的法律，羚羊号奴隶船应按海盗罪予以处置，非洲黑人应被释放和送回非洲。他们还辩护说世界各国都在制定法律废除罪恶的奴隶贸易，"一场道德和法律的革命正在世界各地掀起，世界范围内禁止奴隶贸易的时机已经成熟"。② 凯伊援引 1822 年斯托里在巡回法院审理的"合众国诉拉杰恩·尤金尼亚案"（United States v. La Jeune Eugenie）作为先例，以此来说明在羚羊号案中这些奴隶应被释放。③ 他督促马歇尔和他的同事，法院应站在正义的一边，走在时

---

① Donald M. Roper, "In Quest of Judicial Objectivity: The Marshall Court and the Legitimation of Slavery" *Stanford Law Review*, Vol. 21, No. 3 (Feb., 1969), p. 536.
② R. Kent Newmyer, *John Marshall and the Heroic Age of the Supreme Court*, Baton Rouge: Louisiana State University Press, 2001, p. 430.
③ 在"合众国诉拉杰恩·尤金尼亚案"中，斯托里认为奴隶贸易是非法的，"有悖于正义和人道的一般原则"，Donald M. Roper, "In Quest of Judicial Objectivity: The Marshall Court and the Legitimation of Slavery" *Stanford Law Review*, Vol. 21, No. 3 (Feb., 1969), p. 535.

代的前列。对于沃特和凯伊的辩护，代表西班牙和葡萄牙的辩护律师约翰·巴林和查尔斯·英格索尔毫不甘示弱，二人一致认为原告的辩护过于理想化，他们声称没有国际法限制奴隶贸易，这意味着葡萄牙和西班牙关于奴隶的法律是有效的。作为财产，这些非洲黑人应归还其主人。美国无权强迫他国接受美国的法律。巴林更是很有激情地扩及美国国内的奴隶制，他说："如果奴隶贸易是抢劫的话，那么你们都是强盗，并且现在依然依附于你们的战利品。这种贸易被你们的宪法保护了20余年，且从你们的立法权中得以豁免；这是你们宪法得以建立、国家得以形成的基础。你们继续享有奴隶，且由宪法保护，从中选出代表，将此制度深深地融入你们的法律中。……在谈论其他国家奴隶贸易的道德性之前，从这种荒谬的言论中解脱出来吧。"①

1825年3月16日，马歇尔代表最高法院宣读了法院判决。在判决中，马歇尔认为该案极其重要，因为该案导致"自由和财产的神圣权利"出现戏剧性的冲突——非洲黑人要求他们的自由，西班牙和葡萄牙则要求保护他们合法获得的奴隶财产。马歇尔承认奴隶贸易与"人性相违背"，"每个人都拥有获取自己劳动成果的自然权利"，"没有人能合法地剥夺他这些成果，或者在违反他本人意愿的情况下对之进行分配，这是被广泛认可的观念"。②奴隶贸易"对于那些没有因为熟悉该贸易而丧失本性的、有思想的人来说是令人憎恶的"，但作为一个法学家而非道德学家，马歇尔强调，"法院不得屈服于可能诱使其脱离职责之路的感情，而必须遵从法律的指令。"在现代，奴隶贸易"已经被所有拥有遥远殖民地的国家所许可，这些国家将其作为一种普通商业贸易来从事，没有别人可以正当地中断它"。的确，美国和大英帝国前不久废除了这项令人憎恶的贸易，两国民众也希望禁止此项贸易。毫不奇怪，美国民众希望道德与法律同步，希望美国的法律能控制和限制他国支持奴隶贸易的法律，但没有国家能"合法地将一项制度强加于其他国家"。在不限制奴隶贸易的国家，它依然是合法的。为了说明这一点，马歇尔还追本溯源，指出在最初"存在战争的年代"，

---

① John T. Noonan Jr., *The Antelope*: *The Ordeal of the Recaptured Africans in the Administrations of James Monroe and John Quincy Adams*, Berkeley: University of California Press, 1977, p. 100.
② The Antelope, 23 U. S. 66, 114, 115, 116, 120 (1825), http://supreme.justia.com/us/23/66/case.html

大家"默认"的权利中包括了征服者奴役被征服者。尽管基督教国家早已宣称废止战争赋予胜利者奴役失败者的权利的观念，但是在黑暗笼罩下的非洲国家，它仍然是有效法则。①

> 在基督教国家，……战争不再被认为有将俘虏变为奴隶的权利。但是这一人性的胜利尚不普遍。现代法国家的团体不以强力推行它们的原则，非洲也还没有采用这些原则。就我们所知道的它的历史，在整个大陆范围之内，国家的法律仍然是囚犯即奴隶。②

马歇尔随即问道："那些自己废止了该法的人们，是否可以参与购买那些受该法所害的人们？"③ 对于此问题，马歇尔的答案是法官只能提供法律的答案，而在没有具体法律规定的情况下，法官应通过约定俗成的习惯、国家行为、一般认同来寻求法律的内涵。据此马歇尔提出根据普通法中国家相互平等的原则，美国的法律不适用于西班牙和葡萄牙。

> 任何国家都不能正当地将一项规则强加于另一国家，每个国家都为其自己立法，但其法律只能适用于自身，……如同没有国家能够为他国规定一项规则一样，也没有国家能够为别国制定法律；这一贸易在那些尚未禁止它的政府中仍将保持合法。④

美国的法律不能作为国际法来禁止国际奴隶贸易，且根据普通法原则，"截获奴隶贸易的船只所适用的法律是船只所属国家的法律"⑤。既然葡萄牙和西班牙法律规定奴隶贸易合法，那么美国的法院必须交还美国船只在公海上捕获的外国奴隶船。

如果说马歇尔上述所阐述的原则迎合了西班牙、葡萄牙的权力诉求的话，那么在实际运用此原则上，马歇尔却是倾向于释放这些奴隶的。他应

---

① The Antelope, 23 U. S. 66, 115 (1825), http://supreme.justia.com/us/23/66/case.html
② The Antelope, 23 U. S. 66, 121 (1825), http://supreme.justia.com/us/23/66/case.html
③ The Antelope, 23 U. S. 66, 121 (1825), http://supreme.justia.com/us/23/66/case.html
④ The Antelope, 23 U. S. 66, 122 (1825), http://supreme.justia.com/us/23/66/case.html
⑤ The Antelope, 23 U. S. 66, 118 (1825), http://supreme.justia.com/us/23/66/case.html

用严格的证据原则，要求西班牙和葡萄牙出示完整的购买奴隶的文书，这一要求对于西班牙和葡萄牙来说都是致命的，特别是葡萄牙，由于没有相关的文书证据，马歇尔完全否决了葡萄牙对于奴隶的权力要求，而西班牙也仅能证明只有39人为其所有，最终马歇尔判决除了这39人外，其他黑人一律释放，被作为"美国人"交付美国殖民协会，由其遣返到非洲。

马歇尔在羚羊号案中的判决反映了他在多数有争议案件中的处理方式。在确定一个原则后，对这个原则采用务实主义的态度，以使法院判决更符合自然正义。在羚羊号案中，马歇尔将他个人对奴隶贸易的憎恨与他称之为"法律的授权"予以平衡，虽然受国际法的限制，但判决结果并不使反对奴隶制的人恼火。同样重要的是，法院在这个将国家撕裂为两部分的议题上以一个声音出现难能可贵。马歇尔判决所依据的理论既使他拥有奴隶的同事威廉·约翰逊和布什罗德·华盛顿感到满意，也使强烈反对奴隶制的约瑟夫·斯托里和史密斯·汤姆普森能够接受。

虽然法律自由裁量权不能释放所有在羚羊号船上不幸的非洲人，马歇尔也许会满意于通过严格证据原则，使更多非洲人获得自由。法学家毕竟不是道德学家，他不仅受司法先例的约束，还要寻求国际法适用的规则——文明国家的先例、法律、条约及正式的交易记录等。据此，他认为羚羊号案并不是宣称奴隶贸易非法的成熟时机。若进一步使用司法自由裁量权将使司法步入政治的禁区，导致司法立法。尽管包括美国在内的很多国家都废除了奴隶贸易，但不能以此推断所有的国家都废除了奴隶贸易。考虑到文明世界民众极力反对奴隶贸易，我们可以期待召开一次国际大会尽快废除奴隶贸易。但这不是一个国家法院能干预的事情，法院不能抢占立法活动。羚羊号案鲜明地展现了司法权的限度，也即在道德与法律不一致的时候，作为法学家，法官只能依据法律办案，不能随意进入立法领域。

在立法未予明确规定，且符合宪法文本和精神的情况下，马歇尔毫不犹豫地使用司法自由裁量权，尽可能地实现自然正义。四年后，在另一起有关奴隶制的案件博伊斯诉安德森案（Boyce v. Anderson）中，马歇尔就根据自然法的原则判决奴隶是人而非商品。该案起因于一艘汽船事故，在这起事故中，几名奴隶被淹死。假如奴隶被认为是商品，那么汽船所有人对奴隶主的损失负有绝对的责任；而如果奴隶是人，那么汽船所有人只在被证明有疏忽的情况下才负有责任。该问题不仅是一起简单的汽船事故,它还涉及南北双方不同的社会制度。令大多数南部人失望的是,马歇尔判决奴隶是人。"奴隶也有意志力,有感情,这些不能被完全忽略。他不能被简单地视为一件普通的商品。就事情的本质和奴隶的性情来说,他更像是一个乘客而不是一件商品。"①

尽管有关奴隶制合宪性的议题没有上诉到马歇尔法院,但最高法院对于奴隶制的看法并不复杂,那就是以法律为准绳,严格按照证据原则予以审理相关的案件,在宪法和法律的框架内尽可能地实现自然正义。在马歇尔长达35年的首席大法官生涯中,只有少数几起奴隶制案件上诉到最高法院。这些案件主要展现了大法官们不受环境和情感的诱惑,遵从法律的决心。在这些案件中,大法官们坦承司法权的限度,承认法院并不是一直能在道德和法律、感情和职责、个人偏向和法院判决之间很好地协调。大法官们并不是意指道德和自然正义在法院判决中不重要,而是说法院不能忽视制定法明确的意图。如果制定法以清晰的语言予以制定,即使该法侵犯了自然法,法院也不能反对这一政策,因为它不能探究立法是智慧还是荒唐的。虽然看似荒谬,但假如制定法规定的内容明确不合乎道德,但又不违宪,法院实施法律就是道德上正确的事情。在大法官们看来,特别是在马歇尔的头脑中,不管这一职责是多么可恶和令人讨厌,它与篡夺立法权、宣告法律是什么的更大更难以宽恕的司法罪恶比起来也是微不足道的。

三 原则和道德的底线:佐治亚、杰克逊和切诺基印第安人组案

在有关奴隶制的案件中,法院只能从自然正义中寻求少许的支持,它没有宪法和法律的支持,尽管奴隶制和自然正义的基本道德原则相悖,但法院却没有过多的自由裁量权涉入立法领域,它只能依法行事,可以说,法院有关奴隶制案件的判决鲜明地展现了它的局限性;与黑人奴隶不同,美国国土内另一特殊的群体——印第安人,虽然也不是法律定义上的美国公民,却享有自由人的身份;他们的权力诉求与黑人不同,他们要求的不

---

① Jean Edward Smith, *John Marshall: Definer of a Nation*, New York: Henry Holt and Company, Inc., 1996, p. 488.

是个人的自由权,而是印第安部落保有土地的权力;他们的这一权力诉求不仅得到了自然正义原则的支持,而且在宪法和联邦法中都有明确的规定。然而,与奴隶制案件没有引起过多的关注和争议相反,有关印第安人的案件早在进入联邦最高法院之前,就已经成为各党派政治争议的核心,法院对印第安人问题的判决再次将其引入政治的漩涡。而法院的判决遭到国会和总统的一致漠视和敌意,也再次鲜明地展现了司法权的限度。

最高法院判决的第一起有关印第安人的案件是1823年的约翰逊和格雷厄姆的承租人诉威廉·麦金托什一案。该案是第一起上诉到联邦最高法院的、涉及印第安人土地所有权的案件,也是对美国政治和法律较有影响的案件。该案主要是关于伊利诺伊和瓦巴施(Wabash)河之间5000万英亩土地的所有权问题。原告声称该领地早在1773年的时候从俄亥俄河西北部的印第安人手中购得,并与1775年获得产权;被告则宣称该领地是由美国政府授予而得。虽然双方当事人都是白人,但其实质问题却是印第安人土地转让权的权限问题。印第安部落成员是否有权单独出售土地?作为一个特殊的群体,印第安部落的土地应该如何界定?这些问题在宪法中未有明确的规定,国会也未有相关的法案予以阐释。当该案上诉到最高法院时,大法官们即刻展开讨论,并很快达成了一致意见,由马歇尔起草并发布了法院的意见。

在这份法院意见中,马歇尔详细阐释了印第安人对"土地占有权"的理论,他认为当欧洲国家发现并征服北美大陆后,就享有了对北美大陆这片土地的绝对所有权,土著美洲人——印第安人只享有"土地占有权",而不享有"土地所有权",故而印第安部落成员不能单独出售土地。

> 征服赋予了一项征服者的法庭无法拒绝的所有权,无论个人的私下与投机的意见如何,关于该要求的最初正义已经被成功地维持。英国政府——当时我们的政府——的权利已经交给了美国,对受特许限定的英国殖民地范围之内所有被印第安人占有的土地主张了一项所有权。它也主张了对他们的有限主权以及为消灭占领带给他们权利的专有特权。这些主张通过武力得以在西至密西西比河建立和维持。我们现在拥有的对大部分国土的所有权,起源于他们。该国的法院不应去

质疑此项所有权的有效性，或者去维持与该项所有权不一致的观点。①

也就是说，英国发现了北美大陆，继而享有其殖民地土地所有权，美国独立后，继承了英国对这一领地的土地所有权，尽管这是通过发现、征服等手段所得，但这个原则已经被确立，成为法律的一部分，最高法院不能再去质疑它的有效性。

> 无论将对一个居住国的发现转变为政府的借口表现出来多么过分，如果这个原则起初已经被坚持，然后得以维持；如果一个国家已经获得并保留它；如果该团体的绝大多数之所有权来源于它，它就毋庸置疑地成为该地的法律。对于其伴随原则也是如此，即印第安居民被认为只是占有者而已，且确实在和平的时候对其土地的占有将获得保护，但被认为没有能力把这绝对权利转让给他人。无论这项限制会如何有悖于自然法或文明国家的习惯，但是如果它是已经建立的国家的制度所不可或缺的，并适应于两个民族的实际情况的，那么它将可能有理由被支持，并肯定不会被正义法庭否决。②

马歇尔解释说，根据发现原则而引申出的英国对北美土地的绝对所有权是为了避免其他欧洲国家进入而引发冲突，但这一土地绝对所有权并没有否认原住民占有土地的权利。"原住民的权利不能被完全无视，尽管他们在很大程度上必然被侵害。"他们保有土地的法律权益是公认的，"就像一个独立国家一样，他们的主权是完全的，不能被贬损的"。虽然欧洲国家对发现的土地拥有最终的所有权，但印第安人土地占有权一样不得侵犯。"欧洲国家对前来的白人授予土地所有权，应从属于印第安人的占有权。"③ 这些原则自殖民者踏上北美土地直到今天一直在适用。在这些原则的指导下，美国政府购买印第安人土地后，就拥有了这些土地的绝对所有

---

① Johnson and Graham's Lessee v. William McIntosh, 21 U.S. 543, 588（1830），http://supreme.justia.com/us/21/543/case.html
② Johnson and Graham's Lessee v. William McIntosh, 21 U.S. 543, 591（1830），http://supreme.justia.com/us/21/543/case.html
③ Johnson and Graham's Lessee v. William McIntosh, 21 U.S. 543, 573, 574（1830），http://supreme.justia.com/us/21/543/case.html

权,由政府将这些土地转卖于个人。个人不能从印第安人那里直接购买土地,只有联邦政府和印第安部落方能进行土地的交易,因此在该案中,原告败诉。

在约翰逊和格雷厄姆的承租人诉威廉·麦金托什一案中,马歇尔对印第安人土地政策的解读反映了美国早期联邦政府对印第安人的政策,也即将印第安部落看作是主权实体,由联邦政府来管理与之的关系,政府希望以和平签订条约的方式将印第安人的土地转让与政府,并保证印第安人未转让土地的合法权益,这也是殖民地时期英国对印第安人政策的一种延续。正如研究美国公民权的学者詹姆斯·卡特纳所说,"这些部落本身……可以被视为准主权的国家,他们执行自己的法律和习惯,并要求其成员直接效忠"。①

然而,联邦政府的这种政策并没有缓解其与印第安人紧张的关系,特别是随着美国领土的扩张,白人的源源西去,原本存在于白人社区之外的印第安人部落,逐渐陷入白人的包裹之中。由于印第安人部落的活动范围在各州的地域之内,各州是否有支配印第安人部落及其成员的权力?如果各州可以制定相关的政策,那么印第安人部落是否还是一个主权实体?"如继续把部落视为主权实体,在美国则等于承认部落为国中之国;如否认部落的主权地位,即意味着印第安人须服从美国的法律,这对印第安人来说自然是不能接受的。"② 这一令人困扰的问题,由于切诺基印第安部落与佐治亚之间的冲突而变得日益尖锐,最终导致了一场"法院有史以来最为严重的冲突"③。

切诺基印第安人长期生活于美国南部地区,在18世纪末叶让出他们的狩猎地以后,退居到佐治亚西北部的山地中。1791年,切诺基人和美国政府签订《霍尔斯顿条约》(the Treaty of Holston),美国政府保证他们据有那些山地,并帮助他们从狩猎者转变成畜牧者和农耕者。在战场中屡遭失败的切诺基人为了在白人文化的侵逼下求得生存,主动吸收白人文化,采

---

① James Kettner, *The Development of American Citizenship*, 1608 – 1870, Chapel Hill: the University of North Carolina Press, 1978, p. 292.
② 李剑鸣:《美国土著部落地位的演变与印第安人的公民权问题》,《美国研究》,1994年第3期,第33页。
③ Charles Warren, *The Supreme Court in United States History*, vol. 1, new & rev. ed., Boston: Little, Brown &Co., 1999, p. 189.

纳白人生活方式，逐步走上了定居生产的道路，并组建了自己的切诺基政府。但切诺基的"文明化"并不能保证他们土地的合法权利，大批白人迁移至此，不断侵蚀着切诺基部落的主权。特别是在 1828 年，在佐治亚北部——切诺基印第安人的土地上发现了金矿，这一消息招致更多的白人侵入切诺基的土地上。佐治亚州当局宣布金矿为州所有，切诺基人不得开采，而且极力否认切诺基印第安人的土地权利，千方百计地迫使切诺基人西迁。为了使得这一行为合法化，自认拥有主权的佐治亚州议会通过一系列法律，废除切诺基印第安人部落，将他们的领土分配给几个邻近的县，并宣布 1830 年 6 月 1 日后所有切诺基部落法律和习俗无效。佐治亚的这一举措抹杀了切诺基部落的主权，侵害了他们的土地权利，遭到他们顽强的反抗。他们首先向总统呼吁，继而求助于国会，不得已诉讼至法院。

对于佐治亚州内切诺基部落的遭遇，时任总统的安德鲁·杰克逊并不予以同情。要知道，杰克逊之所以声名显赫，赢得民众的认可进而当选总统，一个很大的原因是他在征讨印第安人的过程中战功卓著。杰克逊认为印第安人是劣等民族、野蛮人、是背信弃义者，应将他们予以驱除，为美国人的开拓定居扫清道路。他多次率军征讨印第安人，如 1813 年 10 月，他以田纳西后备军少将之衔受命征讨克里克人，于翌年 3 月在密西西比地区的马蹄湾对克里克人发动夜袭，大肆屠杀印第安人，"可以相信得以幸免者不超过 20 人"。① 这一仗使克里克人元气大伤，也使得西南地区唯一对白人构成威慑的印第安部落从此一蹶不振。杰克逊因此声名鹊起，被视为西南边疆的英雄。之后他又多次奉命征讨南部的塞米诺尔人，屠杀印第安人。杰克逊这种对印第安人驱赶的政策在他就任总统后继续予以实施，他在第一次致国会的国情咨文中就提出，居住在佐治亚和亚拉巴马的印第安人不得建立自己独立的国家，他们"要么迁移到密西西比河对岸，要么服从这些州的法律"。②

对于佐治亚州议会通过的侵犯印第安人权益的法律，杰克逊并不打算插手阻止；而与此同时，国会在经过长时间激烈辩论之后，于 1830 年 5 月通过了美国历史上第一个印第安人迁移法案。根据该法，总统及各州可以

---

① 张友伦：《美国西进运动探要》，人民出版社，2005，第 186 页。
② President Andrew Jackson State of the Union Address, De c. 8, 1829. http://www.let.rug.nl/usa/presidents/andrew-jackson/state-of-the-nation-1829.php

同印第安人进行谈判，就西部未建州的公地与印第安人在东部的土地进行交换。这一法律日后成为大规模驱赶印第安人的法律依据，用托克维尔的话说是："现在，剥夺印第安人是以一种正规的或者说是相当合法的方式进行的。"① 切诺基部落坚决反对西迁，他们决定通过从白人那里学到的方式捍卫自己的权利。他们向总统呼吁无效后，又在第一酋长约翰·罗斯的带领下到华盛顿游说，请求国会放弃迁移计划，这一措施同样遭到失败。在求助于总统和国会失败后，切诺基部落在困境下寻求法律的帮助，他们在同情印第安人遭遇的政治家的支持下，将佐治亚州告上美国最高法院，由最高法院来定夺。

1831 年，切诺基部落诉佐治亚州案诉讼到最高法院。在切诺基人的陈述书中，他们将自己定位为"一个独立的主权国家"，"它不效忠于美国，也不效忠于美国的任何一个州"。"这一特性被多次认可，至今依然如此，这从该国与美国签订的各种条约中也可以清晰地看出"，"条约规定了边界，承认边界内的土地都属于印第安人，这是所有条约都规定的"。② 佐治亚州相关立法违反了联邦和切诺基部落之间的条约，"如果这些法律被完全执行的话，就不会再有切诺基人边界，不会再有切诺基民族，不会再有切诺基人的土地，不会再有切诺基条约……他们会被消灭，除了在历史上留下一个针对友好民族施行的巨大的不公正的纪念碑之外，什么也不会留下来"。③

为切诺基人辩护的律师是前总检察长威廉·沃特和著名律师约翰·萨金特，他们要求法院发布命令，判决佐治亚州议会立法无效，确保印第安人在其领地内自治，继续实行印第安人部落法。除了沃特和萨金特直接为切诺基人辩护外，对切诺基人的遭遇持同情，并在道德上或法律上予以支持和援助的政界人物主要还有丹尼尔·韦伯斯特、亨利·克莱、詹姆斯·肯特等，而他们都是总统安德鲁·杰克逊的反对派。可以说，当决定听审此案时，最高法院就已经成为一个与杰克逊总统的反对派结成联盟的政治

---

① 托克维尔：《论美国的民主》，董国良译，商务印书馆，1991，第 378 页。
② Cherokee Nation v. the State of Georgia, 30 U. S. 1, 3 (1831), http://laws.findlaw.com/US/30/1.html
③ Cherokee Nation v. the State of Georgia, 30 U. S. 1 (1831), http://laws.findlaw.com/US/30/1.html

竞技的扮演者。法院面临一个非常尴尬的局面，作为一个公正的法律的裁判机构，它该如何判决，这在某种程度上也考验着法院能否继续维持这一公正的声誉。

1831年3月18日，首席大法官马歇尔代表最高法院发表了法院意见，在判决书开头，马歇尔对印第安人的遭遇给予了充分的同情，并含蓄地批评联邦政府对印第安人的政策：

> 如果法院准许纵容同情的话，那么再没有比该案更好的例证了。一个曾经人数众多、强大的和独立的民族，在不受控制的广阔的地域内平静地生活的民族，被我们的祖先发现后，在我们强势的政策、我们的艺术、我们的武器的影响和威逼下，通过一系列条约将他们的土地割让给我们，在这些条约中都庄严地宣告：保证他们对未割让领地的权力，直到他们认为这些土地对他们的舒适生活不再有必要。为了保存那些未割让的领土的权力他们签署了这些条约。①

印第安人之所以签署这些条约，是因为他们想保存未被割让领地的权益，然而，他们的这些权益也在逐步地被侵蚀。尽管对印第安人的遭遇很是同情，但作为法学家而非道德家，马歇尔绝不会为此而逾越法律。他否决了切诺基部落是一个独立主权国家的主张，并以缺乏裁判权为由驳回了他们的诉讼。

> 尽管印第安人被认可对其占有的土地拥有一项毋庸置疑并且至今为止毋庸置疑的权利，直到那一权利因自愿转让给我们的政府而被消灭；但以严格精确性为标准的话，那些居住在美国边界内的印第安部落能否被认为是外国，这是非常值得怀疑的。他们，或许更为准确地说，他们是国内依附族群（Domestic dependent nations）。他们占有一片独立于他们意志的、我们声明了所有权的领土……同时，他们正处于未成年阶段。他们与美国的关系就像被监护人与他的监护人之间的

---

① Cherokee Nation v. the State of Georgia, 30 U. S. 1, 15 (1831), http://laws.findlaw.com/US/30/1.html

关系一样。①

在这里，马歇尔第一次清晰地界定了各州内印第安部落的地位，虽然他们拥有特定的地域和独立的主权，可以自我管理，但他们不是宪法意义上的外国；虽然某一州的法律不能在部落领地内生效，处理与印第安部落的权力属于联邦专有，因此联邦与印第安人签订的条约高于各州的法律，州无权单方废除联邦与印第安人之间的条约，在印第安人同意迁移之前，州政府无权强行迁移印第安人。印第安部落是一个国内依附族群，处于一种受保护的状态。

> 他们寻求我们政府的保护，依赖于它的仁慈与力量，为了他们所需的救济求助于它，并且称呼我们的总统为他们伟大的父亲。他们和他们的土地被我们以及其他外来民族视为完全处于美国主权和统治之下，任何想要取得他们的土地或者与他们建立政治联系的企图都将被视为对我们领土的侵略和一种敌对行动。②

马歇尔还从宪法条文中阐述印第安部落不属于宪法意义上的"外国"，宪法授予最高法院管辖一州与外国政府关系的权力时，不仅没有包括印第安人，而且在商事条款中还明确区别了国会"与外国、各州之间的以及与印第安部落的贸易"规则。这是三个互不隶属的领域，"假如制宪之父们意图将印第安部落视为外国的话，那么国会管制贸易的专有权力就会以更清晰地语言表示。如表述为国会被授予'管制与外国之间的贸易，包括与印第安部落和各州之间的贸易'，这样的语言意指将印第安部落视为外国"。③

切诺基印第安部落不是宪法意义上的外国，最高法院对此案不具有初审管辖权。对于这一点约翰逊法官颇为赞同，在他发表的附议中，他首先

---

① Cherokee Nation v. the State of Georgia, 30 U. S. 1, 17 (1831), http://laws.findlaw.com/US/30/1.html

② Cherokee Nation v. the State of Georgia, 30 U. S. 1, 17-18 (1831), http://laws.findlaw.com/US/30/1.html

③ Cherokee Nation v. the State of Georgia, 30 U. S. 1, 19-20 (1831), http://laws.findlaw.com/US/30/1.html

表明自己的立场:"我不关心此案的道义,我被要求将其视为一个法律问题。"然后他从历次联邦与印第安人签订的条约、宪法文本来阐述印第安部落与传统意义上的"外国"不同:

> 我认为这是一个清楚的事实,即宪法并没有称他们(印第安部落)为州或外国,而是正如他们本来的那样,称之为印第安部落;它是处理州际关系的书籍所不知的异常状态,国际法将他们视为被血缘和习俗维系在一起的游牧部落,除了野蛮状态所要求的之外,没有法律也没有政府。在授予国会调控美国与外国及印第安部落间贸易的宪法章节中,这种区别可以看得很清楚。[1]

除了法院对此案不具有管辖权外,马歇尔还认为,若法院发布命令对切诺基印第安部落予以救济的话,有超出法院管辖权的嫌疑,因为这要求法院"控制佐治亚立法机构,并约束其自然权力的运用"。这样的介入是不适当的,享有"太多的政治权以至于超出了司法部门合适的权力范围"。对于切诺基部落遭遇的不公进行补救,并确保其不再进一步受到不公,不是最高法院所能做的,最高法院"不是能矫正过去、阻止未来的机构"。甚至对于切诺基部落提出保护他们土地的合法权益方面,法院也许除了"在合适的诉讼人和合适的案件中进行判决的权力外什么也做不了"。[2]

与1803年的马伯里诉麦迪逊案一样,切诺基印第安人的法律诉求使得最高法院再次陷入与行政分支的冲突之中,马歇尔再次以无司法管辖权来解脱困境。无司法管辖权,不仅在法律上行得通,而且也是一项谨慎的政治判决。"如果切诺基印第安部落能够在管辖权问题上获胜的话,那么依据事情的发展,在国会的默许下,佐治亚和杰克逊政府很有可能拒绝支持法院的判决,从而孤立法院。"[3]

尽管判决此案不具有司法管辖权有助于马歇尔解决最高法院面临的困

---

[1] Cherokee Nation v. the State of Georgia, 30 U. S. 1, 20, 27 – 28 (1831), http://laws.findlaw.com/US/30/1.html

[2] Cherokee Nation v. the State of Georgia, 30 U. S. 1, 20 (1831), http://laws.findlaw.com/US/30/1.html

[3] G. Edward White, *the Marshall Court and Cultural Change*, *1815 – 1835*, New York: Macmillan, 1988, p. 723.

境，但他并不满意于该案的判决。与他一贯主张法院应发表一致意见不同，在该案中，马歇尔公开鼓励发表异议。该案没有多数意见，虽然其他三位法官（麦克莱恩、约翰逊、鲍德温）认同马歇尔的判决结果，但不赞同其推理，为此，他们各写了一份附议，而汤姆普森和斯托里法官完全持异议，他们认为美国的现行实践——比如通过签订条约的形式——确认了美国对待切诺基部落如同对待外国一样，因此最高法院对此案应具有管辖权。

不管法官们的意见多么不一，法院总体上对印第安人持同情的态度，加上马歇尔有关"合适的诉讼人和合适的案件"的暗示，鼓励着切诺基印第安人和他的朋友们在1832年将另一起案件带到最高法院。这次诉讼一方当事人不再是印第安部落，而是居住在切诺基部落领土内的、来自佛蒙特的公理会牧师塞缪尔·伍斯特。作为一名牧师，伍斯特前往佐治亚州切诺基部落传教，旨在教化印第安人。在与切诺基人长时间近距离接触的过程中，他对印第安人的文化产生了浓厚的兴趣，对印第安人的遭遇甚是同情。1828年在切诺基领地上发现黄金矿的消息以及对切诺基部落领土的觊觎促使佐治亚州议会通过一系列侵害印第安部落主权的法律，对此，伍斯特等同情印第安人的传教士非常不满，他们撰文指出这些法律的违宪性及危险性，呼吁废除之。佐治亚州府对同情印第安人的传教士采取隔离政策，并于1830年通过一项法律，规定："自3月1日起，所有居住于切诺基部落境内的白人，如果没有获得州长或州长授权的公务人员颁发的许可证，或未按下列要求宣誓者，应被定为重罪，并判处四年以上监禁。"① 伍斯特等11名传教士因违反该法而被逮捕。其中9人获得州长赦免而获释，伍斯特和另外一名传教士伊莱扎·巴特勒拒绝了州长的赦免令，并在同情印第安部落政治家的帮助下，将他们的案件上诉到最高法院，他们相信最高法院会给他们一个公正的答案。

不像切诺基部落诉佐治亚州案中存在司法管辖权的问题，该案在州法院审理后，通过《1789年司法法》第25条纠错令上诉到最高法院，其完全属于最高法院的管辖范围。在最高法院经过简短的辩论后，除了鲍德

---

① Worcester v. the State of Georgia, 31 U. S. 515, 523 (1832), http://laws.findlaw.com/US/31/515.html

温法官持反对意见外，大法官们很快就达成了多数意见。1832年3月3日，马歇尔代表最高法院发表了法院意见。他认为该案涉及的不仅仅是伍斯特及巴特勒的个人自由问题，而且是"一个州的立法权，美国宪法和法律的控制权，以及曾经一度人口众多、势力强大的民族的政治生存权和权利问题"。尽管判决此案可能引起佐治亚州府及杰克逊政府部门的敌对，但"即使本院不情愿，也不能推卸这种责任。组成司法部门的人员没有自由裁量权来决定审理哪些案件"。对于判决此案可能引起的反法院情绪，马歇尔并不畏惧，"我们必须审查本案的诉求，我们必须查明并决定将上诉人起诉并定罪的佐治亚州立法与合众国的宪法、条约及联邦法律是否一致"。①

佐治亚州立法是否与美国宪法、条约及联邦法律相一致呢？对于这一问题，马歇尔从历史和现实两个层面展开了详细的探讨。他认为自殖民地时期起，印第安部落就被视为独立的政治共同体，在其领地内享有排他性的自治权。发现北美大陆并没有授权欧洲国家"取消原住民早已享有的权利"，印第安部落依然是独立的自治共同体；同理，上帝也没有授权由"农业和制造业主"来管理"游牧民族和渔民"的财产权和主权，就算通过"强力、战争和征服"来获得了实际的权威，也应该考虑"事情原本的真实状态"。马歇尔认为欧洲国家一贯坚持的发现原则——即授予发现者的政府土地所有权——仅仅是欧洲国家处理他们相互竞争的权力诉求的一种调节方式，也即决定哪个政府有权购买之，但不影响那些原住民的权利。这个原则在已建殖民地各种各样的宪章中都得以体现。尽管宪章的语言授予殖民者从大西洋到太平洋的土地，但那时没有人会"荒唐地认为在海岸线上虚弱无力的移民……有宪章授予的合法权力来统治整个大陆上的人民，或占领他们的土地"。宪章授予的土地所有权仅仅是反对欧洲人。而且，他们授权殖民地发动战争仅仅是出于自卫，"而不是征服"。②

通过对整个殖民地时期授予宪章真实情况的考察，马歇尔认为，英国将印第安部落看作是"在它的保护下，能统治他们自己、处理和平和战争

---

① Worcester v. the State of Georgia, 31 U. S. 515, 536, 541 (1832), http://laws.findlaw.com/US/31/515.html

② Worcester v. the State of Georgia, 31 U. S. 515, 543, 544 – 545, 546 (1832), http://laws.findlaw.com/US/31/515.html

等外交关系的国家"。尽管他们在欧洲主权的保护之下,但"印第安人对这种保护的认识仅限于对他们自己的利益,即一种惩治对其侵略的约定。实际上,这个保护并没有因此扩及对印第安人领土占有的主张,也没有扩及对其人民进行统治的主张。它只是将这个部族与英国王室联结起来,作为一个依附性的同盟,宣告一个强大的盟友的保护,并享受这种保护的好处,并不包括国家人格(national character)的投降"。毫无疑问,虽然印第安部落处于英国主权的保护之中,但它是作为一个独立的主权实体而存在,这一点为双方所理解,并在美国独立之后为美国所继承,"同样的约定被引入美国联邦,毫无疑问应当解释为同样的意思。他们将切诺基部落纳入保护范围之内。切诺基人承认他们不受其他主权者的保护,而处于美国的保护之下。但保护并不意味着对被保护者的破坏"。① 这一规定的传统意涵被美国政府所理解,并由美国政府和印第安人签订各种条约为证。比如在 1791 年美国政府和切诺基部落签署的《霍尔斯顿条约》中,美国政府就向切诺基部落保证,他们的土地不会被剥夺,他们的自治权不会受到联邦政府的侵犯,对他们权力的唯一限制是对外贸易的权力和外交权力。正像马歇尔所总结的那样:

> 印第安部落一向被认为是独立的、截然不同的政治实体。从远古以来,它们就作为北美土地无可置疑的所有人,保有其原初的自然权利。唯一的例外是由不可抵御的权力所强加的,即排斥其与任何除该地区海岸的第一发现者之外的欧洲主权者的交往。这种限制是欧洲主权者强加给他们自己的,也同样是强加于印第安部落的。普遍用于其中的"国家"(nation)一词,就表示"一个与其他民族相区别的民族(people)"。美国宪法通过宣告已签署和即将签署的条约是国家最高的法律,采纳和批准了之前与印第安部落的条约,从而承认了拥有缔约权的印第安国家的地位。②

---

① Worcester v. the State of Georgia, 31 U. S. 515, 549, 552 (1832), http://laws.findlaw.com/US/31/515.html
② Worcester v. the State of Georgia, 31 U. S. 515, 559 (1832), http://laws.findlaw.com/US/31/515.html

作为一个具有独立主权的实体，管理印第安部落的事务被授予给了联邦政府，美国各州无权对此进行管辖。即使在 1802 年佐治亚州与联邦政府签署的割让合同中，也默认了这些普遍确信的原则，即"印第安部落享有其占有土地的完整权利，除非该权利在他们的同意下被合众国所取消；通过签署条约，印第安人的领土与任何州相分离，他们居住在划定的边界范围内；在他们的边界内，他们拥有任何州都不能干预的权利；规制与其交往的所有权力都属于合众国"。① 佐治亚州议会于 1828 年后通过的一系列有关切诺基印第安部落的法律，强行干涉美国与切诺基部落之间建立起来的关系，违背了美国宪法的授权以及美国与印第安部落之间条约的相关规定，理应无效。

> 依据我们宪法所确定的原则，对这种关系（与印第安部落的关系）的规制已完全授权给联邦政府。该法律直接与连年被重复的条约相抵触，该条约将切诺基部落从佐治亚州单独划分出来，保证其边界线以内的领土不受侵犯，并庄严地以美利坚合众国的信仰保证将防止美国公民侵犯它，并承认其原始的自治权。它们同样与国会通过的实施以上条约，规制与印第安人交往的法律相抵触……本院认为，佐治亚州判决塞缪尔·伍斯特在佐治亚州监狱服重劳动监禁的判决，是依据与合众国的宪法、法律和条约相抵触的法律宣告的，因此应被驳回并被废止。②

时已年近 76 岁高龄的马歇尔抓住这一机会，宣告佐治亚州立法无效，不仅断然拒绝了佐治亚州法律对印第安部落干涉的权利，也再次确立了联邦政府和国会对印第安事务的控制权。该案成为美国印第安法律中的一个经典判例，为美国最高法院处理印第安事务奠下了基调。

尽管马歇尔意识到对切诺基人合法权利的辩护将导致政治部门的责难，但他被印第安人的困境所感动，并对佐治亚在印第安人问题上的非法行为感到极度的愤慨。不像在奴隶制案件中法律和道德难以协调，在该案

---

① Worcester v. the State of Georgia, 31 U. S. 515, 560 (1832), http://laws.findlaw.com/US/31/515.html
② Worcester v. the State of Georgia, 31 U. S. 515, 561–563 (1832), http://laws.findlaw.com/US/31/515.html

中，无论是在法律上还是道德上，佐治亚立法都站不住脚。而且与 1831 年判决的切诺基部落诉佐治亚案不同，在那一个案件中，最高法院不得不以无司法管辖权来解脱困境，因为如果允许最高法院判决此案，将使最高法院陷入对政治权力的不合适的运用中；而该案可说是一个最高法院审理有关印第安人问题的难得的机会，马歇尔当然不满足于仅仅判决伍斯特的个人自由问题，他抓住这一机会，详细考察了美国与印第安部落的关系、印第安部落的权利等较为广泛的问题。由于最高法院在该案中有明确的管辖权，马歇尔确信他有担负切诺基人权利诉求的广泛的自由裁量权，即使是制定法并没有要求他这样做。

该案判决结束后，斯托里大法官长长舒了一口气，最高法院终于"洗清了压迫印第安人、无视他们权利的污名"。① 斯托里之所以如此说，是因为最高法院在 1823 年的约翰逊和格雷厄姆的承租人诉威廉·麦金托什案及 1831 年的切诺基部落诉佐治亚州案中无作为的判决。这句评论也暗示了印第安人的权益危在旦夕，尽管对切诺基人的遭遇非常同情，不过马歇尔抓住这一机会宣告他们的权益还有一个重要的原因，那就是在州对美国宪法、联邦法律及条约公然违背的情况下，最高法院若保持沉默，将严重损害其作为国家基本法的阐释者和捍卫者的权威，如果不及时予以制止，最高法院枉为这个民族道德良知的守护者。不过，最高法院如此判决，冒着巨大的风险，它定会招致州权主义者的愤怒，以及联邦行政部门的对抗。即使这一对印第安人有利的判决在现实中并没有产生实际作用，最高法院还是忠实地履行其职责。

"法院做出了他们的判决，现在是国家采取行动的时候了。"② 然而国家不愿意采取行动。佐治亚再次忽视法院的判决，伍斯特依然被关在监狱里，直到 1833 年才被佐治亚州长予以赦免，而不是根据最高法院的判决无罪释放。一向对印第安人颇为不客气的杰克逊总统，据传曾对此评论说："既然马歇尔做出了那样的判决，就让他自个儿去执行吧。"③ 虽然经考证

---

① William W. Story ed. , *Life and Letters of Joseph Story*, Vol. 2, Boston: Charles C. Little and James Brown, 1851, p. 87.
② William W. Story ed. , *Life and Letters of Joseph Story*, Vol. 2, Boston: Charles C. Little and James Brown, 1851, p. 83.
③ Leonard Baker, *John Marshall: A Life in Law*, New York: Macmillan, 1974, p. 745.

杰克逊并没有说过此话，但的确展现了杰克逊的基本立场。他当时的原话是："最高法院的这个决定一出生就死了，大法官们会发现他们不可能强迫佐治亚州放弃它的管辖权。"① 这也从另一个方面体现了汉密尔顿的智慧，"司法部门是三权之中最弱的一支"，它"既无军权又无财权，不能支配社会力量与财富，不能采取任何主动行动"，② 法院为实施其判决必须借助行政部门的力量，而如果行政部门不予配合，法院的判决将不堪一击，沦为笑柄。

这个案件作为美国宪政史上有法不依的典型被一再提起。正像美国最高法院现任大法官布雷耶所云："杰克逊后来是派了军队到佐治亚，但不是去执行马歇尔的判决，而是将切诺基人从自己祖祖辈辈生活的土地上驱赶到密西西比河以西的印第安保留地，迫使他们走上一条生命损失极为惨重的'血泪之路'。"③

与佐治亚挑战联邦宪法权威同时发生的，是南卡罗来纳州的分离运动。有学者就认为，杰克逊总统之所以漠视最高法院在切诺基系列案中的判决，是担心佐治亚加入南卡罗来纳的分离运动之中。④ 早在 1828 年，南卡罗来纳议会就通过《南卡罗来纳申论》，提出"国会法令废止权"原则，声称各州有权宣布国会法令无效，并终止其在本州的实施。在他们看来，宪法不过是各州之间的一项契约，作为主权者，州有权在他们的代理者即联邦政府越权时做出判断。南卡罗来纳的分离运动愈演愈烈，州议会于 1832 年宣布国会通过的新关税法"未经合众国宪法授权，……因而无效，对本州及本州官员或公民均不成为法律，亦不具有约束力"。⑤ "国会法令废止权"理论大有走出书斋，来到战场，不惜与联邦兵戎相见之势。马歇尔对这一切事态的发展悲观至极，在给斯托里的信中，他如是说道："我极不情愿地让自己慢慢相信，我们的宪法不能够恒久。联邦政府能存活至

---

① Christopher Tomlins, ed., *The United States Supreme Court: The Pursuit of Justice*, Boston: Houghton Mifflin Co., 2005, p. 63.
② 亚历山大·汉密尔顿、约翰·杰伊、詹姆斯·麦迪逊：《联邦党人文集》，程逢如、在汉、舒逊译，商务印书馆，1980，第 391 页。
③ 任东来：《在宪政舞台上——美国最高法院的历史轨迹》，中国法制出版社，2007，第 98 页。
④ Edwin A. Miles, "After John Marshall's Decision: Worcester v. Georgia and the Nullification Crisis" *The Journal of Southern History*, Vol. 39, No. 4 (Nov., 1973), pp. 519-544.
⑤ 塞缪尔·埃利奥特·莫里森：《美利坚合众国的成长》（上卷），南开大学历史系美国史研究室译，天津人民出版社，1980，第 562 页。

今已是一个奇迹,我担心他们不能继续存在下去。"① 在这关键时刻,杰克逊展现其前所未有的强硬态度,表示不惜一切维护联邦,反对分裂,并适时地修改关税,恩威并用,迫使南卡罗来纳服从联邦政府的权威,放弃分离运动。马歇尔大喜,认为此举可与1794年华盛顿镇压威士忌酒暴动相提并论。而对于前总统麦迪逊反对分裂的文章,马歇尔的赞赏也是溢于言表,"他终于澄清了他在任时的主张,虽然他拐弯抹角地暗示自己不同意我们法院的意见,但我们还是原谅他吧"。②

杰克逊是否是因为担心佐治亚加入南卡罗来纳的分离运动之中,所以未积极执行最高法院的判决虽然很难界定,但杰克逊没有积极执行最高法院的判决却是一个事实,法院的判决得不到执行再一次鲜明地展现了司法权的限度,最高法院只有判决,除此之外什么也没有,当行政部门不满意于最高法院的判决时,最高法院没有能力执行其自身的命令。

小　结

作为首席大法官,马歇尔在判决的过程中严格按照法律行事,以美国宪法、联邦法律为准绳,不容感情和环境因素渗入法律之中。特别是在有关奴隶制案件中,尽管有关奴隶制是否合宪的问题并未被诉讼至最高法院,不过从仅有的几起关于奴隶制的案件中,我们可以清晰地看出马歇尔虽然在感情上憎恶奴隶制,但在判决的过程中严守法律的法学家修养。特别是1825年涉及国际奴隶贸易的羚羊号案,虽然美国早已制定法律禁止奴隶贸易,但这一法律并没有扩及其他国家,对于不道德的国际奴隶贸易,法院是否有权提前废止呢?作为法官,马歇尔坚定地站在法律一边,坦承司法权的限度,严禁司法权以实现自然正义为名进入立法领域。在马歇尔看来,只要制定法不违宪,即使是不合乎道德,司法部门也必须予以执行。在道德和法律之间,法官别无选择,因为司法部门的职责就是按照宪法和联邦法律判案,司法部门无权去探究立法部门法律的明智与否,除非立法部门制定的法律明显违宪。

---

① Charles F. Hobson. et al, eds, *The Papers of John Marshall*, Vol. 12, Chapel Hill: University of North Carolina Press, 2006, p. 238.
② Charles F. Hobson. et al, eds, *The Papers of John Marshall*, Vol. 11, Chapel Hill: University of North Carolina Press, 2002, pp. 384 – 385.

除了防止感情和环境对判决的引诱外，马歇尔还非常注重法律和政治的区别，特别是在共和国早期，分权观念较为模糊、立法、司法与行政界限不明的情况下，马歇尔谨慎地将法律从政治中剥离出来，严禁法院进入政治的丛林，即使是在民众翘首期盼法院来定夺的情况下，马歇尔也不为所动。虽然在有关宪法的案件中，法律和政治不可避免地缠绕在一起，但马歇尔还是小心翼翼地将法律和政治分开，单纯从宪法和法律的视角来阐述案件，有关的政治问题则留待立法和行政部门解决。尽管在马歇尔就任首席大法官伊始就否决了一项国会立法，但在其大多数案件中，法院的判决还是顺从了国会立法。对于立法部门的自由裁量权和行政部门的自由裁量权，马歇尔给予了充分的肯定，并有意识地避免司法部门卷入复杂的政治论争之中。法院不涉足政治问题，使得司法部门可以自由自在地宣布宪法是属于它的，并将其自身尊严与基本法的尊严等同起来，为最高法院解释宪法、成为宪法的守护者打下了根基。

马歇尔深知司法权的限度，但在属于司法权管辖范围内的案件，即使面临行政和立法部门的敌意，他也毫不退缩。有关印第安人权益的案件，就充分说明了他的这一立场。约翰逊和格雷厄姆的承租人诉威廉·麦金托什一案、切诺基部落诉佐治亚州一案以及伍斯特诉佐治亚州案，在这些案件中，马歇尔不仅从历史和现实的层面对美国境内的印第安部落进行了较为清晰的界定，而且在这些案件中，马歇尔严格按照印第安部落与美国签订的条约来判案，确保印第安部落的合法权益。特别是在伍斯特诉佐治亚州案中，对于佐治亚州议会明目张胆地侵蚀切诺基部落主权和领土的违宪行为，马歇尔及最高法院的大法官们毫不犹豫地判其违宪无效，尽管他们早已明白，如此判决会引起佐治亚州强烈的敌对行为，甚至会遭到杰克逊政府及国会的反法院情绪，以致使法院处于孤立的状态，但他认为这是法院的责任，法院不能推卸这种责任，宪法没有赋予法官们这种自由裁量权来挑选审理的案件。即使这一判决在现实中没有得到执行，最高法院还是要忠实地履行其职责。伍斯特诉佐治亚州案作为美国宪政史上有法不依的典型一再被提起，也鲜明地展现了司法权的限度。不过，也正因为最高法院敢于直面州、立法部门及行政部门的违宪行为，法院作为宪法的捍卫者和公平正义的守护者的权威才逐步确立起来。

结　语

在美国最高法院的早期历史上，再没有比约翰·马歇尔更重要的大法官了，他基本上主导了整个最高法院的重要判决。不过毕生都在为联邦主权、永恒宪法奋斗的他，在其最后的生涯中，却发现他为树立宪法的权威、促进联邦主权等方面所做的努力似乎都受到了质疑和挑战。最高法院内部频频出现的异议、杰克逊政府对最高法院的敌意、南卡罗来纳州愈演愈烈的分离运动，这一切不仅让马歇尔甚感忧虑，而且对美国未来的走向、宪法的存续持一种悲观的看法。他没有想到："这个联邦还可以重建，而且比以前更为强大，更为巩固。"① 内战后的美国，基本上朝着马歇尔所期望的方向发展，联邦获得了必要的权力，其实力更为强大；个人权利及财产权得到了强有力的捍卫；司法审查权得以重新焕发出生机。而这一切之所以成为可能，很大限度上依赖于他就任首席大法官时所缔造的"宪法王国"。后人在评价马歇尔对美国早期宪政制度的完善方面所做出的巨大贡献时，很容易将其"神话"，认为马歇尔无所不能，具有一种穿越时空、预见未来的超能力。马歇尔晚年对美国宪政制度的悲观情绪与后人对马歇尔的"神话"形成了鲜明的对比，在历史的长河中，我们该如何客观地评价马歇尔呢？又该如何客观地展现美国最高法院早期的历史呢？

毫无疑问，马歇尔对美国宪政制度的完善做出了巨大贡献，为后世留下了丰富的遗产，但具体到他做出了什么样的贡献，留下了哪些遗产，该如何客观地评价他，却是仁者见仁、智者见智，角度不同，争议颇多。笔者认为，就马歇尔任期内重要的宪法性案件来说，他留给后世的遗产，主要表现在以下几个方面。

---

① Christopher Tomlins, ed., *The United States Supreme Court: the Pursuit of Justice*, Boston: Houghton Mifflin Co., 2005, p. 63.

(一) 提升最高法院的权威，重新定义最高法院的角色和地位

当马歇尔于 1801 年就任首席大法官时，最高法院与后来相比只是徒有其表，不仅权威非常有限，而且处在行政和立法部门的敌意之中。在后两个部门的强势面前，最高法院的声音相当微弱。而当他于 1835 年去世的时候，最高法院已经转化为一个与立法和行政相抗衡的、完全同等的部门，拥有维护宪法之舟的最终权威。最高法院在美国政治生活中由无足轻重逐步成长为宪法的捍卫者，与马歇尔的努力密不可分。

自马歇尔上任伊始，他就开始着手提升最高法院权威，对于刚成立不久、深受党派斗争困扰的最高法院，马歇尔采取了两大措施来提升最高法院的权威，并重新定义最高法院的角色和地位。

第一大措施就是改变最高法院发表意见的方式。在马歇尔就任首席大法官之前，最高法院沿袭英国的做法，让每位大法官逐一宣布法律意见，这虽然使得大法官们的独立性得以充分展现，但对于提升最高法院的权威却极其不利。马歇尔就任首席大法官后，凭借其卓越的领导能力和随和的个性，很快改变了这种传统，取而代之的是最高法院的一致意见或者多数意见。"最高法院的法律意见"成为宣布判决的首要方式，而实际上所有主要案件的法律意见都是由马歇尔本人宣布的。从多个个人的法律意见转为最高法院的法律意见，这显然有助于加强刚成立不久的最高法院的声望，维护最高法院的权威和尊严。为了实现判决的最终性和确定性，马歇尔努力争取建立一个只有一个声音的最高法院，并总是主动担负起宣告最高法院意见的职责，以此来影响最高法院的其他同仁。他的这一做法非常成功，整个马歇尔法院一共发表了 1106 份判决书，马歇尔撰写了其中的 519 份。在 62 个涉及宪法的案件中，他撰写了 36 份判决书。[1]

最高法院一个声音说话，对于提升最高法院的权威的确起到了很大的作用，不过，要达成最高法院的一致意见并不是一件易事，在判决的过程中，马歇尔是否对其他法官施加了影响？一直以来，很少有证据来证明之，但在 1810 年弗莱彻诉佩克案中，被称为最具有独立倾向的约翰逊大法

---

[1] 任东来：《在宪政舞台上——美国最高法院的历史轨迹》，中国法制出版社，2007，第 101 页。

官,在其附议中透露了一个重要的细节,那就是他曾被首席大法官施压、违心地与大多数意见一致。在附议中他写道:"我一点也不情愿得出这样的判决……然而,我的信心在一个令人尊敬的绅士的劝说下逐渐动摇,他们保证不会对一个共谋的案件做出判决。"① 虽然约翰逊没有明确指出是在马歇尔的压力之下做出的判决,但很明显,这位令人尊敬的绅士就是指首席大法官。约翰逊的附议证明了马歇尔为了法院的一致意见,的确给其他法官施加过影响。

但客观地说,马歇尔对于其他法官施加影响更多是依靠自身的魅力,或者说是一种司法领导的才能,虽然这种能力很难界定,但无疑马歇尔最大限度地拥有这些才能;除了司法领导的才能,其他大法官之所以追随马歇尔,还在于马歇尔做出的主要判决符合了美国发展的需要,其他大法官与马歇尔一样清晰地认识到这一点,即便像约翰逊这样受首席大法官影响最少的人,也在大多数判决中默认了马歇尔的判决和法院一致意见的规则。正是由于马歇尔这种权威的影响力,所以当最高法院中共和党人占多数时,他依然能完全支配最高法院,可以说,在最高法院的历史上,很少有人能达到他这种地位。

马歇尔提升最高法院权威的第二大措施是努力将最高法院打造成为一个超越党派冲突的、公正的仲裁者,一个代表公共利益的机构。马歇尔就任首席大法官之初,最高法院深陷政治泥潭,在激烈的党派斗争中无法自拔。在这困境之中,马歇尔带领最高法院的弟兄们,小心翼翼地将最高法院从政治纷争中剥离出来,成功地改变了那种把最高法院当作联邦党代理人的成见;在其后多个重要的宪法判决中,他也特别注意将法律和政治区别开来,将最高法院定位在法律的事务之中,远离政治纷争,逐步使最高法院在民众中成为一个超党派的、公正的裁判者的形象。同时,作为古典共和原则的忠实信徒,马歇尔坚信政府应该由那些有能力的、品德良好的、有闲的、绅士阶层来治理,在宪法和法律的框架内实现民主共和。他努力将最高法院打造成为美德和智慧的储藏室,理性和公正的化身,以此来协调和制衡立法部门和行政部门出现的"民主的激情"。特别是在一个派系越来越分化、同质越来越少的社会里,他希望最高法院通过对宪法的

---

① Fletcher v. Peck, 10 U.S. 87, 147 – 148 (1810), http://laws.findlaw.com/US/10/87.html

阐释来维持和加强一个社会的共和美德。他对最高法院的这一定位对美国未来的发展起到了重要的影响。

(二) 为最高法院争取到司法审查的权力

司法审查权是最高法院拥有的一项非常重要的权力，正是这一权力，使得司法部门真正成为与立法和行政部门平起平坐的机构，制宪先贤们三权分立、相互制衡的思想得以充分施展。但宪法中并没有明文授予最高法院这一权力，它是马歇尔通过马伯里诉麦迪逊案的判决来获取的。

由于司法审查权在其后美国的宪政生活中发挥了极大的作用，学界对于马伯里诉麦迪逊案的研究非常多，但对于这一案件的争议也很多。笔者认为，虽然司法审查制度有着深厚的思想渊源，又有着相关的司法实践，马伯里诉麦迪逊一案的法律意见，只不过是将殖民地时期及独立后各州法院早已实施的司法审查制度，扩展至联邦一级，是联邦法院开创审查国会立法的先例而已。但是，无论我们揭示出多少司法审查的先例，无论我们列举出多少意识到创建这一制度必要性的伟人的名字，这一切都丝毫不会影响马歇尔的贡献，也不会影响马伯里诉麦迪逊案的重大历史意义。正是马歇尔带领最高法院的同仁们，在行政和立法部门的敌意面前，以高超的政治智慧和精湛的法律技能，将原本属于党派斗争的诉讼转化为法律原则的斗争，不仅捍卫了司法权的尊严，再次强调了法治的重要性，而且为最高法院争取到了司法审查的权力。

该案的法律意见确立了宪法是基本法，与宪法相抵触的法律违宪的原则。虽然马歇尔没有直接宣布宪法的最终解释权属于司法部门，但他明确宣布："断定什么是法律显然是司法部门的职权和责任"。[①] 而司法部门在判决案件的过程中，理所当然地要适用相关的法律，这些法律是否与宪法相一致，不可避免地就涉及宪法的解释权问题，这也为最高法院拥有解释法律的最终权力打下了基础。因为最高法院的裁决一经做出即成为终审裁决和宪法惯例，政府各部门和各州必须遵守。所以，在某种程度上，最高法院不仅拥有了司法审查权，而且在某种意义上拥有了"立法权"。与英国王权相比，美国最高法院不仅仅是权威的象征，而且手握实权，"它能

[①] Marbury v. Madison, 5 U. S. 137, 177 (1803), http://laws.findlaw.com/US/5/137.html

使国会、总统、州长以及立法者俯首就范"。① 通过马伯里诉麦迪逊案，马歇尔把联邦最高法院从一个软弱的、信心不足的机构，改造成为一个公认的最高权力机构。

不过，马歇尔在马伯里诉麦迪逊案中的法律意见并非完美无瑕，不仅遭到当时政界和法学界的反对，而且至及今日，依然受到一些学者的批评。如有学者就认为，作为直接当事人，马歇尔在该案中理应回避；即使不回避，也应该按照法院的常规程序，先考察最高法院是否有管辖权，若无管辖权，就应直接下发到下级法院去审理，而马歇尔的判决严重破坏了美国的司法制度；② 还有学者认为马歇尔之所以这么判决，纯粹是出于党派斗争的需要，不光彩的动机成就了伟大的事业。③ 对于这些批评，笔者并不认同。作为一名温和的联邦党人，马歇尔与建国初期其他著名的政治家一样，对政党深恶痛绝，认为政党是结党营私、恶性竞争的代名词。虽然与杰斐逊、麦迪逊等人道不同，但他就任首席大法官两年多来，总是小心翼翼地避免与行政部门发生冲突，并试图将法律从政治中剥离出来，确立了司法审查回避政治问题的原则。因此，马歇尔的判决并非是出于党派斗争的需要，而他之所以如此判决，也恰好说明了他的伟大之处，因为正是他采取了这种非常规的判决方法，才为最高法院争取到了司法审查的权力。如果他当初没有选择这种判决方法，他将失去宣布国会立法违宪的机会，马伯里诉麦迪逊案也就会变成美国宪政史上一个不起眼的注脚。

如今，世界上很多国家都模仿美国的司法审查制度建立了自己的护宪体制，由马伯里诉麦迪逊案确立的司法审查原则，不仅对美国宪政制度，而且对整个世界的宪政体系的发展都产生了重要影响。从这个意义上说，马歇尔在该案中的法律意见，在他留给后世的遗产中，居功至伟。

（三）不畏强权，大胆而又审慎地捍卫司法独立原则

在早期共和国疾风暴雨的年代里，在国会和行政部门的强势影响下，

---

① Henry J. Abraham, *The Judicial Process: An Introductory Analysis of the Courts of the United States*, England and France, New York: Oxford University Press, 1998, p. 177.
② 刘大生：《美国司法审查制度是如何产生的——对一种流行说法的质疑》，《江苏行政学院学报》，2006 年第 6 期。
③ 任东来：《在宪政舞台上——美国最高法院的历史轨迹》，中国法制出版社，2007。

在民众对三权分立模糊的意识中,马歇尔小心谨慎而果敢地朝着司法独立的原则迈步,将最高法院打造成宪法的捍卫者和守护者。

马歇尔在联邦党人失势的情况下进入最高法院,在杰斐逊共和党人的敌意中开始工作。杰斐逊的崇高激情,曾一度集中在总统选大选上,而当总统选举胜出之后,他则把矛头指向了联邦的司法部门——"腐败法官的避难所"——一个带有偏见的共和党人如是称呼最高法院。亚当斯离任前完全出于政治目的任命法官,让杰斐逊共和党人相信,联邦党人已经退到法院这个堡垒,对司法部门的敌意更甚。杰斐逊共和党人受够了这类帕提亚人临撤退前的冷箭①,他们进行了一系列的反击,不仅废除了《1801年司法法》,而且启动宪法的弹劾条款,对最高法院大法官们展开了大规模的清除行动。如果这一狂热的计划得逞的话,司法独立的原则将被颠覆,最高法院未来整个历史也可能大为改观。

庆幸的是,这一计划没有成功。因为大多数参议员对司法部门的愤怒还没达到要投票摧毁其独立的程度。特别是,马歇尔领导的最高法院非常低调,几乎没有做什么激怒他们的事情。马歇尔小心翼翼地将最高法院从政治纷争中脱离出来,专事于法律事务;对于立法与行政部门的自由裁量权给予充分的认可,力避与其他两个部门发生冲突,并试图将最高法院打造成一个超越党派冲突的、公正的裁判者的形象。参议院没有必要对司法部门赶尽杀绝,而蔡斯弹劾案的失败,在美国宪政发展史上,也树立了严格解释弹劾权的先例,间接支持了司法独立的原则。

司法独立的原则在随后审判伯尔案中再次受到干扰。作为当时最具有影响和最富有戏剧色彩的案件,对于前副总统伯尔的审判再次引起了行政部门的敌意,弹劾法官的呼声再次高涨。学界对伯尔案的研究呈现出两种截然不同的观点,一种认为马歇尔在该案中不畏强权,是又一起坚守宪法原则的典范;另一种则认为马歇尔在该案中出于党派动机的需要将伯尔无罪释放,是其大法官生涯中一个抹不去的污点。笔者赞同前一种观点。伯

---

① Parthian salvos:意为暗中发射的冷箭。帕提亚人系古代中亚的民族,擅长骑射。在战斗中,尤以采用佯装撤退、突然在马上回头射箭的战术而著称,也称"帕提亚人的射击"(Parthian shot)。公元前250年至公元224年,帕提亚人在今天的伊朗和阿富汗建立了帝国,后被波斯萨曼王朝所灭。参见:Robert G. Mccloskey, *The American Supreme Court*, Six Edition, Chicago: University of Chicago Press, p. 24.

尔是否叛国，学界至今依然未有定论，但依据宪法对于叛国罪的规定，伯尔的叛国阴谋的确证据不足。虽然伯尔是一个毫无原则的机会主义者，为获取自己的最大利益可以随时背叛其党派和朋友，但即使对于这样的人，也必须依法行事，这才符合法治的原则。特别是对于叛国罪这么一个很容易被政治化的罪名，更不能随意滥用。

马歇尔严格按照宪法中有关叛国罪的定义判决此案，要求政府方面不能仅仅证明伯尔有叛国的意图，还必须出示其叛国的具体证据，这对政府方面来说，的确有难度，但有难度并不能成为没有证据就可做出判决的合法理由。在马歇尔看来，叛国罪很容易被统治者利用来打击反对力量，所以更应该严格按照宪法中的规定予以判决。虽然引起以杰斐逊为首的行政部门的强烈不满，国会中弹劾法官的呼声也再次高涨，但马歇尔丝毫不畏惧，坚持以宪法为准则，严格解释叛国罪，有效地避免了这一罪名沦为政治迫害的工具，不仅为美国的宪政制度确立下了严格解释叛国罪的先例，而且使最高法院成为个人宪法权利最为警觉的捍卫者。

司法独立的原则在最高法院审慎的判决中不断强化，在伯尔案审理过程中，反司法的声音尽管极度喧嚣，但已无法撼动司法独立的大树，司法独立本身已经成为一面可以抵御党派攻击的盾牌。在马歇尔其后重要的宪法判决中，虽然反对最高法院判决的声音仍不绝于耳，但司法独立的原则已根深蒂固。

（四）为建立一个拥有必要权力的联邦而努力奋争

从《独立宣言》的发布到美国内战结束，联邦和州的关系一直是美国国家生活的重心，先有州后有联邦的现状使得各州势力强大，联邦权力受到各种先天的局限。为使国家生活得以更好的运转，1787年宪法授予了联邦必要的权力，但联邦和州的权力划分依然纷争不断。在联邦和州不断竞争和摩擦的关系中，以马歇尔领导的联邦最高法院担负起了联邦和州关系的裁决者的角色，通过一系列具有里程碑意义的判决，调节联邦和州的关系，以建立一个拥有所有必要政府权力的国家。虽然不时地受到各种压力的影响，但马歇尔和法院的同事们一道，大胆而又审慎地赋予了最高法院判决的持久性和系统性，解决了许多有利于整个联邦之存续的重大宪法问题。

参加过独立战争的马歇尔，对于各州自行其是的地方主义行为深恶痛绝，他从未怀疑过宪法背后最重要的目的，就是要建立一个拥有所有必要政府权力的国家，他为此目的而不断地奋争。针对州对联邦最高法院上诉管辖权的挑战，马歇尔领导最高法院在马丁诉亨特的租户案和科恩兄弟诉弗吉尼亚案中给予了强有力的反驳。在马丁诉亨特的租户案中，马歇尔由于有重大利益关系而予以回避，不过，他对该案判决的形成起到了很大的推动作用；1821年的科恩兄弟诉弗吉尼亚案，使马歇尔有机会完整阐述他的国家主义思想。在该案中，他不仅有力地驳斥了州权主义者的思想，而且把一向认为保护州权的宪法第十一条修正案，诠释为允许个人向最高法院上诉，即使是州作为一方当事人。通过对这些案件的判决，不仅确立了联邦最高法院对各州法院的权威，也为联邦最高法院成为宪法、联邦法律和条约的最终阐释者打下了根基。马歇尔捍卫最高法院上诉管辖权的判决虽然遭到了州权主义者的强烈批评和攻击，却在某种程度上保全了法院，保全了联邦。

除了对联邦最高法院上诉管辖权的挑战外，州权主义者还对宪法"默示权力"提出了质疑。他们认为应该从严解释宪法，将联邦权严格限制在宪法的授权范围之内。州权主义者这一阐释宪法的方式，将使联邦政府再次回到邦联时期软弱无力的状态。在麦卡洛克诉马里兰案和吉布森诉奥格登中，马歇尔分别启用宪法"必要与适当条款"和"商事条款"，通过从宽解释宪法，以使联邦政府获得必要权力。在麦卡洛克诉马里兰案中，马歇尔对"默示权力"的阐释引起了州权主义者猛烈的抨击，面对强烈的反司法情绪，马歇尔义无反顾地参与到论战之中，为最高法院的判决辩护；与麦卡洛克诉马里兰案引起激烈的反司法情绪相反，吉布森诉奥格登案是马歇尔就任首席大法官后，在重要的宪法性案件中，少有的几起得到广泛赞誉的案件之一。之所以如此，是因为令人憎恶的垄断与州权思想结合在一起，而马歇尔对"商事条款"的从宽解读，不仅有力地打击了各州的垄断势力，而且极大地扩大了联邦权力。

马歇尔对于联邦和州关系的解读，经由这些案件，转化成了宪法原则，而这些宪法原则逐渐成为美国宪法法的一部分。但马歇尔并没能彻底解决联邦和州的关系，他在麦卡洛克诉马里兰案中的判决被推翻，第二合众国银行不复存在；州权思想极度膨胀，不断挑战着最高法院的上诉管辖权；最高法院内部的一致性也不见了，大法官的州权倾向越来越明显①；南卡罗来纳愈演愈烈的分离运动，佐治亚州公然蔑视最高法院的判决，而杰克逊总统却听之任之。对于州权的甚嚣尘上，有学者认为，是马歇尔积极的国家主义思想，引起了州权主义者的反弹②，对此，笔者并不认同。笔者认为，马歇尔并不是今天意义上主张扩大联邦权力的国家主义者，而是主张抑制州权、使联邦保有必要权力、联邦和州平衡发展的"国家主义者"。他对联邦的捍卫是被动的和自卫性的；尽管他多次强调联邦至上，但这样的表述与其说是用来阻碍或约束州政府的攻击性工具，还不如说是联邦政府自由地行使其有限的权力、抵制州权侵害的自卫武器。

虽然没有彻底解决联邦与州关系这一巨大难题，事实上，也没有哪一个人抑或哪一个法院能够最终解决如此复杂的问题，但马歇尔和他的法院对这一问题的解决已经做出了价值无量的贡献。正是在他创建的宪法原则的基础上，后来的美国才得以快速平稳的发展，最终成为世界强国。

（五）启用宪法契约条款，保证私有产权不受公权侵犯

在马歇尔漫长的法官生涯中，除了为建立一个拥有必要权力的联邦不断奋争外，还有一个观念支配着他做出重要的宪法判决，那就是私有产权不受公权的侵犯。在马歇尔看来，法律的首要目的，就是对财产权的保护。天赋财产权是不受政府干预、自由行使的一种权利。为保护财产权不受公权的侵犯，马歇尔启用宪法"契约条款"，在一系列重要的宪法案件中，通过对"契约条款"的解读，不仅捍卫了私有财产权的神圣性，而且在某种程度上抑制了州权。

---

① 整个马歇尔法院可以分为三个时期，1801～1811 年，这一时期最高法院大法官们多是与马歇尔同一党派的联邦党人，其国家主义思想浓厚；1811～1823 年，这一时期最高法院在人员上保持一种稳定的状态，虽然共和党人牢牢占据法院的多数，但其州权倾向并不明显，而且在马歇尔卓越的领导下，最高法院做出了一系列重要的宪法判决，最大限度地支持国家主义思想；1823～1835 年，这一时期，最高法院人员出现较大变动，马歇尔对最高法院的控制力度减弱，大法官们州权倾向显著，最高法院内部的异议增多。这一时期新进最高法院大法官有：就任后仍然积极从事政治活动的史密斯·汤姆普森；身体欠佳的罗伯特·特林布尔；在马歇尔去世后才转变为国家主义者的约翰·麦克莱恩；性格偏执、州权倾向明显的亨利·鲍德温。

② Richard E. Ellis, *Aggressive nationalism: McCulloch v. Maryland and the Foundation of Federal Authority in the Young Republic*, New York: Oxford University Press, 2007.

马歇尔第一次启用宪法"契约条款"是在1810年的弗莱彻诉佩克案,在该案中,马歇尔突破传统意义上契约的内涵,将公共授权也视为一种契约,并严正指出,州作为契约一方当事人,不能在无辜第三方参与的情况下,擅自撕毁、修改契约。议会腐败不能成为州政府不遵守契约的理由,法院的职责不是惩罚立法的腐败行为,而是捍卫无辜第三方产权不受侵犯,并由此判决佐治亚州1796年撤销法案违宪无效。这也是最高法院第一次判决一项州法违宪无效,自然引起佐治亚州的不满和批评,不过,该案却成为保护私人财权不受州侵犯的重要宪法屏障,不仅进一步提升了最高法院的权威和地位,客观上也打击了州的权势。

马歇尔不仅将公共授权视为一种契约,签订各方不得违反之;他还将宪法契约条款保护的范围扩及公司章程,严禁各州干涉公司内部的活动。在1819年判决的达特茅斯学院诉伍德沃德案中,马歇尔将达特茅斯学院界定为一个"私立慈善机构",作为私立公司,其公司法人与自然人一样,享有财产不受公权侵犯的权利。而新罕布什尔州政府立法更改达特茅斯学院特许状的做法,违反了宪法契约条款。该案判决赋予了公司受宪法保护的契约权力,极大地促进了私人投资公司的蓬勃发展。原本微不足道的宪法契约条款,在马歇尔及其同僚的阐释之下,变成了保护财产权、抵制各州侵蚀的强大武器。

马歇尔对契约条款的钟爱还扩及各州的破产法,虽然他对那些在经济萧条冲击下破产的商人非常同情,对各州的破产立法也表示理解,但对契约条款的钟爱使得他不容许任何州法以任何形式损害契约。因为在他看来,签订契约的权力和遵从契约的义务早在人类社会成立之前就已存在,他们是人类与生俱来的权力,州立法机关无权改变之。而州破产法——不管是在契约签订前还是签订后通过的破产法,都违背了契约义务。虽然在斯特吉斯诉克劳宁谢尔德案中,为了法院的一致意见,马歇尔回避了国会是否专有破产立法以及各州破产法是否违反宪法契约条款的问题;但在奥格登诉桑德斯案中,他不顾长久以来珍视的法院一致意见,以异议的形式清晰完整地表达了对契约条款的钟爱。

马歇尔对于契约条款的钟爱,以及时人对于财产权的观念,使得他无法顾及新出现的经济形势,也即在新经济形势下无力偿付债务的企业家,并不是由于他们自身经营有问题,而大都是由于自身所无法控制的市场因素导致；假如他们无法对此进行控制，那么他们就不应承担责任；而他们越快从债务中解脱出来，越能迅速走进资本主义的主流轨道中，这对他们和整个国家来说都是有益的。在新商业形式下的权宜之计和古老法律原则之间，马歇尔毅然决然地站在了古老法律原则一边，毫不妥协。

马歇尔在很多判决，特别是重要的宪法判决中，都感应到了国家的需要，最高法院大法官们在他的带领下，为美国早期宪政制度的完善做出了巨大的贡献。但马歇尔对于古老的法律原则和宪法契约条款的过分钟爱，使得他无法顺应时代的需要，在奥格登诉桑德斯案中，最高法院大法官们出来叫暂停了，由布什罗德·华盛顿发表的法院意见中，认可了各州的破产立法，并将之作为契约的一部分纳入之中。通过这种阐释方式，契约神圣不可侵犯的古老法则与各州的破产立法得以协调一致。而马歇尔有关州破产法违宪的观点，终因未能顺应时代的需要而遭抛弃。不过，马歇尔还是有足够的理由庆贺，因为他已经把一个如此不起眼的条款改造成了保护私人产权不受公权侵犯的广泛条款。

在早期共和国一切尚不明朗的时代里，马歇尔带领最高法院大法官们小心翼翼地将法律从政治中剥离，将政治难题转化为法律议题，大胆而审慎地从宪法中寻找答案。"马歇尔政治智慧和法律天才的一个重要体现，便是在立法和行政当局对宪法这个新生事物并不十分专注的时候，通过激活宪法来建立和巩固最高法院原本并不确定的权威。"[1] 在国会和行政部门关注政治结果的过程中，最高法院"宣布宪法是属于它的，并将其自身的尊严与基本法的尊严等同起来……由此获得了最多的利益"。[2]

在重要宪法案件的判决过程中，马歇尔及其同事将宪法从高高的神坛上请下来，对宪法文本进行司法阐释，将这一政治性文件转化为实实在在的法律；宪法洗尽铅华，归于平常，经法官们的阐释，逐步拥有了自己的一套原则和主要案例，法律的一个分支——宪法法得以形成。正是最高法院忠于宪法和法律，将宪法视为其专用的资源，继而成为宪法和法律的代言人，由此获得了民众的信任，也获得了决定重要公众问题的权力。正如

---

[1] 任东来：《在宪政舞台上——美国最高法院的历史轨迹》，中国法制出版社，2007，第102页。

[2] Robert G. Mccloskey, *The American Supreme Court*, Six Edition, Chicago: University of Chicago Press, 2016, p. 31.

马歇尔的传记作家查尔斯·霍布森所说：

> 马歇尔和他的同事，通过让美国民众崇拜宪法，建立起了最高法院的制度性力量。作为宪法的守护者，最高法院让自己成了人民永恒意志的代言人。到1835年，最高法院拥有了神秘的力量，大法官有着奥林匹斯诸神般的传奇，是令人惊美的宪法保护者，远离政治的浑水。这样的神秘绝技继续构成了最高法院超凡力量的基础。这在很大程度上说明了，为什么一个终生任职、非民选的法官组成的机构能够令人信服地声称，服务于民主政府的目的。①

马歇尔为加强新生美国的法治，特别是联邦政府权威所做出的种种努力得到了广泛的认可。已经告老还乡的前总统约翰·亚当斯在提名马歇尔担任首席大法官数年后对他给予了高度评价："我一生中最自豪的事情就是把约翰·马歇尔送给了美利坚合众国人民……我送给了我的国家一个黑尔、霍尔特或曼斯菲尔德那样的人。"② 与这些著名的英国法官不同的是，在生活中，马歇尔是一个非常随和且不拘小节的人。享有"民主之父"之称的杰斐逊曾经心有芥蒂地说：马歇尔"不拘小节的风格使他受到了里士满大部分民众的欢迎"③。的确，在里士满的菜市场上、各种各样的俱乐部里，大都能看到首席大法官的身影。他在外表上不饰装扮，衣着常常皱皱巴巴，根本不会给人位高权重的感觉。可以说，"就他的整个仪表、风度；衣着、态度、姿态；坐立、站立和行走而言，他和世界上任何其他绅士一样，与被奉为偶像的曼斯菲尔德勋爵的优雅相去甚远"。④ 但就对宪法和法律的阐释上，马歇尔与曼斯菲尔德不相上下。他不像大多数法官那样拘泥

---

① Christopher Tomlins, ed., *The United States Supreme Court: The Pursuit of Justice*, Boston: Houghton Mifflin Co., 2005, p. 72.
② Charles Warren, *The Supreme Court in United States History*, Vol. 1, Boston: Little, Brown & Co., 1925, p. 178. 黑尔、霍尔特和曼斯菲尔德都是英国著名的法学家和法官，他们对英国法律的发展做出了巨大的贡献。
③ Donald O. Dewey, *Marshall versus Jefferson: The Political Background of Marbury v. Madison*, New York: Knoph Publishing Group, 1970, p. 37.
④ George L. Haskins and Herbert A. Johnson, *Foundations of Power: John Marshall, 1801 – 1815*, N. Y.: Cambridge University Press, 2010, pp. 104 – 105.

于法律的条条框框，而是以一种司法政治家独有的敏锐，塑造着最高法院，以宪法为据，使最高法院成为宪法的守护者和捍卫者；他的那些判决意见犹如联邦司法机构的一块块基石，历久弥坚。

这就是美国联邦最高法院第四任首席大法官，享有"伟大的首席大法官"①"所有时代的法官"②之美誉的约翰·马歇尔。

---

① Charles F. Hobson, *The Great Chief Justice: John Marshall and the Rule of Law*, Lawrence: University Press of Kansas, 1996, p. 214.
② R. Kent Newmyer, *John Marshall and the Heroic Age of the Supreme Court*, Baton Rouge: Louisiana State University Press, 2001, p. 459.

参考文献

原始文献：

[1] Adams, John Stokes. ed. 1937. *John Marshall, An Autobiographical Sketch*. Ann Arbor: University of Michigan Press.

[2] *Annals of Congress*, Debates and Proceedings, 1789 – 1824, http://memory. loc. gov/ammem/amlaw/lwaclink. html#anchor1

[3] Binney, Horace. 1835. *A Eulogy on the Life and Character of John Marshall: Chief Justice of the Supreme Court of the United States*. James Crissy and G. Goodman.

[4] Brockenbrough, John W. ed. 1837. *Reports of Cases Decided by the Honorable John Marshall, Late Chief Justice of the United States, in the Circuit Court of the United States, for the District of Virginia and North Carolina, from 1802 to 1833* (two volumes). James I. Kay & Co. .

[5] Dillon, John F. ed. 1903. *John Marshall: Life, Character, and Judicial Services* (three volumes). Chicago: Callaghan.

[6] Elliot, Jonathan. ed. 1836. *The Debates in the Several State Conventions on the Adoption of the Federal Constitution* (three volumes). Washington.

[7] Ford, Paul Leicester. ed. , The Works of Thomas Jefferson, (twelve Volumes), 1904 – 1905. http://oll. libertyfund. org/titles/jefferson-the-works-of-thomas-jefferson-12-vols.

[8] Gunther, Gerald ed. 1969. *John Marshall's Defense of McCulloch v. Maryland*. Stanford University Press.

[9] Hall Kermit L. , James W. Ely, Jr. And Joel B. Grossman ed. . 2005. *The Oxford Companion to the Supreme Court of the United States*. New

York: Oxford University Press.

［10］Hall Kermit L. , ed. . 1999. *The Oxford Guide to United States Supreme Court Decisions*. New York: Oxford University Press.

［11］Hobson, Charles F. . et al. , eds. 1974 - 2006. *Papers of John Marshall*, (twelve volumes). University of North Carolina Press.

［12］Hofstadter, Richard. ed. 1958. *Great Issues in American History*, (two volumes). New York: vintage Books.

［13］Levy, Leonard W. , Kenneth W. Karst, and Dennis J. Mahoney eds. . 1986. *The Encyclopedia of the American Constitution*, (four volumes). Macmillan Pub. Co.

［14］Marcus, Maeva. ed. 1986 - 2007. *The Documentary History of the Supreme Court of the United States* (eight volumes). New York: Columbia University Press.

［15］Marshall, John. 1807. *Life of Washington* (five volumes). Philadelphia: C. P. Wayne.

［16］Marshall, John. 1839. *The Writings of John Marshall: Late Chief Justice of the United States, Upon the Federal Constitution*. Boston: James Munroe and company.

［17］Peek, George A. Jr. . 1954. *The Political Writings of John Adams*, Hackett Publishing Company, Inc.

［18］Peterson, Merrill D. . ed. 1993. *The Political Writings of Thomas Jefferson*, the Thomas Jefferson Foundation, Inc.

［19］Randolph, Thomas Jefferson. ed. 1829. *Memoirs, Correspondence and Private Papers of Thomas Jefferson* (four volumes). London: Henry Colburn and Richard Bentley, New Burlington Street.

［20］Story, William W. . 1851. *Life and Letters of Joseph Story*, Boston: Little and James Brown.

［21］Tan enhaus, David S. . *Encyclopedia of the Supreme Court of the United States* (Five volumes). Gale, 2008.

［22］Taylor, John. 1820. *Construction Construed and Constitutions Vindicated*. Richmond: Shepherd & Pollard.

[23]〔美〕詹姆斯·麦迪逊记录《辩论：美国制宪会议记录》（上、下）（尹宣译），辽宁教育出版社，2003。

[24]〔美〕梅利尔·彼得森注释编辑《杰斐逊集》（上、下）（刘祚昌、邓红风译），生活·读书·新知三联书店，1993。

[25]〔英〕约翰·洛克：《政府论》（上下篇）（瞿菊农、叶启芳译），商务印书馆，1983。

[26]北京大学法学院司法研究中心编《宪法的精神：美国联邦最高法院200年经典判例选读》，中国方正出版社，2003。

[27] Chisholm v. Georgia, 2 U. S. 419（1793）, http：//laws.findlaw.com/US/2/419.html.

[28] Cohens v. Virginia, 19 U. S. 264,（1821）, http：//laws.findlaw.com/US/19/264.html.

[29] Dartmouth College v. Woodward, 17 U. S. 518（1819）, http：//laws.findlaw.com/US/17/518.html.

[30] Fletcher v. Peck, 10 U. S. 87（1810）, http：//laws.findlaw.com/US/10/87.html.

[31] Fairfax's Devisee v. Hunter's Lessee, 11 U. S. 603（1813）, http：//supreme.justia.com/us/11/603/case.html.

[32] Gibbons v. Ogden, 22 U. S. 1（1824）, http：//laws.findlaw.com/US/22/1.html.

[33] Marbury v. Madison, 5 U. S. 137（1803）, http：//laws.findlaw.com/US/5/137.html.

[34] Martin v. Hunter's Lessee, 14 U. S. 304（1816）, http：//laws.findlaw.com/US/14/304.html.

[35] McCulloch v. Maryland, 17 U. S. 316,（1819）, http：//laws.findlaw.com/US/17/316.html.

[36] Ogden v. Sanders,（1827）, 25 U. S. 213, http：//laws.findlaw.com/US/25/213.html.

[37] Osborn v. Bank of the United States, 22 U. S. 738,（1824）, http：//laws.findlaw.com/US/22/738.html.

[38] Sturges v. Crowninshield, 17 U. S. 122（1819）, http：//laws.find-

law. com/US/17/122. html.

［39］ Willson v. Blackbird Creek Marsh Co., 27 U. S. 245（1829）, http:∥laws. findlaw. com/us/27/245. html.

［40］ Hayburn's Case, 2 U. S. 409（1792）, http:∥supreme. justia. com/us/2/409/case. html.

［41］ The Antelope, 23 U. S. 66,（1825）, http:∥supreme. justia. com/us/23/66/case. html.

［42］ Johnson and Graham's Lessee v. William McIntosh（21 U. S. 543）, http:∥supreme. justia. com/us/21/543/case. html.

［43］ Ware v. Hylton, 3 U. S. 199, （1796）, http:∥supreme. justia. com/us/3/199/case. html.

英文著作：

［44］ Aaseng, Nathan. 1992. *Great Justices of the Supreme Court.* Oliver Press.

［45］ Ackerman, Bruce. 2005. *the Failure of the Founding Fathers：Jefferson, Marshall, and the Rise of Presidential Democracy.* Cambridge, MA：Belknap Press of Harvard University Press.

［46］ Agresto, John. 1984. *The Supreme Court and Constitutional Democracy.* Cornell University Press.

［47］ Alpheus, Thomas Mason and Willam M. Beaney. 1978. *American Constitution Law-Introductory Essays and Selected Cases.* Englewood Cliffs, N. J. ：Prentice-Hall.

［48］ Bailyn, Bernard and Gordon S. Wood. 1981. *The Great Republic, A History of the American People.* Massachusetts：D. C. Heath & Co.

［49］ Baker, Leonard. 1974. *John Marshall：a Life in Law.* New York：Macmillan Publishing Company, Inc. ..

［50］ Baxter, Maurice G. . 1972. *The Steamboat Monopoly：Gibbons v. Ogden.* Alfred A. Knopf, Inc. ..

［51］ Beard, Charles Austin. 1913. *An Economic Interpretation of the Constitution of the United States.* New York：The Macmillan Company.

[52] Berger, Raoul. 1969. *Congress v. the Supreme Court*. Harvard University Press.

[53] Beveridge, Albert J.. 1916 – 1919. *The Life of John Marshall*, (two volumes). Boston and New York, Houghton Mifflin Company.

[54] Bickel. Alexander M.. 1986. *The Least Dangerous Branch: The Supreme Court at the Bar of Politics*. Yale University Press.

[55] Biskupic, Joan and Witt, Elder ed.. 1997. *Congressional Quarterly's Guide to the United States Supreme Court* (two volumes). Washington, D. C.: Congressional Quarterly.

[56] Casto, William R. 1995. *The Supreme Court in the Early Republic: the chief Justiceships of John Jay and Oliver Ellsworth*, Columbia: University of South Carolina Press.

[57] Clinton, Robert. 1989. *Marbury v. Madison and Judicial Review*. University Press of Kansas.

[58] Coleman, Peter J.. 1974. *Debtors and Creditors in America: Insolvency, Imprisonment for Debt and Bankruptcy*, 1607 – 1900. Beard Books.

[59] Corwin, Edward S.. 1977. *John Marshall and the Constitution: A Chronicle of the Supreme Court*. Toronto: Glasgow, Brook & Co. .

[60] Cowin, Edward S.. 1955. *The "Higher Law" Background of American Constitutional Law*. London: Cornell University Press.

[61] Craigmyle, Lord. 1933. *John Marshall in Diplomacy and in Law*. New York: Charles Scribner's Sons.

[62] Cushman, Clare ed.. 1995. *The Supreme Court Justices: Illustrated Biographies*, 1789 – 1995. Washington, D. C. : Congressional Quarterly.

[63] Cushman, Robert F.. 1987. *Leading Constitutional Decisions*. 17th edition. Englewood Cliffs, NJ: Prentice-Hall, Inc. .

[64] Dean, Howard Edward. 1966. *Judicial Review and Democracy*. New York: Random House.

[65] Dewey, Donald O.. 1970. *Marshall Versus Jefferson: the Political Background of Marbury v. Madison*. New York: Knoph Publishing Group.

[66] Dilorenzo, Thomas J.. 2008. *Hamilton's Curse: How Jefferson's Arch*

Enemy Betrayed the American Revolution——*and What It Means for Americans Today*. New York: Crown Forum.

［67］ Dodd, Edwin Merrick. 1954. *American Business Corporations until 1860, with Special Reference to Massachusetts*. Cambridge, Mass.: Harvard University Press.

［68］ Dry, Murray. 1985. *The Anti-Federalist: An Abridgement of the Complete Anti-Federalist*. edited by Herbert J. Storing, Chicago: University of Chicago Press.

［69］ Dunne, Gerald T.. 1970. *Justice Joseph Story and the Rise of the Supreme Court*. New York: Simon & Schuster.

［70］ Dworetz, Steven M.. 1990. *The Unvarnished Doctrine: Locke, Liberalism, and the American Revolution*. Duke University Press.

［71］ Ellis, Richard E.. 2007. *Aggressive Nationalism: McCulloch v. Maryland and the Foundation of Federal Authority in the Young Republic*. New York: Oxford University Press.

［72］ Ellis, Richard E.. 1971. *The Jeffersonian Crisis: Courts and Politics in the Young Republic*. New York: Oxford University Press.

［73］ Ellis, Richard E.. 1987. *The Union at Risk: Jacksonian Democracy, States' Rights, and the Nullification Crisis*. New York: Oxford University Press.

［74］ Faulkner, Robert Kenneth. 1968. *The Jurisprudence of John Marshall*. N. J.: Princeton University Press.

［75］ Friedman, Leon and Israel, Fred, eds.. 1980. *The Justices of the United States Supreme Court: Their Lives and Opinions*, 1789 - 1978 (five volumes). NY: Chelsen House Publishers.

［76］ Gerber, Scott Douglas. 2000. *Seriatim: The Supreme Court before John Marshall*. New York University Press.

［77］ Hacker, Louis Morton. 1975. *Alexander Hamilton in the American Tradition*. Greenwood Press.

［78］ Haines, Charles Grove. 1944. *The Role of the Supreme Court in American Government and Politics, 1789 - 1835*. University of California Press.

［79］ Hall, Kermit. 2000. *A Nation of States: Federalism at the Bar of the*

Supreme Court. New York: Garland Pub. .

[80] Hall, Kermit. 2000. *Judicial Review and Judicial Power in the Supreme Court*. New York: Garland Publishers.

[81] Hall, Kermit. 1987. *Judicial Review in American History: Major Historical Interpretations*. New York: Garland Pub. .

[82] Hall, Kermit. 2000. *The Justices, Judging, and Judicial Reputation*. New York: Garland Pub. .

[83] Hall, Kermit. 2005. *The Oxford Companion to the Supreme Court of the United States*. Oxford University Press.

[84] Hammond, Bray. 1957. *Banks and Politics in America from the Revolution to the Civil War*. Princeton University Press.

[85] Harrison, Maureen and Steve Gilbert. ed. 1991. *Landmark Decisions of the United States Supreme Court*. Excellent Books.

[86] Hart Ely, 1980. John. *Democracy and Distrust: A Theory of Judicial Review*. Cambridge: Harvard University Press.

[87] Haskins George L. and Herbert A. Johnson. 2010. *Foundations of Power: John Marshall*, 1801–1815. New York: Cambridge University Press.

[88] Hobson, Charles F. . 1996. *The Great Chief Justice: John Marshall and the Rule of Law*, University Press of Kansas.

[89] Hoffer, Peter Charles. 2008. *The Treason Trials of Aaron Burr*. Lawyence: University Press of Kansas.

[90] Holmes, Oliver Wendell. 2006. *Collected Legal Papers*. New Jersey: the Lawbook Exchange, Ltd. .

[91] Horwitz, Morton J. . 1977. *The Transformation of American Law*, 1780–1860. Cambridge, Mass. : Harvard University Press.

[92] Hurst, James Willard. 1956. *Law and the Conditions of Freedom in the Nineteenth-Century United States*. Madison: The University of Wisconsin Press.

[93] Hurst, James Willard. 2007. *The Growth of American Law: The Law Makers*. New Jersey: The Law Book Exchange, Ltd. .

[94] Goebel. Julius Jr. , 1971. *History of the Supreme Court of the United*

States, vol. 1, Antecedents and Beginnings to 1801. New York: Macmillan.

[95] Gerber, Scott Douglas. 1998. *Seriatim: The Supreme Court before John Marshall*. New York University Press.

[96] Johnson, Herbert A.. 1997. *The Chief Justiceships of John Marshall, 1801-1835*. University of South Carolina Press.

[97] Jones, W. Melville. 1956. *Chief Justice John Marshall: A Reappraisal*. Ithaca: Cornell University Press.

[98] Kahn, Paul W.. 1997. *The Reign of Law: Marbury v. Madison and the Construction of America*. New Haven: Yale University Press.

[99] Konefsky, Samuel J.. 1964. *John Marshall and Alexander Hamilton: Architects of the American Constitution*. New York: Macmillan Company.

[100] Kramer, Larry. 2004. *The People Themselves: Popular Constitutionalism and Judicial Review*. New York: Oxford University Press.

[101] Kutler, Stanley I.. 1984. *The Supreme Court and the Constitution: Reading in American Constitutional History*. New York: Norton and Company, Inc.

[102] Lasser, William. 1988. *The Limits of Judicial Power: The Supreme Court in American Politics*. University of North Carolina Press.

[103] Levy, Leonard W.. 2000. *Original Intent and the Framers' Constitution*. Chicago: Ivan R. Dee.

[104] Levy, Lonard W., Kenneth L. Karst and Dennis J. Mahoney. 1986. *Encyclopedia of the American Constitution*. New York: Macmillan Publishing Co..

[105] Loth, David. 1949. *Chief Justice John Marshall and the Growth of the Republic*. New York: W. W. Norton & Company, Inc..

[106] Luce, W. Ray. 1990. *Cohens v. Virginia, The Supreme Court and State Rights: A Reevaluation of Influences and Impacts*. New York: Garland Publishing Co..

[107] Magrath, C. Peter. 1966. *Yazoo: Law and Politics in the New Republic: the Case of Fletcher v. Peck*. Brown University Press.

[108] McCloskey, Robert G.. 2016. *The American Supreme Court*. Six Edition. Chicago: University of Chicago Press.

[109] McLaughlin, Andrew C.. 1962. *Confederation and the Constitution*, 1783 – 1789. New York: Collier Books.

[110] Melone, Albert P. and George Mace. 1988. *Judicial Review and American Democracy*. Iowa: Iowa State University Press/Ames.

[111] Meyer, B. H. and C. E. Macgill. 1917. *History of Transportation in the United States*. Washington, D. C.: Carnegie Institution.

[112] Mitchell, Broadus. 1976. *Alexander Hamilton, A Concise Biography*. Oxford University Press.

[113] Morgan, Donald G.. 1954. Justice William Johnson, The First Dissenter. Columbia: University of South Carolina Press.

[114] Myers, Gustavus. 1912. *History of the Supreme Court of the United States*. C. H. Kerr.

[115] Nelson, William E.. 2000. *Marbury v. Madison: The Origins and Legacy of Judicial Review*. Lawrence: University Press of Kansas.

[116] Newmyer, R. Kent. 2001. *John Marshall and the Heroic Age of the Supreme Court*. Baton Rouge: Louisiana State University Press.

[117] Newmyer, R. Kent. 1985. *Supreme Court Justice Joseph Story: Statesman of the Old Republic*. Chapel Hill: University of North Carolina Press.

[118] Newmyer, R. Kent. 1986. *The Supreme Court under Marshall and Taney*. Harlan Davidson, Inc..

[119] Newmyer, R. Kent. 2012. *The Treason Trial of Aaron Burr: Law. Politics, and the character wars of the New Nation*. New York: Cambridge University Press.

[120] Noonan, John T. Jr.. 1977. *The Antelope: The Ordeal of the Recaptured Africans in the Administrations of James Monroe and John Quincy Adams*. Berkeley: University of California Press.

[121] Parrington, Vernon. 1954. *Main Currents in American Thought: the Romantic Revolution in America*. Harcourt Brace and World.

[122] Redlich, Norman, John Attanasio and Joel K. Goldstein. 1999. *Understanding Constitutional Law*. New York: M. Bender.

[123] Robarge, David. 2000. *A Chief Justice's Progress: John Marshall*

from Revolutionary Virginia to the Supreme Court. Westport, Connecticut, and London: Greenwood Press.

[124] Schwartz, Bernard. 1993. *A History of the Supreme Court*. New York: Oxford University Press.

[125] Schwartz, Bernard. 1993. *Main Currents in American Legal Thought*. Durham: NC, Carolina Academic Press.

[126] Segal, Jeffrey A., Harold J. Spaeth and Sara C. Benesh. 2005. *The Supreme Court in the American Legal System*. Cambridge University Press.

[127] Shevory, Thomas C.. 1989. *John Marshall's Achievement: Law, Politics, and Constitutional Interpretations*. Greenwood Press.

[128] Shevory, Thomas C.. 1994. *John Marshall's Law: Interpretation, Ideology, and Interest*. Westport, Conn: Greenwood Press.

[129] Siegan, Bernard H.. 1987. *the Supreme Court's Constitution: An Inquiry into Judicial Review and its Impact on Society*. New Brunswick, N. J.: Transaction, Inc..

[130] Skowronek, Stephen. 1982. *Building a New American State: The Expansion of the National Administrative Capacities*, 1877 – 1920. New York: Cambridge University Press.

[131] Sloan, Cliff and McKean, David. 2010. *The Great Decision: Jefferson, Adams, Marshall, and the Battle for the Supreme Court*. Public Affairs.

[132] Smith, Jean Edward. 1996. *John Marshall: Definer of a Nation*. New York, Henry Holt and Company, Inc..

[133] Snowiss, Sylvia. 1990. *Judicial Review and the Law of the Constitution*. New Haven: Yale University Press.

[134] Stajr, Walter. 2005. *John Jay: Founding Father*. Hambledon and London.

[135] Stimson, Shannon C.. 1984. *The American Revolution in the Law: Anglo-American Jurisprudence before John Marshall*. New Jersey: Princeton University Press.

[136] Stites, Francis N.. 1981. *John Marshall, Defender of the Constitution*. Boston: Little, Brown and company.

[137] Stites, Francis N.. 1972. *Private Interest and Public Gain: The Dartmouth College Case.* University of Massachusetts Press.

[138] Sutherland, Arthur E.. 1956. *Government under Law: A Conference Held at Harvard Law School on the Occasion of the Bi-centennial of John Marshall, Chief Justice of the United States, 1801 - 1835.* Cambridge, Mass. : Harvard University Press.

[139] Thayer, James Bradley. 1901. *John Marshall.* Boston and New York: Houghton, Mifflin and Company.

[140] Tomlins, Christopher ed.. 2005. *The United States Supreme Court.* New York: Houghton Mifflin Company.

[141] Urofsky, Melvin I. , Paul Finkelman. 2002. *A March of Liberty: A Constitutional History of the United States.* Oxford University Press.

[142] Warren, Charles. 1999. *The Supreme Court in United States History*, (three volumes), Boston: Little, Brown &Co. .

[143] Webster, Daniel. 2006. *The Great Speeches and Orations of Daniel Webster with an Essay on Daniel Webster as a Master of English Style.* Vol.1, BiblioBazaar.

[144] Wellington, Harry H.. 1990. *Interpreting the Constitution: The Supreme Court and the process of adjudication.* New Haven: Yale University Press.

[145] White, G. Edward. 1988. *The Marshall Court and Cultural Change,* 1815 - 1835. New York: Macmillan.

[146] Whittington, Keith. 2007. *Political Foundations of Judicial Supremacy: The Presidency, the Supreme Court, and Constitutional Leadership in U. S. History.* N. J. : Princeton University Press.

[147] Wiecek, William M.. 1988. *Liberty under Law: The Supreme Court in American Life.* Baltimore: Johns Hopkins University Press.

[148] Wolfe, Christopher. 1986. *The Rise of Modern Judicial Review: From Constitutional Interpretation to Judge-made Law.* New York: Basic Books.

[149] Wright, Benjamin Fletcher Jr.. 1938. *The Contract Clause of the Constitution.* Cambridge, Mass. .

[150] Zieqler, Benjamin N.. 1939. *The International Law of John Mar-*

shall. Chapel Hill: University of North Carolina Press.

英文文章：

[151] "Judge Spencer Roane of Virginia: Champion of States' Rights——Foe of John Marshall", *Harvard Law Review*, Vol. 66, No. 7 (May, 1953), pp. 1242 – 1259.

[152] Ammon, Harry. "Agricola versus Aristides: James Monroe, John Marshall, and the Genet Affair in Virginia", *The Virginia Magazine of History and Biography*, Vol. 74, No. 3 (Jul., 1966), pp. 312 – 320.

[153] Anderson, William. "The Intention of the Framer: A Note on Constitutional Interpretation", *American Political Science Review*, Vol. 49, No. 2, (Jun. 1955), pp. 340 – 352.

[154] Beard, Charles A.. "The Supreme Court – Usurper or Grantee", *The Political Science quarterly*, Vol. 27, No. 1 (Mar., 1912), pp. 1 – 35.

[155] Birkner, Michael J.. "The New York-New Jersey Boundary Controversy, John Marshall and the Nullification Crisis", *Journal of the Early Republic*, Vol. 12, No. 2 (summer, 1992), pp. 195 – 212.

[156] Brisbin, Richard A.. "John Marshall and the Nature of Law in the Early Republic", *The Virginia Magazine of History and Biography*, Vol. 98, No. 1 (Jan., 1990), pp. 57 – 80.

[157] Budzisz, Christopher B.. "Marbury v. Madison: How History Has Changed John Marshall's Interpretation of the Constitution: A Response to Winfield H. Rose", *Political Science and Politics*, Vol. 37, No. 3 (Jul., 2004), pp. 385 – 389.

[158] Burke, Joseph C.. "The Cherokee Cases: A Study in Law, Politics, and Morality", *Stanford Law Review*, Vol. 21, No. 3 (Feb., 1969), pp. 500 – 531.

[159] Clinton, Robert Lowry. "Game Theory, Legal History, and the Origins of Judicial Review: A Revisionist Analysis of Marbury v. Madison", *American Journal of Political Science*, Vol. 38, No. 2 (May, 1994), pp. 285 – 302.

[160] Corwin, Edward S.. "The Basic Doctrine of American Constitutional Law", *Michigan Law Review*, Vol. 12, No. 4 (Feb., 1914), pp. 247 – 276.

［161］ Cross, Jack L.. "John Marshall on the French Revolution and on American Politics", *The William and Mary Quarterly*, Third Series, Vol. 12, No. 4 (Oct., 1955), pp. 631 – 649.

［162］ Crosskey, William Winslow. "John Marshall and the Constitution", *The University of Chicago Law Review*, Vol. 23, No. 3 (Spring, 1956), pp. 377 – 397.

［163］ Custer, Lawrence B.. "Bushrod Washington and John Marshall: A Preliminary Inquiry", *The American Journal of Legal History*, Vol. 4, No. 1 (Jan., 1960), pp. 34 – 48.

［164］ Engdahl, David E.. "John Marshall's 'Jeffersonian' Concept of Judicial Review", *Duke Law Journal*, Vol. 42, No. 2 (Nov., 1992).

［165］ Faulkner, Robert K.. "John Marshall and the Burr Trial", *The Journal of American History*, Vol. 53, No. 2 (Sep., 1966), pp. 247 – 258.

［166］ Frankfurter, Felix. "John Marshall and the Judicial Function", *Harvard Law Review*, Vol. 69, No. 2 (Dec., 1955), pp. 217 – 238.

［167］ Frisch, Morton J.. "John Marshall's Philosophy of Constitutional Republicanism", *The Review of Politics*, Vol. 20, No. 1 (Jan., 1958), pp. 34 – 45.

［168］ Hobson, Charles F.. "Defining the Office: John Marshall as Chief Justice", *University of Pennsylvania Law Review*, Vol. 154, No. 6, *Symposium: The Chief Justice and the Institutional Judiciary* (Jun., 2006), pp. 1421 – 1461.

［169］ Howard Robert M. and Segal, Jeffrey A.. "A Preference for Deference? The Supreme Court and Judicial Review", *Political Research Quarterly*, Vol. 57, No. 1 (March 2004), pp. 131 – 143.

［170］ Humphrey, Alexander Pope. "The Impeachment of Samuel Chase", *The Virginia Law Register*, Vol. 5, No. 5 (Sep., 1899), pp. 281 – 302.

［171］ Knight, Jack and Epstein, Lee. "On the Struggle for Judicial Supremacy", *Law & Society Review*, Vol. 30, No. 1 (1996), pp. 87 – 120.

［172］ Lillich, Richard B.. "The Chase Impeachment", *The American Journal of Legal History*, Vol. 4, No. 1 (Jan., 1960), pp. 49 – 72.

［173］ Luce, W. Ray. "The Cohen Brothers of Baltimore: From Lotteries to Banking", 68 *Maryland Historical Magazine*, 1973, pp. 288 – 308.

[174] Lynch, Joseph. "Fletcher v. Peck: The Nature of the Contract Clause", *Seton Hall Law Review*, Vol. 13 No. 1, (1982), pp. 1 – 19.

[175] Marshall, John. "Essays from the 'Alexandria Gazette': John Marshall, 'A Friend of the Constitution'", *Stanford Law Review*, Vol. 21, No. 3 (Feb., 1969), pp. 456 – 499.

[176] Mendelson, Wallace. "Jefferson on Judicial Review: Consistency through Change", *The University of Chicago Law Review*, Vol. 29, No. 2 (Winter, 1962), pp. 327 – 337.

[177] Miles, Edwin A.. "After John Marshall's Decision: Worcester v. Georgia and the Nullification Crisis", *The Journal of Southern History*, Vol. 39, No. 4 (Nov., 1973), pp. 519 – 544.

[178] Miller, F. Thornton. "John Marshall versus Spencer Roane: A Reevaluation of Martin v. Hunter's Lessee", *The Virginia Magazine of History and Biography*, Vol. 96, No. 3, "The Example of Virginia Is a Powerful Thing": The Old Dominion and the Constitution, 1788 – 1988 (Jul., 1988), pp. 297 – 314.

[179] Nair, Anil and Ahlstrom, David. "Balancing Hamiltonian and Jeffersonian Contradictions within Organizations", *Journal of Management Inquiry*, Vol. 17, Number 4, (December 2008), pp. 306 – 317.

[180] Nelson, William E.. "The Eighteenth-Century Background of John Marshall's Constitutional Jurisprudence", *Michigan Law Review*, Vol. 76, No. 6 (May, 1978), pp. 893 – 960.

[181] Pisani, Donald J.. "Promotion and Regulation: Constitutionalism and the American Economy", The Journal of American History, Vol. 74, No. 3, The Constitution and American Life: A Special Issue (Dec., 1987), pp. 740 – 768.

[182] Powell, H. Jefferson. "The Original Understanding of Original Intent", *Harvard Law Review* Vol. 98, No. 5 (Mar., 1985), pp. 885 – 948.

[183] Roper, Donald M.. "In Quest of Judicial Objectivity: The Marshall Court and the Legitimation of Slavery", *Stanford Law Review*, Vol. 21, No. 3 (Feb., 1969), pp. 532 – 539.

[184] Rose, Winfield H.. "Marbury v. Madison: How John Marshall Changed History by Misquoting the Constitution", *Political Science and Politics*, Vol. 36, No. 2 (Apr., 2003), pp. 209 – 214.

[185] Snowiss, Sylvia. "From Fundamental Law to the Supreme Law of the Land: A Reinterpretation of the Origin of Judicial Review", *Studies in American Political Development*, (1987), 2: 1 – 67.

[186] Stone, Harlan F.. "Fifty Years Work of the Unites States Supreme Court," 14 *American Bar Association Journal* 428, 430 (1928).

[187] Turner, Lynn W.. "The Impeachment of John Pickering", *American Historical Review*, Vol. 54, No. 3, (April 1949), pp. 485 – 507.

[188] Wedgwood, Ruth. "The Revolutionary Martyrdom of Jonathan Robbins", *Yale Law Journal*, Vol. 100, No. 2, (November, 1990), pp. 229 – 368.

[189] Wilkinson, Charles F. and Volkman, John M.. "Judicial Review of Indian Treaty Abrogation: 'As long as Water Flows of Grass Grows upon the Earth'——How Long a Time Is That?", *California Law Review*, Vol. 63, No. 3 (May, 1975), pp. 601 – 661.

[190] Wolfe, Christopher. "John Marshall & Constitutional Law", *Polity*, Vol. 15, No. 1 (Autumn, 1982), pp. 5 – 25.

[191] Wood, Gordon S.. "The Real Treason of Aaron Burr", *Proceedings of the American Philosophical Society*, Vol. 143, No. 2 (Jun., 1999), pp. 280 – 295.

学位论文:

[192] Cox, Thomas Hughes. *Courting Commerce: Gibbons V. Ogden and the Transformation of Commerce Regulation in the Early Republic*. Ph. D., the State University of New York, 2004.

[193] Kelly, Margaret Ruth Reilly. *State Revellion, States' Rights, and Personal Politics: Pennsylvania and the Olmsted Case (United States v. Peters), 1778 – 1810*. Ph. D., State University of New York, 1999.

[194] McCloskey, Christopher D.. *Raising the Bar: the Symbolic Politics and Subtle Leadership of John Marshall, 1801 – 1803*. B. A., Clarion University, 1997.

[195] Miller, Frederick Thornton, *Juries and Judges Versus the Law*: *Virginia from the Revolution to the Confrontation between John Marshall and Spencer Roane*, Ph. D. , University of Alabama, 1986.

[196] Padula, Guy. *Madison v. Marshall*: *Constitutional Theory and the Original Intent Debate*. Ph. D. , Columbia University, 1995.

[197] Robarge, David Scott. *John Marshall and His Times*: *A Virginia Lawyer and Southern Federalist in the Early Republic*, 1755 – 1801, Ph. D. , Columbia University, 1995.

[198] Rudko, France Howell. *John Marshall and International Law*: *The Apprenticeship*, 1793 – 1801. Ph. D. , University of Arkansas, 1990.

[199] Sember, Gregory M.. *John Marshall's Political Judicial Decision Making and the Establishment of the Supreme Court*, M. A. , University of Wyoming, 1997.

[200] Vonhof, Sarah. *Private Property and the Stewardship of America's Lands and Forests*. Ph. D. , State University of New York, 2001.

中文文献：

著作及译著：

[201]〔法〕托克维尔：《论美国的民主》，（董国良译），商务印书馆，1991。

[202]〔古罗马〕西塞罗：《论共和国 论法律》，王焕生译，中国政法大学出版社，1997。

[203]〔美〕阿奇博尔德·考克斯：《法院与宪法》（田雷译），北京大学出版社，2006。

[204]〔美〕埃里克·方纳：《美国自由的故事》，王希译，商务印书馆，2002。

[205]〔美〕爱德华·考文：《美国宪法的"高级法"背景》（强世功译），三联书店，1996。

[206]〔美〕保罗·布莱斯特、桑福·列文森、杰克·巴尔金、阿基尔·阿玛：《宪法决策的过程：案例与材料》（张千帆、范亚峰、孙雯译），

北京：中国政法大学出版社，2002。

[207]〔美〕本杰明·卡多佐：《司法过程的性质》（苏力译），商务印书馆，2000。

[208]〔美〕彼德·沃尔编《美国政治内幕：人物与政治》（徐昕等译），社会科学文献出版社，1992。

[209]〔美〕伯纳德·施瓦茨：《美国最高法院史》（毕洪海、柯翀、石明磊译），中国政法大学出版社，2005。

[210]〔美〕伯纳德·施瓦次：《美国法律史》（王军等译），中国政法大学出版社，1990。

[211]〔美〕布鲁斯·阿克曼：《美利坚合众国的衰落》（田雷译），中国政法大学出版社，2013。

[212]〔美〕布鲁斯·阿克曼：《建国之父的失败：杰斐逊、马歇尔与总统制民主的兴起》（江照信译），中国政法大学出版社，2013。

[213]〔美〕布鲁斯·阿克曼：《我们人民　奠基》（田雷译），中国政法大学出版社，2013。

[214]〔美〕布鲁斯·阿克曼：《我们人民　转型》（田雷译），中国政法大学出版社，2014。

[215]〔美〕查尔斯·比尔德、爱德华·考文、路易斯·布丁等：《伟大的篡权：美国19、20世纪之交关于司法审查的讨论》（李松锋译），上海三联书店，2009。

[216]〔美〕查尔斯·比尔德：《美国宪法的经济观》（何希齐译），商务印书馆，2010。

[217]〔美〕查尔斯·弗瑞德：《何谓法律　美国最高法院中的宪法》（胡敏洁等译），北京大学出版社，2008。

[218]〔美〕丹尼尔·布尔斯廷：《美国人——殖民地历程》（时殷弘等译），上海译文出版社，2009。

[219]〔美〕哈罗德·伯尔曼：《法律与宗教》，梁治平译，上海三联书店，1991。

[220]〔美〕汉密尔顿、杰伊、麦迪逊：《联邦党人文集》（程逢如、在汉、舒逊译），商务印书馆，1980。

[221]〔美〕赫伯特·J. 斯托林：《反联邦党人赞成什么——宪法反

对者的政治思想》（汪庆华译），北京大学出版社，2006。

[222]〔美〕亨利·亚伯拉罕：《法官与总统：一部任命最高法院法官的政治史》（刘泰星译），商务印书馆，1990。

[223]〔美〕吉尔贝·希纳尔：《杰斐逊评传》（王丽华等译），中国社会科学出版社，1987。

[224]〔美〕基斯·威廷顿：《司法至上的政治基础：美国历史上的总统、最高法院及宪政领导权》（牛悦译），北京大学出版社，2010。

[225]〔美〕杰弗里·罗森：《最民主的部门：美国最高法院的贡献》（胡晓进译），中国政法大学出版社，2013。

[226]〔美〕杰罗姆·巴伦、托马斯·迪恩斯：《美国宪法概论》（刘瑞祥等译），中国社会科学出版社，1995。

[227]〔美〕杰弗里·图宾：《誓言 奥巴马与最高法院》（于霄译），上海三联书店，2012。

[228]〔美〕卡尔·弗里德里希：《超验正义——宪政的宗教之维》（周勇、王丽芝译），生活·读书·新知三联书店，1997。

[229]〔美〕克里斯托弗·沃尔夫：《司法能动主义——自由的保障还是安全的威胁？》（黄金荣译），中国政法大学出版社，2003。

[230]〔美〕克米特·霍尔主编《牛津美国联邦最高法院指南》（许明月、夏登峻等译），北京大学出版社，2009。

[231]〔美〕拉里·克雷默：《人民自己 人民宪政主义与司法审查》（田雷译），译林出版社，2010。

[232]〔美〕罗伯特·麦克洛斯基：《美国最高法院》（任东来、孙雯、胡晓进译），中国政法大学出版社，2005。

[233]〔美〕马克·图什内特：《反对有理 美国最高法院历史上的著名异议》（胡晓进译），山东人民出版社，2010。

[234]〔美〕玛丽·莫斯特：《美国宪法：实现良治的基础》（刘永艳、宁春辉译），中央党校出版社，2006。

[235]〔美〕迈克尔·扎科特：《自然权利与新共和主义》（王紫兴译），吉林出版集团有限责任公司，2008。

[236]〔美〕塞缪尔·埃利奥特·莫里森：《美利坚合众国的成长》（上下卷）（南开大学历史系美国史研究室译），天津人民出版社，1980。

[237]〔美〕斯蒂芬·布雷耶：《法官能为民主做什么》（何帆译），法律出版社，2012。

[238]〔美〕文森特·奥斯特罗姆：《美国联邦主义》（王建勋译），上海三联书店，2003。

[239]〔美〕沃农·帕灵顿：《美国思想史：1620-1920》（陈永国、李增、郭已瑶译），吉林人民出版社，2002。

[240]〔美〕亚历山大·比克尔：《最小危险部门：政治法庭上的最高法院》（姚中秋译），北京大学出版社，2007。

[241]〔美〕约翰·戈登：《资本的冒险，再现资本疯狂竞争的年代》（刘士强、钱勇译），中信出版社，2005。

[242]〔美〕约翰·伊利：《民主与不信任：关于司法审查的理论》（顾运、朱中一译），法律出版社，2003。

[243]〔美〕詹姆斯·西蒙：《打造美国：杰斐逊总统和马歇尔大法官的角逐》（徐爽、王剑鹰译），法律出版社，2009。

[244]〔意〕圭多·德·拉吉罗：《欧洲自由主义史》（杨军译），吉林人民出版社，2001。

[245]〔英〕爱德蒙·柏克：《美洲三书》（缪哲选译），商务印书馆，2003。

[246]〔英〕约翰·阿克顿：《自由史论》，（胡传胜译），译林出版社，2001。

[247] 白雪峰：《美国司法审查制度的起源与实践》，人民出版社，2015。

[248] 韩铁：《美国宪政民主下的司法与资本主义经济发展》，上海三联书店，2009。

[249] 何家弘：《当代美国法律》，社会科学文献出版社，2001。

[250] 胡锦光：《违宪审查比较研究》，中国人民大学出版社，2006。

[251] 李宏图：《从"权力"走向"权利"——西欧近代自由主义思潮研究》，上海人民出版社，2007。

[252] 李剑鸣：《美国的奠基时代：1585-1775》，人民出版社，2001。

[253] 林广华：《违宪审查制度比较研究》，社会科学文献出版社，2004。

[254] 刘祚昌：《杰斐逊传》（上下卷），齐鲁书社，2005。

[255] 莫纪宏：《违宪审查的理论与实践》，法律出版社，2006。

[256] 齐光裕：《违宪审查与政治问题》，扬智文化事业股份有限公司，2003。

[257] 任东来：《最有权势的法院》，南京大学出版社，2011。

[258] 任东来、陈伟、白雪峰：《美国宪政的历程：影响美国的25个司法大案》，中国法制出版社，2004。

[259] 任东来：《在宪政舞台上——美国最高法院的历史轨迹》，中国法制出版社，2007。

[260] 司美丽：《汉密尔顿传》，中国对外翻译出版公司，1999。

[261] 宋云伟：《美国二元联邦主义时代》，黑龙江人民出版社，2009。

[262] 佟德志：《宪政与民主》，江苏人民出版社，2007。

[263] 万绍红：《美国宪法中的共和主义》，人民出版社，2009。

[264] 王铁雄：《财产权利平衡论——美国财产法理念之变迁路径》，中国法制出版社，2007。

[265] 王希：《原则与妥协——美国宪法的精神与实践》，北京大学出版社，2014。

[266] 姚国建：《违宪责任论》，知识产权出版社，2006。

[267] 应奇编：《宪政人物》，吉林出版集团有限公司，2008。

[268] 张千帆：《西方宪政体系：上册 美国宪法》，中国政法大学出版社，2000。

[269] 张千帆组织编译《哈佛法律评论》，法律出版社，2005。

[270] 张友伦、陆镜生等：《美国的独立和初步繁荣，1775-1860》，人民出版社，1992。

期刊论文：

[271] 范喜军、刘卓：《浅谈司法审查制与民主的关系》，《法制与社会》，2007年第1期。

[272] 韩铁：《新政以来美国行政法的发展与司法审查的新领域》，《史学月刊》，2008年第6期。

[273] 韩铁：《英属北美殖民地法律的早期现代化》，《史学月刊》，2007年第2期。

[274] 胡晓进：《近三十年来中国学者对美国最高法院的研究与认识》，

《美国研究》，2008年第4期。

［275］焦诠：《司法审查制度溯源》，《南京社会科学》，2002年第1期。

［276］李剑鸣：《"人民"的定义与美国早期的国家建构》，《历史研究》，2009年第1期。

［277］李剑鸣：《美国土著部落地位的演变与印第安人的公民权问题》，《美国研究》，1994年第3期。

［278］林来梵：《司法上的创举与谬误——也评"马伯里诉麦迪逊案"》，http：//www.iolaw.org.cn/showNews.asp?id=4119。

［279］刘大生：《美国司法审查制度是如何产生的——对一种流行说法的质疑》，《法学》，2006年第8期。

［280］刘慧英、任东来：《能动还是克制：一场尚无结果的美国司法辩论——评〈司法能动主义〉》，《美国研究》，2005年第4期。

［281］刘练军：《司法审查之思想源流与制度预设——论美国制宪会议有关司法审查的辩论》，《同济大学学报》，2008年第4期。

［282］刘志娟：《美国司法审查中的民主理念》，《中南财经政法大学研究生学报》，2006年第3期。

［283］强世功：《联邦主权与州主权的迷思——麦卡洛克诉马里兰州案中的政治修辞及其法律陷阱》，《中国法学》，2006年第4期。

［284］强世功：《司法审查的迷雾——马伯里诉麦迪逊案的政治哲学意涵》，《环球法律评论》，2004年冬季号。

［285］强世功：《宪法司法化的悖论——兼论法学家在推动宪政中的困境》，《中国社会科学》，2003年第2期。

［286］泉峰：《司法审查制度初探》，《江海学刊》，2001年第6期。

［287］任东来：《美国宪法的英国普通法传统》，《美国研究》，2002年第4期。

［288］任东来：《司法审查：美国最高法院的撒手锏》，《读书》，2000年第2期。

［289］任东来：《最高法院刍议》，《美国研究》，2002年第2期。

［290］佟德志：《美国的限权宪法模式及其民主性困境——试论美国宪政文明的二元个性》，《思想战线》，2006年第5期。

［291］王俊、夏芸芸：《违宪审查的民主理念》，《湖北经济学院学报（人

文社会科学版）》，2007年第2期。

[292] 王莱宁：《美国宪法的历史解读》，《山东省青年管理干部学院学报》，2007年第3期。

[293] 杨捷：《19世纪美国达特茅斯学院案及其影响》，《河南大学学报》，2000年第5期。

[294] 翟桔红：《论美国联邦最高法院司法审查权的平衡作用》，《武汉大学学报〈社会科学版〉》，2002年第5期。

[295] 张锐智：《试论美国司法审查制在权力监督中的作用》，《辽宁大学学报〈哲学社会科学版〉》，2003年第1期。

[296] 张瑞德：《宪法的稳定性和稳定性的宪法——以中美宪法文本的比较为视野》，《现代法学》，2009年第2期。

[297] 张志伟：《美国司法审查的民主观》，《西南政法大学学报》，2006年第12期。

[298] 赵喜儒：《司法审查制度在美国民主机制中的作用》，《聊城大学学报》，2007年第6期。

硕士论文：

[299] 董景瀚：《马伯里诉麦迪逊案研究》，山东大学，2006。

[300] 顾佳：《美国司法审查理论分析——本体—方法构造派别》，厦门大学，2007。

[301] 李东平：《美国司法审查探源：普通法传统与宪政理论的融合》，北京大学，2007。

[302] 李强：《美国联邦最高法院与司法审查》，山东大学，2007。

[303] 林慧：《美国司法审查制度及其对我国宪法司法化的启示》，厦门大学，2007。

[304] 莫文静：《论美国司法审查的起源》，对外经济贸易大学，2005。

[305] 汪新胜：《美国司法审查制度研究》，武汉大学，2005。

[306] 易小鹏：《论美国司法审查制度成因》，西南政法大学，2007。

[307] 赵衡：《美国司法审查制度成因初析》，兰州大学，2003。

网站资料：

[308] 143U. Pa. L. Rev. 491 William Michael Treanor. The case of the

Prisoners and the origins of judicial review. http://www.lexisnexis.comao/auth

［309］ U. S. Supreme Court Website, http://www.supremecourts.gov

［310］ Cornell Legal Information Institute, http://supct.law.cornell.edu/supct/index.html

［311］ Oyez Oyez: AU. S. Supreme Court Database, http://oyez.nwu.edu

［312］ The Library of Congress, http://memory.loc.gov/ammem

［313］ Lexis-Nexis Database, http://www.lexisnexis.com/ap/auth

［314］ Sage Database, http://www.sagepublications.com

［315］ Jstor Database, http://www.jstor.org/

［316］ Westlaw International Database, http://www.westlawinternational.com/Equal Justice under Law: The Marshall Years, Prod. By Mat Von Brauchitsch. WQED-Pittsburgh, 1987. 180mins. 4802Fifth Ave, Pittsburgh, PA 15213

附　录

附录一

《1789年司法法》节录

美国宪法第三条有关司法权的阐述简单而模糊，新国会成立后于1789年通过了《司法法》，详细规定了法院系统的组成和创设。宪法中的司法条款、最高条款与《1789年司法法》一道共同为建立一个强有力的联邦法院系统奠定了基础。下面节录《1789年司法法》中有关建立美国法院的条款。

第1款：美国最高法院应包含一名首席大法官与五名大法官，开庭法定最低人数为四人，每年应于政府所在地开庭两次，第一次于二月的第一个星期一开庭，第二次于八月的第一个星期一开庭。大法官根据就任日期的先后享有优先权，当两名或两名以上的法官同一天就任时，则以各自年龄为依据。

第2款：美国应该，并且据此分为13个地区，所受限制与称呼分别如下：缅因地区，包括位于新罕布什尔州东面的部分马萨诸塞地区；新罕布什尔地区；由马萨诸塞剩下的领土组成马萨诸塞地区；康涅狄格州地区；纽约地区；新泽西地区；宾夕法尼亚地区；特拉华地区；马里兰地区；除去肯塔基领地的弗吉尼亚地区；肯塔基地区；南卡罗来纳地区；佐治亚地区。

第3款：在各前述的地区中应有一个地区法院，由一名居住在被指派之地区的法官组成，并且称为地区法官，地区法院每年开庭四次，第一次开庭的时间依次如下……

第4款：前述的地区，除了缅因州与肯塔基州外，应被分为3个巡回区，分别称为东部、中部与南部巡回区。东部巡回区包括新罕布什尔、马萨诸塞、康涅狄格和纽约地区；中部巡回区包括新泽西、宾夕法尼亚、特拉华、马里兰和弗吉尼亚地区；南部巡回区包括南卡罗莱纳和佐治亚地区，上述各巡回地区每年应开庭两次，称为巡回法院，巡回法院由两名最高法院法官和一名地区法官组成，开庭法定最低人数为两人。如果是由地区法官判决的案件上诉到巡回法院，地区法官在自己判决过的案件中没有投票权，但可以说明他判决的原因。

第5款：巡回法院第一次开庭的日期分别为：在新泽西为4月2日，在纽约为4月4日，在宾夕法尼亚为4月11日，在康涅狄格为4月22日，在特拉华为4月27日；在马萨诸塞为5月3日，在马里兰为5月7日，在南卡罗来纳为5月12日，在新罕布什尔为5月20日，在弗吉尼亚为5月22日，在佐治亚为5月28日。第二次开庭的日期为六个月后的同一天，除了南卡罗来纳在10月1日、佐治亚在10月17日开庭外。如果上述规定的日期刚好是星期天的话，那就改由次日开庭。巡回法院开庭的地址依次为……

第6款：最高法院由一名或多名法官出席巡回法院，不足法定人数时休会后推，直至达到法定人数。巡回法院因法官未出席而休会时，联邦司法区执政官有权予以督责，直到达到法定人数。如果地区法院的法官不能参加开庭，应以书面报告通知联邦司法区执政官，由其宣布休庭，在下次开庭之前应补充其缺额；如遇到开庭期间法官突然死亡而其空缺又一时难以补充时，则所有的开庭议程将继续进行，直到在下个开庭期缺额被补充为止。

第7款：最高法院和地区法院有权任命他们各自法院所需的办事人员，地区法院的办事人员同时也应为那个地区巡回法院的职员，在这些职员就职之前，应作宣誓或代誓言："我庄严地宣誓：我将忠诚地履行和记录上述法院所采纳的各项会议规则、命令、判决和会议议程，不偏不倚地执行该职位所赋予的职责，竭尽所能，上帝保佑！"在代誓言中，"上帝保佑"可被省略。已被认可的办事人员应在充分担保的情况下签订正式合同，其年薪为2000美元，为履行其职和适时地记录法院命令、判决和意见所得酬劳。

第8款：最高法院法官和地区法官在履行其各自职责前，也应宣誓或代誓言，"我庄严地宣誓：无论何人，我都将执行正义；无论贫贱，一律平等。我将依照宪法和美国法律,忠实地、公平地履行该职务赋予我的职责,竭尽所能,上帝保佑!"

第9款:除了州法院外,地区法院有权审理在其区域内或公海上所有的犯罪与犯法行为。惩罚的具体标准是:鞭刑不得超过30鞭,罚金不得超过100元,刑期不得超过6个月,除了这些惩罚外,不得施以其他惩罚;并且单独拥有所有海事权限之民事案件的初审管辖权,包括所有依照美国关税、航海或贸易法而进行的扣押……并且,视情况而定,与部分州法院或巡回法院一致,对于只违反国家法律或美国条约之侵权行为的国外诉讼拥有审判权。如前所述之一致性,也拥有美国提出的所有普通法诉讼的审判管辖权,而纠纷事项所涉及的金额应超过100美元。除了这些管辖权外,地区法院还拥有部分州法院对于控告领事或副领事之管辖权。实际上,除了海事管辖权的民事诉讼外,在地区法院所有纠纷的审判,都应由陪审团审理。

第10款:肯塔基地区法院,除了拥有上述管辖权外,还拥有类似巡回法院的一些管辖权,能够以巡回法院相同的方式审理案件,并根据同样的原则,以上诉或纠错令的形式将案件诉讼至最高法院。还有,缅因地区法院除了上述授予的管辖权外,也拥有类似于巡回法院的部分管辖权;像其他地区法院将其案件上诉至巡回法院一样,缅因地区法院的案件可诉至马萨诸塞地区的巡回法院。

第11款:与部分州法院一致,巡回法院在普通法或衡平法中的所有民事性质的诉讼中拥有初审管辖权,其纠纷的金额应超过500元,美国为原告或申请者;或一方当事人为外国人,或是诉讼是在一州公民与他州公民之间。并且,巡回法院对在美国统治下的所有犯罪与犯法行为拥有管辖权,除了本法另有规定或是美国法律另有规定,巡回法院对于管辖范围内的所有犯罪与犯法行为与地区法院拥有并存管辖权。但在巡回法院或地方法院有关的民事诉讼中,任何人不得在一地区被逮捕后移交另一地区审判……并且依据下面提供的规定与限制,巡回法院也应拥有来自地区法院之上诉管辖权。

第12款:当一起诉讼在州法院审理时,法院应确认当事人是否为外国人,或者是一州公民起诉他州公民,或者争议金额除去成本后是否超过500美元,法院确认符合条件后,那么被告在进入州法院时,可提交只在地区法院审理、免去下一次在巡回法院审理的陈情书……

第 13 款：最高法院在下述民事诉讼中拥有专有的管辖权：州为一方当事人，但州与其公民之间的争议以及州与其他州公民或外国人之间的争议除外，在后者的相关诉讼中，最高法院拥有初始管辖权而非专有的管辖权。最高法院拥有所有对大使或公使，或其仆人或家仆进行起诉的管辖权……最高法院对大使或其他公使，以及领事、副领事提起的诉讼中，拥有初始管辖权而非专有管辖权。在所有起诉美国公民的诉讼中，最高法院在审理过程中，其事实部分交由陪审团审理。在以下特别提供的案件中，最高法院拥有来自巡回法院与州法院的上诉管辖权，并且在涉及海事案件时，有权对地区法院发布禁制令，以及在法律原则和法律惯例许可的案件中，最高法院拥有对以合众国名义任命的法官或公职人员发布令状的权力。

……

第 25 款：在能对诉讼做出裁决的州的普通法或衡平法之最高法院，任何诉讼中最后审判或裁决，凡涉及条约、法令的效力问题，或依据美国所执行法令的机关之争议，且裁决后者无效的；或是涉及法令的效力、或依据任何一州所执行法令的机关之争议，与宪法、条约及美国法律相抵触，却在州法院被判为有效者；或是涉及宪法、条约、法律或依美国赋予权限的法令的解释问题，州法院裁决违反了由双方当事人之一所建立或要求的资格、权利、特权或豁免权的，那么他们可以依据宪法、条约、法律或法令的相关条款，由最高法院以发布错误审查令的形式重新审查，撤销或确证州法院的判决。传票由首席大法官签署，或者由法官或州衡平法院首席大法官提出或通过判决或被控诉的判决，或者经由美国最高法院法官依相同方式与规定进行，如同判决或被控诉的法令已在巡回法院提出或通过一般，令状得以拥有相同效力，而重审此案时也相同。不像前述州法院的最后裁决要求提供诉讼事由，最高法院对案件的审理拥有自由裁量权，如果诉讼事由被发回重审，则应进行相同的最后判决，并执行判决。最高法院不得以任何错误作为前述任何案件翻案的理由，而是应以记录在案的事实，审查与宪法、条约、法律、法令或存有争议的机关等的效力或解释直接相关的问题。

……

1789 年 9 月 24 日通过

译自 http://www.constitution.org/uslaw/judiciary_1789.html

附录二

美国联邦最高法院早期大法官的提名和任期

约翰·杰伊——首席大法官，1789 年就任，由乔治·华盛顿总统提名，1795 年辞职。

威廉·库欣——大法官，1790 年就任，由乔治·华盛顿总统提名，1810 年去世。

约翰·拉特利奇——大法官，1790 年就任，由乔治·华盛顿总统提名，1791 年辞职；后 1795 年华盛顿提名其为首席大法官，参议院未批准。

詹姆斯·威尔逊——大法官，1789 年就任，由乔治·华盛顿总统提名，1798 年去世。

小约翰·布莱尔——大法官，1790 年就任，由乔治·华盛顿总统提名，1795 年辞职。

詹姆斯·埃尔德尔——大法官，1790 年就任，由乔治·华盛顿总统提名，1799 年去世。

托马斯·约翰逊——大法官，1792 年就任，由乔治·华盛顿总统提名，1793 年辞职。

威廉·佩特森——大法官，1793 年就任，由乔治·华盛顿总统提名，1806 年去世。

奥利弗·埃尔斯沃斯——首席大法官，1796 年就任，由乔治·华盛顿总统提名，1800 年辞职。

塞缪尔·蔡斯——大法官，1796 年就任，由乔治·华盛顿总统提名，1811 年去世。

布什罗德·华盛顿——大法官，1799 年就任，由约翰·亚当斯总统提名，1829 年去世。

阿尔弗雷德·穆尔——大法官，1800 年就任，由约翰·亚当斯总统提名，1804 年辞职。

约翰·马歇尔——首席大法官，1801 年就任，由约翰·亚当斯总统提名，1835 年去世。

威廉·约翰逊——大法官，1804 年就任，由托马斯·杰斐逊总统提名，1834 年去世。

亨利·布罗克霍斯特·利文斯顿——大法官，1807 年就任，由托马斯·杰斐逊提名，1823 年去世。

托马斯·托德——大法官，1807 年就任，由托马斯·杰斐逊总统提名，1826 年去世。

加布里埃尔·杜瓦尔——大法官，1811 年就任，由詹姆斯·麦迪逊总统提名，1835 年去世。

约瑟夫·斯托里——大法官，1811 年就任，由詹姆斯·麦迪逊总统提名，1845 年去世。

史密斯·汤姆普森——大法官，1823 年就任，由詹姆斯·门罗总统提名，1843 年去世。

罗伯特·特林布尔——大法官，1826 年就任，由约翰·昆西·亚当斯总统提名，1828 年去世。

约翰·麦克莱恩——大法官，1830 年就任，由安德鲁·杰克逊总统提名，1861 年去世。

亨利·鲍德温——大法官，1830 年就任，由安德鲁·杰克逊总统提名，1844 年去世。

詹姆斯·韦恩——大法官，1835 年就任，由安德鲁·杰克逊总统提名，1867 年去世。

罗杰·坦尼——首席大法官，1836 年就任，由安德鲁·杰克逊总统提名，1864 年去世。

附录三

援引的案例

1610 年，博海姆医生案，Dr. Bonham's Case

1761 年，协助令状案，Writs of Assistance Case

1782 年，共和国诉卡顿案，Commonwealth v. Caton

1784 年，鲁杰斯诉华丁顿案，Rutgers v. Waddington

1786 年，海特诉费尔法克斯案，Hite v. Fairfax

1786 年，特里维特诉维顿案，Trevett v. Weeden

1787 年，汉娜诉戴维案，Hannah v. Davis

1790 年，布拉肯诉威廉-玛丽学院案，Bracken v. College of William and Mary

1796 年，韦尔诉希尔顿案，Ware v. Hylton

1792 年，哈伊布恩案，Hayburn's Case

1793 年，奇赫姆诉佐治亚州，Chisholm v. Georgia

1798 年，罗宾斯案，Jonathan Robbins Case

1799 年，普莱曾茨诉普莱曾茨案，Pleasants v. Pleasants

1800 年，美国诉佩吉号帆船案，United States v. Schooner Peggy

1803 年，马伯里诉麦迪逊案，Marbury v. Madison

1804 年，皮克林弹劾案，the Impeachment of John Pickering

1805 年，蔡斯弹劾案，the Impeachment of Samuel Chase

1805 年，美国诉费希尔案，U.S. v. Fisher

1807 年，伯尔案，the Burr Conspiracy

1810 年，弗莱彻诉佩克案，Fletcher v. Peck

1812 年，新泽西诉威尔森案，New Jersey v. Wilson

1812 年，费尔法克斯地产遗赠人诉亨特地产承租人案，Fairfax's Devisee v. Hunter's Lessee

1812 年，斯库纳交换号诉麦克法登案，Schooner Exchange v. McFaddon

1813 年，米玛·奎恩诉赫伯恩案，Mima Queen v. Hepburn

1816 年，马丁诉亨特的租户案，Martin v. Hunter's Lessee

1819 年，麦卡洛克诉马里兰案，McCulloch v. Maryland

1819 年，斯特吉斯诉克劳宁谢尔德案，Sturges v. Crowninshield

1819 年，达特茅斯学院诉伍德沃德案，Dartmouth College v. Woodward

1819 年，麦克米兰诉麦克尼尔案，McMillan v. McNeil

1821 年，科恩兄弟诉弗吉尼亚案，Cohens v. Virginia

1822 年，合众国诉拉杰恩·尤金尼亚案，United States v. La Jeune Eugenie

1823 年，约翰逊和格雷厄姆的承租人诉威廉·麦金托什一案，Johnson and Graham's Lessee v. William McIntosh

1824 年，吉布森诉奥格登案，Gibbons v. Ogden

1824 年，奥斯本诉合众国银行案，Osborn v. Bank of the United States

1825 年，羚羊号案，the Antelope

1825 年，埃金诉劳布案，Eakin v. Raub

1827 年，奥格登诉桑德斯案，Ogden v. Sanders

1829 年，威尔森诉黑鸟河沼泽地公司案，Willson v. Black Bird Creek Marsh Co.

1829 年，博伊斯诉安德森案，Boyce v. Anderson

1831 年，切诺基部落将佐治亚州案，Cherokee Nation v. The State of Georgia

1832 年，伍斯特诉佐治亚州案，Worcester v. The State of Georgia

1905 年，洛克纳诉纽约州案，Lochner v. New York

1938 年，美国诉卡罗琳产品公司案，United States v. Carolene Products Company

附录四

约翰·马歇尔的生平

1755年9月24日,出生于弗吉尼亚福基尔郡的日耳曼镇。

1769~1770年,在威斯特摩尔兰郡的坎贝尔牧师开设的学院(Archibald Campbell)就读;之后接受住在他家的郊区牧师苏格兰裔的詹姆斯·汤普森(James Thompson)一年的教育。

1775年5月,成为弗吉尼亚"一分钟人"民兵。

1776年7月30日,成为大陆军弗吉尼亚第三团的一名少尉(Lieutenant of the 3rd Virginia regiment)。

1776年12月1日,晋升为弗吉尼亚第15团的中尉(Captain-Lieutenant of the 15th Virginia regiment)。

1777年9月,参加布兰地维恩战役和日耳曼镇战役。

1777年12月至1778年6月,追随华盛顿在福吉谷,担任美国陆军的副军法官(Deputy Judge Advocate of the Army of the United States)。

1778年6月28日,参加蒙茅斯战役(Monmouth)之后,升任上尉,继续兼任副军法官。

1780年5~6月,前往威廉-玛丽学院学习法律。

1781年2月,辞去军职。

1782年5月至1784年4月,在福基尔郡当选弗吉尼亚州参议员。

1783年1月,与玛丽·安巴拉小姐结婚。

1782年11月,弗吉尼亚州评议会委员(Virginia Executive Council)。

1784年5月至1785年1月,来自福基尔郡的弗吉尼亚参议员。

1786年5月,在海特诉费尔法克斯(Hite v. Fairfax)案中,为费尔法克斯辩护。

1787年10月至1788年1月,代表亨利哥郡的弗吉尼亚参议员。

1788年6月,当选为弗吉尼亚批准宪法大会成员,为批准宪法辩护。

1789年10月至1790年12月,代表里士满的弗吉尼亚州参议员。

1793年,当选为弗吉尼亚民兵准将(Brigadier-General)。

1795 年 8 月，婉言谢绝美国总检察长（attorney-general）的任命。

1795 年 12 月至 1796 年 2 月，代表里士满的弗吉尼亚参议员。

1796 年 2 月，在联邦最高法院韦尔诉希尔顿（Ware v. Hylton）案中为希尔顿辩护，败诉，唯一一次在联邦最高法院出庭辩护的案例。

1796 年 7 月，婉拒驻法公使的任命。

1797 年 9 月至 1798 年 4 月，以三人特使之一的身份，出使法国。

1798 年 10 月，婉拒美国联邦最高法院大法官的任命。

1799 年 4 月，当选为美国国会众议员。

1800 年 5 月，婉拒陆军部长的任命。

1800 年 5 月 12 日，被任命为国务卿。

1801 年 1 月 20 日，被任命为美国首席大法官。

1803 年 2 月 24 日，判决马伯里诉麦迪逊案。

1804～1807 年，撰写《乔治·华盛顿传》，并出版。

1807 年 5～10 月，在里士满主持亚伦·伯尔案的审判。

1812 年 9 月，被弗吉尼亚议会任命探查詹姆斯河流域的委员会委员，在林奇伯格进行探查。

1819 年 2 月 2 日，判决达特茅斯学院诉伍德沃德案。

1819 年 3 月 6 日，判决麦卡洛克诉马里兰案。

1823 年 11 月 4 日，出任美国殖民协会弗吉尼亚分部主席。

1824 年 3 月 2 日，判决吉布森诉奥格登案。

1829 年 10 月至 1830 年 1 月，当选为弗吉尼亚修宪大会成员。

1831 年 12 月 25 日，其妻玛丽·安巴拉去世。

1831 年 12 月，出任弗吉尼亚历史学会第一任主席。

1832 年，《乔治·华盛顿传》第二版出版。

1833 年，出任华盛顿纪念碑协会（Washington National Monument Society）主席。

1835 年 7 月 6 日，在费城去世。

图书在版编目(CIP)数据

美国联邦最高法院早期历史研究：1801-1835 / 郭巧华著. -- 北京：社会科学文献出版社，2017.12
 ISBN 978-7-5201-1874-3

Ⅰ.①美… Ⅱ.①郭… Ⅲ.①最高法院-法制史-美国-1801-1835　Ⅳ.①D971.262

中国版本图书馆 CIP 数据核字(2017)第 283978 号

美国联邦最高法院早期历史研究（1801～1835）

著　者 / 郭巧华

出 版 人 / 谢寿光
项目统筹 / 宋月华　郭白歌
责任编辑 / 李海瑞　范明礼

出　　版 / 社会科学文献出版社·人文分社 (010) 59367215
　　　　　 地址：北京市北三环中路甲29号院华龙大厦　邮编：100029
　　　　　 网址：www.ssap.com.cn

发　　行 / 市场营销中心 (010) 59367081　59367018
印　　装 / 三河市尚艺印装有限公司

规　　格 / 开　本：787mm × 1092mm　1/16
　　　　　 印　张：18.5　字　数：304 千字

版　　次 / 2017年12月第1版　2017年12月第1次印刷
书　　号 / ISBN 978-7-5201-1874-3
定　　价 / 148.00 元

本书如有印装质量问题，请与读者服务中心 (010-59367028) 联系

▲ 版权所有 翻印必究